북한 보건의료 연구와 교류협력

북한 보건의료 연구와 교류협력

북한 학술지를 통한 보건의료 연구와 창의적 교류협력

김경진 · 김동수
김신곤 · 김영훈
김윤환 · 남성욱
노경란 · 노승영
도원영 · 류재준
명수정 · 박영혜
서해숙 · 송태진
신나미 · 유시은
윤석준 · 이승헌
이요한 · 이헌정
장영우 · 전미라
전영선 · 전진용
조철현 · 최현규
하 신 · 한준희

KU PRESS
고려대학교
출판문화원

서문

막힌 담과 작은 균열 내기

코로나19는 인류에게 심각한 피해를 주었다. 2022년 10월 10일 현재 6억 2천 5백만 명이 감염되었고, 656만 명이 사망하였다. 건강과 생명에 미치는 부정적 영향만이 아니라 정치, 경제, 사회, 문화 등 모든 영역에서 엄청난 파급효과를 낳았다. 글로벌 경제의 마이너스 성장, 백신 불평등으로 표출된 자국 이기주의, 마스크 착용 등 방역의 일상화, 코로나 블루의 확산, 랜선 라이프의 등장 등 인류 역사는 코로나 이전(BC, Before Corona)과 이후(AC, After Corona)로 나뉜다는 말이 나올 정도이다.

비싼 대가를 치르며 코로나19로부터 인류가 배우고 있는 교훈이 있다. '모든 생명은 잇대어 있다'는 점이다. '잇대어 있다'는 표현은 '서로 이어져 있고, 기대고 있다'는 의미이다. 이번 팬데믹을 통해 '남'이 건강하지 않으면 '나'도 위험해진다는 사실을 우리는 절감하고 있다. 일상이 된 마스크 쓰기나 백신접종도 나의 건강을 지키기 위함이자 타인에 대한 배려이다. 시야를 넓혀 지구적 차원에서 바라보자. 백신으로 집단 면역이 가능하다는 나라도 그렇지 못한 나라에서 발생한 또 다른 변이 바이러스에 의한 2차, 3차, 4차 감염의 위험이 상존한다. 이미 세상은 하루면 전 세계 어디든 갈 수 있는 'one world, one health'의 초연결 사회로 변모했기 때문이다. 지구적 차원에서 팬데믹이 마무리될 때까지 한 나라의 성공은 진짜 성공이 아니다. 21세기에도 19세기 방식의 방역—'단절과 봉쇄'로 회귀한 문명의 역진(逆進)에서 벗어나지 못한다면 다음에 다가올 팬데믹에 인류는 더큰 충격에 휩싸일 가능성이 높다.

한반도의 상황은 어떤가? 남녘은 2천5백만 명이 코로나19에 이환되었고(전 세계 6위) 다른 나라와 비교해서 낮은 사망률에도 불구하고, 2만 9천여 명의 사망을 보고하였다. 북녘은 지난 4월까지만 해도 단 한 명의 환자도 발생하지 않았다고 주장하는 예외적인 나라였다가 이제는 가장 짧은 시간 동안 가장 많은 환자가 발생한 나라로 변모하였다. 그런데도 사망자 수는 불과 74명이라고 발표하였으며 여러 전문가들의 예측에 따르면 실제 사망자 수는 수만-10만 명 이상일 것으로 추정되었다. 가슴 아픈 현실 속에서 우리는 이런 질문을 던져본다.

'남북을 살아가는 사람들의 생명의 무게는 다른가?'

이 땅을 살아가는 생명의 무게가 다르지 않다는 당연한 전제에도 불구하고, 우리에게 목도되는 현실은 그렇지 않다. 북녘 땅에서 태어났다는 이유만으로, 영유아 때 사망할 가능성이나 출산 중 산모가 사망할 가능성은 우리에 비해 각각 5배가 높다. 코로나19로 국경이 봉쇄되면서 결핵약이나 백신 등 필수의약품마저 북한에 제대로 공급되지 못하고 있다. 최근 북한의 코로나19 창궐 역시 북한 주민, 특히 취약계층의 건강과 영양 상태에 심각한 위협을 주었을 것이다. 그러나 긴급구호뿐만 아니라 북한 보건의료의 회복탄력성과 중장기적 내구성을 지원할 수 있는 대북활동들은 매우 미흡한 안타까운 상황이다. 한반도의 현실에서 생명의 무게는 다르다는, 인정하고 싶지 않은 진실을 그냥 바라만 보고 있을 것인가? 가슴이 먹먹해진다.

그럴 수 없기에 이 책이 기획되었다. 우선 북한의 보건의료 현실을 객관적으로 바라볼 수 있어야 한다. 그간 북한의 보건의료 현황을 보기 위한 다양한 시도가 있었으나, 의료체계 등 제도적 차원의 접근이거나 외국의 통계자료들이 주로 활용되었으며, 방북 경험이나 일부 탈북 의료인들의 주관적인 진술에 의존하는 방식이었다. 고려대학교 대학원 통일보건의학 협동과정은 2008년부터 북한이탈주민 코호트(NORNS)를 주도하며 통일 이후를 대비한 건강 관련 데이터를 축적해 오고 있으며, 국내 최초로 북한의학저널을 분석하여 〈A peek into the Galapagos of the medical research field〉라는 제목으로《더 랜싯(The Lancet)》에 발표하였다. 실증적 분석과 객관적 자료에 근거한 추론을 병행하는 방식의 연구를 진행하고자 함이었다.

이 책의 1부는 총론으로 김정은 시대 북한의 변화를 추적하고, 지속 가능한 남북 보건의료 협력방안을 고찰하였으며, 북한의 과학·의학 논문과《노동신문》등을 통한 연구의 가치와 제한점을 살펴보았다. 2부에서는 각 질병 영역별로 북한 학술지를 통해 북한의 보건의료 현황과 연구 상황을 탐색하고자 하였다. 북한 의학저널은 북한 체제의 특성에 비추어 볼 때 상당한 제한점이 있는 자료임에도 불구하고, 국가적 차원에서 연구의 동향과 흐름을 평가할 수 있는 객관적 자료이다. 본 협동과정의 대학원생들과 지도교수들의 협력으로 만들어 낸 의미 있는 연구 결과들이 2부에 망라되어 있다. 3부에서는 보건의료의 주요 이슈별 창의적 협력들을 다루었다. 적정의료, 혁신기술, 비감염성 질환, 보건의료용어, 인력개발 등 고전적인 보건의료 영역뿐만 아니라 인문사회, 환경영역까지 포괄적인 협력 주제들이 망라되었다. 지금처럼 꽉 막힌 한반도 상황에서 불통을 소통으로 바꾸는 소중한 제안들이 현실화되기를 바라는 마음 간절하다.

많은 필진들이 참여한 가치있고 소중한 작업에도 불구하고, 우리가 정말 북한의 보건의료를 더 잘 알게 된 것인지 질문하게 된다. 북한의 보건의료를 바라보고 현실을 이해하며 분석하는 연구는 '점선 속에서 실선 찾기'와 같다. 북한 체제의 속성을 반영한 연구 결과나 보도 자료들은 실체적 현실을 바라보기에는 매우 제한된 창이며, 이마저도 점선처럼 중간 중간이 연결되어 있지 않다. 그래서 우리의 작업은 추정(推定)과 추론(推論)에 머물 수밖에 없다. 그럼에도 이런 노력들이 언젠가는 제대로 된 실선을 찾아내는 데 소중한 디딤돌이 되리라 믿는다. 오늘 우리가 보고 있는 점선을 통해 실선을 추론한 것, 그 상상력의 정합성 여부는 후속 연구들과 교류협력이 활성화될 때 밝혀질 것이다

새 정부가 들어섰음에도 남북관계는 악화일로이다. 윤석열 정부의 '담대한 구상'은 대북협상의 첫 단계부터 북한에 이익을 제공한다는 차이점에도 불구하고, 기존의 대북제안과 같은 맥락에 서 있다. 북한 당국의 '대담한 무시'에 따라 새로운 셈법이 필요해진 상황이다. 김대중 정부의 '화해협력정책', 노무현 행정부의 '평화번영정책', 이명박 정부의 '그랜드 바겐', 박근혜 정부의 '한반도 신뢰프로세스', 문재인 정부의 '한반도 평화프로세스', 그리고 윤석열 정부의 '담대한 구상'까지 우리 정부의 대북 제안은 모두 경제(번영)와 안보(비핵화)의 가치교환을 기반으로 설정되어 있다. 남북한의 경제협력은 '돈'을 기반으로 움직이는 것이다. 상호 신뢰가 없는 상태에 돈을 매개로 한 소통과 협력은 위험할 수 있다. 반면에 보건의료협력은 '사람'을 향한 움직임이다. 분단 이후 서로에게 너무도 큰 상처를 주고 긴 세월을 지내온 남북의 사람들에게 보건의료는 각별할 수 있다. 치유는 크고 넓고 따뜻한 마음이 출발점이기 때문이다. 그래서 보건의료는 서로를 이해하고 어루만지는 치유의 도구이자 따뜻한 화해의 단초이며, 이후 전개될 경제협력, 정치협력 등에 마중물이 될 수 있다.

2016년 국내 최초, 유일한 학위과정으로 시작된 통일보건의학협동과정의 현재까지 격려와 성원을 아끼지 않아 주신, 그리고 이 책의 출간에도 큰 도움을 주신 분들께 특별한 감사를 드린다. 남북보건의료교육재단(배순희 이사장)은 본 과정의 출범 초기부터 북한 출신 의료인들을 포함한 대학원생들의 장학금 지급, 논문 작성 지원, 책자 발간 및 심포지엄 지원 등으로 지속적인 도움을 주고 있는 든든한 동반자이다. 호암L기금관리위원회(정규택 회장)도 통일의학을 향한 행보에 큰 힘을 보태 주었다. 강태근, 김성태, 김진용, 김혁준, 황동조 등 사회 곳곳에서 훌륭한 의사로서 활약하고 있는 고려의대의 교우들이 청년

의 때 통일을 향한 함성을 잊지 않고 지금까지 따뜻한 후원자로 함께해 주고 있다. 이분들이 없었다면 우리 협동과정의 지속도, 이 책의 발간도 가능하지 않았을 것이다. 다시 한번 머리 숙여 감사와 존경을 드린다. 또한 출판의 전 과정을 주관하며 수고해 준 하신 선생, 행정적 지원을 아끼지 않은 양소영 간사에게도 고마운 마음을 전한다.

현실을 보면 비관이 앞선다. 그로나 이성으로 비관할지라도 믿음으로 낙관하자. 분단이 초래한 비극적 유산이 어슬렁거리는 한반도가 언제인가 희망적 자산의 진원지가 되리라는 역설을 믿으며 말이다. 지금 당장 분단과 불통의 담을 넘어설 수 없으면 균열이라도 내야 한다. 그런 시도를 하는 사람이 열이 되고 백이 되며, 단회를 넘어 반복된다면 균열된 틈으로라도 소통의 실마리가 만들어질 수 있을 것이라 믿는다. 고려대대학원 통일보건의학협동과정이 발간한 이 책이 작은 틈으로라도 생명의 끈을 연결하는 새로운 시각과 창의적 시도로 이어지길 기대한다.

막힌 담이 무너질 그날을 고대하며

김신곤(고려대대학원 통일보건의학협동과정 주임교수)

김영훈(고려대학교 의무부총장 겸 의료원장)

차례

3부 주요 이슈별 창의적 협력

| 제1부 |

총론

김정은 시대의 북한의 변화

정치·경제·문화를 중심으로

남성욱

1. '변하는 북한'과 '변하지 않는 북한'

세상 만물에 정지된 것은 없다. 중국 진(晉)나라 시인 도연명(陶淵明)은 41세에 말단 관직을 버리고 낙향 한 후 집필한 〈귀거래사(歸去來辭)〉에서 세상은 유전(流轉)한다고 썼다. 세상은 정지된 것 같지만 변화하고 있다는 논리다. 하지만 변화하는 것 같지만 근본이 정지되면 시간이 지나도 본성은 그대로다. 양과 질이 동시에 변화하면 사물의 속성이 변화할 수 있다. 양(量)과 질(質) 중의 하나만 변화하면 본질은 변할 수도 있고 그렇지 않을 수도 있다. 물리학에서는 양이 모이면 질이 되고 질을 나누면 양이 된다. 양은 질을 만든다. 지속적으로 시도하면 할수록 성공의 확률도 높아진다. 이를 '확률의 원리'라고 한다. 양이 거듭되면 어느 순간 임계점을 넘어서면서 질적 전환이 일어나는데 이를 '임계치(critical value)'라고 한다. 물은 100도가 되는 순간 끓기 시작한다.

김정은 시대의 북한 변화를 진단하고 분석하는 글의 서두에 물리학 이론을 끄집어 낸 것은 북한 조망과 평가에 어떤 시각을 가져야 할 것인가에 고민에서 비롯된다. 북한의 지속(continuity)과 변화(change)는 북한 연구자에게 숙명적인 주제다. 북한이 양적으로 변화하더라도 어느 정도 변화해야 질적인 변화를 유발할 것인지는 북한의 개혁 개방을 진단하는 중요한 단서가 된다. 따라서 '변하는 북한'과 '변하지 않는 북한' 사이에서 무게 중심을 어디에 두어야 할 것인지는 난제다. 또한 변화의 기준에서 양과 질의 비중은 어느 정도일까 등 주관적인 관점이 우선적일 수밖에 없다. 북한 체제를 움직이는 하드웨어와 소프트웨어 중에서 변화의 초점을 어디에 맞추어야 하는지도 숙제다.

또한 망원경과 현미경 중에서 어느 도구를 사용할 것인지, 산속에서 나무의 모양을 볼 것인지 외부에서 산 전체의 모습과 색을 볼 것인지도 관전 포인트다. 특히 집권의 핵심 세력인 노동당이 창건 75주년을 맞았고 2022년에는 김정은 위원장이 집권 10년을 맞이하는 북한 체제는 3대 세습통치를 지속하면서 역사적인 시계열적(time-series)인 방법으로 접근해야 하는 필요성과 한 시기의 단면분석(cross-section)을 해야 하는지 사안별로 다를 수밖에 없다. 세계에 많은 권위주의 체제가 존속하지만 지도자가 3대에 걸쳐 세습하는 체제는 21세기에 매우 희귀한 사례다. 마르크스 레닌주의를 토대로 사회주의가 성립되었지만 김일성의 유일수령주의와 주체사상으로 작동하는 '북한식 사회주의'가 지속되어 있다.

북한 분석에서 변화와 불변을 논의하는 이유는 북한이 사회주의 계획경제 체제의 문제점을 해결하면서 자유민주주의를 토대로 개혁·개방의 자본주의 시장경제로 나아가는지 사실 여부를 진단하기 위해서다. 다양한 분석의 관점과 인식 그리고 지속성과 다양한 변화의 기준을 적용하여 정치와 경제 및 사회의 3대 분야를 중심으로 김정은 시대의 변화와 불변을 조망하기로 한다.

2. 정치 분야

김정은 국무위원장은 2012년 부친인 김정일 국방위원장(1942. 2. 16.-2011. 12.

17)의 뒤를 이어 북한의 3대 최고지도자가 된 지 10년이 되었다. 지난 10년 동안 북한을 이끌어온 김 위원장으로서는 만감이 교차할 것이다. 외부에서 북한의 인민들이 자신의 폐쇄적인 정치체제에 대해 자부심을 갖도록 국가를 통치했는지 정확하게 판단하기에는 한계가 있다. '내 나라가 좋아' 라는 평양 곳곳에 붙은 구호대로 전체 인민들이 김 위원장의 통치력에 긍정적인 평가를 하는지 남한 사회의 대통령처럼 여론조사에 따라 부정적인 평가와 긍정적인 평가가 앞서거니 뒤서거니 하는지 가늠하기는 어렵다. 찬반의 관점을 떠나 정치적 측면에서 고정불변과 특이한 변화의 조짐을 진단해보자.

박지원 국정원장은 2020년 8월 20일 국회 정보위 첫 회의에서 김 위원장이 여동생인 김여정 노동당 중앙위원회 제1부부장에게 국정 운영의 권한 일부를 이양하는 등 위임통치에 들어갔다고 밝혔다. 다만 "김 위원장이 아직 후계자를 결정한 것이 아니고 건강에도 이상이 없는 것으로 보인다"고 하면서도 "김 제1부부장이 2인자 역할을 하는 것"이라고 전했다. 국정원은 김여정 제1부부장의 담화까지 북한 주민들에게 암송하게 하는 것은 거의 후계자급에 맞먹는다며 김여정의 2인자 역할을 입증하기 위해 특이한 사례를 제시하였다. 김정은의 위임통치는 9년간의 통치 스트레스 경감, 정책 실패에 따른 책임 분산 차원에서 단행되었다고 보고되었다. 김여정은 대남 대미 전략을 담당하며 국정전반에 대한 보고를 받으며 경제와 군사 분야에서도 전문 관료들에게 권한이 이양되었다고 한다. 김정은이 건강 문제가 없는데 스트레스 때문에 후계자로 결정되지 않은 여동생에게 2인자 역할을 맡겼다는 다소 알쏭달쏭한 표현에다 '위임통치'라는 자극적인(?) 단어를 사용하여 언론에서 쓰지 않고는 못 배기게 만들었다(남성욱, 2020).

김정은의 위임통치 논란은 북한 최고지도자의 위상과 역할로 볼 때 선대에는 없던 초유의 현상이다. 유일수령통치 체제의 특성상 위임통치 논란은 권력 분산이라는 측면에서 관심이 클 수밖에 없다. 국정원의 보고대로 위임통치의 행태가 가시화된다면 북한 통치제제 변화의 단초로 간주하지 않을 수 없다.

특히 집권 초기부터 오빠를 그림자 형태로 보좌하는 여동생 김여정의 역할에 대한 관심이 집중될 수밖에 없는 상황이다. 특히 후계자가 정해진 것은 아니지만 김정은의 단독 통치 구조에서 김여정의 역할은 시간이 갈수록 커지고 있다. 김여정은 2019년 말 노동당 중앙위원회 제7기 5차 전원회의에서 '당 중앙위 제1부부장'으로 임명되며 조직지도부를 장악했다. 2만여 명의 북한 당·정·군 간부 인사를 스크린하는 조직지도부 제1부부장과 본부당 위원장을 맡아 당의 내부 업무를 총괄하고 있다. 현재 김여정의 보직과 역할은 김정일이 지난 1974년 김영일, 김평일 등 이복동생들과 치열한 경쟁 끝에 김일성의 실질적인 후계자로 낙점되어 1980년 6차 노동당 대회에서 공식적인 후계자로 승인되는 6년 기간의 행보와 유사하다. 당시 김정일도 조직지도부장을 맡아 '사람관리'에 들어갔다. 2019년 4월 건강 이상설이 나온 김정은에게 언제든지 다시 건강 문제가 발생할 수 있다는 점에서 김여정 위임통치 카드는 만일의 사태인 유고(有故)에 대비하는 예행연습이다. 유사시에 대비하여 김 위원장과 남매 간 역할 분담을 통해 김여정이 통치의 경험을 축적하는 기간이 필요하다.

한편 건강에 유의할 필요가 있는 김정은은 대북제재로 인한 경제위기와 코로나 확산 및 수해·태풍 피해 등 3중고를 극복하는 과정에서 만기친람식 통치보다는 실무자들의 전문성을 활용하는 것이 바람직하다. 지난 9년간 현지지도에서 실무자들의 군기를 잡는 미주알고주알 지시하는 방식은 이제 약효에 한계가 왔고 실무자들에게 권한을 이양하고 결과에 대한 책임을 묻는 방식이 효과적이라는 판단이다. 김정은이 경제 건설현장에 나타나면 관료들은 다른 지역의 예산과 자재를 동원하여 공사를 완공하는 등 움직이는 척하지만 그가 나타나지 않는 지역은 깜깜 무소식이다.

한편 박 원장의 위임통치 보고는 다양한 논란을 불러일으켰다. '위임통치' 단어는 동종업계인 통일부 장관, 국방부 장관으로부터도 다른 해석이 나오면서 북한 내부의 상황에 대한 진위 여부가 논란이 되었다. 이인영 통일부 장관은 8월 25일 국회 외교통일위원회 업무 보고에서 "김 위원장이 당·정·군을 공식적·실질적으로 장악한 상황에서 분야별 '역할 분담'을 한 것으로 평가한다"고 전했다. 정경두 국방부 장관 역시 같은 날 국방위에서 '김 부부장이 실질적으로 조직지도부를 장악하고 있는가'라는 미래통합당 윤주경 의원의 질의에 "그렇게 판단하고 있다"며 "김정은이 당·정·군에 대한 영도 유일체제로 권력을 장악하고 있다고 보고, 다만 밑에 있는 사람들한테 역할이나 책임을 분산시켜서 (통치를) 하고 있다고 생각한다"고 말했다. 두 안보관련 장관의 발언은 국정원장의 보고와는 결이 다르다. 북한 통치제제에 근간인 유일 영도체제의 정점에 있는 김정은의 권력에 문제가 전혀 없다는 내용이다. 김정은 위원장은 북한 보도매체 기준으로 2020년 2월 1회, 4월 1회, 5월 1회, 6월 2회, 7월 2회, 8월 5회 그리고 9월에는 3회에 걸쳐 태풍 대책 등 주요한 공식 회의를 주재하는 등 권력 작동이 정상적이다. 김 위원장은 8월 전원회의에서 북한 경제 전략의 실패를 공식 인정했다. 그는 "당 7차대회 결정 관철을 위한 사업에서 나타난 편향과 결함들을 전면적으로, 입체적으로, 해부학적으로 분석·총화하라"고 지적했다. 이어 2021년 1월 제8차 노동당 대회를 개최해 새로운 경제발전 전략을 수립하겠다고 밝혔다. 요컨대 김정은이 경제발전 전략 실패를 자인한 것으로 북한 통치체제의 특성상 매우 이례적이다. 김일성 주석 시절이던 1993년 제3차 7개년 전략의 실패를 인정한 이후 처음이다. 이는 김정은의 위임통치 주장과는 맥락이 다르다. 북한에서 최고지도자인 '최고 존엄'이 추진한 모든 정책은 무오류이며 과오는 없다. 경제계획은 절대 실패가 없으며 목표 기간에 과업을 달성하지 못하면 완충기라는 연장 기간을 두어서 완수하며 된다. 아무리 코로나 상황이지만 김정은의 셀프 결단이 없이는 실패를 자인할 수 없으며 절대 권력이 구축되어 있지 않으면 가능하지도 않다. 위임통치 표현과는 논리적으로 앞뒤가 맞지 않는 김정은의 고해성사다. 결론적으로 북한은 최고지도자 유고 때와 같은 비상시에만 권력 위임이 가능하기 때문에 '위임'이라는 표현은 북한 변화를 진단하는 데는 한계가 있는 표현이나 권력의 분산 측면에서 여전히 주목할 만한 용여다.

김여정은 핏줄인 오너(owner)의 신임을 받는 관리형 CEO로서 재벌 회장님의 자제들이 성장하면 자연스럽게 권력의 뒤편으로 물러날 수밖에 없다. 현재 김정은의 자녀는 10살 미만으로 아직은 권좌를 이어받는 황태자 수업을 수행하기에는 너무 어리다. 김정은의 유고시에 김여정 이외에는 백두혈통의 전통을 이어받을 핏줄은 없다. 친형인 김정철(38세)은 영국의 기타리스트인 에릭 클랩톤 공연을 보며 목숨을 부지하고 있지만 철저한 감시 상태에 있다. 하늘 아래 태양은 하나이며 김정철은 조선시대 양녕대군의 운명과 유사하다. 남성 위주의 가부장제 권위주의로 무장한 사회주의 독재체제에서 32세의 여성이 홀로서기로 권력을 장악하는 것은 넘어야 할 장애물이 적지 않다. 하지만 현재 그녀의 역할은 김정은의 신임으로 폭과 깊이가 간단치 않다. 2020년 6월 16일 개성공단 남북연락사무소를 폭파하기 전까지 3주간 쏟아진 김여정의 파상 공세 담화는 김정은의 절대적인 권한 이양이 없다면 불가능했을 것이다. 모건 오테이거스 미국 국무부 대변인은 2020년 9월 4일 위임통치 보도에 대해 "일부는 맞고, 일부는 틀리다"는 입장을 밝혔다. 미국 정부의 최초 공식 입장이다. 단 오테이거스 대변인은 "추측 게임을 하고 싶지는 않다"며 "트럼프 대통령의 카운터 파트는 여전히 김 위원장이다"라는 입장을 내놓았다. 김 위원장이 권한을 이양하는 위임통치를 공식적으로 인정하지 않겠다는 입장이다.

김여정은 2020년 7월 27일 전국노병대회 참석 이후 사라졌다가 10월 2일 66일 만에 트렌치코트 차림으로 나타났다. 그녀는 김 위원장을 수행하여 강원도 김화군 수해 복구 현장에 나타났다. 위임통치의 주인공이 2달 동안 두문불출하다가 나타났다. 그녀의 장기 잠행은 과도한 시선집중을 조절하기 위한 김정은의 특별지시의 결과다. 과거 소련의 스탈린 시대나 중국 마오쩌둥 시대는 물론 현재 푸틴이나 시진핑 주석의 지도체제에서 2인자라는 단어는 사용조차 어렵다. 마침내 사회주의 권력에 2인자는 없다는 전통으로 제동이 필요했다. 아무리 여동생이지만 권력 전면에서 2인자 운운하는 평가는 하늘 아래 두 개의 태양이 떠 있을 수 없는 평양 주석궁에서는 절대 불가다. 근신은 아니더라도 자숙하는 잠행은 불가피하다. 한편으로 그녀의 잠행은 실세 역할을 수행하는 반증이라는 지적도 가능하다. 평양 권력에서는 안 보이는 막후 인물들이 핵심 역할을 한다. 평양 권부에서는 책임자보다는 부부장들이 실제 일을 한다. 김 위원장은 2020년 9월 5일 태풍 마이삭 피해 현장을 방문하고 피해 대비 소홀의 명분으로 김성일 함경남도 도당위원장을 교체했다. 남한의 도지사에 해당하는 도당위원장을 천재에 해당하는 피해를 내세워 해임하는 극약 처방은 절대 권력의 통치자만이 가능하다. 김 위원장은 애민정신을 강조하기 위해 최정예수도당원사단 파견을 지시했다. 9월 9일 평양 김일성 광장에서 1만 2천 명의 복구 인력과 물자가 3일 만에 준비되어 수십 개의 붉은 깃발을 휘날리며 함경도 피해 현장으로 출발하는 행사는 1960년대 중반 중국의 문화대혁명 시절을 연상시키는 광경이다. 문혁 당시 마오쩌뚱의 지도력처럼 통치체제가 일사불란하고 김정은의 지시가 확고하다는 것을 상징한다.

김정은의 통치방식은 국정을 총괄적으로 챙기되 분야별 관리는 중간관리자를 통해 수행하겠다는 정책 추진방식의 변화로 분석된다. 5공 시절 전두환 전 대통령은 당시 김재익 경제수석비서관에게 "경제는 당신이 대통령이야"라며 경제정책 책임을 맡겼다. 군인 출신의 지도자가 경제전문성을 갖춘 참모에게 힘을 실어주어 한국경제의 고질병인 인플레이션을 잡았던 사례를 김정은이 벤치마킹하고 있다. 북한의 총체적인 난국 중에서 경제는 가장 심각한 수준이다. 대북제재로 인한 수·출입 감소, 코로나로 인한 고립 및 수해 등 3중고로 올해 마이너스 성장이 예상되고 있다. 국제신용평가사 피치는 2020년 북한 국내총생산 성장률을 마이너스 8.4%로 전망했다.

경제는 박봉주 부위원장과 새로 정치국 상무위원으로 발탁된 김덕훈 내각총리가 담당한다. 현장 관리권한을 부여하면서 책임도 요구하는 시스템이다. 2020년 8월 30일자 북한《로동신문》1면에는 특이한 기사가 게재되었다. 1면

머리기사로 박봉주 부위원장과 김덕훈 내각총리가 각각 황해남도의 태풍 피해복구 상황을 현지 시찰했다는 기사가 나란히 실렸다. 두 사람이 태풍 피해 현장에서 현지 관리들과 이야기를 나누는 사진들도 함께 게재됐다. 지금까지 《로동신문》 1면은 북한의 지도자들 중 김정은의 공개 활동과 최고인민회의 상임위원장의 해외 순방외교를 소개하는 데에만 할애되었고, 내각 총리나 당 간부들의 공개 활동은 항상 2면이나 3-4면 등에 소개되었다. 다시 9월 1일자 《로동신문》 1면 상단에 당중앙위원회 정치국 상무위원들인 리병철, 박봉주 당중앙위원회 부위원장들의 태풍피해복구사업 '지도' 사진이 게재했다. 《로동신문》 1면은 김정은만이 등장할 수 있는 특별무대다. 고위관료들이 1면에 등장하는 기사는 양날의 칼이고 당사자들 역시 본인들의 활동이 1면에 게재된 것을 보고 모골이 송연했을 것이다. 일이 잘못되면 언제든지 황천길에 갈 수 있다는 위기의식을 갖지 않을 수 없다. 권한과 책임은 언제든지 뒤집힐 수 있는 동전의 앞뒷면이다. 지난 1997년 고난의 행군 시절 서관히 농업상은 식량 생산량 부족의 희생양으로 평양시 외곽 공터에서 공개 총살형을 당했다. 4년째 계속된 자연재해와 비료 등 농자재 부족이 원인이었지만 죄명은 남한 안기부에 예속된 첩자, 미국의 고용간첩으로 식량 부족 사태의 희생양이 되었다 (남성욱, 2017). 실무책임자들은 권력 숙청의 역사를 알고 있기 때문에 그들에게 주어진 권한에 취하기보다는 성과 달성에 밤잠을 설칠 것이다. 한정된 예산에다 코로나 및 수해 등으로 총체적 경제난국을 탈출하는 것이 말처럼 쉽지는 않을 것이다. 중요한 업무는 최종 결정 권한이 있는 김 위원장이 직접 관장한다지만 이런 위임 통치는 과거 김일성, 김정일 집권 시대에서는 보기 힘든 모습인 만큼 향후 김정은과 김여정의 행보에 대한 관심은 고조될 수밖에 없다. 북한 권력 구도 변화에 대한 우리 정보당국의 공개적인 언급은 이번이 처음이다. 북한은 위임통치 논란에도 불구하고 노코멘트로 일관하며 최고지도자에 관한 사항인데도 반응을 보이지 않았다.

김 위원장은 2011년 12월 30일 집권 이후 2013년 1차례, 2016년 두 차례,

2017년 1차례 등 4번의 핵실험을 감행하였다. 핵무력 완성과 함께 대륙간탄도미사일(ICBM) 등 다양한 투발 수단을 개발하고 있다. 무력을 통한 강성대국 건설은 '변하지 않는 북한'의 전형적인 모습이다. 다만 무력을 대내외에 과시하는 방식은 외형적인 변화를 보이고 있다. 2020년 가을 평양의 대내외 상황은 매우 복잡하였다. 집권 9년 차를 맞이하여 흐트러진 민심을 다독거리기 위해 안간힘을 쓰는 김 위원장은 2020년 10월 10일 노동당 창건 75년 주년 행사를 빅 이벤트로 만들어야 했다. 우선 꺾어지는 해인 당 창건 75주년 기념식은 동요하고 있는 내부 민심을 다독이며 미국에 대한 강력한 메시지를 전달하는 무대였기 때문에 성공적인 행사 개최가 매우 중요했다. 하지만 행사의 수위를 조절하는 일이 만만치 않았다. 과거 방식대로 오전 10시에 보란 듯이 김일성 광장 열병식에서 지난 2018년 2월 8일 건군절 70주년 행사 당시 화성 14, 15호를 선보인 것처럼 75주년 행사에는 화성 16호 ICBM(대륙간탄도미사일)이 등장할 것으로 예상되었다. 최대 800kg이 넘는 핵탄두를 장착한 상태에서 1만 5천 km의 유효 사거리로 미국 수도인 동부지역 워싱턴 등 어디든지 핵 타격이 가능한 무기다. 초대형 액체 연료를 가동하여 즉각 발사 시스템을 구축하는 등 새로운 전략무기로 평가된다. 하지만 백주 대낮에 신형 핵무기의 확실한 공개는 김 위원장과 선거 운동에 나선 트럼프 대통령에게 양날의 칼이었다. 신형 ICBM과 SLBM(잠수함 발사 탄도미사일)인 북극성-4A형, 초대형 방사포 및 '북한판 이스칸데르' 미사일 등 신무기 4종 세트의 공개는 평양이 워싱턴에 보내는 강력한 메시지로서 코로나 확진으로 지지율이 하락한 트럼프 대통령에게는 악재가 아닐 수 없다(Nam, 2018).

한편으로 대북제재에 맞대응하여 선거 이후 워싱턴을 움직일 레버리지도 절대적으로 필요한 시점이었다. 역시 핵무기와 미국을 위협할 투발 수단인 신형 ICBM을 선보이는 '맛보기 전략'은 불가피하다. 특히 선거 이후에 '미워도 다시 한번'의 심정으로 진검승부인 4차 북미 정상회담을 기약하는 만큼 '닥치고 공격' 위주의 충격요법을 저울질했으나 마지막에 변칙 전략을 구사하였다.

자신이 평양을 잘 관리하고 있다고 유권자를 설득하는 트럼프의 입장을 어렵게 하기보다는 '선거후에 자신을 잊지 말아야 해요(forget-me-not!)'라는 고상한 물망초 전략을 구사하였다. 김 위원장이 이례적으로 당초 오전 10시에서 자정으로 행사 시간을 변경함으로써 신형무기를 확실하게 과시하는 도발적인 무력시위 카드는 대미 강경 메시지는 전달하면서도 불빛 감성전략으로 상대의 판단을 혼란스럽게 하는 나이트쇼로 전환되었다. 서치라이트 조명 속에서 실전 발사하지 않아 성능이 어떤지는 미지수이나 크기와 운반 차량의 바퀴로 판단하건대 ICBM 미사일로 추정되는 물체를 공개함으로써 외부의 판단을 애매하게 하는 '모호성 전략'을 구사하였다.

결국 김 위원장은 가을날 평양의 쌀쌀한 야심한 시각인 밤 12시부터 새벽 3시까지 신무기와 2만 명의 병력을 동원한 깜짝 열병식 쇼로 75주년 행사를 마무리했다. 어둠 속에서 일부 화려한 조명이 등장하긴 했지만 김 위원장이 전쟁 억지력 운운 등의 장광설의 연설을 하고 로봇 같은 북한군 특수부대의 사열 이후 깜짝 신무기가 등장하는 전통적인 열병식 퍼레이드와 형식은 유사하였으나 대낮의 태양 아래 공포감을 주었던 기존 행사와는 다소 분위기가 달랐다. 특히 김정은이 "인민들에게 제대로 보상하지 못해 면목이 없다"고 울먹이는 모습은 연출일지언정 열병식 분위기와는 맞지 않는 어색한 장면이었다. '고맙다'와 '감사하다'는 표현만 18번을 사용했다. 반대로 신형무기가 등장할 때마다 얼굴에 함박웃음을 짓는 김정은의 표정은 그의 복안이 무엇인지를 추측할 수 있게 했다. 연설 내내 인민들을 대상으로 극존칭을 사용하는 모습은 최고 존엄으로서는 무언가 모르게 맞지 않는 옷을 입은 모습이었다. 감성적인 용어 사용으로 주민들의 불만을 희석시키려는 심리적인 전술이다. 대내외적으로 녹록지 않은 평양 내부의 상황을 반영하였다.

코로나로 인하여 국내외 운동경기가 무관중경기로 진행되는 것과 같이 평양의 열병식도 국제사회의 관중은 불참하는 제한적인 무관중 행사로 종료되었다. 글로벌 팬데믹 위기 속에서 새로운 신형무기를 선보이는 요란한 군사

퍼레이드에 대한 국제사회의 부정적인 시각으로 김 위원장이 행사 수위를 조절하였지만 '신형 ICBM'은 확실하게 선을 보였다. 행사 시각이 밤과 낮이 어떤 차이가 있는지는 실감성이 판단기준이다. 확실하게 신형 첨단무기와 군인들의 눈빛을 보여주는 데는 역시 환한 대낮이 제격이다. 무엇 때문에 처음으로 2만여 명의 정예 병력들이 총을 들고 한밤중에 모였는가? 필자는 2004년 10만여 명이 참가하는 아리랑 공연을 평양에서 관람한 적이 있다. 각종 카드 섹션을 연출하는 무대를 만들기 위해서는 다른 동작이 보이지 않는 야간이 유리하다. 하지만 무기를 노골적으로 과시하는 열병식 행사는 대부분의 국가에서 낮에 개최했고 북한도 지금까지 예외가 아니었다. 2020년 가을 깜짝 심야 군사 퍼레이드를 해야만 하는 평양의 광경은 선대에는 볼 수 없었던 대단히 낯선 모습이 틀림없다.

3. 경제 분야

김정은 위원장은 집권 초기인 2012년 4월 "더 이상 인민들의 허리띠를 졸라매지 않겠다"는 공개 연설을 했다. 하지만 김 위원장은 2020년 10월 당 창건 75주년 행사에서 성과가 미흡한 데 대해 허리를 숙여 인민들에게 공개 사과했다. 북한 경제는 난국을 타개할 돌파구를 찾지 못하고 있다. 2017년 하반기 본격화된 국제사회의 그물망 제재와 압박으로 2018년 마이너스 3.5% 성장에 이어 2020년에도 마이너스 성장이 예상되고 있다(남성욱, 2019). 2020년 코로나 사태로 북한의 경제활동은 예년 대비 절반 이하로 축소되었다. 2020년 1-8월 북한의 대중 무역 규모는 5억 1,000만 달러로 전년 대비 17억 1,000만 달러에 비해 70%가 감소하였다. 1-8월 북한의 대중 수출은 전년도 같은 기간에 비해 70.3% 줄어든 4,192만 달러였다. 수입은 70.2% 감소한 4억 7,000만 달러로 집계됐다. 북한의 대중 무역 비중은 국제사회의 대북제재 등으로 인해 2007년 67.1%에서 지난해 95.4%로 증가하였다. 북한의 대중 무역액 감소는 코로나 발생 사태로 인한 북·중 국경 차단 때문이다(Vincent Koen, Jinwoan Beom, 2020).

2020년 북한 경제는 제재와 압박으로 어려움을 겪고 있다. 북한도 자신의 방식으로 경제 발전을 추진하고 있다. 남한의 경제성장 키워드가 소득주도 성장이라면 김 위원장이 북한 경제를 이끄는 3대 키워드는 '경제특구 성장', '현지지도 성장', '남북경제협력 성장' 등이다. 3대 분야 성장론의 허와 실을 통해 경제 분야의 '변화하는 북한'과 '변하지 않는 북한'을 분석해 보자. 2020년 북한 경제는 2016년 5월 6일 제7차 노동당 대회에서 확정한 '국가경제발전 5개년 전략(2016-2020)'에 따라 작동하였다. 북한은 당 대회를 통해 국가의 굵직한 경제개발 계획을 제시한다. 1956년 4월 개최된 3차 당 대회에서는 '인민경제발전 5개년 계획', 1961년 9월 4차 당 대회에서는 '인민경제발전 7개년 계획', 1980년 10월 6차 당 대회에서는 '사회주의 건설의 10대 전망 목표'를 제시하였다. 김정은 집권시대 들어서 제시한 국가경제발전 5개년 전략은 과거의 정책이 경제발전에 대한 계획인 데 반해 '전략'이란 용어를 사용한 것이 특색이다. 구체적인 각 부문별 생산목표 수치를 제시하지 않은 채, 기존의 선행 부문과 '먹는 문제' 해결을 재강조하여 추상적 수준에 그쳤다. 계획을 세웠다가 목표 달성에 실패하여 경제 관료는 물론 최고 지도자까지 곤욕을 치룬 과거를 고려하여 '전략'이란 수단 지향적인 단어를 사용했다. 주요 목표는 경제가 획기적으로 개선되지 않기 때문에 과거의 경제발전 계획과 대동소이하다. 3대 총괄목표는 '인민경제 전반의 활성화', '경제부문 사이의 균형 보장', '나라의 경제를 지속적으로 발전시킬 수 있는 토대 마련' 등이다. 4대 방향은 '경제 및 핵무력 병진노선', '에너지 문제 해결', '인민경제 선행 부문과 기초공업 부문의 정상화', '농업과 경공업 생산을 늘려 인민생활의 질 향상' 등이다.

북한은 2018년 4월 20일에 열린 노동당 중앙위원회 제7기 제3차 전원회의에서 '사회주의 경제건설'을 새 전략노선으로 채택했다. 새 전략노선의 해석을 둘러싸고 남한의 전문가들 사이에는 논란이 있었다. 핵무기 개발은 상수(常數)로서 핵과 경제의 병진 노선을 더욱 추진하겠다는 북한식 경제 돌파구 전략을 표방한 것인지? 혹은 이미 핵개발은 성공했음으로 이제 핵개발의 속도를 늦추고 각종 자재와 재원을 순수 경제건설에 총력을 다 하겠다는 뜻인지 불분명하다. 7월 3일자《로동신문》은 "국가경제발전 5개년 전략 수행의 세 번째 해인 올해 경제전선 전반에서 활성화의 돌파구를 열어 제껴야 한다"고 강조했다. 전반적인 경제건설의 소프트웨어는 인민경제의 자립성, 주체성, 현대화 및 정보화다. 이를 통하여 현장에서 달성하여야 할 미시적인 목표는 식량 자급자족, 에너지 문제 해결, 경공업 발전, 무역구조 개선, 경제개발구 자본 유치, 관광산업 활성화 등이다. 이외에 '남한과의 경협을 통한 경제건설'이 새롭게 추가될 것이다. 식량 자급자족은 1948년 북한 정권 창설 이래로 여전히 미해결의 영원한 숙제이다. 개인의 영농의욕을 고취시키지 못하는 협동농장의 구조적인 문제에다 각종 농자재 공급 부족은 식량 생산량이 소비량을 충족시키지 못하는 일차적인 원인이다(FAO/WFP, 2016; 2019). 에너지 문제 역시 중국에서 단동-신의주 간 송유관을 통해 보내는 연간 40만 톤 내외의 중유 공급에 의존하고 있다. 각종 중소형 발전소의 건설을 통해 전력 부족의 해결을 시도하고 있으나 과거에 비해 크게 개선되지 않고 있다. 경공업 발전 역시 자재 부족으로 소비재의 70% 이상을 중국산에 의존하고 있다. 수출입의 불균형으로 무역구조 개선 역시 공염불에 그치고 있다. 향후 5년간의 북한 경제의 중장기 계획은 2021년 1월 개최되는 제8차 당 대회에서 발표되었다.

'변화하는 북한' 관점의 김정은 시대 경제정책의 핵심 키워드는 경제개발구다. 경제특구의 북한식 표현인 경제개발구 정책의 원조는 역시 중국이다. 외자유치(FDI)는 경제개발 초기 자본이 부족한 저개발국가의 필수적인 마중물이다. 하지만 저개발 국가의 전망이 불확실함에 따라 외국자본 유치는 쉽지 않다. 오늘날 미국과 무역전쟁을 벌릴 정도로 성장한 중국의 해외 직접투자 연간 유입액은 덩샤오핑이 개혁과 개방을 단행한 1978년에는 제로였다. 국제자본은 중국의 개혁과 개방에 확신이 들 때까지 움직이지 않았다. 덩샤오핑의 눈물 어린 노력으로 1980년에 겨우 6천만 달러를 기록했다. 중국과 같은 거대 시장도 연간 유입액이 10억 달러를 넘어선 연도는 1984년이었다. 100억 달러를 넘어선 연도는 1992년, 500억 달러를 넘어선 연도는 2002년, 1천억 달러를 넘어선 연도는 2010년이었다. 돈에 확실한 꼬리표가 달린 국제자본은 불투명성과 불확실성을 극도로 싫어한다. 돈을 벌수 있다는 분명한 판단이 서지 않으면 미동도 하지 않는다. 과연 김 위원장은 1978년 덩샤오핑의 점(点) → 선(線) → 면(面) 개혁과 개방 전략을 본격적으로 추진하는 것인지 혹은 흉내만 내는 것인지 진단해 보자. 특구 경제발전 전략은 오직 최고 지도자의 의지와 결단이 없으면 불가능하기 때문에 김 위원장의 복심이 매우 중요하다. 우선 상하이 등 14개의 항구를 개방하여 파격적인 조건으로 외자를 유치하고 이를 연결하여 해안지대를 경제발전의 토대로 삼아 내륙으로 외국 자본을 끌어들이는 전략이 실현되기 위해서는 김 위원장의 통 큰 결단이 필수적이다. 과거 경제 관료들이 최고 지도자의 위임을 받아 경제특구 정책을 추진하다가 보수파의 공격을 받아 희생양이 되었던 사례는 사회주의 체제의 개혁·개방이 매우 불안정하다는 점을 시사한다. 경제 발전을 위해 김 위원장이 제시한 회심의 특구카드 성패는 김 위원장의 경제 리더십을 평가하는 중요한 기준이 될 수밖에 없다. 북한의 특구전략은 외국 자본의 추출(extraction)과 내부자원의 동원(mobilization)을 특정지역에서 연결하는 동원추출이론을 기반으로 한다.

북한 경제특구의 원조는 1991년 12월 지정된 나진·선봉 경제무역지대다. 1984년 합영법 제정이후 최초의 특구다. 하지만 보수파의 공격을 받아 나선특구를 주도하였던 김정우 대외경제협력추진위원장이 간첩 혐의로 1997년 공개 총살을 당하고, 1999년 김달현 전 경제 부총리가 자살함으로써 나선특구는 막을 내렸다가 2010년 첨단 물류 및 무역 수송 특구라는 간판을 새로 내걸고 재지정되었다. 2002년에는 신의주국제경제지대, 개성공업지구, 금강산 국제관광특구 등이 연속적으로 지정되었다. 개성과 금강산은 남한과의 경제 협력 대상 지역으로 지정되어 개성공단과 금강산 관광이 본격화되었다. 하지만 2008년 박왕자 씨 피살사건으로 금강산 관광이 중단되고 2016년 1월 북한의 4차 핵실험으로 개성공단이 중단되었다. 신의주 특구는 2002년 화교 출신인 양빈이 행정장관으로 평양에 의해 임명되었으나 중국 공안에 의해 체포되어 특구는 사실상 개점휴업 상태였다. 북한은 2010년에 친중파인 장성택을 앞세워 황금평·위화도 경제지대를 지정하여 중국자본 유치에 주력하였다. 하지만 2013년 장성택의 처형으로 황금평·위화도 특구는 진전을 보지 못하고 있다. 총론적으로 개성과 금강산만 남측과의 협력으로 절반의 성공이었으나 문이 닫혔고 나머지 중국 자본을 겨냥한 특구는 사실상 개점 휴업상태다. 상기의 5대 경제특구는 중앙에 의해 결정되었고 김일성, 김정일 시대에 결정되어 김정은의 독자 브랜드와는 거리가 있다. 다만 금강산 특구에 애정이 각별하여 인근 원산에 75억 달러의 외자를 유치하는 '원산 특별개발' 정책은 금강산 특구 개발과 연계하는 매머드 프로젝트로서 김 위원장의 야심작이다. 하지만 핵문제로 인한 국제사회의 제재로 인하여 75억 달러의 조달과 유치는 여전히 청사진 수준이다.

김 위원장의 대표적인 경제특구는 지난 2013년 11월에서 2014년 9월 사이에 지정된 22개의 경제개발구다. 은정첨단기술개발구, 강령국제녹색시범지대, 무봉국제관광특구는 중앙급으로, 나머지 혜산경제개발구 등 19개는 지방급으로 각각 지정되었다. 지방 균형발전에 경제 활성화를 위해 1도에 1지구 지정을 원칙으로 투자의 필요성이 높은 백두산 인근 관광 지구에는 2개를 지정했다. 발표 당시에는 한국인을 제외한 외국인 기업, 북한의 돈주(자본소유자) 등의 참여를 요청했다. 북한은 2014년 9월 중국 대련에서 민족경제연합회 주관으로 파워포인트를 사용하여 투자설명회를 개최했다. 투자설명회에서 배포된 자료에 따르면 압록강경제개발구는 북한은 토지이용권과 개발권을 제공하며 외부 기업은 2억 4천만 달러를 투자하여 합영기업의 형태로 진행하거나 외국인 단독기업의 형태로 추진한다. 사업 기간은 50년이며 기업 소득세는 14%이다. 하지만 사회간접자본인 전기와 가스는 중국에서 사업자가 알아서 끌어와야 한다고 규정되어 있다. 관광이나 현대농업시설 건립을 제안하고 있다. 사업 제안서에는 한국 화폐로 2600억 원에 달하는 거금을 투자하여 수익을 획득할 여건이 충분히 기술되어 있지 않다. 합법적인 이윤과 기타소득의 자유로운 송금을 보장하고 자율적인 행정 시스템을 보장하고 있으나 근본적인 결함이 있다. 중국 특구에서처럼 투자자가 제품을 생산하여 매출이 발생할 구체적인 시장과 소비에 대한 정보가 전혀 제공되고 있지 않다. 나머지 개발구도 8천만 달러에서 2억 5천만 달러에 이르는 투자 금액을 제안하고 있으나 대부분 전기와 용수, 도로 등의 사회간접자본이 불비하고 투자 시설에서 일정 기간 안에 매출이 발생할 구체적인 근거를 찾는 데 실패했다. 결국 경제개발구는 제안서 발표 및 개발구 지정 이후 전혀 투자가 이루어지지 않고 있다. 김 위원장의 특구정책은 선대 지도자들의 계획과 크게 차별화하지 못함으로써 성과를 거두지 못하고 있다.

김 위원장의 경제특구 전략과 연계된 경제건설 전략은 관광산업 육성이다. 특히 관광이 국제사회의 대북제재에 해당하지 않는 점을 감안하여 김정은·시진핑 간 5차례에 걸친 북·중 정상회담에서 중국인들의 대북관광 해제가 합의되어 단체관광이 재개된 것은 북한 경제가 제재와 압박으로부터 숨통이 트이는 역할을 할 것으로 예상되었다. 하지만 코로나 발생으로 2020년 관광은 중단되었다. 북한은 2018년 9월 문재인 대통령과 함께 백두산 천지를 관광하여 향후 남한 사람들을 겨냥한 관광시설 확충에 주력하고 있다. 조선중앙통신은 김 위원장이 양강도 삼지연군 건설현장을 세 번째로 시찰했다고 2019년 10월 30일 보도했다. 눈을 흠뻑 맞으며 삼지연 현장을 둘러보는 사진은 북한이 대대적인 리모델링 공사를 있다는 점을 강조하고 있다. 삼지연은 백두산이 최북단에 위치해 있는 백두산 관광 거점 지역이다.

김 위원장의 경제 리더십의 주요 키워드 중의 또 다른 하나는 빈번한 현지

지도를 통한 군기잡기다. 부지런한 애민 지도자의 이미지를 구축하는 데 현지지도는 매우 효과적이다. 권력의 정통성 확보를 위한 상징정치이자 선전전을 통한 심리정치다. 김 위원장이 무더위에 지친 민심을 다독이기 위해 특별히 기록적인 더위가 예상됐던 8월 3일 현지지도를 감행했다는《로동신문》의 보도는 하나의 드라마였다. "이 불타는 삼복더위에 어이하여 그이께서 만은 그처럼 환한 미소를 지으셨던가, 사랑이었다. 인민의 참된 충복, 충실한 심부름꾼, 위대한 헌신이었고 강렬한 분투" 등 표현을 쓰며 김 위원장의 '애민'을 강조하였다. 주민들은 이러한《로동신문》의 선전을 통해서 최고 영도자는 정말 열심히 일하는데 밑에 있는 고위관료들이 제대로 보좌하지 못해서 나라가 어렵다는 인식을 갖게 된다는 것이 탈북자들의 증언이다. 통일부 자료에 따르면 김정은은 2012년 집권 이후 2017년 10월 말까지 총 896회의 현지지도를 했다. 이 중 경제 분야가 308회로 33.4%, 군사 분야가 299회로 33.4%를 차지했다. 이외에 정치 분야 15.3%, 사회문화 14.8%, 대외 및 기타 분야가 2.1%다. 군사 분야보다도 역점을 둔 것이 경제 분야로서 김 위원장이 가장 역점을 두고 있다는 점을 감지할 수 있다.

현지지도 자체를 폄하할 필요는 없지만 문제는 영도자의 빈번한 현지지도가 경제목표를 달성하는 데 효과적인지 여부다. 최고 지도자가 현지지도를 통해 경제발전을 이루는 것은 양적(quantitative) 접근방법이며 노동집약적 발전전략이라는 것이 헝가리 출신으로 미국 하버드 대학 등에서 오랜 기간 사회주의 정치경제이론을 강의한 코르나이 교수의 지적이다(Kornai, 1992). 사회주의는 물론이고 자본주의에서도 모든 산업현장이 성장하기 위해서는 노동력 이외에 자본과 기술을 확충하는 질적인(qualitative) 접근방법이 필요하다. 필자는 2000년 김우중 전 대우 회장이 500만 달러를 투자한 남포 경공업 공장을 방문하였다. 공장 안 벽면에는 다양한 정치구호와 함께 "1950년대의 정신으로 일하자"라는 빨간색의 구호가 큼직하게 붙어 있었다. 안내하는 참사에게 물었다. "1950년대에는 어떻게 일했기에 50년대 정신으로 일하자고 합니까?"

그는 "선대들의 증언에 의하면 그때는 하나를 투입하면 두 개가 나오고 두 개를 투입하면 4개가 나오던 시절이었다고 합니다"라고 대답했다. 다시 물었다. "지금은 어떻습니까?" 그는 더 이상 답하지 않았다. 양적인 성장을 하던 시절이라 노동력 1명을 투입하면 2배의 성과들 거두었다는 의미다. 하지만 양적인 성장은 한계성장 체감의 법칙으로 일정 수준이 되면 노동력의 추가 투하가 오히려 효율성을 저하시킨다. 북한에 지금 필요한 요소는 자본과 기술이지 단순 노동력이 아니다. 현지지도의 문제점은 양적인 접근방법의 한계로 해석된다.

현지지도는 김 위원장이 관료들의 군기를 잡는 시간이다. 이른바 날카로운 질책을 통해 실적 달성을 독려하는 '버럭 정치'의 현장이다. 2018년 7월 함경북도 일대 경제 현장을 둘러본 김 위원장이 무능력하고 무책임하다며 관리자들을 꾸짖었다고 '대단히 격노한 사실'을 북한 매체들이 상세히 보도했다. 수력발전소인 어랑천발전소 건설 현장을 찾은 그는 "30여 년이 지나도록 공사가 완공되지 못한 실태를 현지에서 직접 료해(시찰) 대책하기 위하여 왔다"며 진척이 없는 원인을 파악했다. 이어 관리 책임자가 최근 몇 년간 현장에 한 번도 들른 적 없다는 보고를 받고 "도대체 발전소 건설을 하자는 사람들인지 말자는 사람들인지 모르겠다"고 강하게 비판했다. 심지어 김 위원장은 "벼르고 벼르다 오늘 직접 나와 보았는데 말이 안 나온다"라고 했다. 이어 "평소 현장에는 안 나오다가 준공식 때마다는 빠지지 않고 얼굴을 들이미는 뻔뻔스러운 행태"라며 내각 등 책임자들을 인신 공격적으로 비판했다. 김 위원장은 보고서 작성 등에만 치중하는 형식적 업무 행태에 대해서도 '주인답지 못하다'며 호되게 질책했다. 김 위원장은 내각, 노동당 경제부·조직지도부 등 경제 부문 책임자들의 방만한 태도를 조목조목 지적했다. 청진 가방공장을 찾아선 "태도가 매우 틀려먹었다"고 화를 참지 못했다. 김 위원장은 10월 원산 관광지구를 시찰한 자리에서 "전혀 옴짝도 하지 않고 동면하고 있는 보건성을 비롯한 성, 중앙기관들에서 어떻게 세계적 수준의 관광휴양 및 요양기지 꾸리기와 관련한 기술 과제서를 내놓겠는가"라며 질책했다. 선대 김일성, 김정일과 달리 젊은 지도자의 현장 책임자에 대한 질책과 비판은 고모부 장성택 처형 집권 초기 70여 명의 고위관료들이 김 위원장의 눈 밖에 나 하루아침에 퇴출되었던 만큼 공포 수준이다. 특히 김 위원장은 책임자에게 언제까지 완공할 것인가를 다짐받고 현장을 떠난다. 어랑천 발전소는 현장 책임자가 1년 후인 2019년 10월 완공을 약속했고 실제로 완공되었다.

김 위원장이 현지 지도한 공장과 기업소 및 건설 현장은 최고지도자가 방문한 곳으로 특별 관리를 받게 된다. 이후 자재와 물자 및 인력이 최우선 지원된다. 준공 기한 엄수라는 최고 지도자의 '버럭 지시'에 따라 해당 현장은 이유를 불문하고 완공에 총력을 기울인다. 하지만 김 위원장이 본인의 비자금을 풀지 않는 한 총량이 정해진 물자와 예산 형편에서 특정 지역에 물자가 집중될 경우 다른 지역의 지원이 축소되는 것은 자명하다. 책임자가 총살형을 면하기 위해 다른 건설공사에 투입될 자재를 가져다가 사용할 수밖에 없다. 김 위원장의 현지지도에 의한 생산증가는 일시적인 노동 투입량 증가 이외에는 다른 지역에 배정된 자재와 물자가 김 위원장이 현지 지도한 현장으로 단순 이동하는 풍선효과(Balloon effect)를 적나라하게 상징한다.

김 위원장은 이제 진정한 경제지도자가 되기 위해서는 선택을 해야 할 순간이 다가오고 있다. 진정한 개혁 개방의 리더로서 북한판 덩샤오핑으로 거듭날 것인지? 선대지도자와 같이 기존 방식을 고수하여 개혁의 시늉만 하는 '그럭저럭 버티는 전략(The muddle through strategy)'을 고수할지 결정해야 한다. 미국 석세스 대학 교수였던 고든 화이트(Gordon White)는 중국의 1978년 개혁 개방을 분석한 책의 제목을 '호랑이 등에 올라타기'로 정하였다. 그는 부제로 '호랑이 등에 올라타면 내리기 어렵다(騎虎難下, if you're riding a tiger, it's hard to get off)'라는 문장을 통해 중국의 개혁 개방이 경제적 측면에서 후퇴하기 어렵다고 지적했다(White, 1993). 하지만 호랑이가 시베리아 맹수 호랑이가 아니라 에버랜드의 동물원 호랑이였기 때문에 올라타자마자 김정일은 미래에 불확실성을 감지하자마자 즉각 내려올 수 있었다. 김정일은 2004년 남측과 개성공단을 조성한 것이 대규모 외자도입의 유일한 사례였다. 북한의 사회주의 정치체제와 경제구조를 바꾸는 급진적인 변화가 간단하지 않는 과제라는 것을 시사한다. 집권 10년 차를 맞은 김 위원장 역시 자립적 민족경제라는 인식에서 개방경제로 진전을 보았다고 볼 만한 어떤 정책도 추진하지 않고 있다. 제한적인 경제특구를 통해 독약을 제거한(?) 자본을 도입하는 데 주력했다. 하지만 자본은 불확실성을 거부하고 확실한 개혁과 개방이 아니면 움직이지 않는다(Nam et al., 2020).

4. 사회 분야

집권 10년 차에 들어선 김정은 집권 시대 평양의 살림살이는 호락호락한 상황이 아니다. 대북제재와 수해·태풍 피해 및 코로나로 인한 3중고의 경제적 어려움은 지난 1996-98년간 진행된 고난의 행군 수준에 육박한다. 김 위원장 역시 당 창건 75주년 연설에서 삼중고의 어려움을 겪고 있는 것에 대해 "면목이 없다"며 잔뜩 자세를 낮추었다. 물론 김정은은 유럽에서 체류한 경험으로 김일성 광장 전면 주석단 등을 유럽풍으로 대리석으로 치장하는 등 정치성 예산 사용에는 지출을 아끼지 않는다. 평양에서 긴급하게 편성한 30만 명의 돌격대를 함경도 태풍 피해 현장에서 보내 복구에 나서고 있지만 2020년 식량 부족은 불가피하였다. 안토니우 구테흐스 유엔 사무총장은 9월 초 UN총회에 제출한 보고서를 통해 "북한이 코로나19 확산을 막기 위해 주민들의 이동을 제한하면서 식량난이 나빠지고 있다"고 밝혔다. 곡창 지대인 황해남북도 일대가 물 폭탄을 맞았고 함경남북도 수산 사업소들이 태풍의 영향을 받았다. 특히 코로나19 탓에 국경 봉쇄가 계속되고 외부 지원도 끊기면서 북한의 식량난은 갈수록 심각해지고 있다. 식량 수급에 있어 중요한 장마당이 거의 열리지 않으면서 쌀 1kg이 몇 달치 월급 수준으로 치솟고 있다. 미국 농무부 산하 경제연구소는 2020년 8월 발표한 연례보고서 〈국제 식량안보 평가 2020-2030〉에서 올해 북한 주민의 59.8%인 약 1천530만 명이 식량부족 상태일 것으로 전망하였다.

코로나로 인한 봉쇄와 격리는 북한 경제 위기에 최대의 아킬레스 건으로 작용하고 있다. 김 위원장도 당 창건 75주년 기념식에서 "단 한 명의 악성 코로나 피해자 없이 모두 건강해서 고맙다"면서 "전 세계가 놀랄 일"이라고 자찬하였다. 방역승리를 선언하며 마스크를 착용하지 않은 2만여 명을 한 자리에 모아 놓았다. 필자는 북한 당국이 사망자는 물론 확진자는 단 한 명도 없다는 입장을 고수함에 따라 우회적인 방법으로 코로나 발생 실태를 추정하였다. 회원국의 의무로서 세계보건기구(WHO)에 제출한 격리자 통계를 통해서 감염 실태에 대한 개괄적인 상황을 추론하였다. 북한이 제출한 통계에 따르면 2019년 12월 31일부터 2020년 9월 30일까지 코로나19 누적 격리자는 3만 1,163명이며 9월 17일 기준으로 총 3,374명이 코로나 검사를 받았으며 모두 음성이다. 또한 북한 당국의 기관지인 《로동신문》이 최초로 코로나 바이러스를 보도한 1월 22일부터 9월 30일까지 8개월 10일간 보도한 전체 기사 1,585건을 추적하여 신의주, 사리원, 해주, 청진, 함흥 등지에서 코로나 환자가 발생한 것으로 추정하였다(노동신문, 2020.1.1-10.31). 감염병에 대한 북한 매체의 보도 원칙은 폐쇄성과 비공개성을 원칙으로 한다. 하지만 보안위주의 보도원칙에도 불구하고 올해 노동신문의 코로나19 관련 보도량은 2002년 사스 발생 당시에 비해 10배 이상 늘어났다. 사스(SARS) 발생 당시 노동신문 보도량은 100건이 채 되지 않았다(강영실, 2020).

북한의 장마당에서는 감기, 기침, 소염진통제, 소독약, 링게르 주사줄 등 기초 의약품의 가격이 연초 대비 7배 올랐다. 주민들은 고열과 기침 등 감기 증세가 보이면 방역당국에 신고하거나 병원에 가기보다는 장마당에서 약을 구입해 복용한다. 방역 당국에서 파견한 의료일꾼들이 가가호호 방문하여 감염자를 점검하는 것이 원칙이지만 코로나 발생 9개월이 지나가도록 가가호호 방문 기록은 없다. 군방역소 일꾼 → 인민반 반장(통장) → 주민 증상 체크 등의 현장 방역체계는 당국의 지시와는 달리 제대로 작동되지 않는다. 고열과 기침이 나면 자진신고하고 환자는 집에서 격리하는 방침에 따르면 매일 장마당에 나가 생계를 유지하는 주민은 오히려 격리하다가 굶어 죽을 수 있다는 것이 주민들의 불평이다. 한번 격리에 들어가면 꼼짝 못하고 감옥 수준에 처한다고 한다. 국가경제의 보호망 밖으로 밀려난 인민들은 장마당 경제로 살아가고 있다. 인민들은 스스로 경제를 책임지는 방식으로 삶을 유지하고 있다. '변하지 않는 북한'이지만 인민들의 삶은 '변화하는 북한'의 모습을 보여주고 있다. 장사를 통해 삶을 유지하는 과정에서 손전화(스마트 폰)을 사용하여 물자의 조달과 시세 등 다양한 자본주의 시장경제 행태를 모방하고 있다(남성욱, 2021).

북한 이동통신 가입자는 약 580만 명(2018년)으로, 특히 평양의 경우 20-50대의 60%(2016년 말 기준)가 스마트폰을 사용하고 있다. 북한에서도 '삼성페이'나 '카카오페이'와 같이 현금 없이 스마트폰을 이용해 간편 결제를 할 수 있는 시스템도 등장했다. 북한 대외선전매체 '메아리'는 2020년 10월 21일 "중앙은행과 평양정보기술국 공동연구집단이 손전화기(휴대전화)에 의한 '전성' 전자지불체계를 개발하고 현실에 도입하고 있다"고 보도했다. 매체는 "손전화기 전자지불체계는 사용자들이 지능형손전화기(스마트폰)를 이용해 봉사(서비스) 대금 및 각종 사용료 등 모든 대금 지불을 실현하는 새로운 현금 거래체계"라고 설명했다. 이 결제 체계가 도입돼 사람들이 현금이나 카드 없이 여러 서비스를 받을 수 있다고 매체는 설명했다. 이는 화폐 유통을 안정시키고 지폐를 주고받으면서 발생할 수 있는 바이러스·세균 전파를 줄이는 데 도움이 될 것으로 매체는 기대했다. 북한에서는 거래 시 주로 현금을 사용하지만 평양을 중심으로 직불·선불 카드 결제도 도입돼있다. 산업은행 한반도신경제센터는 2019년 보고서를 통해 조선중앙은행 '전성카드', 조선무역은행 '나

래카드', 고려은행 '고려카드', 대성은행 '금길카드', 황금의 삼각주은행 '선봉카드' 등이 이용되고 있다고 밝혔다(산업은행, 2019). 대한무역투자진흥공사(KOTRA/코트라) 광저우무역관은 2020년 3월 보고서에서 "북한 내 모바일 결제와 인터넷 쇼핑이 확대되고 있는 것은 북한 주민들이 스마트폰을 활용하여 편리한 생활을 누리고자 하는 강한 열망이 이면에 존재함을 알 수 있다"고 분석했다. 주민들의 첨단 모바일 기기 사용에 대한 확대 추세는 '변하는 북한'의 대표적인 사례라고 판단할 수 있다.

5. 결론

세계적인 문화인류학자이자 문명연구가인 재레드 다이아몬드(Jared Diamond) 미국 UCLA대 교수는 1998년 퓰리처상을 수상한 저서《총, 균, 쇠》에서 잘사는 국가의 원인은 단일하며 못사는 국가의 원인은 다양하다고 주장했다(다이아몬드, 2006). 그는 인류 역사와 문명이 무엇을 통해 발전했는가에 주목하며 발전한 국가와 발전하지 못한 지역의 원인 분석에 주력했다. 빈곤 국가들은 각 나라 간에 광범위한 차이점들이 있음에도 불구하고, 유사점이 있다. 대부분의 저개발 국가들은 농업이나 자원채취 산업과 같은 1차 산업이 국민소득 가운데 매우 큰 비중을 차지한다. 1-2가지의 생산물이 불균형적으로 큰 몫을 차지하는 경우도 드물지 않다. 또한 2차 산업 활동의 수준과 범위는 매우 낮은 편이고, 기술개발도 빈약하다. 이러한 나라들은 대부분 잉여 노동력이 많고 실업이나 반(半)실업 상태가 만연하며, 매우 높은 인구증가율을 보인다. 그밖에 열악한 도로와 운송수단, 관개시설 미비 등 사회간접자본의 부족을 비롯해 기술과 교육 부족으로 인한 인적 자원의 저개발, 그리고 비합리적인 경제제도 및 금융제도 등도 저개발국가의 특색이다. 제2차 세계대전 이래로 선진국이나 저개발국 모두 신속한 경제개발정책을 추구해 왔다. 경제개발 정책의 방향은 대체로 경제에 부족한 요소들을 투입해줌으로써 그 조건을 변화시키는 방법에 집중되어 왔다. 경제발전을 추구하는 주체들은 경제학 교과서에서 제시된 경제발전의 3대 요소인 자본(K)과 노동(L) 및 기술(T)에서 가장 취약한 자본과 기술을 외부로 부터 도입하는 데 주력해 왔다. 특히 새로운 자본과 기술로 기존에 존재하지 않는 완전히 새로운 산업부문들을 건설하는 것이 경제발전의 통상적인 과제였다. 저개발국들은 신규산업의 발전을 통해 1차 산업의 제한적인 생산량에 의존하는 정도를 줄이고 기술축적과 소득을 증대시킬 수 있다. 저개발국들은 국제기구나 선진국에 산업화 계획에 필요한 국내자본이 부족했기 때문에 해외자금을 외국인 투자, 정부차관, 원조 등의 형태로 도입했다. 어렵게 마련한 자금은 여름날 마른 펌프에 마중물 역할을 하며 경제발전이 작동되는 종잣돈의 중요한 역할을 했다.

북한은 서구 경제학 교과서에 제시된 자본과 노동 및 기술의 외부 도입 가능성을 원천적으로 봉쇄하고 독자적으로 해결할 것을 강조했다. 북한 헌법 제19조는 "조선민주주의인민공화국은 사회주의적 생산관계와 자립적 민족경제의 토대에 의거한다"고 규정했다. 또한 제26조는 "조선민주주의인민공화국에 마련된 자립적 민족경제는 인민의 행복한 사회주의 생활과 조국의 륭성번영을 위한 튼튼한 밑천이다. 국가는 사회주의 자립적 민족경제 건설 로선을 틀어쥐고 인민경제의 주체화, 현대화, 과학화를 다그쳐 인민경제를 고도로 발전된 주체적인 경제로 만들며 완전한 사회주의 사회에 맞는 물질 기술적 토대를 쌓기 위하여 투쟁한다"고 언급했다. 또한 이를 실천하기 위해 수입을 억제하는 관세정책을 명문화했다. 제38조는 "국가는 자립적 민족경제를 보호하기 위하여 관세정책을 실시한다"고 명문화했다. 최대한 외국자본의 도입을 억제하고 불가피하게 도입할 경우에도 지정된 경제특구로 제한했다. 결국 북한의 경제정책은 기본적으로 자립적 민족경제(self-reliant national economy)라는 극단적인 폐쇄경제를 원칙으로 추진한다. 정치 이데올로기가 경제 정책 방향을 압도하고 있다.

하지만 여전히 획기적인 개혁, 개방정책을 통해 외자유치를 추진하겠다는 비전은 없다. 김정은 시대에 들어서는 선대에서 사용하던 '계획'이라는 용어 대신에 '전략'이란 단어를 선택했고 구체적인 목표 수치를 제시하지 않았다. 결국 국가경제발전 5개년 전략은 구체적인 각 부문별 생산목표 수치를 제시하지 않은 채, 기존의 선행 부문과 '먹는 문제' 해결을 재강조하여 추상적 수준에 그쳤다. 물론 북한이 연이은 핵실험과 장거리미사일 개발 과정에 따라 국제사회의 제재를 받아왔고, 내부적으로는 재원의 비효율적인 배분과 개혁 의지 부족으로 구체적인 성과 도출에 한계가 있다. 북한은 2018년 4월 20일에 열린 노동당 중앙위원회 제7기 제3차 전원회의에서 '사회주의 경제건설'을 새 전략노선으로 채택했다. 북한식 경제 돌파구 전략을 표방한 것이다. 《로동신문》 2018년 7월 3일자 1면은 "국가경제발전 5개년 전략 수행의 세 번째 해인 올해 경제전선 전반에서 활성화의 돌파구를 열어야 하겠다"고 강조했다. 목표 달성을 독려하는 기사로서 목표 달성을 위해서는 현재 획기적인 대책 마련이 시급하다는 것을 시사한다.

집권 초기인 2012년 4월 김정은은 '다시는 허리띠를 졸라매지 않도록 하겠다'고 선언한 데 이어 지난 2017년 1월 신년사에서는 자신의 무능함을 시인해 눈길을 끌었다. "언제나 늘 마음뿐이였고 능력이 따라서지 못하는 안타까움과 자책 속에 지난 한 해를 보냈다"고 언급했다. 북한의 국민소득은 지난 2004년 887달러를 기록했고 2018년에는 1,295달러에 도달했다. 400달러를 증가시키는 데 14년이 걸렸다. 결국 북한 경제는 정체상태에 있으며 외자도입이 없다면 2,000달러에 도달하려면 20년은 소요될 것이다. 로빈슨 크루소(Robinson Crusoe)가 무인도에 표류하면서 하루하루 생계를 해결하는 방식의 경제발전 전략으로는 투자 부족의 함정(trap)을 탈출할 수는 없다. 동북아 국제경제의 무인도처럼 고립된 '섬경제(island economy)' 운영방식으로는 할아버지와 아버지 집권 시절과 유사한 살림살이를 감내할 수밖에 없다. 북한의 자력갱생 경제발전 전략은 변하지 않는 고정불변의 북한을 반영한다. 싱가포르

북미 정상회담 이후 베트남 모델이 북한의 미래가 될 수 있다는 전망이 나오고 있다. 북한이 베트남 모델을 벤치마킹한다면 북한은 국제적 고립에서 벗어날 수 있다. 베트남은 미국과 16년간 치열한 전쟁을 벌였지만 1986년 도이모이 개혁을 선언하며 개혁 개방을 선언하였다. 사회주의 계획경제의 폐해와 미국의 제재로 베트남 경제는 1975년 베트남 통일 이후 10년 동안 마이너스 성장을 기록하였다. 자본주의 시장경제 원칙의 도입 및 미군 유해 발굴 등 미국의 요구를 120% 수용하며 1995년 미국과 수교를 했다. 필자는 2018년 고려대 아세아문제연구소와 베트남 사회과학원간 세미나에 참가했다. 외자유치(FDI) 금액이 2017년 기준으로 100억 달러를 넘어섬에 따라 노동집약적 외자의 도입을 점차 축소하는 베트남 경제는 북한이 벤치마킹해야 할 대상이었다. 연이은 남북정상회담과 북·미정상회담, 북·중정상회담을 경험한 북한이 비핵화를 바탕으로 정상국가의 기틀을 잡고 국제무대로 나와 제재 완화와 함께 외국 자본을 도입해야 하는 이유다.

❖ 참고 문헌

강영실. (2020). 〈코로나19에 대한 북한의 기술적 대응〉. 《KDI 북한경제리뷰》, 22(9).

남성욱. (2019). 〈2017년 북한의 시장경제 규모 추정에 관한 연구—비중과 함의를 중심으로〉. 《평화연구》(한국평화연구학회), 20(3).

______. (2020년 1-12월). 《월간중앙》.

______. (2021). 《4차산업혁명 시대 북한의 ICT 발전 강성대국》. 한울아카데미.

다이아몬드, 재레드. (2005). 《총, 균, 쇠》. 문학사상.

산업은행. (2019). 〈북한의 카드 사용실태〉.

KOTRA. (2020, 3월). 〈북한, 최신 스마트폰 '진달래7' 공개〉.

FAO/WFP. Crop and Food Supply Assessment Mission to DPRK. November(1997, 2016).

FAO/WFP. (2019, May). Democratic People's Republic of Korea(DPRK) FAO/WFP Joint Rapid Food Security Assessment, http://www.fao.org/3/ca4447en/ca4447en.pdf

Kornai, János. (1992). *The Socialist System: The Political Economy of Communism*. New Jersey: Princeton University Press.

Nam sung-wook, Chae, su-lan, Lee, ga-young. (2020). *Mysterious Pyoungyang: Beauty, Culture and North Korea*. Macmillan Palgrave.

Nam, Sung-wook. (2018). *North Korean Nuclear Weapon and Reunification of Korean Peninsula*. World Scientific.

Vincent Koen, Jinwoan Beom. (2020, April). OECD Economics Department Working Papers No. 1607, North Korea: The last transition economy? https://dx.doi.org/10.1787/82dee315-en

White, Gordon. (1993). *Riding the Tiger: The Politics of Economic Reform in Post-Mao China*. Stanford University Press.

《세계일보》. 2020. 〈북한판 '삼성페이' 나오나… 北, 스마트폰 간편결제 시스템 도입〉, 11월 25일. http://www.segye.com/newsView/20201021510421?OutUrl=

《노동신문》, 2020년 1월 21일-10월 30일.

지속 가능한 남북 교류협력 방안

윤석준

1. 서론

그간 남북한 보건의료분야 교류협력을 이야기할 때 논란이 되었던 사항은 통일 개념에 대한 다양한 시각이 존재한다는 점이다. 과거 냉전시대의 상호 적대적인 방식의 통일은 아니더라도 탈냉전시대임에도 불구하고 통일에 대해서는 비교적 다양한 시각차가 존재하고 있다. 전쟁을 경험한 세대의 통일에 대한 관점과 젊은 전후 세대의 관점 또한 큰 차이가 있다. 관점의 차이뿐 아니라 통일에 대한 열망도 세대간에 적지 않은 편차가 발견되곤 한다. 그 가운데 단일국가형성론은 전통적으로 생각해 왔던 분단의 궁극적 극복 방법이다. 독일 통일의 경험 등에 비추어 구체적인 언급은 삼가지만 남한 중심의 흡수 통일에 가까운 방식이 일반적이다. 그에 반해 최근 등장하고 있는 '한반도 공동체'라는 개념은 남과 북 서로를 인정하고 협력하여 각자가 더 나은 사회를 만들 수 있도록 공동 노력한다는 의미로 해석된다(전우택 등, 2018).

북한은 잇따른 핵실험 등의 강행으로 국제연합(UN)으로부터 강력한 경제제재를 받고 있다. 이로 인해 북한의 경제 상황은 김정은 집권 이후 점차 하강

국면으로 가고 있으며 최근의 코로나 19 바이러스 대유행으로 인해 국경이 봉쇄되면서 더 큰 어려움을 겪고 있는 것으로 알려져 있다. 그도 그럴 것이 북한 경제를 지탱하고 있는 큰 흐름은 '장마당'으로 대표되는 낮은 단계의 시장경제 시스템이다. 주로 중국 등으로부터 유입되는 물자를 사고파는 일종의 재래 시장이 북한 경제를 실질적으로 유지하는 형태인 것이다. 그런데 국제사회의 경제 제재와 더불어 최근의 코로나 19 바이러스로 인한 국경 봉쇄로 원활한 수급이 이뤄지지 않고 있는 것으로 추정된다. 하지만 이러한 경제위기에도 불구하고 우리가 알고 있는 것처럼 북한 당국은 핵무기 개발 및 유지를 북한 사회주의 정권을 유지하는 가장 중요한 수단으로 여기고 있어 미국 등이 요구하는 완전한 비핵화까지는 큰 어려움이 예상되고 있다. 최근에는 남한 정부의 코로나 19 바이러스 방역 관련 지원 의사도 받아들이지 않는 경직성을 보이고 있다(경향신문, 2020). 상식적으로는 잘 이해가 되지 않는 면이 있으나 북한 당국은 그럼으로써 내부 단속을 철저히 하여 사회주의 체제 수호에 도움이 될 것이라는 판단을 하고 있는 것으로 여겨진다.

문재인 정부의 북한에 대한 포용정책에도 북한 당국이 반응하지 않고 거칠게 응대하는 점에서 보듯이 남북한의 관계는 예측 불가능하다. 상황이 이럴수록 한반도 미래의 통일을 위해서는 통일 전후 긴 호흡을 갖고 장단기 전략의 체계적 수립과 지속적 전개가 필요해 보인다. 그 가운데 가장 중요한 전략이 남북한 간 지속적인 보건의료분야 교류협력이다. 1990년 통일을 이룬 독일의 경험을 보더라도 냉전시기에도 지속되었던 보건의료분야 교류협력은 통일로 가기 위한 일종의 '희망의 끈'인 것이다(통일부, 2015).

본 장에서는 이러한 배경하에 지속 가능한 남북한 간 보건의료분야 교류협력 방안을 기술하고자 한다. 이를 위해 그간 남북한 간에 전개되었던 보건의료분야 교류협력 추진 내용을 파악해 보고 그 한계를 분석하고자 한다. 또한, 남한 내에서 지속적인 보건의료협력을 위한 토대를 만들기 위해 시도되었던 법률 제정 노력을 살펴보고 그 한계 역시 기술하고자 한다. 이러한 과정을 거쳐 지속 가능한 한반도 남북 교류협력 방안의 기본 원칙과 단계적 접근방안을 제안해 보고자 한다.

2. 과거 남북 보건의료 교류협력 추진 내용

1) 남북한 간 관계개선 노력과 한계

1950년 한국 전쟁 이후 극단적인 대립과 체제 경쟁을 이어 가던 남북한 간의 관계는 1972년 7·4 공동성명을 계기로 잠시 해빙의 시기에 접어드는 듯했다. 하지만 그 이후에도 1974년 고(故) 육영수 여사 암살 사건을 포함해 지속적인 냉각기에 접어들게 된다. 1985년 이산가족 고향방문단이 성사된 것이 한국전쟁 이후 최초로 서울과 평양에서 동시에 펼쳐진 인도주의적인 사건에 해당된다. 1991년 국제연합(UN)에 남북한이 동시 가입하고 12월에 남북 기본합의서가 발의되면서 다시 평화의 씨앗을 잉태하게 되었다. 하지만 그 상황은 1993년 북한이 핵확산금지조약(Nuclear Non-Proliferation Treaty, NPT)을 탈퇴하면서 다시 긴장국면에 접어 든다(통일부 국립통일교육원 2015). 한편 북한은 1990년대 '고난의 행군'이라 불리며 아사자(餓死者)가 몇십만 명 발생하는 초유의 위기를 경험하게 된다. 이 당시 국제사회에서 인도주의적인 차원에서라도 북한을 도와야 한다는 의견이 대두되었다. 뒤이은 가장 결정적인 해빙 계기는 김대중 대통령의 평양 방문과 제1차 남북정상회담, 그리고 뒤이은 2000년 6월의 6·15 공동선언이었다. 2000년 12월에는 남북한 장관급 회담에 이어 남북경협합의서가 발표되었다(통일부 통일교육원 2019). 이 합의서는 남북공동선언에서 합의한 상호협력을 보다 구체적으로 실천하고 제도적으로 보장할 방안을 만들어 감으로써 향후 남북관계의 지속 가능한 발전틀을 제시한 것으로 평가된다. 그 이후 2007년 10월 노무현 정부 당시 제2차 남북정상회담에 이은 10·4 정상 선언에 '보건의료분야'를 경제협력 분야에 포함하도록 한 것이 고위급 회담 문서에 기록된 보건의료분야 교류협력의 구체적 사례로 평가된다(조성은 등, 2018). 그 이후 이명박 정부 들어 2008년 금강산 관광객 피격 사망 사건, 2009년 북한의 2차 핵실험, 2010년 천안함 침몰 사건과 연평도 포격 사건 등으로 인해 경색 국면에 빠졌다. 박근혜 정부에 들어와서도 집권 초기 드레스덴 선언과 통일준비위 발족과 같은 정부 당국의 노력에도 불구하고 이어지는 북한의 핵 실험으로 인하여 보건의료분야를 포함한 남북한 간 교류협력은 기나긴 침체기를 맞이하였다. 2017년 집권한 문재인 정부는 적극적인 북한 포용정책을 펼쳤고 그 결과 2018년 3차 남북정상회담에 이은 9·19 평양공동선언을 통해 보건의료 분야 남북 교류 활성화를 명문화하였다(통일부 남북회담본부, 2018).

이상에서 보듯이 주로 남한 내 진보정부가 집권할 당시 남북한 간 정상회담과 그에 따른 공동선언을 발표할 때 보건의료분야가 일부 포함되는 형태의 관계개선 노력이 있어 왔다. 이 가운데 2007년 남북보건의료협력 합의서는 사리원인민병원 현대화 사업, 약솜공장 건립 착수, 이를 위한 기술실무진의 실태조사, 북측 제약공장 원료의약품 제공 및 설비 현대화, 남북 사이에 상호 영향을 미치는 전염병 퇴치를 위한 공동노력과 실태조사 자료 교환 등이 포함되었다(통일부 남북회담본부, 2007). 이 합의서는 상당한 수준의 구체적인 실무 협의를 포함하고 있었으나 그 한계 또한 분명해 보인다. 물론 2008년 이명박 정부로 정치 권력이 이동하면서 남한 내 커다란 상황 변화가 온 점이 가장 큰 요인이었을 것이다. 하지만 합의서 내용에서 보듯이 1990년대 고난의 행군 등을 거쳐 오며 실질적으로 보건의료시스템이 마비된 것으로 판단되는 북한의 상황을 고려해 볼 때 북측 요구에 따른 시혜적 접근보다는 보다 구조적이고 체계적인 로드맵 설정을 우선하여 인도적 성격의 지원을 지속해 나가는 전략이 애초부터 부재했던 것으로 판단되며, 이 점이 그 이후로도 지속적인 한계로 여겨지고 있다. 또한, 남한 내 합의에 기반한 남북 교류협력을 성사시키기 위한 법률 제정의 노력이 부족했던 점 역시 한계로 여겨진다.

2018년 9월 19일 문재인 대통령과 김정은 위원장 간의 평양공동선언문에 다음과 같은 문구가 등장한다(통일부 남북회담본부, 2018).

> 남과 북은 상호 호혜와 공리공영의 바탕 위에서 교류와 협력을 더욱 증대시키고, 민족경제를 균형적으로 발전시키기 위한 실질적인 대책들을 강구해 나가기로 하였다. (…) 남과 북은 전염성 질병의 유입 및 확산 방지를 휘한 긴급조치를 비롯한 방역 및 보건 의료 분야의 협력을 강화하기로 하였다.

지난 2007년 10·4 정상 선언에 포함된 보건의료분야 내용이 다분히 실무적인 인도적 지원을 중심으로 한 것이라면 9·19 평양 공동선언문에는 보다 포괄적으로 전염성 질병을 중심으로 상호 교류 협력을 강화한다는 내용이 기술되어 있다. 그런데 현실은 어떠한가? 앞으로 전개될 변수들이 남아 있긴 하지만 코로나 19 바이러스로 인한 남한 정부의 지원 의사에도 북한 당국은 필자가 이 글을 작성하고 있는 시점까지 응하지 않고 있다. 지난 10·4 정상 선언의 큰 한계가 정치권력이 곧바로 교체되었다는 점이라면 9·19 평양 공동선언문의 당사자 역시도 교체되어 예측 불가능이라는 한계점이 공통적으로 다가와 있다.

북한 당국이 보건의료분야의 교류협력보다도 북·미 간의 관계 등 정치적 의제를 훨씬 더 중요하게 간주한다는 하나의 방증일 것 같아 안타깝기도 하다. 실제로 문재인 정부 들어 남북한 보건의료분야 실무 협의에 참여했었던 관계 공무원의 증언에 따르면 실무 협의에 참가하는 북한 당국 관계자는 보건성 직원인 경우가 대부분인데 실제 중요한 의사결정을 할 수 있는 권한이 없어 보였다고 한다. 북한의 경우 사회정책 분야 대부분에서 현장 일꾼보다는 보위부 등 정치 권력에 가까이 다가간 간부가 거의 대부분 중요한 의사결정을 하고 있다는 상황의 연장인 것 같다.

이렇듯 남북한 간 교류협력 분야는 정치적인 의제가 등장하면 뒷전으로 밀리며 중요 과제로 다뤄지지 못하는 일을 거의 반세기 이상 경험하고 있다. 상황만 놓고 보면 앞으로 한 발짝도 못 나아가는 것 같아 보일 수 있다. 하지만 다른 시각에서 보면 보건의료분야가 끊임없이 남북한 간 주요 교류협력의 주제로 등장한다고 볼 수 있다. 북한 당국의 입장에서도 필요한 분야임에는 틀림 없어 보인다.

2) 남한의 관련 법 제정 노력과 한계

북한과의 보건의료분야 지원 및 교류협력 분야를 고민하던 전문가들 사이에서 남한 내에서라도 북한 보건의료지원 및 교류협력 증진에 관한 법률을 제정하자는 목소리가 힘을 얻게 된다. 남북한 당국 간의 보건의료분야 교류협력이 보다 더 탄력을 받기 위해서라도 남한 내 지원을 위한 디딤돌을 만들어 놓자는 취지에서 비롯되었을 것이다. 독일 통일과정에서 1974년 동서독 당국 간 보건의료분야 협정을 체결하여 그 이후 지속된 보건의료분야 교류협력이 결국 1990년 독일 통일까지 이어지는 커다란 원동력이 되었다는 경험적 교훈이 위와 같은 법률제정 작업을 더 단단하게 이어가게 하였다. 법률안 제정은 두 차례에 걸쳐 시도되었다. 첫 번째는 2015년 당시 국회의장이었던 정의화 의원의 대표발의로 19대 국회의원 62명이 동의해 발의되었다. 하지만 임기만료로 자동 폐기되었다. 두 번째 시도는 2016년 20대 국회의원이었던 윤종필 의원을 대표로 10인의 국회의원이 동의하여 발의되었다(박훈민, 2018). 이 역시 회기 만료와 함께 자동 폐기되었다. 특이한 점은 두 차례 발의과정에서 상대적으로 보수적인 정당 국회의원이 주도하였다는 점과 공동 발의자 명단에 보수와 진보 이념을 가진 정당의 국회의원까지 망라되어 있었다는 점이다. 아마도 이러한 이유는 북한에 대한 쌀과 비료 지원과정에서 비롯되었던 남남 갈등이 적어도 보건의료분야에서만큼은 크게 이견을 보이지 않았다는 점의 반증일 것이다. 2015년 정의화 국회의장이 대표로 발의했던 법안의 제안 이유와 주요 내용을 소개하면 다음과 같다(의안정보시스템, 2015).

남북 보건의료의 교류협력 증진에 관한 법률안

(정의화 의원 대표발의)

〈제안 이유〉

최근 남북 교류협력이 원활하게 이루어지지 않고 있는 상황에 종전에 남북 교류협력이 활발하던 시기에 사회·문화·경제 등 여러 분야 중 상당한 비중을 차지하고 있던 보건의료 분야의 남북 교류협력까지 저조한 실정임.

이러한 상황에 남북 교류협력을 다시 활성화시키는 시작점으로서 중립적 가치와 인도적 개념을 동시에 지닌 보건의료 분야를 활용할 수 있을 것이며, 향후 미래 통일한국의 국민이 될 남북한 주민을 위한 보건의료에 관한 체계를 공동으로 정비하고 대처해 나가는 것은 매우 중요한 의미를 가짐.

이에 남북이 일방향적인 인도적 지원의 수혜자만이 아닌 평화통일을 지향하는 상호 협력의 동반자로 인식하고, 상호 실질적이고 발전적인 교류·협력을 위한 발판으로 삼기 위하여 남북 보건의료 분야의 교류·협력을 증진할 수 있도록 법적 근거를 마련하려는 것임.

〈주요 내용〉

가. 이 법의 목적을 남한과 북한 간 보건의료분야의 상호 교류 및 협력을 증진하기 위하여 필요한 사항을 규정함으로써 한반도의 평화와 통일에 이바지함으로 함(안 제1조).

나. 남한과 북한 공동의 보건의료를 발전시키고 미래 통일한국의 일원이 될 남한과 북한 주민의 건강을 증진하기 위하여 남한과 북한이 평화 통일을 지향하는 동반자로서 보건의료분야의 상호 교류 및 협력을 증진하는 것을 기본이념으로 함(안

제2조).

다. 이 법에서 사용할 용어로 보건의료와 남북보건의료교류협력을 정의함(안 제3조).

라. 정부는 남북보건의료교류협력을 증진하기 위하여 기본이념을 구현하기 위한 시책을 마련하여야 하고, 남북 정세의 변화에 관계없이 남북보건의료교류협력을 증진할 수 있도록 노력하여야 함(안 제4조).

마. 남북보건의료교류협력을 위한 지원, 왕래, 사업 등 남북보건의료교류협력을 목적으로 하는 행위에 관하여는 이 법률의 목적범위에서 다른 법률에 우선하여 이 법을 적용하도록 함(안 제5조).

바. 통일부장관은 「남북교류협력에 관한 법률」에 따른 남북교류협력 추진협의회의 심의·의결을 거쳐 남북보건의료교류협력에 관한 기본계획을 5년마다 수립하고, 기본계획에 따라 연도별 시행계획을 수립·시행하여야 함(안 제6조 및 제7조).

사. 정부는 보건의료인 및 보건의료기술의 교육·연구 등을 위한 교류·협력 사업, 보건의료 관련 시설의 지원 및 현대화를 위한 교류·협력 사업 등 남북보건의료교류협력을 위한 사업을 활성화하기 위하여 노력하여야 하고, 한국국제보건의료재단 등 보건의료 관계 기관이나 보건의료 관련 민간단체가 사업을 수행하는 경우 보조금을 지급하거나 필요한 지원을 할 수 있음(안 제8조).

아. 정부는 남한 또는 북한에 재난이 발생할 경우 남한과 북한의 공동 대응 및 보건의료인력·의료장비·의약품 등의 긴급지원이 이루어질 수 있도록 노력하여야 함(안 제9조).

자. 정부는 남한과 북한 간 감염병에 관한 정보 교류 및 협력 증진에 노력하고, 이를 위하여 북한의 감염병 관련 정책·제도 및 현황 등을 조사·연구하여야 함(안 제10조).

차. 남북보건의료교류협력과 관련한 남북한 왕래를 위하여 복수방문증명서를 발급받은 자에 대하여 방문승인절차의 면제에 관한 특례를 정할 수 있고, 남북보건의료교류협력과 관련하여 남북한을 왕래하는 남한주민에 대한 출입심사 절차를 간소화하기 위하여 특례를 정할 수 있음(안 제11조).

카. 정부는 북한 당국과 남북보건의료교류협력과 관련한 협의 및 조정을 위하여 남북보건의료교류협력 위원회를 설치하여야 함(안 제12조).

위와 같이 발의되었던 법률안은 그 다수의 동의를 얻은 입법 취지에도 불구하고 회기 마감까지 통과되지 못하여 자동 폐기되었다. 구체적인 폐기 이유는 재정당국이 별도의 재원이 투여될 수 있다는 점에서 우려를 표명했다고 알려져 있다. 하지만 국민들의 동의를 얻는 노력의 부족과 더불어 앞서 기술한 북한 당국의 호응 정도가 상대적으로 높지 않았다는 점도 그 요인으로 지적될 수 있을 것 같다.

3. 지속가능한 한반도 보건의료분야 남북 교류협력 방안

앞에서 살펴본 것처럼 남과 북 간에 지속적인 교류협력을 이뤄 나가는 일은 예측 불가능하다는 말이 정답일 것이다. 하지만 '희망의 끈'을 놓지 않으려는 열망이 한반도에서 더 큰 대의를 실현할 수 있다는 관점을 유지하는 것이 매우 중요하다. 그 가운데에서도 '보건의료분야'는 지난 반세기 가까이 남과 북의 관계가 여러 굴곡을 거쳐 오는 가운데서도 끊임없이 등장했던 서로를 이어주는 사다리이다. 이러한 점에서 지속가능한 한반도 남북 교류협력 방안을 만들어 가는 것이 중요할 것이다.

1) 기본 원칙

다음과 같은 기본 원칙(표)을 갖고 보건의료분야 남북 교류협력 방안을 제안해 보고자 한다(윤석준 등, 2012).

'희망의 끈'이 이어지려면 남과 북이 모두 수용 가능한 방식이어야 할 것이

남북한 보건의료분야 교류협력 기본 원칙

“정치, 경제적 이견을 넘어 남북한 ‘모두’의 건강향상을 목표로 한다.” 첫째, 남북 정치체계 수용 가능한 정치, 경제, 사회제도적 대전제를 기본으로 함 둘째, 남한 사회보험 방식의 장점 최대한 인용하고, 북한 의료전달체계의 전통과 일차의료 강조를 수용함 셋째, 보건의료의 공익성 확보를 위한 남북한 정부의 협력 및 공동 역할이 증대 되어야 함 넷째, 남북한 격차를 고려한 단계적 접근 및 면밀한 검토와 설계가 필요함

출처: 윤석준 등(2012) 재인용.

다. 현실적으로는 남한 사회보험 방식의 장점을 최대한 인용하고 북한 사회주의체제 의료 시스템의 장점인 의료전달체계의 전통과 일차의료를 강조하는 사항을 수용해 가는 것이 필요하다. 또한 공익적 성격이 강한 보건의료분야에서 남북한 정부의 협력 및 공동 역할을 증대하여야 한다. 남북한 간에는 경제력 격차뿐 아니라 엄밀한 의미에서 보건의료분야에서도 상당한 격차가 존재하는 것이 사실이다. 이 점을 고려한 단계적 접근 및 면밀한 설계를 필요로 한다는 점을 기본 원칙으로 제시하고자 한다.

2) 관련 이론

인도적 지원 중심으로 전개되던 남한의 북한에 대한 교류협력은 2004년을 계기로 개발협력이라는 새로운 방식의 문제가 제기된다(강동완, 2011). 이러한 개발 또는 발전이라는 개념에 대해서는 다양한 정의가 시도되어 왔다. 그 가운데 대표적인 국제기구인 국제연합(UN)은 1986년에 ‘개발의 권리에 관한 선언’을 채택한 바 있다. 이 선언에서 “개발은 전체 주민 및 개개인 모두의 복지를 부단히 향상시키기 위한 것을 목적으로 하는 포괄적인 경제적, 사회적, 문화적, 정치적 과정”으로, 개발에 의미 있게 참여하는 것과 그것으로부터 나오는 이익에 대한 공정한 분배에 기초한다고 정의하고 있다(United Nations

1986).

한반도에서는 남한에서 2004년 남북한서로돕기운동본부를 중심으로 그간의 인도적 지원방식에서 개발협력이라는 중심 주제로 변화할 것을 촉구하는 움직임이 있었다. 이와 더불어 북한에서도 국제사회를 상대로 그 시기 즈음 일방적인 지원 방식의 도움이 아닌 개발협력을 중심으로 전개할 것을 천명하는 언급이 있었다(이종무 등, 2009). 이와 관련된 배경은 본 장의 중요 관심 사항이 아니다. 하지만 남한은 지속적인 '퍼주기' 논쟁에서 벗어나 지속가능한 남북한 교류협력 방안의 모색에서 비롯되었을 것으로 해석하고 있다. 북한의 경우는 그 배경이 매우 복잡해 보인다. '고난의 행군'에서 막 벗어나는 시점에서 국제사회를 향한 새로운 문제제기였는지는 다양한 측면의 판단이 필요하다.

3) 단계적 접근 방안

(1) 의료인력 및 연구개발사업 분야 교류 협력

보건의료분야 기술교류협력 분야 가운데 가장 필요한 분야는 의사, 간호사 등의 전문 의료인력간 교류일 것이다. 과거 독일 통일과정에서도 1990년 서독 정부는 동독의 의사 면허를 그대로 인정해 준 전례가 있다. 이것은 통일 과정의 혼란을 예방하기 위함이었고 또 다른 측면에서는 동서독 분단 기간 중에도 지속적인 전문 인력 간 교류를 통하여 상호간 의료의 질적인 측면에서 인정할 수준에 있었기 때문에 가능한 일이었을 것이다. 상상을 해보면 평양 등의 주요 의과대학 의료진과 남한 전문 의료진간의 지속적이고 정기적인 컨퍼런스를 비무장지대 판문점 일대에서 전개해 나간다면 상호간의 벽을 허물고 통일을 대비하는 일이 될 수 있을 것이다. 특히 최근 문제가 되고 있는 코로나 19 바이러스 등 감염병 및 모자보건 분야 등에 관해 최신 지견을 공유하고 지속적인 대응 방안을 모색할 수 있다면 '희망의 끈'을 구체화하는 계기가 될 것이다.

다른 한 축은 남북한 공동 연구개발사업이 될 수 있을 것이다. 현재도 매년 열리는 '평양의학과학학술토론회'에 지속적인 참석을 통한 교류도 있을 수 있고, 판문점 등 비무장지대(DMZ)를 만남의 장으로 활용한 공동 세미나 등도 있을 수 있다.

(2) 공동재난 방지

코로나 19, 아프리카 돼지열병, 말라리아 등은 남북한 간 접경지역을 중심으로 상대지역에 영향을 미치는 질환을 발생시킨다. 이에 대한 신속한 정보공유와 더 나아가 필요한 분야에서 공통의 정보시스템을 마련하는 일도 더 큰 공동재난방지를 위한 방법일 것이다. 이를 위해서라도 세계보건기구 등 국제기구와의 파트너십 확보가 중요할 수 있다.

(3) 공동 교류협력사업 범위 설정

이 밖에도 다양한 보건의료분야에서 공동의 교류협력사업 범위를 설정해 갈 수 있을 것이다. 대표적인 분야가 건강증진분야, 비감염성질환을 중심으로 한 질병관리 분야, 보건의료자원 분야 등이 있을 수 있다.

이 가운데 건강증진분야는 북한 남성의 높은 흡연율과 북한 내부의 담배규제정책 실행의 한계에서 비롯된다는 문제의식이 있다. 과거 남한에서도 높은 남성 흡연율이 사회문제화 되어서 가격정책으로 담배 가격을 인상하고, 그 재원을 바탕으로 형성된 건강증진기금을 활용하여 TV 광고 등의 강력한 비가격정책을 유도한 사례가 있다. 그 결과 2000년대 초반까지 성인남성 흡연율이 70%를 넘어서던 남한에서도 최근에는 40% 미만으로 낮아지게 되었다(보건복지부·한국건강증진개발원, 2020). 아직 주요 선진국가의 30% 수준까지 낮아지지는 않았으나 불과 10여 년 만에 괄목한 만한 성과를 낸 남한의 경험을 바탕으로 북한의 높은 흡연율을 낮추는 데 기여할 수 있을 것이다. 절주의 경우 남한도 다른 선진 국가들에 비해서 잘 지켜지지 않는 편이기는 하나 남북한이 공동으로 유지하고 있는 음주 중심 문화를 줄여 나가는 데 지혜를 모을 수 있는 분야이기도 하다. 신체활동 분야 역시 남한 내 최근 일고 있는 다양한 형태의 운동을 통한 비만 관리 및 건강증진 성과를 바탕으로 남북한 공동의 노력을 기울일 수 있는 영역이라 판단된다. 또한 남한이 앞서 있는 ICT를 활용한 일상적인 모니터링은 상대적으로 낙후된 북한에 인프라를 제공할 수 있는 여력이 될 것이다. 사전 예방적인 건강검진 분야는 남한의 경우 지나칠 만큼 활성화되어 있으나 그 효과 평가 등을 통해 적절한 항목과 필요한 내용을 갖고 북한 주민들에게 제공할 수 있다면 공동의 교류사업을 지속해 나갈 수 있는 또 다른 영역이 될 수 있을 것이다.

당뇨, 고혈압과 같은 비감염성 만성질환의 관리도 또 다른 교류협력 영역일 수 있다. 북한의 질병부담을 논할 때 흔히 '이중 부담' 국가로 정의하고 있다(Lee et al., 2013). 왜냐하면 저개발국에서 흔한 결핵, B형 감염과 같은 감염성질환의 부담과 함께 당뇨·고혈압과 같은 만성질환의 부담을 동시에 갖고 있는 국가로 알려져 있기 때문이다. 당뇨와 같은 만성질환의 부담이 큰 이유에 대해서는 많은 논란이 있다. 최근 주목받는 학설 중 하나가 소위 '마른 비만' 이론이다. 1990년대 고난의 행군을 거치면서 인슐린 등을 생산하는 췌장 세포가 제대로 발달하지 못하여 성인이 되어서도 몸은 비만이 아니지만 당뇨병에 걸리는 상황이 초래되었다는 이론으로 이해된다. 이와 같은 기질적 문제뿐만 아니라 당뇨와 같은 만성질환은 기본적으로 생활습관에서 기인하는 측면이 많다. 흡연, 운동부족, 폭음과 같은 잘못된 건강습관이 내장비만 등으로 이어져 대사증후군 단계를 거쳐 심장병, 당뇨 등을 유발하는 연결고리가 된다. 이 점에서 서울특별시 대사증후군 관리사업 등의 경험을 되살려 볼 필요도 있다(김희선 등 2011). 지역사회 대사증후군 대상자를 찾아내고 생활습관에 대한 중재를 통한 효과평가까지 이어지는 사업모형을 북한 사회에 적용 가능한 형태로 변환하여 접근하는 것도 고려해 볼 수 있을 것이다.

북한의 병원과 같은 자본집중 의료시스템은 여러 가지 측면에서 그 낙후상태로 보아 복구하는 데 상당한 시간이 걸릴 것으로 판단된다. 하지만 사회주의 의료시스템을 통칭하는 세마스코(Semashko) 모델에 입각해 일차의료의 강조점 및 그 인프라는 유지되어 있는 것으로 보인다(유근춘 등, 2015). 일차의료의 전통은 곧 사전예방적인 노력을 효과적으로 제공할 수 있는 중요한 수단이 존재한다는 의미이다. 비록 부족한 의료시설 및 의약품 등으로 인해 시스템은 붕괴에 가까워 보이나 사전예방적인 서비스를 제공할 수 있는 인프라를 갖고 있다는 점에서 생활습관 변화를 통한 남한에서의 여러 성공사례 등을 재정리해 볼 필요가 있다.

4. 소결

이 장에서는 그간의 남북 간 교류협력방안을 법 제정 노력과 더불어 그 과정과 한계를 고찰한 후 단계적 접근을 위한 보건의료분야 남북한 교류협력방안을 정리해 보았다.

지금까지 살펴본 남북한 간 교류협력방안은 보는 시각에 따라서는 이상주의적 접근이라고 비판받을 수 있다. 구체적 접근 내용은 현실에 기반하고 있으나 그간 펼쳐져 왔던 남과 북의 관계에 있어 예측 불가능함과 북한당국의 보건의료분야에 대한 상대적으로 낮은 교류 우선순위 설정 등으로 인해 제시된 방안들이 실현가능성이 낮을 것으로 판단할 수 있기 때문일 것이다.

하지만 역설적으로 남북한 관계가 경색된 상태에서도 가장 오랜 세월동안 남과 북을 이어주는 생명선 역할을 해 왔던 주제가 '보건의료' 분야였다. 제대로 이어줄 수만 있으면 생명선이면서 동시에 통일로 가는 '희망의 끈'이 될 수 있기 때문에 우리는 더디더라도 발걸음을 지속해야만 할 것이다.

❖ 참고 문헌

강동완. (2011). 〈남북한 통합 대비 북한개발지원 추진방안〉. 《통일과 평화》, 3(1), 253-300.

경향신문. (2020. 5. 7). 〈코로나 지원 거부하는 북한, 보건 위기 우려〉. http://news.khan.co.kr/kh_news/khan_art_view.html?art_id=202005072113065에서 2020. 8. 21 인출.

김희선·윤석준·이건세·김형수·오상우·유호신·추진아 등. (2011). 〈지역사회 대상의 대사증후군 자가관리 프로그램 중재 효과—서울특별시 대사증후군 관리 시범사업〉. 《보건교육건강증진학회지》, 28(2), 51-62.

박훈민. (2018. 9. 28). 《분단국가의 사회문화법제 연구—남북의료협력의 법제화 방안 연구》. 세종: 한국법제연구원.

보건복지부·한국건강증진개발원. (2020). 《2020년 지역사회 통합건강증진사업 안내(금연)》. 세종: 보건복지; 서울: 한국건강증진개발원.

유근춘·민기채·박현선·유원섭·이용하·이철수·장용철 등. (2015). 《통일한국의 사회보장체계 구축을 위한 기초연구(III)》. 세종: 한국보건사회연구원.

윤석준·김석향·김범수·이진용·윤장호·오인환·신영석 등. (2012. 11). 《한반도 통일미래의 보건의료 체계 구축방안》. 통일부; 고려대학교 산학협력단.

의안정보시스템. (2015. 5. 29). 〈남북 보건의료의 교류협력 증진에 관한 법률안(정의화의원 등 62인)〉. http://likms.assembly.go.kr/bill/billDetail.do?billId=PRC_O1H5K0Y5Q2J9H1M6V1X8E5H9C8X7J3에서 2020. 8. 21 인출.

이종무·최철영·박정란. (2009). 《북한개발지원체제의 구축방안》. 통일연구원.

전우택·김신곤·강민아·고상원·김석주·김석향 등. (2018). 《한반도 건강공동체 준비》. 박영사.

조성은·송철종·노법래·민기채·이철수·허신행 등. (2018). 《남북 보건복지의 공적 의제 분석과 전략 개발에 관한 연구》. 세종: 한국보건사회연구원.

통일부. (2015).《(독일통일 총서) 보건·의료 분야— 관련 정책문서》. 통일부.

통일부 국립통일교육원. (2015. 12. 31). 〈남북관계 지식사전〉. https://www.uniedu.go.kr/uniedu/home/brd/bbsatcl/nsrel/list.do에서 2020. 8. 21 인출.

통일부 남북회담본부. (2007. 12. 21). 〈남북보건의료·환경보호협력분과위원회 제1차 회의 합의서〉. https://dialogue.unikorea.go.kr/ukd/c/ca/usrtalkmanage/List.do?tab=5&agreement_type=01에서 2020. 8. 21 인출.

통일부 남북회담본부. (2018. 9. 19). 〈9월 평양공동선언〉. https://dialogue.unikorea.go.kr/ukd/c/ca/usrtalkmanage/List.do?tab=5&agreement_type=01에서 2020. 8. 21 인출.

통일부 통일교육원. (2019).《2020 통일문제 이해》. 통일교육원 연구개발과.

Lee, Y. H., Yoon, S. J., Kim, Y. A., Yeom, J. W., & Oh, I. H. (2013). Overview of the burden of diseases in North Korea. *Journal of Preventive Medicine and Public Health*, 46(3), 111-117.

United Nations. (1986). Declaration on the Right to Development, Adopted by General Assembly resolution 41/128 of 4 December 1986. https://www.ohchr.org/en/instruments-mechanisms/instruments/declaration-right-development에서 2020. 8. 21 인출.

북한 보건의료기관 동향

노동신문 보도를 중심으로*

한준희·김신곤

1. 들어가는 말

금세기 인류는 유사 이래 가장 많은 지식과 정보가 생산되는 시기를 맞이하고 있다. KT경제경영연구소는 인류가 기록을 남기기 시작한 후 2000년대 초반까지 생산된 정보의 양을 약 20엑사바이트(약 2천경 바이트)로 추정하면서, 2010년대에 들어서는 이 정도의 정보량이 불과 단 한 주 만에 생산된다고 발표한 바 있다.

이처럼 매 순간 정보가 쏟아져 나오는 오늘날에도 북한만큼은 여전히 미지의 영역인 것처럼 보인다. 탈냉전 이후 범세계적 개방성이 극대화되었음에도, 북한은 여전히 폐쇄적인 정치·경제 체제를 유지하고 있다. 북한에서 공개하는 통계자료들은 조선노동당의 노선·정책과의 합일성을 추구하며 공개범위를 제한하거나, 공개된 자료조차도 왜곡과 편향으로 인해 국제적 수준의 신뢰

* 본고는 한준희, 〈북한 보건의료기관 동향 및 협력 대상으로서의 함의—2017-18 로동신문 다빈도 보도 5개 보건의료기관을 중심으로〉(석사학위논문, 고려대학교, 2020)을 바탕으로 수정·보완하여 작성하였음.

성을 담보하기가 어려운 경우가 많다(양운철, 2020, pp. 6-7). 더욱이 한국은 남북 간의 군사·안보적 대치상황 등으로 인해 북한에서 생산한 다양한 자료들에 대한 일반인의 자유로운 접근을 제한하고 있다.[1]

이런 제한적인 환경 속에서 본고는 북한에서 공식적으로 간행되는 공간문헌(公刊文獻)의 경우 사실에 대한 왜곡과 누락의 가능성에도 불구하고, 적어도 당의 노선과 정책만큼은 충실하게 반영한다는 점에 착안하였다. 주지하다시피 북한은 수령 중심의 절대적인 1인 통치구조를 구축하고 있으며(통일부 통일교육원, 2019, p. 11), 대외원조의 수원과정을 비롯한 모든 정책 결정 과정이 조선노동당의 지도하에 집행된다(신희영 등, 2017, p. 58). 따라서 우리가 북한을 알고자 하는 궁극적인 목적이 남북한의 교류와 협력을 통한 한반도 건강공동체의 구축에 있다면, 협력의 상대방인 북한 당국의 노선과 정책을 이해하려는 노력이 선행되어야 할 것이다. 그러한 차원에서 본다면, 북한의 공간문헌을 분석의 대상으로 삼아 북한의 오늘날을 이해하고자 하는 것은, 북한 당국에 대한 이해도를 높여 적실한 대북 협력 전략을 모색할 수 있다는 점에서 매우 유의미한 작업이 될 것이다.

2. 분석자료로서의《노동신문》

미국의 언론학자 슈램(W. Schramm)은 "공산주의 국가체제는 군대(power)와 언론기관(persuasion)이라는 양쪽의 수레바퀴로 굴러간다"고 하였으며, 중국의

1 본고에서 분석대상으로 삼고 있는 조선노동당 기관지인《노동신문》의 경우도 북한 당국과 직접 배포권 계약을 맺고 관계 당국으로부터 특수자료 취급인가를 받은 국내 언론기관 등에 한하여서만 직접 구독이 가능하다. 일반 국민이나 연구자들의 경우 통일부 북한자료센터(서울시 서초구 소재) 등에 직접 방문하여 신분 조회 후 열람이 가능하며, 복사물도 지정 기일 이내에 반납해야 하는 등 절차가 까다롭다. 한편, 노동신문은 자체 홈페이지를 구축하여 주요 기사를 대외적으로 공개하고 있으나, 국내에서는 접속이 차단되어 있다.

주석 마오쩌둥은 “중국 공산주의 혁명을 성공시킨 양대 지주는 무기와 언론기관”이라고 회고하였다. 이처럼 사회주의 국가에 있어서 언론은 군사력 및 경찰력과 같은 ‘강제’와 더불어, ‘설득과 동의’를 통해 체제를 유지하는 주요한 기제이다(김영주, 2009, p. 71).

북한 역시 이러한 사회주의 국가의 일반과 크게 다르지 않은 언론정책을 추구하였다. 북한의 대표적인 언론매체이자 당 기관지인 《노동신문》은 북한 정권과 당의 입장을 가장 권위 있게 표현하는 매체로서, 대중들에게 북한 당국의 정책을 설득하고 향후 방향성을 제시하는 주요한 매체이다. 특히 북한 당국이 발간하고 있는 다양한 공간문헌 중에서도 《노동신문》은 현재성과 사실성을 담보할 수 있는 매력적인 연구대상으로서 학계의 두루 인정을 받고 있다(고유환, 2006, p. 25).

이러한 측면을 고려할 때, 《노동신문》은 보건의료 분야에 대한 북한 당국의 관심과 정책 동향을 파악하기 하기 위해 가장 우선하여 고려할 수 있는 1차 자료이다.

이에 본고에서는 2017-18년에 발행된 《노동신문》 730개 호의 약 1만여 건(김수한, 2019, p. 51)의 기사 중 보건의료 분야를 다룬 925건의 기사를 선별하였다. 선별된 기사를 바탕으로 다음과 같은 양적인 특징을 추출하였다. 첫째, 발행일자, 면수, 기자, 기사 제목 등 기본적인 사항을 추출하였다. 둘째, 기사에서 언급된 기관과 개인, 하위 조직, 질병명에 대한 정보를 추출하였다. 셋째, 기사 내용을 주제별로 분류하였다. 이를 통해 다빈도 보도된 상위 5개의 보건의료 기관을 중심으로 기관별 특징적인 보도 동향과 경향을 고찰하였다.

3. 5개 보건의료 기관 보도 동향

2017-18년 《노동신문》에 보도된 보건의료 기관 중 다빈도 보도된 상위 5개

보건의료 기관은 김일성종합대학 평양의학대학(병원), 의학연구원, 평양산원, 김만유병원, 옥류아동병원 순이며 각각의 보도 횟수는 〈표 1〉과 같다.

<표 1> 2017-18년 《노동신문》 다빈도 보도 5개 보건의료기관

순위	기관명	보도 횟수
1	김일성종합대학 평양의학대학(병원)	88
2	의학연구원	43
3	평양산원	36
4	김만유병원	30
5	옥류아동병원	24
	합계	191

1) 김일성종합대학 평양의학대학(병원)

김일성종합대학 평양의학대학과 그 부속병원은 보건의료 기사 중 가장 많은 보도량(88건)을 차지했다. 보도 내용을 주제별로 분류해 보면, 순환기내과학강좌·5외과·사지정형외과·비뇨기외과학강좌 등에서 환자를 치료한 사례인 '환자치료사례'가 33건으로 가장 많은 비중을 차지했다. 다음으로 눈전기생리검사기·혈전용해제 개발 등을 보도한 '연구 및 신기술 도입 성과'(22건), 니코틴 반창고·어린이 영양섭취·당뇨병 예방치료 등의 정보를 전달한 '의학정보 전달'(13건), 개인이나 기관의 미담 사례를 보도한 '단순 홍보'(9건), 10여 개의 의학대학 교육자들을 원격으로 연결하고 교무행정의 정보화 실현한 사례와 의학교육의 첨단화를 추구하며 새로운 평가프로그램 개발 등을 보도한 '의학교육'(4건), 수술실과 강의실 간의 동화상전송체계를 구축한 사례 등을 보도한 '시설개선'(2건), 단천발전소 건설장과 원산갈마 해안관광지구 등 중요대상건설장에 현장치료대로 파견된 사례 등을 보도한 '방문 진료 사례'(2건), 여름철 고온에 따른 구급 대책을 세우도록 지시한 사례를 보도한 '제도 및 정책목표 제시'(1건) 순이었다.

<표 2> 김일성종합대학 평양의학대학(병원) 관련 《노동신문》 보도 동향

<table>
<tr><th colspan="8">주제별 분류</th></tr>
<tr><th colspan="2">주제</th><th colspan="2">보도 횟수
(복수 선택)</th><th colspan="2">주제</th><th colspan="2">보도 횟수
(복수 선택)</th></tr>
<tr><td colspan="2">환자치료사례</td><td colspan="2">33</td><td colspan="2">의학교육</td><td colspan="2">4</td></tr>
<tr><td colspan="2">연구 및 신기술 도입 성과</td><td colspan="2">22</td><td colspan="2">시설개선</td><td colspan="2">2</td></tr>
<tr><td colspan="2">의학 정보 전달</td><td colspan="2">13</td><td colspan="2">방문 진료 사례</td><td colspan="2">2</td></tr>
<tr><td colspan="2">단순 홍보
(기관/개인/제도/정책)</td><td colspan="2">9</td><td colspan="2">제도 및 정책 목표 제시</td><td colspan="2">1</td></tr>
<tr><td colspan="2">기타</td><td colspan="2">7</td><td colspan="2"></td><td colspan="2"></td></tr>
<tr><th colspan="8">2회 이상 보도 하위조직</th></tr>
<tr><th colspan="2">부서</th><th colspan="2">보도 횟수</th><th colspan="2">부서</th><th colspan="2">보도 횟수</th></tr>
<tr><td colspan="2">의학과학기술교류소</td><td colspan="2">6</td><td colspan="2">림상연구소</td><td colspan="2">2</td></tr>
<tr><td colspan="2">간장병과</td><td colspan="2">4</td><td colspan="2">5외과</td><td colspan="2">2</td></tr>
<tr><td colspan="2">뇌신경외과</td><td colspan="2">4</td><td colspan="2">안과</td><td colspan="2">2</td></tr>
<tr><td colspan="2">순환기내과</td><td colspan="2">4</td><td colspan="2">소아외과</td><td colspan="2">2</td></tr>
<tr><td colspan="2">사지정형외과</td><td colspan="2">3</td><td colspan="2">소화기연구실</td><td colspan="2">2</td></tr>
<tr><td colspan="2">비뇨기외과</td><td colspan="2">3</td><td colspan="2"></td><td colspan="2"></td></tr>
<tr><th colspan="8">2회 이상 보도된 인물</th></tr>
<tr><th>이름</th><th>소속</th><th>직위</th><th>보도
횟수</th><th>이름</th><th>소속</th><th>직위</th><th>보도
횟수</th></tr>
<tr><td>림창호</td><td>의학과학
기술교류소</td><td>소장</td><td>3</td><td>전영국</td><td>안과</td><td>과장</td><td>2</td></tr>
<tr><td>채병철</td><td>간장병과</td><td>과장</td><td>3</td><td>최성국</td><td>5외과</td><td>과장</td><td>2</td></tr>
<tr><td>장명국</td><td>림상연구소
미세외과연구실</td><td>실장,
부교수</td><td>2</td><td></td><td></td><td></td><td></td></tr>
<tr><th colspan="8">보도 대상 질병 분류
※제7차 한국표준질병·사인분류표의 22개 질병 대분류 기준</th></tr>
<tr><th colspan="2">질병 분류</th><th colspan="2">보도 횟수</th><th colspan="2">질병 분류</th><th colspan="2">보도 횟수</th></tr>
<tr><td colspan="2">순환계</td><td colspan="2">16</td><td colspan="2">신경계</td><td colspan="2">3</td></tr>
<tr><td colspan="2">근골격계 및 결합조직</td><td colspan="2">13</td><td colspan="2">암</td><td colspan="2">4</td></tr>
<tr><td colspan="2">눈</td><td colspan="2">13</td><td colspan="2">피부</td><td colspan="2">2</td></tr>
<tr><td colspan="2">소화계</td><td colspan="2">12</td><td colspan="2">호흡계</td><td colspan="2">2</td></tr>
<tr><td colspan="2">감염·기생충</td><td colspan="2">11</td><td colspan="2">귀</td><td colspan="2">1</td></tr>
<tr><td colspan="2">손상·중독·외인</td><td colspan="2">9</td><td colspan="2">정신장애</td><td colspan="2">1</td></tr>
<tr><td colspan="2">비뇨생식</td><td colspan="2">4</td><td colspan="2">특수목적</td><td colspan="2">1</td></tr>
<tr><td colspan="2">영양·대사</td><td colspan="2">4</td><td colspan="2"></td><td colspan="2"></td></tr>
</table>

하위 조직 중 가장 많이 보도된 조직은 6건 보도된 '의학과학기술교류소'로, 진통 피부크림과 두뇌영양알 개발 사례 등 다양한 연구성과를 중심으로 보도되었다. 의학과학기술교류소는 김일성종합대학 평양의학대학 산하 첨단

의학 분야 전문연구 기관으로서, 현재 약 20여 명의 연구자로 구성된 것으로 알려져 있다(조선중앙TV, 2019). 다음으로는 각 4건씩 보도된 '간장병과', '뇌신경외과', '순환기내과'는 해당 과에서 실시한 모범적인 환자 치료사례와 새롭게 개발하거나 적용한 치료법과 치료제, 모범적인 구성원 등이 보도되었다. 그 밖에도 '사지정형외과'(3건), '비뇨기외과'(3건) 등의 순으로 보도되었다.

2회 이상 보도된 인물은 의학과학기술교류소 소장 '림창호'와 간장병과 과장 '채병철'이 각각 3건씩, 그리고 림상연구소 미세외과연구실장 '장명국', 안과 과장 '전영국', 5외과 과장 '최성국' 등이 보도되었다. 주로 개인이 모범적이고 헌신적으로 직무에 임한 사례나 연구·치료 성과 등을 중심으로 보도되었다.

질병 보도 추이를 살펴보면 가장 많이 보도된 질환은 16건이 보도된 '순환계' 질환으로 협심증, 혈전성질병, 심폐정지, 부정맥, 고혈압, 급성심근경색 등이 보도되었다. 다음으로 추간판탈출증, 경추증 등 '근골격계 및 결합조직' 질환이 13건 보도되었고, 포도막염·각막이식 등 '눈' 관련 질환이 13건 보도되었다. 이어서 위내시경·십이지장궤양·담낭염 등 '소화계' 질환이 12건 보도되었고, 전신칸디다증·결핵·간염 등 '감염/기생충' 질환이 9건, 화상·절단상 등 '손상·중독·외인' 질환이 9건, 방광 질환·뇨독증 등 '비뇨생식계' 질환이 4건, 당뇨병·구루병 등 '영양/대사' 질환이 4건 등의 순으로 보도되었다.

2) 의학연구원

의학연구원은 보건의료 기사 중 두 번째로 많은 보도량(43건)을 차지했다. 보도 내용을 주제별로 분류해 보면, 혈전예방·치료제 개발 성과와 《조선민주주의인민공화국약전》(제8판) 출간 등 28건이 보도된 '연구 및 신기술 도입 성과'가 가장 많은 비중을 차지했다. 다음으로 6건이 보도된 '단순 홍보', 뇌타박과 부인종양 치료사례를 보도한 '환자치료사례'(5건), 유선질병 치료법·요

<표 3> 의학연구원 관련 《노동신문》 보도 동향

주제별 분류			
주제	보도 횟수 (복수 선택)	주제	보도 횟수 (복수 선택)
연구 및 신기술 도입 성과	28	생산성과	3
단순 홍보 (기관/개인/제도/정책)	6	방문 진료 사례	1
환자치료사례	5	기타	4
의학정보전달	3		
2회 이상 보도 하위조직			
부서	보도 횟수	부서	보도 횟수
약학연구소	14	종양연구소	2
합성제약연구소	5	환경위생연구소 자연치료자원연구실	2
어린이영양관리연구소	5	미생물연구소	2
방사선의학연구소	3	의학생물학연구소	2
의료기구연구소	2		
보도 대상 질병 분류 ※제7차 한국표준질병·사인분류표의 22개 질병 대분류 기준			
질병 분류	보도 횟수	질병 분류	보도 횟수
소화계	11	근골격계 및 결합조직	2
암	9	눈	2
순환계	6	정신장애	1
감염·기생충	5	손상·중독·외인	1
영양·대사	5	질병이환	1
피부	3	비뇨생식	1
호흡계	2	조혈·면역	1

드부족증 예방법 등을 전한 '의학 정보 전달'(3건), 임상에서 쓰이는 구급소생약을 자체 생산하여 치료예방기관들에게 보낸 사례 등 '생산성과'(3건), 2.8직동청년탄광으로 파견하여 진료를 수행한 '방문 진료 사례'(1건) 순이었다.

하위 조직 중 가장 많이 보도된 조직은 14건이 보도된 '약학연구소'와 5건이 보도된 '합성제약연구소'로, 주로 약학 분야에서 수행하고 있는 다양한 연구와 성과에 대하여 보도하였다. 다음으로 5건이 보도된 '어린이영양관리연구소' 역시 관련 연구 성과와 함께 요드부족증 관련 의학정보 전달과 아동 영양관리방법을 지도한 환자치료사례 등이 보도되었다. 이어서 난치성 부인과

종양의 치료사례 등을 전한 '방사선의학연구소'(3건) 등이 보도되었다.

의학연구원과 관련한 보도에서 2회 이상 보도된 인물은 없었다.

질병 보도 추이를 살펴보면 가장 많이 보도된 질환은 11건이 보도된 '소화계' 질환으로 간부전과 지방간·취장염(췌장염) 등이 보도되었다. 다음으로 유선암·갑상선암·부인종양 등 '암' 질환이 9건 보도되었고, 혈전·고혈압·동맥경화 등 '순환계' 질환이 6건 보도되었다. 이어서 비루스성 간염(바이러스성 간염)·기생충·결핵 등 '감염·기생충' 질환이 5건 보도되었고, 요드부족증(요오드부족증), 당뇨병 등 '영양·대사' 관련 질환이 5건 순으로 보도되었다.

3) 평양산원

36건이 보도된 평양산원의 보도 내용을 주제별로 분류해 보면, 유선암·혈소판감소성자반병 등을 치료한 사례를 18건 보도한 〈환자치료사례〉가 가장 많은 비중을 차지했다. 다음으로 콩고공화국 정부대표단과 쿠바공화국 대사관 관계자가 방문한 사례 등을 보도한 '단순 홍보'(10건), 금이온항암주사 개발·새로운 유선암 수술법 도입·혈관인터벤션치료기술 습득 등을 보도한 '연구 및 기술 도입 성과'(7건), 평양산원 유선종양연구소 건설 당시 김정일이 각별히 관심을 쏟았으며 김정은이 2018년에 잣을 평양산원 산모와 환자들에게 보낸 사례가 보도된 '최고지도자 등장 보도'(2건), 의료봉사사업에서 인민성을 철저히 구현할 것을 결의한 결의대회 개최 등을 보도한 '제도 및 정책 목표 제시'(2건), 김정숙평양방직공장과 삼지연군건설사업 현장에 파견을 나간 사례를 보도한 '방문 진료 사례'(2건) 순이었다.

하위 조직 중 가장 많이 보도된 조직은 8건이 보도된 '유선종양연구소'로, 동 연구소를 "로동당시대의 기념비적 창조물"로 평가하며 사회주의보건제도의 우수성을 홍보하는 기사에 자주 등장하였다. 다음으로 4건이 보도된 '3부인과'는 해당 과에서 수행한 환자치료사례들이 소개되었고, 3건이 보도된 '2

<표 4> 평양산원 관련《노동신문》보도 동향

<table>
<tr><th colspan="8">주제별 분류</th></tr>
<tr><td colspan="3">주제</td><td>보도 횟수
(복수 선택)</td><td colspan="2">주제</td><td colspan="2">보도 횟수
(복수 선택)</td></tr>
<tr><td colspan="3">환자치료사례</td><td>18</td><td colspan="2">최고지도자 등장 보도</td><td colspan="2">2</td></tr>
<tr><td colspan="3">단순 홍보
(기관/개인/제도/정책)</td><td>10</td><td colspan="2">제도 및
정책 목표 제시</td><td colspan="2">2</td></tr>
<tr><td colspan="3">연구 및 신기술 도입 성과</td><td>7</td><td colspan="2">방문 진료 사례</td><td colspan="2">2</td></tr>
<tr><th colspan="8">2회 이상 보도 하위조직</th></tr>
<tr><td colspan="3">부서</td><td>보도 횟수</td><td colspan="2">부서</td><td colspan="2">보도 횟수</td></tr>
<tr><td colspan="3">유선종양연구소</td><td>8</td><td colspan="2">부인종양과</td><td colspan="2">2</td></tr>
<tr><td colspan="3">3부인과</td><td>4</td><td colspan="2">4산과</td><td colspan="2">2</td></tr>
<tr><td colspan="3">2부인과</td><td>3</td><td colspan="2">4부인과</td><td colspan="2">2</td></tr>
<tr><th colspan="8">2회 이상 보도된 인물</th></tr>
<tr><td>이름</td><td>소속</td><td>직위</td><td>보도
횟수</td><td>이름</td><td>소속</td><td>직위</td><td>보도
횟수</td></tr>
<tr><td>허봉철</td><td>3부인과</td><td>과장</td><td>3</td><td>리은경</td><td>9산과,
유선종양
연구소</td><td>의사</td><td>2</td></tr>
<tr><td>박성봉</td><td>4산과</td><td>과장</td><td>2</td><td>림송미</td><td>4산과</td><td>간호원</td><td>2</td></tr>
<tr><td>리명혜</td><td>혈관조영
치료과</td><td>과장</td><td>2</td><td colspan="4"></td></tr>
<tr><th colspan="8">보도 대상 질병 분류
※제7차 한국표준질병·사인분류표의 22개 질병 대분류 기준</th></tr>
<tr><td colspan="3">질병 분류</td><td>보도 횟수</td><td colspan="2">질병 분류</td><td colspan="2">보도 횟수</td></tr>
<tr><td colspan="3">암</td><td>4</td><td colspan="2">비뇨생식</td><td colspan="2">3</td></tr>
</table>

부인과'는 내실 있는 기술학습 시간을 통해 치료성과를 높이고 있음이 소개되었다, 그 밖에도 '부인종양과'와 '4산과', '4부인과'가 해당 과에서 수행한 환자치료사례를 중심으로 각각 두 차례씩 보도되었다.

2회 이상 보도된 인물은 중 3부인과 과장 '허봉철'이 3건으로 가장 많이 보도되었으며, 이어 4산과 과장 '박성봉', 혈관조영치료과 과장 '리명혜', 9산과 및 유선종양연구소 의사 '리은경', 4산과 간호원 '림송미'가 각각 2건씩 보도되었다. 주로 개인이 모범적이고 헌신적으로 직무에 임한 사례나 연구·치료성과 등을 중심으로 보도되었다.

질병 보도 추이를 살펴보면 유선암 등 '암' 질환이 4건, 자궁근종·자궁선근종 등 ‘비뇨생식’ 질환이 3건 보도되었다.

4) 김만유병원

30건이 보도된 김만유병원의 보도 내용을 주제별로 분류해 보면, 지주막하출혈·중증외상(다발성골절·전신압좌상·뇌진탕·외상성골절)·저혈당성쇼크·심혈관질환 등의 ‘환자치료사례’가 16건 보도되어 가장 많은 비중을 차지했다. 다음으로 단천발전소 건설장·원산갈마해안관광지구 건설장 등 중요대상건설장에 현장치료되어 파견된 사례를 보도한 ‘방문 진료 사례’(3건), 고려의학연구원과 협동 연구를 수행하여 고혈압·만성편도선염·급성추간판탈출증 치료

<표 5> 김만유 병원 관련 《노동신문》 보도 동향

<table>
<tr><th colspan="8">주제별 분류</th></tr>
<tr><td colspan="2">주제</td><td colspan="2">보도 횟수
(복수 선택)</td><td colspan="2">주제</td><td colspan="2">보도 횟수
(복수 선택)</td></tr>
<tr><td colspan="2">환자치료사례</td><td colspan="2">16</td><td colspan="2">의학 정보 전달</td><td colspan="2">2</td></tr>
<tr><td colspan="2">방문 진료 사례</td><td colspan="2">3</td><td colspan="2">단순 홍보
(기관/개인/제도/정책)</td><td colspan="2">2</td></tr>
<tr><td colspan="2">연구 및 신기술 도입 성과</td><td colspan="2">2</td><td colspan="2">기타</td><td colspan="2">5</td></tr>
<tr><th colspan="8">2회 이상 보도 하위조직</th></tr>
<tr><td colspan="2">부서</td><td colspan="2">보도 횟수</td><td colspan="2">부서</td><td colspan="2">보도 횟수</td></tr>
<tr><td colspan="2">구급과</td><td colspan="2">4</td><td colspan="2">뇌신경외과</td><td colspan="2">2</td></tr>
<tr><td colspan="2">복부외과</td><td colspan="2">4</td><td colspan="2">호흡기내과</td><td colspan="2">2</td></tr>
<tr><td colspan="2">신경내과</td><td colspan="2">2</td><td colspan="2"></td><td colspan="2"></td></tr>
<tr><th colspan="8">2회 이상 보도된 인물</th></tr>
<tr><td>이름</td><td>소속</td><td>직위</td><td>보도
횟수</td><td>이름</td><td>소속</td><td>직위</td><td>보도
횟수</td></tr>
<tr><td>리근철</td><td>복부외과연구실</td><td>실장</td><td>2</td><td>리일곤</td><td>비뇨기외과</td><td>부과장</td><td>2</td></tr>
<tr><td>홍준기</td><td>호흡기내과</td><td>과장</td><td>2</td><td></td><td></td><td></td><td></td></tr>
<tr><th colspan="8">보도 대상 질병 분류
※제7차 한국표준질병·사인분류표의 22개 질병 대분류 기준</th></tr>
<tr><td colspan="2">질병 분류</td><td colspan="2">보도 횟수</td><td colspan="2">질병 분류</td><td colspan="2">보도 횟수</td></tr>
<tr><td colspan="2">순환계</td><td colspan="2">4</td><td colspan="2">소화계</td><td colspan="2">1</td></tr>
<tr><td colspan="2">근골격계 및 결합조직</td><td colspan="2">2</td><td colspan="2">손상·중독·외인</td><td colspan="2">1</td></tr>
<tr><td colspan="2">암</td><td colspan="2">2</td><td colspan="2">신경계</td><td colspan="2">1</td></tr>
<tr><td colspan="2">귀</td><td colspan="2">1</td><td colspan="2">조혈·면역</td><td colspan="2">1</td></tr>
</table>

법을 적용한 사례 등을 보도한 '연구 및 신기술 도입 성과'(2건), 호흡기질환·심장혈관질환 등 가을과 겨울철에 취약한 질병에 대한 예방법 등을 보도한 '의학 정보 전달'(2건), 소속 개인에 대한 소개와 미담을 보도한 '단순 홍보'(2건) 순이었다.

하위 조직 중 가장 많이 보도된 조직은 4건이 보도된 '구급과'로, 응급 환자에 관한 치료사례가 보도되었는데 환자들의 거주지는 평양직할시인 경우가 2건, 황해북도 평산군, 평안남도 성천군이 각 한 건씩으로 병원이 소재한 평양직할시 및 연접한 지역이었다. 다음으로 '복부외과'(4건), '신경내과'(2건), '뇌신경외과'(2건), '호흡기내과'(2건) 순이었는데, 주로 해당 과에서 실시한 모범적인 환자치료사례와 새롭게 개발하거나 적용한 치료법과 치료제, 모범적인 구성원 등이 보도되었다.

2회 이상 보도된 인물은 전국의학과학토론회(2017)에서 논문을 발표한 사례 등이 보도된 복부외과연구실 실장 '리근철'과 가을·겨울철 건강상식을 기고한 호흡기내과 과장 '홍준기', 환자치료사례 등이 보도된 비뇨기외과 부과장 '리일곤'이다.

질병 보도 추이를 살펴보면 가장 많이 보도된 질환은 4건이 보도된 '순환계' 질환으로, 심장부 답답감·뇌동맥류·지주막하출혈 등이었다. 다음으로 코혈관섬유종·변형성척추증이 보도된 '근골격계 및 결합조직' 질환(2건), 뇌종양 등이 보도된 '암' 질환(2건), 만성중이염이 보도된 '귀' 질환(1건), 췌장질환이 보도된 '소화계' 질환(1건), 뇌타박이 보도된 '손상·중독·외인' 질환(1건), '신경계' 질환(1건), 혈소판감소성자반병이 보도된 '조혈·면역' 질환(1건) 순이었다.

5) 옥류아동병원

24건이 보도된 옥류아동병원의 보도 내용을 주제별로 분류해 보면, 심장

<표 6> 옥류아동병원 관련 《노동신문》 보도 동향

<table>
<tr><th colspan="4">주제별 분류</th></tr>
<tr><td>주제</td><td>보도 횟수
(복수 선택)</td><td>주제</td><td>보도 횟수
(복수 선택)</td></tr>
<tr><td>환자치료사례</td><td>11</td><td>방문 진료 사례</td><td>1</td></tr>
<tr><td>단순 홍보(기관/개인/제도/정책)</td><td>6</td><td>제도 및 정책 목표 제시</td><td>1</td></tr>
<tr><td>연구 및 신기술 도입 성과</td><td>4</td><td>사진</td><td>2</td></tr>
<tr><td>최고지도자 등장 보도</td><td>2</td><td></td><td></td></tr>
<tr><th colspan="4">2회 이상 보도 하위조직</th></tr>
<tr><td>부서</td><td>보도 횟수</td><td>부서</td><td>보도 횟수</td></tr>
<tr><td>심장혈관외과</td><td>6</td><td>순환기내과</td><td>2</td></tr>
<tr><th colspan="4">2회 이상 보도된 인물</th></tr>
<tr><td>이름</td><td>소속</td><td>직위</td><td>보도 횟수</td></tr>
<tr><td>김철진</td><td>심장혈관외과</td><td>부과장</td><td>3</td></tr>
<tr><th colspan="4">보도 대상 질병 분류
※제7차 한국표준질병·사인분류표의 22개 질병 대분류 기준</th></tr>
<tr><td>질병 분류</td><td>보도 횟수</td><td>질병 분류</td><td>보도 횟수</td></tr>
<tr><td>순환계</td><td>5</td><td>손상·중독·외인</td><td>1</td></tr>
<tr><td>비뇨생식</td><td>1</td><td>소화계</td><td>1</td></tr>
<tr><td>영양·대사</td><td>1</td><td></td><td></td></tr>
</table>

병·화상·심장판막수술·소아당뇨병 등의 '환자치료사례'가 11건 보도되어 가장 많은 비중을 차지했다. 다음으로 콩고공화국과 타이주체사상연구조직대표단의 병원 방문 사례 등 6건이 보도된 '단순 홍보', 우측흉벽절개도달법 등 새로운 심장수술방법을 도입한 사례와 정보화 사업에 있어 다른 의료 기관들에 본보기가 된 사례 등이 보도된 '연구 및 신기술 도입 성과'(4건), 옥류아동병원 건설 시 김정은이 현지 지도를 수행하며 사회주의보건제도의 우월성을 과시하는 장소로 자임한 사례 등이 보도된 '최고지도자 등장 보도'(2건), 홍수 피해를 입은 경흔군 록야리에 현장치료대로 심장혈관외과 의사가 파견된 사례가 보도된 '방문 진료 사례'(1건) 순이었다.

하위 조직 중 가장 많이 보도된 '심장혈관외과'는 6건이 보도되었다. 특히 심장혈관외과가 고난의 행군이 한창이던 때 평양의학대학병원에서 발족하여 소아선천성심장병에 대한 치료를 시작했는데, 현재는 한해 300건 이상의 복잡한 심장혈관수술을 진행하며 “외과부문에서 제일 어려우면서도 첨단기술 분야의 하나인 소아심장외과치료를 믿음직하게 책임지고 있는 집단”이라고 소개되었다. 다음으로 환자치료사례를 중심으로 ‘순환기내과’가 2건 보도되었다.

2회 이상 보도된 인물은 20년간 소아 선천성 심장병 치료에 모든 것을 바친 인물로 소개된 심장혈관내과 부과장 ‘김철진’이었다.

질병 보도 추이를 살펴보면 가장 많이 보도된 질환은 ‘순환계’ 질환으로 5건이 보도되었는데, 심장병·심장판막수술·소아 선천성 심장병 등이었다. 다음으로 콩팥증증후군이 보도된 ‘비뇨생식’ 질환, 소아당뇨병이 보도된 ‘영양·대사’ 질환, 화상이 보도된 ‘손상·중독·외인’ 질환, 마지막으로 대장 천공이 보도된 ‘소화계’ 질환이 각각 1건씩 보도되었다.

4. 고찰 및 결론

1) 북한 보건의료체계 동향 및 변화 양상 고찰

최신 연구에서는 북한의 의료전달체계를 1차의료 봉사단위, 시·군급 병원, 도급 병원, 중앙급 병원으로 설명하고 있다(서울대 통일의학센터, 2019, p. 51). 이들을 바탕으로 살펴보면, 다빈도 보도된 5개 보건의료 기관인 평양의학대학(병원), 의학연구원, 평양산원, 옥류아동병원, 김만유병원은 모두 평양에 소재한 중앙급 병원이다.

한편, 김정은 시대 이후 변화된 북한의 보건의료 분야 동향을 보도를 통해서도 확인할 수 있었다. 선행연구에 따르면, 김정은 시대의 북한 보건의료 분야 주요 특징은 다음과 같다(신희영 등, 2016, p. 192; 신희영·안경수, 2017, p. 121). 첫째, 의료 서비스의 전산화 및 원격의료체계의 도입 시작. 둘째, 보건의료 기관의 신설 및 현지지도 등을 통한 최고지도자의 각별한 관심. 셋째, 의약품 공급체계에 대한 당국의 관심 증대. 넷째, 교육의 일원화와 종합화.

첫 번째 특징은 먼거리의료봉사체계(원격의료체계)를 전국적 범위에서 더욱 완성하고 보건기관 관리운영의 정보화를 천명한 보도를 통해 확인할 수 있었다.[2] 또 평양의학대학을 비롯한 의학 교육 기관들이 대학 교무 행정관리의 정보화를 추진[3]하고 있으며, 특히 옥류아동병원은 다른 의료 기관들의 정보화 사업에 본보기가 되었다고 보도하였다.[4]

두 번째 특징은 김정은 시대 새로 건설된 평양산원 유선종양연구소가 평양산원 산하 조직 중 가장 많은 8건이 보도되는 한편, 김정은이 그해 첫 산물인 많은 양의 잣을 산모와 환자들에게 보낸 사례를 통해 확인할 수 있었다.[5]

세 번째 특징은 의학연구원 산하 연구소 중에서도 약학연구소와 합성제약연구소가 가장 많은 보도량을 차지한 것을 통해 확인할 수 있었다.

마지막 네 번째 특징은 의학교육 부문에서 국가망을 통해 10여 개의 의학대학 교육자들이 자료를 주고받으며 토론하는 체계가 자리 잡고 있으며, 의학교육 첨단화의 일환으로 학생들의 실력평가방법을 내실화하는 새로운 프로그램이 개발[6]되고 있다는 보도를 통해 확인할 수 있었다.

2) 북한의 주요 질병과 대응 현황 고찰

세계보건기구(WHO)는 2016년 북한에서 만성질환으로 인한 사망이 전체

---

2 〈사회주의보건제도의 우월성을 발양시키는 것은 중요한 정치적 사업〉, 《로동신문》, 2018년 3월 4일, 2면.

3 〈이렇게 사색하고 실천할 때 당의 교육혁명방침관철에서 만리마를 탈 수 있다〉, 《로동신문》, 2017년 7월 19일, 4면.

4 〈백수십건의 의학과학기술성과 이룩〉, 《로동신문》, 2017년 12월 18일, 4면.

5 〈평양산원에 꽃펴난 사랑의 전설〉, 《로동신문》, 2018년 10월 16일, 4면.

6 〈이렇게 사색하고 실천할 때 당의 교육혁명방침관철에서 만리마를 탈 수 있다〉, 《로동신문》, 2017년 7월 19일, 4면.

사망의 84%를 차지하는 것으로 발표했는데, 이는 전 세계 만성질환 사망점유율의 평균인 71%를 상회하는 수치다. 특히 북한은 만성질환 중에서도 심혈관 질환으로 인한 사망이 전체 사망의 40%, 암이 19%, 만성 호흡기질환이 14%를 차지하는 것으로 추계했다. 한편, 질병으로 인한 조기 사망과 장애 정도를 고려한 장애보정생존년수(DALYs) 역시 북한의 만성질환이 전체 질병 부담의 약 70%를 차지하는 것으로 드러났다(서울대 통일의학센터, 2019, pp. 369-371). 실제로 다수의 북한 이탈 의사들은 북한에서 뇌출혈과 심장질환과 같은 비감염성 질환이 사망을 유발하는 더욱 중요한 요인이 되었다고 증언하였다(Ha & Lee, 2019, pp. 481-482).

이와 같은 비감염성 질환 중심의 질병 부담 구조는 상위 5개 보건의료 기관의 보도 동향에서도 관찰할 수 있었다. 상위 5개 보건의료 기관에 보도된 질병을 살펴보면 순환기계와 암, 근골격계가 각각 1위와 3위, 4위를 차지하며 전체 151건 중 44%(66건)를 차지하고 있었다.

반면, 북한의 감염성 질환과 관련된 보도는 상대적으로 적었다. WHO는 북한을 결핵에 따른 질병 부담이 높은 상위 30개 국가 및 결핵과 다제내성결핵 모두에 높은 부담을 가지고 있는 6개 국가로 분류한 바 있다(WHO, 2019, p. 198). 하지만 결핵의 경우 상위 5개 보건의료 기관 관련 기사 중 단 두 차례밖에 보도되지 않았고, 전체 2017-18년《노동신문》보건의료 관련 기사 중에서도 총 9회 보도에 불과했다.

그 밖의 감염성 질환 보도 동향을 살펴보면, 기생충 관련 질환은 의학연구원에서 기생충 감염을 정확히 진단할 수 있는 소편(칩)을 개발한 사례가 보도[7] 되었고, 간염의 경우는 김일성종합대학 평양의학대학(병원)과 의학연구원에서 환자치료사례와 연구 및 신기술 도입 성과로 보도되었다. 반면, 말라리아나 파상풍은 상위 5개 보건의료 기관에서 보도된 사례가 없으며, 파상풍은 전

7 〈의학과학기술발전을 적극 추동〉,《로동신문》, 2018년 2월 28일, 5면.

체 보건의료 기사 중에서도 보도된 사례가 없었다.

3) 한반도 건강공동체 구축을 위한 교류·협력에의 함의

2017-18년《노동신문》에서 가장 많이 보도된 평양의학대학 및 부속병원은 의학 연구와 환자치료 영역 등 광범위한 분야에서 협력 사업을 모색해 볼 수 있다. 특히 평양의학대학을 중심으로 국가망을 통하여 10여 개의 지방 의학대학 교육자들이 자료를 주고받으며 토론하는 시스템이 구축·활용되고 있다는 점은 동 기관과의 협력 성과가 전국에 산재해 있는 각 지역 의학대학을 통해 파급될 수 있다는 가능성을 제시한다. 또 제약 분야를 중심으로 보도된 의학연구원은 북한의 만성적인 의약품 부족 문제를 해소하기 위한 주요한 협력 대상으로 고려해 볼 수 있을 것이다. 그 밖에도 평양산원은 유선암 분야에서, 김만유병원은 응급의료 영역에서, 옥류아동병원은 소아심장질환 분야를 중심으로 한 협력을 기대해 볼 수 있다.

이러한 연구결과를 바탕으로 향후 실현 가능성과 지속 가능성을 고려한 보건의료 분야 대북 협력 사업 추진을 위해서는 심혈관계질환과 암, 근골격계질환과 같은 비감염성질환 중심의 사업을 모색해 볼 필요가 있으며, 북한 측 상대자를 상정해야 할 경우, 다빈도 보도된 개인과 조직을 우선하여 고려할 필요가 있다.

본 연구의 의의는 보건의료 분야의 대북협력 사업 수행에 있어 실효성과 효과성을 높이고자, 북한 당국이 관심을 두고 있는 기관과 영역을 중심으로 동향을 분석해 보았다는 데에 있다. 2022년은 한반도에 많은 기회와 도전을 함의하는 미증유의 새로운 시대가 될 것이다. 이러한 변화의 바람 속에서 한국은 한반도 문제의 당사국으로서 지피지기(知彼知己)의 지혜를 발휘하여 한반도의 항구적인 건강공동체를 구축할 수 있기를 기대한다.

❖ 참고 문헌

단행본

고유환. (2006). 《로동신문을 통해 본 북한 변화》. 도서출판 선인.

서울대학교 의과대학 통일의학센터. (2019). 《북한 보건의료 백서—2019년 개정판》. 한국국제보건의료재단.

신희영·이혜원·안경수·안형수·임아영·전지은·최소영. (2017). 《통일의료 남북한 보건의료 협력과 통합》. 서울대학교출판문화원.

통일부 통일교육원. (2019). 《2019 북한이해》. 통일부 통일교육원.

논문

Ha, Shin, Yo Han Lee. (2019). Underestimated Burden: Non-Communicable Diseases in North Korea. *Yonsei Medical Journal*, 60.

김수한. (2019). 〈김정은 권력승계시기 로동신문의 변화 연구—편집국 인적 구성과 기사내용 특징을 중심으로〉. 박사학위논문, 동국대학교.

김영주. (2009). 〈북한 언론매체, 어떻게 이해할 것인가〉. 《북한연구방법론》. 경기: 한울아카데미.

신희영·안경수. (2017). 〈『고등교육』에 나타난 북한의 의학교육 현황 분석〉. 《통일정책연구》(통일연구원), 26(2).

신희영·이혜원·안경수·전지은. (2016). 〈김정은 시대 북한 보건의료체계 동향 전달체계와 조직체계를 중심으로〉. 《통일과평화》(서울대학교 통일평화연구원), 8(2).

양운철. (2020). 〈남북한 통계 통합의 과제〉. 《세종정책브리프》. 경기: 세종연구소.

한준희. (2020). 〈북한 보건의료기관 동향 및 협력 대상으로서의 함의—2017-18 로동신문 다빈도 보도 5개 보건의료기관을 중심으로〉. 석사학위논문, 고려대학교.

북한 자료

《로동신문》, 2017-2018 전 호.

조선중앙TV, https://www.youtube.com/watch?v=oORXytXGNpc(검색일: 2019.10.26.).

국제기구 보고서

WHO. *Global Tuberculosis Report 2019*.

북한 의학자료의 수집과 활용

하신 · 이요한

북한을 바라보는 인식은 한국 내에서도 집단, 세대와 더불어 개인 간 차이가 있다. 객체를 인식, 소비하고자 하는 주체의 본연에 한정되지 않고 정치적, 지역적 경향성에 따라 객체, 대상에 대한 인식의 차이가 있는 것이다. 대상의 고유한 기표와 기의 외에 인식 주체들이 주관적 의미를 능동적으로 추가하면서 주적, 적화통일, 빨갱이에서부터 우리 민족까지 인식의 다양한 스펙트럼을 구축하게 된다. 개별적 사고와 인식 주체로서의 개인, 단체와 사회 또는 집단에 따라 인식과 이해의 정도는 양 극단에서 중도에까지 다양하다.

그러나 인식 주체들 각각의 다양성으로 인한 인식 형태의 차이와는 달리 북한을 바로 보고 이해할 수 있는 근거가 되는 정보원, 데이터 및 자료들(이하 '북한자료')은 제한되어 있다. 이는 북한에서 생산, 유통되는 북한자료의 특성에 의하기보다는 한국 내에서 북한 자료를 수집, 이용함에 있어 적용되는 제약, 법률과 같은 사회적 약속에 의한 것이다.[1]

1 **통일부자료관리규정[서행 2009.11.9.][통일부훈령 제424호, 2009.11.9., 타법개정]**
제1조(목적) 이 규정은 통일업무 수행 및 통일·북한문제 연구에 필요한 각종 자료의 수집, 관리 및 존안과 활용 업무를 체계화하고 능률적으로 처리하기 위하여 필요한 사항을 규정함을 목적으로 한다.

노태우 대통령 집권 시기, 7·7선언을 시작으로 출판물 교류를 포함한 남과 북간의 교류가 확대되어왔다고 할 수 있으나 법률상의 제약, 집권 정부의 정책 방향 등으로 인해 북한을 연구하고자 하는 연구자들의 북한자료 이용에 있어 완전한 자유, 자율화는 확보되지 않았다고 할 수 있다.[2]

1. 북한자료, 북한의학자료의 종류

1) 출판물[3]

북한에서 출판물을 제작, 발행할 수 있는 것은 북한 정부가 유일하다고 할 수 있다. 또한 북한의 출판물은 그 발행과 사용 목적, 용도가 우리가 생각할 수 있는 범주에 있지 않다(김일성, 1980). 출판물의 생산과 유통 그리고 재생산 및 통제에 이르기까지 북한 정부가 모든 것을 독점하고 있기 때문이다.

북한 정부가 출판물을 독점하고 있는 이유는 의외로 단순하다. 모든 출판물들은 당의 강력한 선전과 선동의 수단이기 때문이다. 김일성은 저작집, 로작

국가보안법[시행 2017. 7. 7.] [법률 제13722호, 2016. 1. 6., 타법개정]
제7조(찬양·고무등) ①국가의 존립·안전이나 자유민주적 기본질서를 위태롭게 한다는 정을 알면서 반국가단체나 그 구성원 또는 그 지령을 받은 자의 활동을 찬양·고무·선전 또는 이에 동조하거나 국가변란을 선전·선동한 자는 7년 이하의 징역에 처한다. 〈개정 1991. 5. 31.〉
(…)
⑤제1항·제3항 또는 제4항의 행위를 할 목적으로 문서·도화 기타의 표현물을 제작·수입·복사·소지·운반·반포·판매 또는 취득한 자는 그 각항에 정한 형에 처한다. 〈개정 1991. 5. 31.〉

2 1988년 7월 7일 노태우 대통령은 6개항을 포함한 '민족자존과 통일번영을 위한 대통령 특별선언'을 발표했다. 6개 항에는 남북동포 상호 간의 상호 교류 및 해외 동포들의 남북왕래, 이산가족들의 생사확인, 한국과 북한 간의 교역문호개방, 비군사적 물자들에 있어 우방의 대북 교역 허락, 한국과 북한 간의 대결외교 종료 등이 포함되었다.

3 북한에서 발간되는 출판물은 통일부 북한자료센터를 통해서 이용이 가능하다. 북한자료센터는 1988년 7월 7일 정부의 7.7선언에 따라 북한자료를 국민 일반에게 공개하고 누구나 쉽고 편리하게 이용할 수 있는 대국민 서비스 창구역할을 수행하기 위해 1989년 5월 22일 개설되었다. 2021년 3월 현재 서울시에 위치한 국립중앙도서관 내에 자리하고 있다.

을 통해 출판물을 〈표 1〉과 같이 규정하였다.

<표 1> 출판물에 대한 정의

출판물은 당과 대중을 연결시키는 중요한 수단이며 당이 내세운 정치·경제·문화건설의 과업 실천에로 근로대중을 조직 동원하는 힘 있는 무기(김일성 1980)

북한에서 발간된 출판물들은 북한 정부의 공식적인 입장과 국가 운영 방향을 담고있다. 이는 북한 정부가 출판물을 엄격하게 통제하는 이유가 된다.[4] 북한을 연구하는 보건, 의과학연구자들에게 있어 북한자료가 연구 대상으로서 생명력을 확보할 수 있는 근거가 된다.

(1) 의학 학술지

북한은 공식적으로 기대여명을 제외하고는 건강관련 지표를 대외적으로 공표하지 않고 있다. 이로 인해 한국을 포함한 전 세계 연구자들은 보건, 의학적 상황을 가늠할 수 있는 객관적이고 정확한 역학지표를 확인하지 못하고 있다. 때문에 북한의 보건, 의과학분야 연구는 제한적일 수밖에 없다. 그러나 다행인 것은 북한 정부가 공식적으로 대외 출간하고 있는 보건, 의학분야 학술지(이하 학술지)가 존재하며 이 학술지를 한국에서 이용할 수 있는 것이다.

북한에서 발행되어 한국에서 이용 가능한 의학 분야 전문 학술지는 〈표 2〉와 같이 10종에 이른다.[5] 학술지들은 주로 연 4회 정기적으로 발행된다. 발행처는 북한 정부기관 2곳이며 학술지에 논문을 투고하고자 하는 연구자를 위한 안내 등을 제시하지 않고 있다. 학술지의 이름을 보면 수록된 논문들의 주제를 가늠할 수 있다. 그러나 특정한 의학 분야를 대상으로 하고 있더라도 의

4 북한자료가 연구자료로서 가질 수 있는 가치와 중요성을 발견할 수 있는 부분이다.

5 다만 북한에서 발간하고 있거나 발간했었던 학술지를 한국에서 발간되는 학회지, 학술지와는 양적, 질적으로 비교하기에는 무리가 있다(하신, 2017). 학술지의 존재 목적, 학술지 배포를 통해 달성하고자 하는 기본적인 욕구에서 차이가 있기 때문이다.

학 전 분야를 다양하게 다루고 있는 관계로 특정 주제 분야를 중점으로 하는 종합학술지에 가깝다고 할 수 있다.[6]

<표 2> Medical journals published by North Korean government

Title (Korean title)	Korean medicine (Chosŏn ŭihak)	Preventive medicine (Yebang ŭihak)	Medical science (Ŭihak)
Subjects	General medicine		
Language	Korean		

Title (Korean title)	Internal medicine (Naekwa)	Surgery (Oekwa)	Pediatrics, obstetrics and gynecology (Soa, sanbuinkwa)	Dentistry, ophthalmology, otorhinolaryngology (Kugang, ankwa, ibiinhukwa)
Subjects	Clinical medicine			
Language	Korean			

Title (Korean title)	Basic medicine (Kich o ŭihak)	Korea medicine (Kory ŏ ŭihak)	Korean pharmacy (Chosŏn yakhak)
Subjects	Basic medicine	Oriental medicine	Pharmacy
Language	Korean		

북한 학술지에 수록된 원문, 논문의 구조는 10종에 해당하는 학술지 중 9종이 동일하거나 유사하다. 이는 학술지의 출간을 북한 정부가 독점하고 있기 때문일 것이다. 〈그림 1〉을 통해서 확인할 수 있듯이 북한 학술지들에 수록된 논문은 8개 항목으로 이루어져 있다. 원문 서술의 특징은 2페이지 내외의 분량을 가지면서 좌우 2단으로 서술하는 방식이다. 영어는 초록에 한해서 제한적으로 사용하고 있다. 이미지 사용은 많지 않다. 레퍼런스는 6개 내외로 사용하고 있고 본문에 표기하지는 않는다. 키워드는 제시하지 않는 것이 일반적이다. 연구 목적은 북한 최고 지도자 교시를 대부분 밝히고 있고 구체적인 통계 방법과 역학지표를 표기하지 않는 것이 특징이다. 실험연구에 있어서는 사례

6 학술지명 '내과'는 내과를 주제 분야로 하고 있으나 기초의학, 일반외과, 신경외과, 신경과 등의 주제 또한 포함하고 있다.

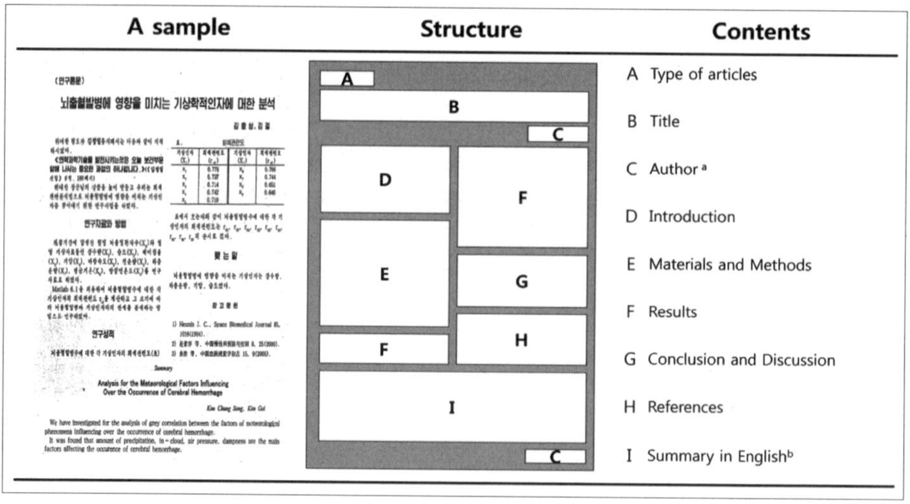

<그림 1> The typical structure of a North Korean medical article.

대조군 연구가 일반적이다. 연구 결과가 부정적인 경우는 발견하기 힘들고 윤리규정과 관련된 언급 또한 찾기 어렵다.

(2) 도서 및 대중 잡지

• 도서

도서는 의학 전문 서적, 교과서를 포함한 민간에서 활용할 수 있는 안내서까지 다양하게 출간되고 있다. 다양한 도서들 중 로작 또는 노작[7]은 가장 중요한 연구 자료들 중 하나이다. 북한은 헌법과 법률이 존재하는 법치국가이다. 그러나 중요한 것은 1인 독재국가라는 점에 있다. 타 법치주의 국가와는 달리 지도자(통수권자) 1인의 발언이 헌법, 성문법, 관습법 및 국제법을 포함한 모든 법을 초월한 영향력을 가지고 있기 때문이다. 실제로 지도자의 발언은 모든

7 노동 계급의 혁명 이론 발전에 의의를 가지는 고전적 저서를 일컫는 말이다(출처: NAVER 국어사전).

<표 3> 천리마 수록 내용 중 의학보건 관련 요약(한국국제보건의료재단, 2014)

- 의학보건 관련 기사는 주로 민간료법과 의사상담실 코너에 소개하고 있다. - 북한 주민의 유병률과 같은 역학적 통계자료 또는 수치는 단 한 건도 등장하지 않는다. - 전체 기사 중 비감염성 질환 관련 기사의 비중은 0%에 가깝다. 다만 천리마의 존재 목적을 생각해 볼 때 %가 중요한 것은 아니다. - 전체 기사 중 비감염성 질환 관련 기사의 비중은 극히 미비하나 관련 기사가 게재되고 있는 것을 볼 때 북한 지도자 및 지도층에서 비감염성 질환의 관리의 중요성을 인지하지 못하는 것은 아님을 알 수 있다. - 가장 빈번히 언급되는 질병이나 생활습관 요인은 흡연을 포함한 식습관이다.

법을 초월한 실행력을 가지고 있다. 때문에 논문, 연설문, 담화문을 포괄하는 로작은 북한 지도자가 가지고 있는 해당 주제에 대한 사상의 집약체이며 북한 사회를 움직이는 가장 중요한 기준이 된다(Lee YH et al., 2021; Ha &·Lee, 2019; 한국국제보건의료재단, 2014).[8] 따라서 교시, 로작 또는 지도자의 발언을 분석하는 것은 북한 사회의 전략적 목표를 연구하는 것과 같이 중요하다.[9]

• 대중잡지

북한의 대중잡지는 정치적 색깔을 강하게 드러내고 있으나 잡지에 수록된 내용은 정부에서 사전 검열 및 내용 확인을 한 것으로 중요한 연구원 중 하나이다. 일부 대중 잡지의 경우 의학, 보건 관련 기사를 수록하고 있어 북한의 보건, 의학적 실체를 들여다볼 수 있는 수단이다. 대중잡지 중 연구자료로 꼽을 수 있는 것은 '천리마'이다. 천리마에 수록된 내용 중 보건, 의학분야 연구자들이 활용할 수 있는 사항은 〈표 3〉과 같다.

8 북한을 통치, 운영해 온 지도자의 로작은 살아 있는 비전이며 영생하는 집권 코드라 할 수 있다.

9 북한에서 일어나는 모든 일들은 '김정일'의 지시에 따라 집행되는 것이며 특히 대외활동과 대남활동 등 '국가정책상의 문제'는 반드시 김정일의 비준이 없이는 그 누구도 집행할 권한이 없는 체계이다(출처: 북한의 보건의료제도 운용 16페이지).

2) 매스미디어

북한의 대표적인 매스미디어는 신문과 방송을 꼽을 수 있다. 이 중 북한 대중에 대한 신문의 영향력은 지대하며 신문은 북한을 연구하는 데 있어 필수이다.

(1) 신문

북한 정부는 다양한 신문을 발행하고 있으며 모두 기관지에 해당한다. 대표적인 신문에는《로동신문》(이하《노동신문》),《민주조선》,《새날신문》,《인민조선》,《조선신보》,《평양신문》,《조선인민군》그리고《청년전위》등이 있다. 이 중,《노동신문》은 당중앙위원회 기관지의 성격을 가지고 있으며《민주조선》은 최고인민회의 상임위 및 내각 기관지의 성격을 가진다.《노동신문》과《민주조선》은 북한의 정치, 사회와 경제를 포함한 주요 동향을 다루고 있어 북한 연구자들에게 있어 주요 연구 대상이라 할 수 있다. 이들 중 가장 많이 활용하는 신문은《노동신문》이다.[10]

《노동신문》을 더 살펴보면, 매일 발행되는 일간지이며, 발행 형태는 종이와 웹을 모두 포함하나 기사의 배치와 주제 구성 등에서 차이를 보인다. 종이로 간행되는《노동신문》은 보통 6면으로 구성되어 있으며 기사는 중요도에 따라 위치가 정해지는 것으로 보인다. 편집권을 북한 정부가 가지고 있으므로 특정 기사가 1면에 위치한다는 것은 정부의 최대 관심사에 해당한다고 할 수 있다. 지면에 위치하는 기사의 면면을 보면 1면에는 지도자의 주요 활동, 연설문, 담화 등이 주로 실린다. 2면에는 정부의 시책 중 중요도가 있는 것과 지도자를 선전하기 위한 기사 및 관련 교양 관련 기사가 위치한다. 3면과 4면에는 사업

10 《로동신문(勞動新聞)》(이하 노동신문)은 북한을 대표하는 신문이다. 1945년 11월 1일《정로(正路)》라는 이름으로 창간, 발간되었으며 지금과 같은 이름으로는 1946년 9월에 변경하였다. 북한을 대표하는 신문, 기관지로 매호 6쪽 분량으로 매일 발행되고 있다.

성과와 사회에 모범적인 내용과 경제 관련 성과 등이 실린다. 5면에는 한국과 관련된 소식 등이 위치하며 6면에는 대내외적인 뉴스 중 중요도가 떨어지는 사안과 해설기사와 같은 전반적으로 비중이 낮은 기사들이 자리한다. 지면마다 기사의 종류와 내용이 고정적인 것은 아닌 것으로 보이나 북한 정부가 판단하기에 중요하다고 판단되는 내용이 전면에 위치한다.

<표 4> 《노동신문》에 수록된 의학보건 관련 기사의 특징(한국국제보건의료재단, 2014)

- 의학보건 관련 기사는 주로 4면과 6면 사이에 위치하며 6면에 위치한 기사의 중요도는 떨어진다.[11]
- 북한 주민의 유병률과 같은 역학적 통계자료 또는 수치는 발견하기 힘들다. 그러나 WHO 자료를 인용하는 경우는 있었다.
- 전체 기사 중 비감염성 질환 관련 기사의 비중은 미미하다.
- 북한 내 질병분포를 알 수 있는 기사를 확인할 수 없다.

북한 정부도 한글이 아닌 외국어로 기사를 기술하는 외국어 신문을 출간하고 있다. 북한에서 간행하고 있는 외국어 신문의 수를 정확히 추산하기는 어려우나 대한민국에서 활용할 수 있는 외국어 신문 중 하나는 *Pyongyang Times*이다. *Pyongyang Times*는 영어권 독자를 대상으로 하는 대외 선전용 영자 신문이다. 최대 16매까지 발행되는 신문으로 주로 8매 정도의 분량으로 발행된다. 매주 토요일 발행되며 웹(Web)을 통해서도 서비스를 제공하고 있으나 국내에서는 해당 사이트에 접근할 수 없다.[12]

*Pyongyang Times*는 《노동신문》과 마찬가지로 지도자의 업적과 주체사상의 전달이 주목적이라 할 수 있으나 전달 대상이 북한 외부인, 외국인이라는 점

---

11 중요도가 높은 기사일수록 1면에 위치하기 때문이다.

12 국내에서 해당 사이트에 접근하는 경우 사이트가 브라우저 상에서 열리지 않거나 유해사이트 안내 페이지가 생성되면서 사이트 접근이 원천적으로 금지되고 있다. *Pyongyang Times*에 접근 및 문의할 수 있는 사이트 주소와 이메일은 다음과 같다: http://www.naenara.com.kp, E-mail: flph@star-co.net.kp.

에서 중요하다. 수록된 내용은 북한 예술작가들에 의해 창작된 북한화, 그림에 대한 소개, 북한 운동선수들의 기량 예찬, 새로 발간되는 김일성 또는 김정일의 선집, 전집에 대한 소개들이다.

(2) 방송

방송은 정규방송의 형태이며 일반 연구자들이 북한의 정규방송을 실시간으로 모니터링하는 것은 어렵다. 다만 통일부 또는 통일부 북한자료센터에서 제공하고 있는 일보와 같은 동향자료, 2차 자료를 통해서 확인할 수 있다. 최근에는 북한의 방송 내용을 일부 편집하거나 가공하지 않은 형태로 제공하는 웹사이트들이 있어 아쉬움을 덜 수 있다.

북한의 방송은 신문과 마찬가지로 내부 이용자용과 외부 이용자용으로 구분된다. 방송 채널 중 가장 많이 알려진 것으로는 조선중앙방송, 평양방송, 조선중앙TV방송과 구국의 소리 방송 등이 있다. 조선중앙방송은 북한을 대표하는 방송으로 조선말, 중국어, 러시아어, 일본어, 프랑스어와 영어 등 다양한 언어로 송출된다. 방송시간은 오전 5시경부터 시작하여 8시간 정도로 알려져 있으며 프로그램의 구성은 뉴스, 교양, 오락과 스포츠 등을 포함하고 있다. 이 중 뉴스는《노동신문》과 같은 주요 매체에서 다룬 내용을 인용하거나 그대로 보도하고 있다. 평양방송은 한국을 대상으로 하는 대남방송이다. 대남방송의 성격상 북한체제의 우월성 주장 및 찬양과 한국의 지도자 비난을 주요 내용으로 하고 있다.

(3) 웹사이트

북한은 대외적으로는 전 세계와 접속하기 위한 인터넷을 이용하지 않는 것으로 알려져 있다. 그러나 자체적으로는 북한 내 서비스를 위한 인트라넷을 운영하고 있으며 북한 관련 선전을 위한 다양한 웹사이트를 대외적으로 운영하고 있는 것으로 파악된다. 그러나 사이트 운영 및 활용에 대한 통계 및 실태를 파악하기란 어렵다. 도서 및 인쇄물에 대한 생산 유통에 대한 권한을 북한 정부가 독점적으로 가지고 있는 것과 마찬가지로 북한 웹사이트의 운영 주체는 북한 정부가 유일하다. 네이버, 구글 그리고 페이스북과 같은 사설 서비스 제공자는 없는 것으로 생각된다.

북한이 대외적으로 서비스하고 있는 웹사이트에 접속하려고 하면 다음과 같은 화면 출력 결과를 만나게 된다. 한국 정부와 방송통신심의위원회는 관련 법에 의거, 심의를 통해 북한에서 서비스하고 있는 웹사이트의 접속을 차단하고 있다. 이를 극복하기 위한 방법은 한국이 아닌 외국에서 해당 사이트에 접속하는 것이다.[13]

북한 연구를 위해서 활용할 수 있는 홈페이지와 북한에서 운영하는 홈페이지들은 다음과 같다.[14]

1) 고려항공(http://www.airkoryo.com.kp/)

2) 구국전선(http://www.aindft.com/)

3) 금융정보국(http://www.fia.law.kp/)

4) 김책공업종합대학(http://www.kut.edu.kp/)

5) 남북통일운동국민연합(http://www.onekorea.or.kr)

6) 내나라(http://naenara.com.kp/)

7) 대한민국 민단(http://www.mindan.org/kr/)

8) 려명(http://www.ryomyong.com)

9) 로동신문(http://www.rodong.rep.kp/)

10) 로인들을 위하여(조선년로자보호련맹)(http://www.korelcfund.org.kp/)

11) 류경(http://www.ryugyongclip.com)

---

13 국내에서는 VPN(Virtual Private Network) 서비스를 통해서 연구를 위해 확인할 수 있을 것이나 공식적인 방법은 아니다. 프록시 서버스를 통해 IP경유해서 접근하는 방법도 있으나 이 또한 장려할 만한 방법은 아니다.

14 해당 웹사이트들은 북한 정부를 포함, 서비스 운영 주체들의 정책 및 내외부 사정에 따라 URL을 포함 사이트 명의 변경 또는 웹서비스가 종료될 수 있다.

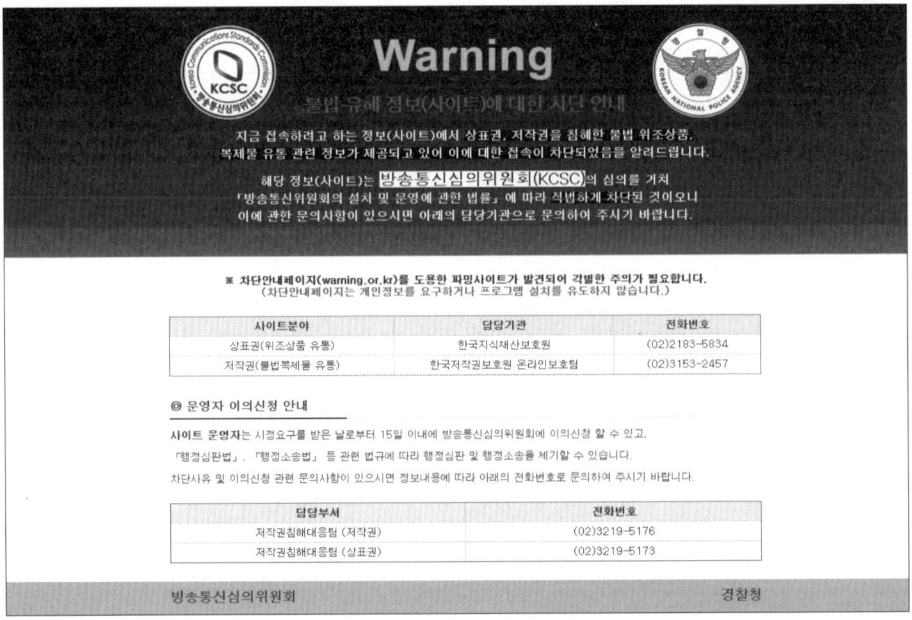

<그림 2> 접근 차단 안내 페이지

12) 류경 동영상, 사진 홈페지(http://www.mediaryugyong.com.kp/)

13) 만물상 - 연풍상업정보기술사(http://manmulsang.com.kp/)

14) 메아리(http://www.arirangmeari.com/)

15) 민족대단결(http://www.gnu.rep.kp/)

16) 민족통신(https://www.minjok.com)

17) 범민련공동사무국(https://www.bommin.net/)

18) 벗(http://www.friend.com.kp/)

19) 우리민족끼리(http://www.uriminzokkiri.com)

20) 우리민족끼리 트위터 계정(https://twitter.com/uriminzok)

21) 인민대학습당 남산(http://www.gpsh.edu.kp:8080/)

22) 재미동포 전국 연합회(http://www.kancc.org)

23) 재일 조선인 총연합회(조총련)(http://www.chongryon.com/)

24) 재일본조선인총연합회(일본)(http://www.chongryon.com)

25) 조선관광(http://www.tourismdprk.gov.kp/index.php/c_home?lang=kp)

26) 조선교육후원기금(http://www.koredufund.org.kp/)

27) 조선국제청소년려행사(http://kiyctc.com.kp/)

28) 조선민족보험총회사(http://www.knic.com.kp/)

29) 조선민주주의인민공화국 국가해사감독국(http://ma.gov.kp/)

30) 조선민주주의인민공화국 외무성(http://www.mfa.gov.kp/kp/)

31) 조선민주주의인민공화국 홈페지종합안내(http://dprkportal.kp/)

32) 조선신보(https://www.chosonsinbo.com/)

33) 조선예술(http://korart.sca.kp/)

34) 조선의 무역(http://www.kftrade.com.kp)

35) 조선의 소리(http://www.vok.rep.kp/)

36) 조선의 오늘(https://www.dprktoday.com)

37) 조선중앙통신사(일본 도쿄)(http://www.kcna.co.jp)

38) 조선중앙통신사(조선민주주의인민공화국)(http://www.kcna.kp)

39) 조선체육기금(http://www.ksf.com.kp)

40) 청년전위(http://youth.rep.kp/)

41) 통일일보(http://news.onekoreanews.net/)

42) 평양소식(http://pyongyang.news-site.net/)

3) 기타

(1) 탈북자

북한을 탈출해서 제3국이 아닌 한국으로 입국하는 탈북자들은 통계 집계 이래로 누적 인원 30,000명에 달한다. 탈북자들의 직업은 의사를 포함한 전문직에서 고위 당 간부까지 다양하다. 보건의학 분야에서는 탈북자 중 의료전문

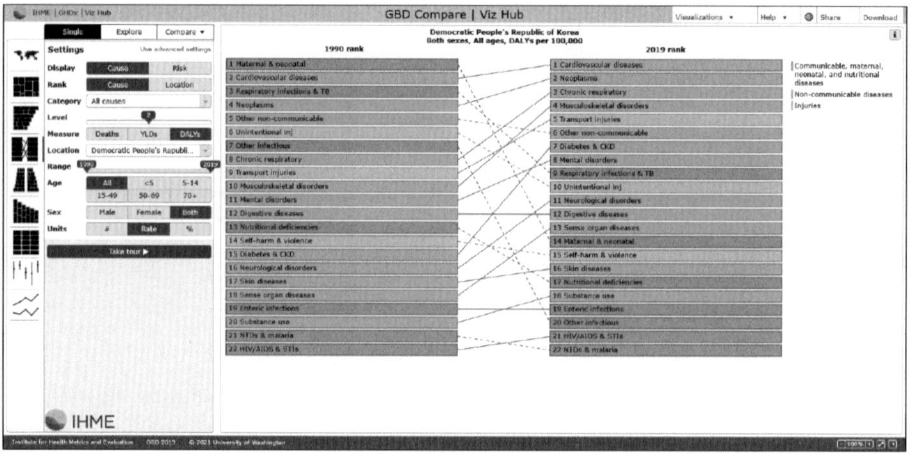

<그림 3> IHME 웹서비스 제공 화면(GBD Compare)

직을 대상으로 한 인터뷰도 질적 연구의 한 축을 차지하고 있다. 탈북자를 대상으로 하는 연구를 기획하고 있는 연구자라면 선행 연구들의 방법론과 내용을 유심히 검토할 필요가 있다. 연구 기획단계에서 반드시 점검하여야 하는 사항들 중에 IRB(Institutional Review Board, 의학연구윤리심의위원회) 사전 승인은 필수이다.[15]

(2) 해외 자료

해외 자료로는 WHO 자료를 중심으로 국제기구들과 NGO에서 발표, 출간한 자료를 중심으로 활용이 활발하며 해외 전문 학술지에 게재된 논문 또한 연구를 위한 자료로 활용되고 있다. 특히 북한의 질병부담자료를 꾸준히 수집, 제공하고 있는 IHME(Institute for Health Metrics and Evaluation)에서 제공하는 자료의 활용도는 높다고 할 수 있다.[16]

15 임상시험에 참여하는 피험자, 연구대상자를 보호하기 위한 심의 위원회이다. 위원회는 연구대상자의 권리, 안전, 복지를 보호하기 위해 시험기관 내에 독립적으로 설치된 상설위원회를 말하며 사람을 대상으로 하는 모든 연구들은 사전에 해당 위원회에서의 심의와 승인을 받아서 진행하여야 한다.

16 IHME(http://www.healthdata.org)

2. 자료 수집의 실제와 활용

1) 자료 취급 및 이용 유의사항

북한 자료는 일반적으로 활용되는 도서, 연속간행물과 미디어자료 등과 달리 입수와 활용에 있어 연구자와 이용자의 면밀한 주의가 요구된다. 이는 관련 법률과 규정 위반 가능성 때문이다. 국내 소장 기관을 이용하는 경우 국내법의 적용을 받는 관계로 법규 미준수에 따른 불이익을 받지 않도록 관련 사항의 사전 확인은 필수이다.[17] 이와는 별개로 국외에서 거주하면서 국외 소장 기관을 통해 북한 자료를 활용하는 경우, 해당 거주 국가의 관련 법규를 포함 주의 사항을 반드시 확인하여야 한다.

The Institute for Health Metrics and Evaluation (IHME) is an independent population health research center at UW Medicine, part of the University of Washington, that provides rigorous and comparable measurement of the world's most important health problems and evaluates the strategies used to address them. IHME makes this information freely available so that policymakers have the evidence they need to make informed decisions about how to allocate resources to best improve population health.(사이트 소개에서 발췌, 2021.04.30. accessed)

17 **국가보안법 [시행 2017. 7. 7.] [법률 제13722호, 2016. 1. 6., 타법개정]**

제7조(찬양·고무등) ①국가의 존립·안전이나 자유민주적 기본질서를 위태롭게 한다는 정을 알면서 반국가단체나 그 구성원 또는 그 지령을 받은 자의 활동을 찬양·고무·선전 또는 이에 동조하거나 국가변란을 선전·선동한 자는 7년 이하의 징역에 처한다. 〈개정 1991. 5. 31.〉

② 삭제 〈1991. 5. 31.〉

③ 제1항의 행위를 목적으로 하는 단체를 구성하거나 이에 가입한 자는 1년 이상의 유기징역에 처한다. 〈개정 1991. 5. 31.〉

④ 제3항에 규정된 단체의 구성원으로서 사회질서의 혼란을 조성할 우려가 있는 사항에 관하여 허위사실을 날조하거나 유포한 자는 2년 이상의 유기징역에 처한다. 〈개정 1991. 5. 31.〉

⑤ 제1항·제3항 또는 제4항의 행위를 할 목적으로 문서·도화 기타의 표현물을 제작·수입·복사·소지·운반·반포·판매 또는 취득한 자는 그 각항에 정한 형에 처한다. 〈개정 1991. 5. 31.〉

⑥ 제1항 또는 제3항 내지 제5항의 미수범은 처벌한다. 〈개정 1991. 5. 31.〉

⑦ 제3항의 죄를 범할 목적으로 예비 또는 음모한 자는 5년 이하의 징역에 처한다. 〈개정 1991. 5. 31.〉

(1) 북한자료의 공개와 사용을 위한 접근

북한 자료는 관련 법령에 따라 구분된다. 통일부의 경우를 보면, 자료관리규정에 따라 크게 일반자료, 특수자료, 보안자료와 그 외로 구분하고 있다. 일반인을 포함한 연구자들은 일반자료, 특수자료와 통일부 발간물을 포함한 기타 자료를 활용하게 된다.[18] 자료 중 특수자료는 일반자료와 달리 이용 및 관리에 있어 제한이 있다. 보안자료의 경우 대외비 및 비밀로 분류되어 보안업무규정에 따라 관리되므로 열람, 사본 복사 및 기타 활용을 위해서는 소장 기관에 필히 문의 및 확인하여야 한다.

북한 자료의 공개와 접근 또한 관련 법령과 소장 기관의 규정을 준수하여야 하므로 번거롭더라도 해당 사항을 확인하여 발생할 수 있는 문제점을 사전에 방지하여야 할 필요가 있다. 예를 들어, 연구자가 통일부 북한자료센터를 이용하기 위해서는 국립중앙도서관에 이용자로 등록되어 있어야 하며 출입을 위한 이용자 등록증을 발급받아 소지해야 한다. 통일부 북한자료센터가 2021년 4월까지는 서울시 서초동에 위치한 국립중앙도서관 관내에 위치하고 있기 때문이다. 국립중앙도서관에 출입이 가능한 등록 이용자라 하더라도 통일부 북한자료센터를 이용하기 위해서는 별도로 북한자료센터에 등록을 하여야 한다. 북한자료센터는 국립중앙도서관의 부속기관이 아닌 독립된 기관이기 때문이다.

---

18 **통일부자료관리규정 [시행 2009. 11. 9.] [통일부훈령 제424호, 2009. 11. 9., 타법개정]**
제3장 자료관리
제10조(관리구분)
① 모든 자료는 일반자료, 특수자료, 보안자료, 통일부 발간물, 시청각자료, 파일자료, 기타 형태별 특성에 따라 구분하여 관리한다.
② 보안자료는 대외비 및 비밀로 분류된 각종 자료를 말하며, 보안업무규정에 의거 관리한다.
③ 특수자료는 특수자료취급지침에 의하여 특수자료로 분류된 자료를 말하며, 별도의 특수자료취급지침 및 관련 내규에 의거 관리한다.
④ 통일부 발간물은 통일부와 그 소속기관의 업무추진 결과로 생산된 각종 발간물로 이를 수집·관리한다.

<표 5> 통일부 북한자료센터에서의 자료 및 이용자 구분

1. 일반자료 및 특수자료 통일부와 그 소속기관의 직원 및 일반 이용자 2. 보안자료 가. 비밀: 해당 비밀등급에 따른 취급인가자로서 열람이 특별히 필요하다고 정세분석국장이 승인한 자 나. 대외비: 신분과 열람목적을 확인하여 열람이 필요하다고 정세분석국장이 승인한 자

(2) 소장처

한국 내에 적지 않은 소장처, 소장기관들이 있으며 필요에 따라 개별로 자료를 수집, 보관 및 서비스하고 있다. 그러나 자료 수집의 범위 및 이용을 위한 대상 한정과 같은 부분은 소장처의 설립목적과 상위기관의 정책에 따라 상이하다고 할 수 있다.[19] 연구자를 포함한 일반인의 경우 소장 기관의 허가를 득한 경우에 한하여 일반자료와 특수자료를 활용할 수 있다. 이용자는 방문하려고 하는 기관을 통해 자료의 성격과 소장 자료의 비치 여부를 확인, 자료 이용 시 요구되는 내용들을 사전에 확인한 후 방문 및 이용하여야만 한다.

2) 수집 자료의 활용

북한 자료는 신문기사 작성을 위한 자료원에서부터 학술 연구를 위한 자료원에까지 다양하게 활용이 되고 있다. 북한 연구 방법의 근본적인 제한으로 인해 북한 자료를 분석, 활용한 연구 방식이 활발한 편이다.

---

19 고려대학교를 포함한 고등교육기관 및 북한 관련 연구기관들 중 북한 자료를 별도 수집, 소장 및 서비스하는 부서 또는 기관을 두는 경우도 있으니 관련 사항은 해당 부서 또는 기관에 문의하여야 한다. 통일부 북한자료센터가 현재로서는 북한 연구를 시작하거나 공부하려고 하는 사람들에게는 가장 유익한 곳이라 생각된다.

학술적으로는 주로 정부 용역과제의 수주를 통해 연구과제를 생성, 연구를 진행하는 것이 일반적이며 연구 용역에 따른 결과를 보고서 형태로 완성, 출판물로 제작하여 한정 수량을 배포하는 것이 일반적이다. 근래에 들어서는 정부 용역과제의 경우 발주기관에서 연구 결과를 PDF 형태로 제작, 일반인들도 홈페이지를 통해서 접근과 활용이 가능하도록 하고 있다.

학술적 활용의 또 다른 한 축으로 학술지에 투고되는 논문들이 있으며 연구자들은 주로 논문을 통해서 관련 연구를 대중들에게 선보이고 있다. 정치, 경제, 사회, 의학 및 보건 분야를 포함한 다양한 학문 영역에서 논문들이 게재되는 것을 보면 북한 연구의 학문적 다양성을 미루어 짐작할 수 있다.

의학, 보건학 분야는 북한에서 발행, 발간되는 자료들이 다른 학문 분야보다 정치색을 띠지 않거나 짙지 않아 상대적으로 객관적 접근, 해석이 가능하다고 할 수 있다. 그러나 유병률과 같이 북한의 내부 실태를 면밀히 추정, 분석할 수 있는 객관적 지표들을 북한 발행 자료에서 확인, 발견하기는 어렵다.

3. 맺음말

한국에서 북한을 연구하고 있는 연구자의 역할은 두 가지로 나눌 수 있을 것 같다. 통일을 대비하는 것과 통일 전에 고려하거나 준비하여야 하는 사안들에 관한 것으로 생각된다. 혹자는 북한을 연구하는 것이 우리에게 또는 인류에게 어떤 의미가 있을 것이며 연구의 결과가 어떤 긍정적 영향을 가져올 것인지 모르겠다는 회의적인 입장을 피력하기도 한다. 그럼에도 불구하고 북한을 연구해야 하는 이유는 분단 이전에 한 민족, 공동체였기 때문이며 전쟁과 이후 오래 시간과 함께 하면서 차이와 오해가 지속, 중첩되고 있어 문제가 되고 있기 때문이다. 서로를 알기 위한 노력을 하지 않으면 차이와 오해는 종국에는 항구적인 구분과 분리라는 결과를 가져올 것이다. 상대방을 알기 위한 관심과 노력을 지속한다면 차이와 오해는 점차 그 간격을 좁힐 수 있을 것이다.

❖ 참고 문헌

김일성. (1980).《김일성저작집》. 제10권. 평양: 조선로동당출판사.

하신. (2017).〈북한의학 학술지와 수록 원문을 통해 본 북한의학 연구의 특성〉. 박사학위논문, 고려대학교.

한국국제보건의료재단. (2014).《북한 비감염성 질환관리 중장기 전략》.

Ha S·Yoon SJ·Chun BC·Kim KJ·Roh SY·Lee EJ·Kim WH·Kim SG·Lee YH. (2018). Bibliographical Characteristics of North Korean Medical Journals and Articles. *Journal of Korean Medical Science*,33(27), e185.

Ha S·Lee YH. (2019). Frequently covered diseases in North Korean internal medicine journal Internal Medicine [Naegwa]—Secondary publication. *Science Editing*, 6(2), 99-105.

Lee YH·Oh NK·Kim HR·Ha S. (2021). Characteristics and Distribution of Surgical Diseases in North Korean Research Papers Published between 2006 and 2017. *Journal of Korean Medical Science*, 36(12), e25.

〔연구론문〕

요추추간판탈출증(L_{4-5}후측방탈출)때 척수신경근에 미치는 응력 및 변위분포에 대한 림상적연구

로 견 준

위대한 령도자 **김정일**동지께서는 다음과 같이 지적하시였다.

《보건부문에서는 기술혁명의 요구에 맞게 의학과학기술을 발전시키는데 큰 힘을 넣어야 하겠습니다.》(《**김정일**선집》 8권, 188페지)

위대한 장군님의 말씀을 높이 받들고 우리는 요추추간판탈출증때 척수신경근에 미치는 응력 및 변위분포에 대한 연구를 하여 일정한 성적을 얻었다.

연구대상

림상증상과 MRI검사로 확진된 요추추간판탈출(L_{4-5}후측방탈출)증환자 22례를 대상하였는데 남자가 13례였다. 나이는 30－60살이였다.

연구방법

요추, 척수신경, 신경근의 3차원모형을 작성한 다음 탈출된 추간판이 척수신경, 신경근에 미치는 3차원유한요소를 해석하였다.

화상처리 및 자료해석은 3DMAX 5.0과 COSMDS/m 2.6 등의 프로그람을 리용하여 하였다.

척수신경, 신경근을 자료에 근거하여 탄성체로 보았다.

양그률은 0.04kgf/cm^2이다.

포아손비는 0.47이다.

척수신경 및 신경근에서 응력 및 변위분포를 해석한 부위는 다음과 같다.

Ⅰ: 경척수막과 신경근이 갈라지는 경계부위
Ⅱ: 신경근이 갈라진 다음 시작되는 부위
Ⅲ: 추간공가까이
Ⅳ: 추간공을 지난 말초부위
Ⅴ: 요신경총부위
Ⅵ: 좌골신경총부위

탈출된 추간판의 압력세기가 20kg/m^2일 때 경증, 100kg/m^2일 때 중등도중증, 140kg/m^2일 때 중증으로 하였다. 유리형탈출은 제외하였다.

연구성적

1) 병조쪽 경척수막과 신경근이 갈라지는 경계부위를 압박하였을 때 압박세기에 따르는 응력값 표 1과 같다.

표 1. 병조쪽 경척수막과 신경근이 갈라지는 경계부위를 압박하였을 때 압박세기에 따르는 응력값(Pa, n＝22)

압박세기(중증도) / 부위별	경증	중등도중증	중증
Ⅰ	0.617 4±0.59	3.371 0±1.68	4.719 0±2.57
Ⅱ	0.023 3±0.38	0.116 5±0.84	0.163 0±0.69
Ⅲ	0.000 1±0.57	0.000 5±0.13	0.000 7±0.81
Ⅳ	0	0	0
Ⅴ	0	0	0
Ⅵ	0	0	0

표 1에서 보는바와 같이 다른 부위보다 Ⅰ부위에서 응력값이 제일 컸다.

2) 병조쪽 경척수막과 신경근이 갈라지는 경계부위를 압박하였을 때 압박세기에 따르는 변위값 표 2와 같다.

표 2. 병조쪽 경척수막과 신경근이 갈라지는 경계부위를 압박하였을 때 압박세기에 따르는 변위값(mm, n＝22)

압박세기(중증도) / 부위별	경증	중등도중증	중증
Ⅰ	2.787 9±1.54	13.934 4±2.89	19.512 1±3.49
Ⅱ	0	0	0
Ⅲ	0.064 6±0.37	0.322 8±0.61	0.451 9±1.34
Ⅳ	0.083 2±0.59	0.416 0±0.94	0.582 4±0.54
Ⅴ	0.095 3±0.84	0.476 5±1.59	0.667 1±0.92
Ⅵ	0.096 3±1.07	0.481 4±0.99	0.674 0±0.47

표 2에서 보는바와 같이 다른 부위보다 Ⅰ부위에서 변위값이 제일 컸다.

3) 병조반대쪽 경척수막과 신경근이 갈라지는 경계부위를 압박하였을 때 압박세기에 따르는 응력값 표 3과 같다.

표 3. 병조반대쪽 경척수막과 신경근이 갈라지는 경계부위를 압박하였을 때 압박세기에 따르는 응력값(Pa, n＝22)

압박세기(중증도) / 부위별	경증	중등도중증	중증
Ⅰ	0.018 3±0.89	0.091 5±0.54	0.128 1±0.99
Ⅱ	0.314 7±1.97	1.573 0±2.91	2.203 1±1.42
Ⅲ	0.000 8±0.57	0.003 9±0.42	0.005 5±0.36
Ⅳ	0.053 3±0.68	0.266 7±0.61	0.373 4±0.52
Ⅴ	0.000 5±0.91	0.002 7±0.29	0.003 8±0.94
Ⅵ	0	0	0

—5—

표 3에서 보는바와 같이 다른 부위보다 Ⅲ, Ⅴ, Ⅵ부위에서 응력값이 작았다.

4) 병조반대쪽 경척수막과 신경근이 갈라지는 경계부위를 압박하였을 때 압박세기에 따르는 변위값 표 4와 같다.

표 4. 병조반대쪽 경척수막과 신경근이 갈라지는 경계부위를 압박하였을 때 압박세기에 따르는 변위값(mm, n = 22)

압박세기(중증도) / 부위별	경중	중등도중증	중증
Ⅰ	0	0	0
Ⅱ	2.179 2±1.87	10.900 6±3.51	15.256 9±4.38
Ⅲ	0	0	0
Ⅳ	0.162 5±0.94	0.812 8±0.99	1.137 9±1.29
Ⅴ	0	0	0
Ⅵ	0	0	0

표 4에서 보는바와 같이 다른 부위보다 Ⅱ부위에서 변위값이 컸다.

5) 병조쪽 신경근이 갈라진 다음 시작되는 부위를 압박하였을 때 압력세기에 따르는 응력값 표 5와 같다.

표 5. 병조쪽 신경근이 갈라진 다음 시작되는 부위를 압박하였을 때 압박세기에 따르는 응력값(Pa, n = 22)

압박세기(중증도) / 부위별	경중	중등도중증	중증
Ⅰ	0.034 8±0.58	0.173 8±0.97	0.243 3±0.84
Ⅱ	2.481 0±1.33	12.410 0±3.57	17.370 0±2.81
Ⅲ	0.001 1±0.59	0.005 4±0.91	0.007 6±0.99
Ⅳ	0	0	0
Ⅴ	0	0	0
Ⅵ	0	0	0

표 5에서 보는바와 같이 Ⅱ부위에서 응력값이 제일 컸다.

6) 병조쪽 신경근이 갈라진 다음 시작되는 부위를 압박하였을 때 압박세기에 따르는 변위값 표 6과 같다.

표 6. 병조쪽 신경근이 갈라진 다음 시작되는 부위를 압박하였을 때 압박세기에 따르는 변위값(mm, n = 22)

압박세기(중증도) / 부위별	경중	중등도중증	중증
Ⅰ	0.149 9±0.81	0.749 9±1.51	1.049 8±1.49
Ⅱ	0	0	0
Ⅲ	4.322 2±1.29	21.615 5±4.37	30.253 8±4.29
Ⅳ	6.470 9±2.11	32.346 1±6.24	45.293 4±5.24
Ⅴ	7.659 2±2.94	38.297 2±5.61	53.615 1±5.33
Ⅵ	7.840 5±2.17	39.208 9±4.59	54.885 6±6.91

표 6에서 보는바와 같이 Ⅴ, Ⅵ부위에서 변위값이 컸다.

7) 병조반대쪽 신경근이 갈라진 다음 시작되는 부위를 압박하였을 때 압박세기에 따르는 응력값 표 7과 같다.

표 7. 병조반대쪽 신경근이 갈라진 다음 시작되는 부위를 압박하였을 때 압박세기에 따르는 응력값(Pa, n = 22)

압박세기(중증도) / 부위별	경중	중등도중증	중증
Ⅰ	0.000 5±0.64	0.002 1±0.88	0.002 9±0.83
Ⅱ	0.010 6±0.95	0.053 1±0.64	0.074 3±0.76
Ⅲ	0	0	0
Ⅳ	0.003 9±0.51	0.019 4±0.93	0.027 1±0.54
Ⅴ	0.000 1±0.94	0.000 7±0.57	0.001 0±0.62
Ⅵ	0	0	0

표 7에서 보는바와 같이 Ⅱ부위에서 응력값이 제일 컸다.

8) 병조반대쪽 신경근이 갈라진 다음 시작되는 부위를 압박하였을 때 압박세기에 따르는 변위값 표 8과 같다.

표 8. 병조반대쪽 신경근이 갈라진 다음 시작되는 부위를 압박하였을 때 압박세기에 따르는 변위값(mm, n = 22)

압박세기(중증도) / 부위별	경중	중등도중증	중증
Ⅰ	0	0	0
Ⅱ	0.017 3±0.84	0.086 6±0.92	0.121 2±0.89
Ⅲ	0	0	0
Ⅳ	0.006 1±0.86	0.030 4±0.73	0.042 5±0.59
Ⅴ	0	0	0
Ⅵ	0	0	0

표 8에서 보는바와 같이 다른 부위보다 Ⅱ부위에서 변위값이 컸다.

9) 병조쪽 추간공가까이를 압박하였을 때 압박세기에 따르는 응력값 표 9와 같다.

표 9. 병조쪽 추간공가까이를 압박하였을 때 압박세기에 따르는 응력값(Pa, n = 22)

압박세기(중증도) / 부위별	경중	중등도중증	중증
Ⅰ	0.009 8±0.79	0.049 2±0.89	0.068 9±0.75
Ⅱ	4.239 0±1.54	21.2±3.47	29.68±4.66
Ⅲ	0.587 9±0.92	2.94±0.76	4.115±0.81
Ⅳ	0.002 0±0.83	0.010 1±0.55	0.014 7±0.64
Ⅴ	0.000 3±0.77	0.000 5±0.82	0.001 6±0.73
Ⅵ	0.00 5±0.96	0.000 9±0.57	0.002 7±0.62

표 9에서 보는바와 같이 Ⅱ부위에서 응력값이 제일 컸다.

10) 병조쪽 추간공가까이를 압박하였을 때 압박세기에 따르는 변위값 표 10과 같다.

표 10. 병조쪽 추간공가까이를 압박하였을 때 압박세기에 따르는 변위값(mm. n = 22)

부위별 \ 압박세기(중증도)	경증	중등도중증	중증
Ⅰ	0.029 9 ±0.86	0.149 3 ±1.57	0.209 2 ±1.68
Ⅱ	0	0	0
Ⅲ	130.026 34 ±5.99	650.064 8 ±7.86	910.125 5 ±3.47
Ⅳ	219.433 5 ±6.49	1097.113 2 ±5.72	1536.200 9 ±6.27
Ⅴ	266.062 3 ±5.29	1130.452 3 ±4.67	1862.474 4 ±5.44
Ⅵ	290.615 6 ±4.38	1452.873 4 ±6.19	2034.962 6 ±7.31

표 10에서 보는바와 같이 다른 부위보다 Ⅴ, Ⅵ부위에서 변위값이 컸다.

11) 병조반대쪽 추간공가까이를 압박하였을 때 압박세기에 따르는 응력값 표 11과 같다.

표 11. 병조반대쪽 추간공가까이를 압박하였을 때 압박세기에 따르는 응력값(Pa. n = 22)

부위별 \ 압박세기(중증도)	경증	중등도중증	중증
Ⅰ	0.000 5±0.67	0.002 7±0.56	0.003 8±0.94
Ⅱ	0.005 1±0.99	0.25 7±0.71	0.035 9±0.83
Ⅲ	0	0	0
Ⅳ	0.002 3±0.83	0.011 4±0.69	0.015 9±0.67
Ⅴ	0	0	0
Ⅵ	0	0	0

표 11에서 보는바와 같이 Ⅱ부위에서 응력값이 제일 컸다.

12) 병조반대쪽 추간공가까이를 압박하였을 때 압박세기에 따르는 변위값 표 12와 같다.

표 12. 병조반대쪽 추간공가까이를 압박하였을 때 압박세기에 따르는 변위값(mm. n = 22)

부위별 \ 압박세기(중증도)	경증	중등도중증	중증
Ⅰ	0	0	0
Ⅱ	0.020 8±0.94	0.104 3±0.89	0.146 1±0.92
Ⅲ	0	0	0
Ⅳ	0.004 3±0.59	0.021 5±0.81	0.030 13±0.67
Ⅴ	0	0	0
Ⅵ	0	0	0

표 12에서 보는바와 같이 다른 부위보다 Ⅱ, Ⅳ부위에서 변위값이 컸다.

맺는말

1) 요추추간판탈출증때의 응력값은 추간판이 탈출된 부위 압박때 컸다.

2) 탈출된 추간판이 크면 클수록 응력 및 변위값이 컸다.

참고문헌

1) Takizawa H. Nourosurgery 22. 1053 − 1055 (1998).

2) Sasaki K. Res. suppl 95(6). 445 − 461(1989).

Summary

Clinical Study on the Examination of Distribution of Stress on the Spinal Nerve and it's Displacement(L_{4-5} Post.− lateral Direction) in Lumbar Disk Herniation

Ro Kyon Jun

We examined the distribution of stress on the spinal nerve and it's displacement(L_{4-5} Post − lateral direction) by finite element method in lumbar disk herniation.

Stress distribution was noted to be largest at the area of herniated disk with the exception of that was near the intervertebral foramen. In case of disk herniation near the intervertebral foramen there was largest stress distribution on the origin of the nerve root.

The extent of displacement was varied according to herniated disk location.

If there was disk heriation at the border of spinal nerve and dura mater spinalis, the displacement was large at the location of herniation but was small at distal location.

If there was disk herniation at the origin of nerve root, the displacement was maximum at the herniation and medium in distal area.

If there was disk herniation near the intervertebral formamen, maximum displacement was noted near the lumbar plexus and sciatic nerve plexus. The more the extend of herniated disk, the larger distribution of stress and displacement was noted. A little distribution of stress and displacement was noted even in normal side.

북한 과학자의 국제 학술논문 현황 분석

생명과학 및 생물의학을 중심으로

최현규·노경란

1. 서론

북한의 폐쇄성으로 인해 전반적인 과학기술 현황을 파악하는 데는 많은 제한성이 있다. 체계화한 분석으로 북한 과학기술의 수준 등을 파악하고자 해도 그 정보를 체계적으로 수집하는 것마저도 어렵다. 북한의 과학자들은 북한에서 발간되는 여러 학술지에 논문을 게재하기도 하지만 국제 학술연구 활동으로 국제 학술논문을 발표하고 있다.

국제 학술논문은 과학기술 활동의 결과물로서, 보통 국가나 기관 그리고 연구자 개인의 과학기술 역량의 수준과 활동 상황 등을 파악하는 데 많이 활용되고 있다. 그래서 북한 학술 현황을 분석하고자 북한 과학자의 학술논문을 수집, 분석하였다.

이 분석에서는 Web of Science(SCIE, 이하 WoS)에 2001년부터 2020년까지 색인된 북한 과학자 논문을 이용해 북한의 국제 학술활동을 파악하고자 한 것이다. 북한 과학자들이 발표한 논문의 수록 저널, 논문의 저자, 분야를 통해서 북한 과학자의 연구 형태를 계량적으로 살펴보았다.

북한 과학자의 국제 학술논문을 수집하기 위해 WoS의 주소 필드에서 국가명이 'North Korea', 'DPR Korea', 또는 'DPRK'이거나, 지역명에 평양, 사리원, 원산, 함흥이 포함된 논문을 검색하였다. 평양에 대한 여러 이형 표기도 검색식 작성에 사용했다. WoS 데이터베이스 검색 시점인 2020년 4월 28일 북한 과학자의 논문을 982건을 수집했다.

분석 전 데이터 전처리 과정에서 국가명이 'North Korea'로 되어 있으나 'South Korea'로 잘못 기입된 논문 데이터, 기관명에 'North Korea'가 포함되어 검색된 다른 국가의 논문들도 있어서 이들은 분석 대상 데이터에서 제거했다. WoS에 색인된 논문의 유형은 Article, Review, Meeting Abstracts, Proceeding Paper 등 다양하지만 본 연구에서는 Article, Review에 해당하는 847편만을 분석했다. WoS에서 제공하는 연구분야(SC) 데이터를 이용해 크게 공학, 물상과학(Physical Sciences),[1] 생명과학 및 생물의학(Life Sciences & Biomedicine), 기술(Technology) 분야로 구분했다. 생명과학 및 생물의학 분야에 해당하는 논문은 154편이다.

2. 북한 과학자의 국제 학술논문 분석

1) 연도별 논문수

2001년부터 2010년까지 WoS에 색인된 북한 과학자의 논문은 극히 소수에 불과했으나, 김정은 정권이 들어선 2012년 이후, 그리고 2015년부터 논문수가 가파른 속도로 증가하고 있다. WoS에는 2020년에 발표된 북한 과학자의

1 물상과학(物象科學, physical science)이란 자연과학을 크게 두 가지로 나눈 분류 중 하나로, 비(非)생물을 다루는 분야로, 하위 학문으로는 물리학, 화학, 천문학, 광물학, 지구과학 등이 있다(출처: 위키백과).

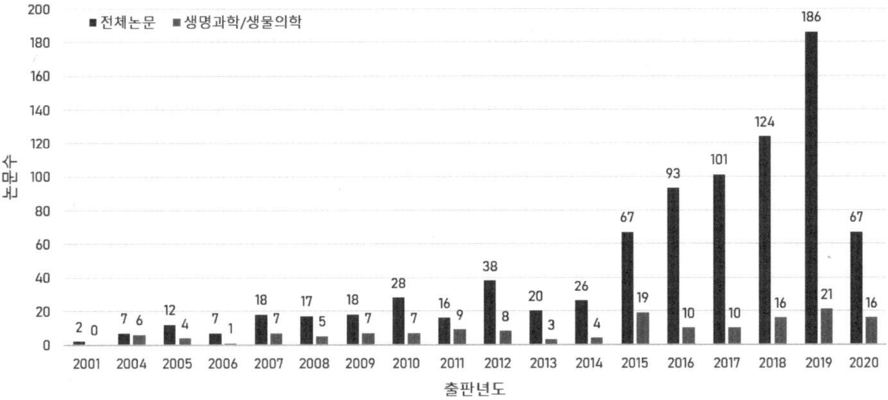

<그림 1> 북한 과학자의 국제 학술논문 발표 건수

논문이 200건을 넘을 것으로 예측된다. 생명과학 및 생물의학 분야의 논문수는 2004년부터 발표되기 시작했으며, 아주 느리게 조금씩 증가하였다.

2) 분야별 논문수

WoS(SCIE)에 색인된 북한 과학자의 국제 학술논문을 살펴보면 물상과학 관련 논문이 전체의 절반을 차지하며, 기술 관련 분야가 35%, 생명과학 및 생

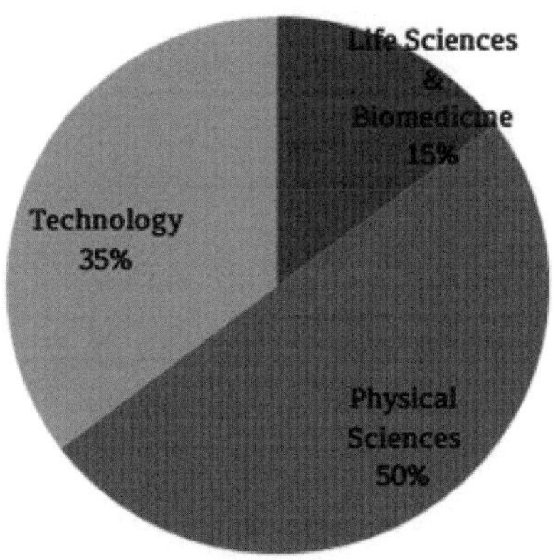

<그림 2> 북한 과학자 국제논문의 분야별 분포

물의학 분야가 15%를 차지하고 있다(그림 2).

〈표 1〉은 국제 학술지에 나타난 북한 과학자들의 주요 연구 분야이다. 북한은 오래전부터 물리학, 재료과학, 수학, 공학 관련 연구 분야에 집중했다. 논문의 최초 출현 연도를 보면 북한의 관심 분야가 확대되고 있음을 알 수 있다. 2012년에는 전기화학, 2013년에는 기기 및 계측 분야, 2016년에는 에너지 및 연료 분야의 논문이 처음 나타났다.

<표 1> 국제 학술지에 나타난 북한 과학자들의 주요 연구분야

번호	연구분야	논문수	최초출현
1	Physics	196	2001
2	Materials Science	139	2004
3	Mathematics	139	2004
4	Engineering	133	2001
5	Chemistry	118	2006
6	Science & Technology - Other Topics	54	2010
7	Computer Science	49	2005
8	Optics	40	2010
9	Mechanics	39	2001
10	Geology	33	2008
11	Energy & Fuels	28	2016
12	Metallurgy & Metallurgical Engineering	28	2004
13	Biochemistry & Molecular Biology	24	2004
14	Agriculture	22	2005
15	Polymer Science	21	2006
16	Electrochemistry	17	2012
17	Environmental Sciences & Ecology	16	2008
18	Microbiology	16	2007
19	Instruments & Instrumentation	15	2013
20	Mining & Mineral Processing	15	2004

* WoS는 한 논문에 여러 분류가 존재하는 복분류 체계임.

생명과학 및 생물의학 분야의 국제 학술지에 나타난 북한 과학자들의 연구 분야를 〈그림 3〉과 같이 상세히 살펴보았다. 논문수로 볼 때, 생화학 및

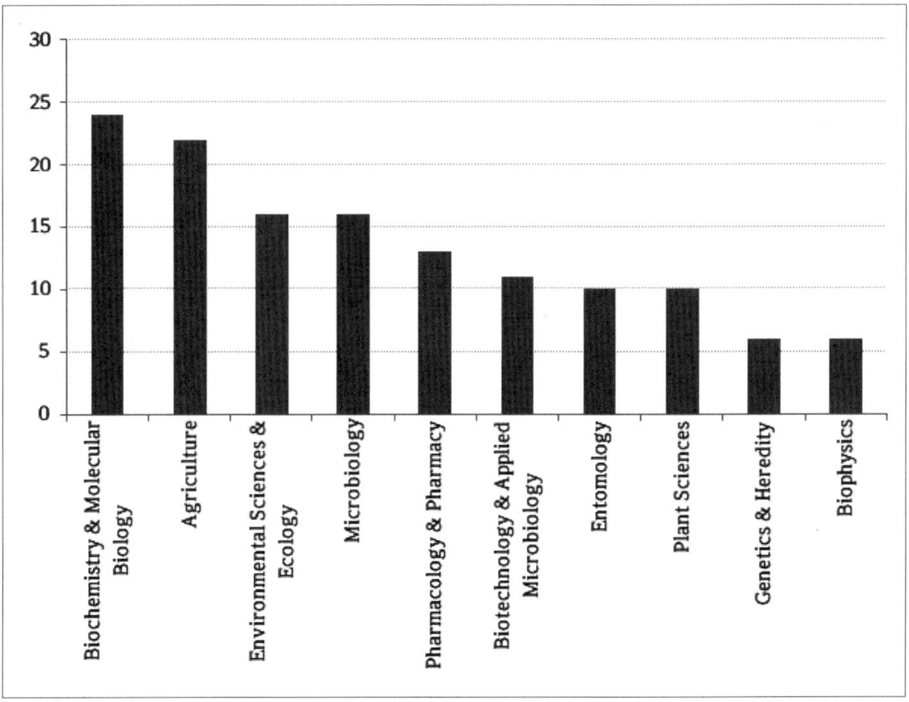

<그림 3> 생명과학 및 생물의학 분야의 논문수 상위 10개 분야

분자생물학(Biochemistry & Molecular Biology) 분야의 논문이 가장 많으며(24건), 그 뒤를 농학(Agriculture, 22편), 환경과학 및 생태학(Environmental Science & Ecology,16편), 미생물학(Microbiology, 16편) 분야가 잇고 있다. 북한 과학자들은 분자생물학, 농학, 생태학, 곤충학, 식물학 등 생명과학과 관련된 국제 학술논문을 의학 관련 분야의 논문보다 많이 발표하였다. 의학과 관련해서는 치과, 피부과, 면역학 분야의 논문이 소수 발표되었다.

3) 국제 공저 논문

〈그림 4〉에 의하면, 2000년 이후 북한 과학자들은 중국과의 국제협력 논문을 발표함으로써 국제 학술지 무대에 출현했다. 북한 단독으로 발표한 국제

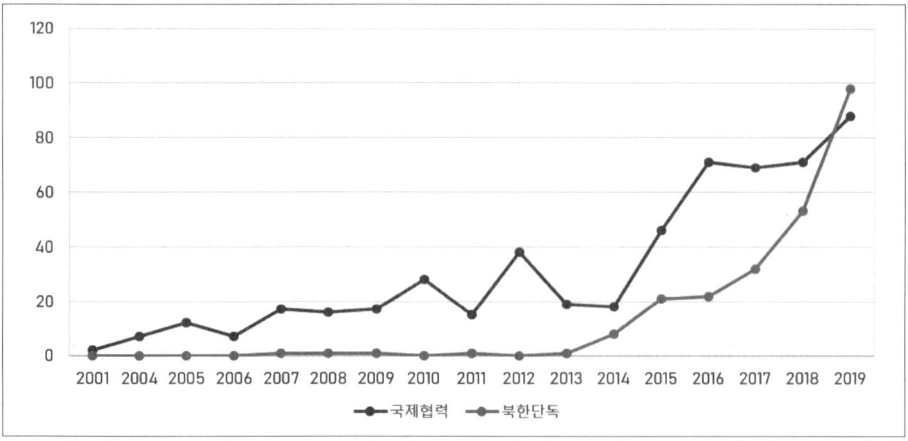

<그림 4> 북한 과학자의 국제협력 논문/자체수행 논문 추이

학술논문이 WoS에 처음 출현한 시기는 2013년이다. 그 이후 가파른 증가세를 보이다가 2019년에는 북한이 자체수행(단독)으로 발표한 논문수가 국제협력 논문보다 더 많아졌다.

〈그림 5〉에서 보듯이 국제 학술지에 나타난 저자 수를 살펴보면, 저자 5명이 공저로 발표한 북한 과학자의 논문이 21%(121편)로 가장 많으며, 저자 4명이 발표한 논문이 17%(96편), 저자 3명이 발표한 논문이 15%(86편)였다. 북한 자체수행 논문의 경우 3명이 공저로 발표한 논문이 24%로 가장 많은 분포를 차지하며, 그 다음 저자 2명이 발표한 공저 논문이 20%, 저자 4명이 발표한 공저 논문이 16%를 차지했다. 또한 단독 저자가 발표한 논문도 14%에 달했다. 국제협력 논문에서는 저자 수가 10명이 넘는 논문이 7%에 달했으나, 북한의 자체수행 논문에서는 저자 수 10명이 넘어가는 논문은 발견되지 않았다.

4) 학술지 종수

〈표 2〉는 북한 과학자들이 논문을 발표하는 국제 학술지, 이들이 발표한

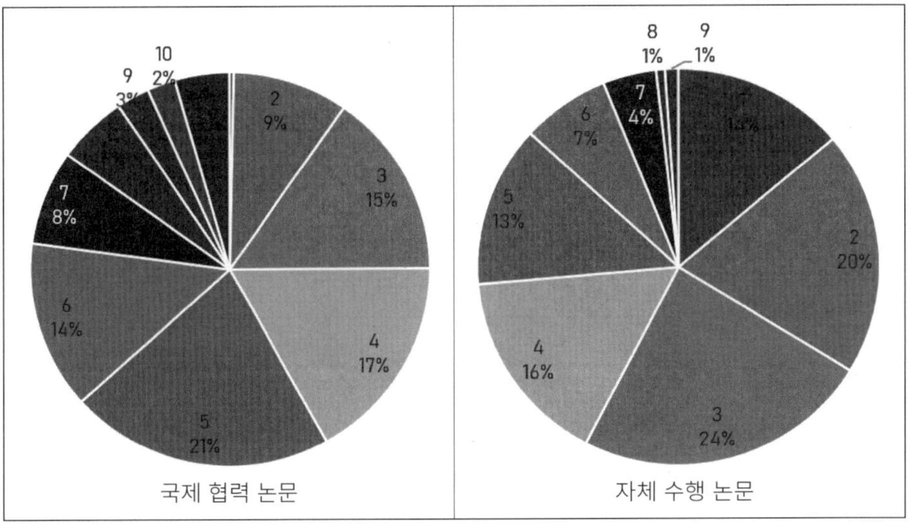

<그림 5> 북한의 국제협력 논문, 자체수행 논문의 저자수 분포

논문에 인용된 학술지의 종수를 연도별로 집계한 것이다. 지난 10년 동안 북한 과학자들이 접근한 해외 학술지는 논문발표 학술지와 참고 문헌 내 학술지 모두 20% 이상의 연평균 증가율을 나타냈다. 2010년 북한 과학자들이 발표한 학술지는 26종이었으나 2019년 135종의 학술지에 논문을 발표했다. 북한 과학자의 논문에 인용된 학술지는 2010년 총 298종이었으나, 2018년부터 1,000종이 넘었다. 이는 북한 과학자들의 주요 협력 국가인 중국을 통해 다양한 학술지에 접근한 것도 있지만, 북한 내부에서 해외 학술지에 대한 접근성, 다양성이 증가한 것으로 여겨진다.

<표 2> 북한 과학자의 논문 발표 학술지, 참고문헌 학술지 종수

연도	'10	'11	'12	'13	'14	'15	'16	'17	'18	'19	CAGR
논문발표 학술지	26	15	30	18	24	58	63	86	106	135	20.1%
참고문헌 학술지	298	177	347	237	401	698	956	912	1381	1766	21.9%

〈표 3〉은 북한 과학자들이 주로 발표한 국제 학술지 상위 15종을 보여 준다. 북한 과학자들이 논문을 가장 많이 발표한 학술지는 중국에서 발간하는 *ACTA Petrologica SINICA*이었으며, 2016년 단일 연도에 15편의 논문이 수록되었다. 영국에서 발간되는 미생물학 분야 학술지 *International Journal of Systematic and Evolutionary Microbiology*에는 2015년 이후 14편의 논문이 발표되었다. 북한 과학자들의 논문을 다수 포함하고 있는 상위 학술지는 물리학, 재료과학, 화학, 광학 분야에 속하며, 2015년 이후 논문을 발표한 학술지가 다수를 차지한다.

<표 3> 북한 과학자 논문의 최다 수록 학술지(7편 이상)

번호	국제 학술지(발행국)	최초 출현	논문수
1	ACTA Petrologica Sinica (China)	2016	15
2	International Journal of Systematic and Evolutionary Microbiology (England)	2015	14
3	Composite Structures (England)	2018	12
4	Multimedia Tools and Applications (Netherlands)	2015	12
5	Optics Express (USA)	2010	12
6	Journal of High Energy Physics (USA)	2008	11
7	Plasmonics (USA)	2015	11
8	Physical Review B (USA)	2016	10
9	Chaos Solitons & Fractals (England)	2009	9
10	Physica B-Condensed Matter (Netherlands)	2010	9
11	Physical Chemistry Chemical Physics (England)	2016	9
12	Chemical Physics Letters (Netherlands)	2018	8
13	Fractals-Complex Geometry Patterns and Scaling in Nature And Society (Singapore)	2015	8
14	Composites Part B-Engineering (England)	2018	7
15	Nonlinear Analysis-Theory Methods & Applications (England)	2015	7
16	Physical Review E (USA)	2005	7

〈표 4〉는 생명과학 및 생물의학 분야에서 지난 20년 동안 북한 과학자들이 2편 이상의 논문을 발표한 학술지이다. 논문을 발표하는 학술지를 선정할 때 주제 관련도를 고려할지라도 *International Journal of Systematic and Evolutionary Microbiology*에 대한 선호도가 특히 높은 것으로 나타났다. 북한 과학자들이 영국, 네덜란드, 미국, 스위스에서 발간되는 학술지에 논문을 발표한다는 것은 과학 지식이 갖는 공통성, 보편성을 반영한 것이다. 북한의 과학 지식이 특

<표 4> 북한 과학자 논문을 수록한 생명과학 및 생물의학 분야 학술지

번호	국제 학술지(발행국)	최초 출현	논문수
1	International Journal of Systematic and Evolutionary Microbiology (England)	2015	14
2	Bioresource Technology (England)	2019	3
3	Cretaceous Research (England)	2019	3
4	Fitoterapia (Netherlands)	2012	3
5	Proteins-Structure Function and Bioinformatics (USA)	2010	3
6	Analytical Methods (England)	2015	2
7	Asian Pacific Journal of Cancer Prevention (Iran)	2011	2
8	Bioorganic & Medicinal Chemistry (England)	2009	2
9	Energy Sources Part A-Recovery Utilization and Environmental Effects (USA)	2017	2
10	International Journal of Biological Macromolecules (Netherlands)	2018	2
11	Journal of Asia-Pacific Entomology (South Korea)	2018	2
12	Journal of Biochemistry and Molecular Biology (Singapore)	2005	2
13	Journal of Biophotonics (Germany)	2018	2
14	Journal of Fish Biology (USA)	2016	2
15	Journal of Sustainable Agriculture (USA)	2009	2
16	Molecules (Switzerland)	2015	2
17	Skin Pharmacology and Physiology (Switzerland)	2015	2
18	Sustainability (Switzerland)	2017	2
19	Theoretical and Applied Genetics (USA)	2011	2
20	Ultrasonics (Netherlands)	2015	2
21	Virus Research (Netherlands)	2007	2

<표 5> 한국 학술지에 발표된 북한 과학자 논문

논문명	연구 분야
Yan Junpeng, Juho Ko, and Yipeng Qi. "Abridged region from Escherichia coli periplasmic stress sensor DegS acts as plasminogen activator in vitro." Journal of Microbiology and Biotechnology 17.4 (2007): 594-599.	Biotechnology & Applied Microbiology; Microbiology
Wei Yao, and Song-Chol Han. "On ideals, filters and congruences in inclines." Bulletin of the Korean Mathematical Society 46.3 (2009): 591-598.	Mathematics
Manoharan Saravanan, Ji-Yoon Kim, Hea-Na Kim, Seong-Beom Kim, Dong-Hoon Ko, Jang-Hyun Hur. "Ecotoxicological impacts of isoprothiolane on freshwater fish Cyprinus carpio fingerlings: a multi-biomarker assessment." Journal of the Korean Society for Applied Biological Chemistry 58.4 (2015): 491-499.	Food Science & Technology
SongIl Choe, Bo Li, IlNam Ri, ChangSu Paek, JuSong Rim, SuBom Yun, "Improved hybrid symbiotic organism search task-scheduling algorithm for cloud computing." KSII Transactions on Internet and Information Systems (TIIS) 12.8 (2018): 3516-3541.	Computer Science; Telecommunications
Kil-Nam Kim, Hye-SengSong, Chung-Seng Li, Qiu-Ying Huang, Chao-Liang Lei. "Effect of several factors on the phototactic response of the oriental armyworm, Mythimna separata (Lepidoptera: Noctuidae)." Journal of Asia-Pacific Entomology 21.3 (2018): 952-957.	Entomology
Kil-Nam Kim, Un-Chol Sin, Chol-Nam Yun, Hye-Seng Song, Zhi-Juan Huang, Qiu-Ying Huang, Chao-Liang Lei. "Influence of green light illumination on several enzymes involved in energy metabolism in the oriental armyworm, Mythimna separata (Lepidoptera: Noctuidae)." Journal of Asia-Pacific Entomology 22.2 (2019): 487-492.	Entomology

정 지역에서만 소비되는 것이 아니라 글로벌 환경에서 유통되고 있음을 보여준다.

〈표 5〉는 북한 과학자의 학술논문을 수록하고 있는 한국에서 발간하는 학

술지이다. 북한 과학자는 주로 중국과의 국제협력, 공저 형태로 한국에서 발간하는 수학, 정보통신, 미생물, 곤충학, 응용생명화학 분야의 국제 학술지에 논문을 발표한 것으로 나타났다.

2005년 대한수학회의 *Journal of the Korean Mathmatical Society*에 김일성종합대학의 한성철(Han Song-Chol)이 Yao, Wei(河北科技大学, 중국)와 공저 논문을 발표한 이후, 2007년 한국미생물생명공학회의 *Journal of Microbiology and Biotechnology*, 2015년 한국응용생명화학회의 *Journal of the Korean Society for Applied Biological Chemistry*, 2018년 한국인터넷정보학회의 *KSII Transactions on Internet and Information Systems*에 각각 1편의 논문을, 2018년과 2019년 한국응용곤충학회의 *Journal of Asia-Pacific Entomology*에 2편의 논문을 발표하였다.

5) 최다 피인용 학술지

〈표 6〉은 북한 과학자의 국제 학술논문에서 빈번하게 인용된 학술지 이다. 지난 20년 동안 북한의 학술논문에서 가장 많이 인용된 학술지는 *Physical Review B*이며, 북한 과학자들은 2016년부터 이 학술지에 10편의 논문을 발표했다. 2015년 이후 다수 인용된 주목할 만한 학술지로 *Composite Structures*(영국), *International Journal of Systematic and Evolutionary Microbiology*가 있는데, 이 두 학술지는 북한 과학자들이 가장 많은 논문을 발표한 학술지이기도 하다. 그리고 *Journal of Materials Chemistry A*의 경우 2018년 이후 북한의 학술논문이 2편 발표되었다.

〈표 7〉은 생명과학 및 생물의학 분야에서 가장 많이 인용된 학술지 10종이다. *International Journal of Systematic and Evolutionary Microbiology*는 2015년부터 가장 많이 인용되었으며, 다른 학술지에 비해 2배 이상 많이 인용되었다. 그 다음이 미국의 *PNAS, SKIN PHARMACOL PHYS, NATURE*로 나타났다.

<표 6> 전체 논문에서 최다 피인용 학술지

번호	피인용 학술지	인용횟수	최초 출현
1	PHYS REV B	645	2007
2	PHYS REV LETT	590	2001
3	COMPOS STRUCT	315	2017
4	NATURE	247	2004
5	APPL PHYS LETT	236	2005
6	NANO LETT	225	2009
7	PHYS REV D	220	2007
8	OPT EXPRESS	207	2008
9	SCIENCE	207	2004
10	PHYS REV A	183	2005
11	INT J SYST EVOL MICR	175	2015
12	PHYS REV E	161	2005
13	J HIGH ENERGY PHYS	153	2007
14	COMPOS PART B-ENG	152	2010
15	J APPL PHYS	150	2004
16	J AM CHEM SOC	149	2006
17	J CHEM PHYS	149	2009
18	J PHYS CHEM C	143	2009
19	PRECAMBRIAN RES	134	2006
20	NUCL PHYS B	125	2008
21	J MATER CHEM A	124	2016
22	P NATL ACAD SCI USA	121	2004
23	INT J MECH SCI	120	2013
24	J PHYS CHEM B	120	2007
25	J MATH ANAL APPL	117	2004
26	OPT LETT	114	2008
27	SCI REP-UK	110	2015
28	ELECTROCHIM ACTA	105	2012
29	ACTA PETROL SIN	103	2006
30	J SOUND VIB	102	2007
31	IEEE T IND ELECTRON	100	2013

<표 7> 생명과학 및 생물의학 분야에서 최다 피인용 학술지

번호	피인용 학술지	인용횟수	최초 출현
1	INT J SYST EVOL MICR	174	2015
2	P NATL ACAD SCI USA	77	2004
3	SKIN PHARMACOL PHYS	59	2015
4	NATURE	56	2004
5	PROTEINS	55	2010
6	BIORESOURCE TECHNOL	48	2018
7	NUCLEIC ACIDS RES	48	2007
8	INT J SYST BACTERIOL	44	2015
9	J BIOL CHEM	44	2004
10	WASTE MANAGE	38	2017

6) 북한 과학자가 인용한 한국 학술지

지난 20년 동안 북한의 국제 학술논문에 인용된 한국 학술지는 23종이다. 〈표 8〉에서 보듯이 곤충학, 응용생명학, 농학, 농화학, 식물학 등의 생명과학 분야의 학술지와 물리학, 수학과 같은 기초과학 분야의 학술지가 인용되었다. 2014년 이후 북한 과학자들의 한국 학술지에 대한 인용이 증가한 것으로 보인다. 2014년에는《한국응용곤충학회지》,《한국곤충학회지》,《한국초지조사료학회지》,《한국식물보호학회지》,《한국식품위생안전성학회지》 5종의 학술지가 인용되었다.

<표 8> 북한 과학자가 인용한 한국 학술지

번호	학술지명	인용횟수	최초출현
1	Korean Journal of Applied Entomology (한국응용곤충학회지)	21	2014
2	Journal of the Korean Society for Applied Biological Chemistry (한국응용생명화학회지)	9	2018
3	Geosciences Journal (대한지질학회)	6	2007
4	Journal of the Korean Physical Society (한국물리학회지)	5	2008

5	Journal of the Petrological Society of Korea (암석학회지)	4	2006
6	Communications of the Korean Mathematical Society (대한수학회논문집)	3	2009
7	Korean journal of pesticide science (농약과학회지)	3	2015
8	Bulletin of Korea Institute of Ornithology (경희대학교 한국조류연구소)	2	2007
9	Korean Journal of Ornithology (한국조류학회지)	2	2008
10	Atmosphere (대기, 한국기상학회))	1	2018
11	Bulletin of the Korean Chemical Society (대한화학회)	1	2015
12	ETRI Journal	1	2018
13	Journal of the Geological Society of Korea (지질학회지, 대한지질학회))	1	2016
14	Journal of The Korean Society of Grassland Science (한국초지조사료학회지)	1	2014
15	Journal of the Korean Mathematical Society (대한수학회지)	1	2013
16	Korean Society of Food Hygiene and Safety (한국식품위생안전성학회지)	1	2014
17	Journal of the Korean society of Agricultural Chemistry and Biotechnology (한국농화학회지)	1	2015
18	Journal of the Korean Geographical Society (대한지리학회지)	1	2018
19	Korean Journal of Pesticide Science (한국농약과학회)	1	2015
20	Korean Journal of Crop Science (한국작물학회지)	1	2012
21	Korean journal of Entomology (한국곤충학회지)	1	2014
22	Korean Journal of Plant Protection (한국식물보호학회지)	1	2014
23	Journal of the Korean Meteorological Society (한국기상학회보)	1	2018

7) 생명과학 및 생물의학 분야 주요 연구 기관

〈표 9〉에서 보듯이, 북한에서 생명과학 및 생물의학 분야를 연구하는 대표 기관은 김일성종합대학으로, 북한 내 다른 기관에 비해 압도적으로 많은 수의 논문을 발표했다. 그 뒤를 국가과학원, 농업과학원(현 농업연구원), 김책공업종합대학이 잇고 있다. 〈표 10〉은 북한과의 국제협력 논문을 5편 이상 발표한 기관들이다. 중국과 독일은 생명과학 및 생물의학 분야에서 주요 협력 국가이다. 북한 과학자들은 중국의 국가중점대학인 우한대학과 저장대학, 중국과학원 등, 독일 베를린 의과대학이자 대학병원인 샤리테(CHARITE), 베를린 자유대학 등과 국제협력 논문을 발표했다.

<표 9> 생명과학 및 생물의학 분야 주요 연구기관(2편 이상)

주요 연구기관	논문수
김일성종합대학	99
국가과학원	15
농업과학원	10
김책공업종합대학	9
리과대학	6
평양과학기술대학	6
김형직사범대학	5
국토환경보호성	3
야생동물보전협회	3
원산농업대학	3
의학과학원	3
조선가족계획및모성유아건강협회	3
평양산원	3
한덕수경공업대학	3
국제기구협력총국	2
조선적십자종합병원	2
평성의학대학	2

<표 10> 생명과학 및 생물의학 분야 주요 협력기관

국제협력 연구기관	국가명	논문수
우한대학 WUHAN UNIV	CHINA	23
저장대학 ZHEJIANG UNIV	CHINA	12
중국과학원 CHINESE ACAD SCI	CHINA	11
베를린 의과대학 병원 CHARITE	GERMANY	10
화중농업대학 HUAZHONG AGR UNIV	CHINA	9
베를린 자유 대학 FREE UNIV BERLIN	GERMANY	6
호북성공업발표협동창신센터 HUBEI PROV COOPERAT INNOVAT CTR IND FERMENTAT	CHINA	6
중국과학원대학 UNIV CHINESE ACAD SCI	CHINA	6
중국의과대학 CHINA MED UNIV	CHINA	5
복단대학 FUDAN UNIV	CHINA	5
길림대학 JILIN UNIV	CHINA	5
남개대학 NANKAI UNIV	CHINA	5

8) 생명과학 및 생물의학 분야 연구자

〈그림 6〉은 생명과학 및 생물의학 분야 국제 학술논문에서 빈번히 출현하는 연구자를 나타낸 것으로, 2015년 이후 다수의 논문을 발표한 연구자들이 출현했다. 상위 20명 중에서 북한 과학자로는 김명철(Kim Myong-Chol), 최춘식(Choe Chunsik), 김길남(Kim Kil-Nam)이 두드러진다. 김명철은 중국 우한대학의 Pen Fang와 Zhang Yumin과 다수의 국제협력 논문을 발표했으며, 최춘식은 베를린 의과대학 피부과·성병학·알레르기학과의 Darvin Maxime, Lademann Juergen과 함께 2015년 이후 장기간 동안 꾸준히 국제 학술논문을 발표한 것으로 나타났다.

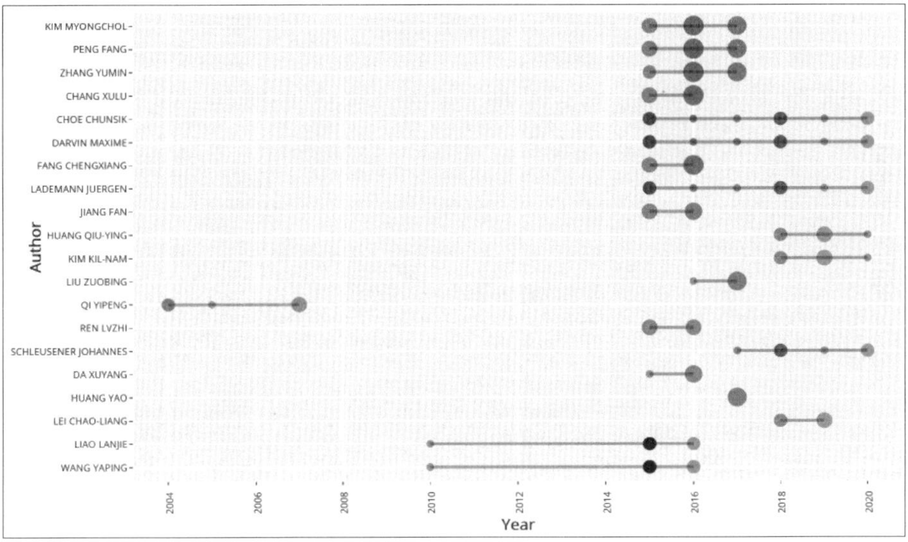

<그림 6> 생명과학 및 생물의학 분야 연구자 상위 20명

9) 키워드 트렌드

〈그림 7〉에서 첫 번째 그림은 생명과학 및 생물의학 분야 국제 학술논문의 키워드를 이용해 작성한 토픽 트렌드이다. 각 연도별로 가장 많이 출현한 상위 5개 단어를 추출했다. 두 번째 그림은 이들 토픽을 네트워크로 표현한 것이다. 2016년에는 RNA Gene Sequence, Gene, maximum-likelihood, Family, Water와 같은 주목할 만한 키워드가 다수 출현하였다. 2017년에는 Tree, Accumulation, Soil이, 2018년에는 Expression, Behavior, Spectroscopy, Oxidative Stress이, 2019년에는 Purification과 Stress, 2020년에는 Porcine Skin과 Penetration이 고빈도 단어로 나타났다.

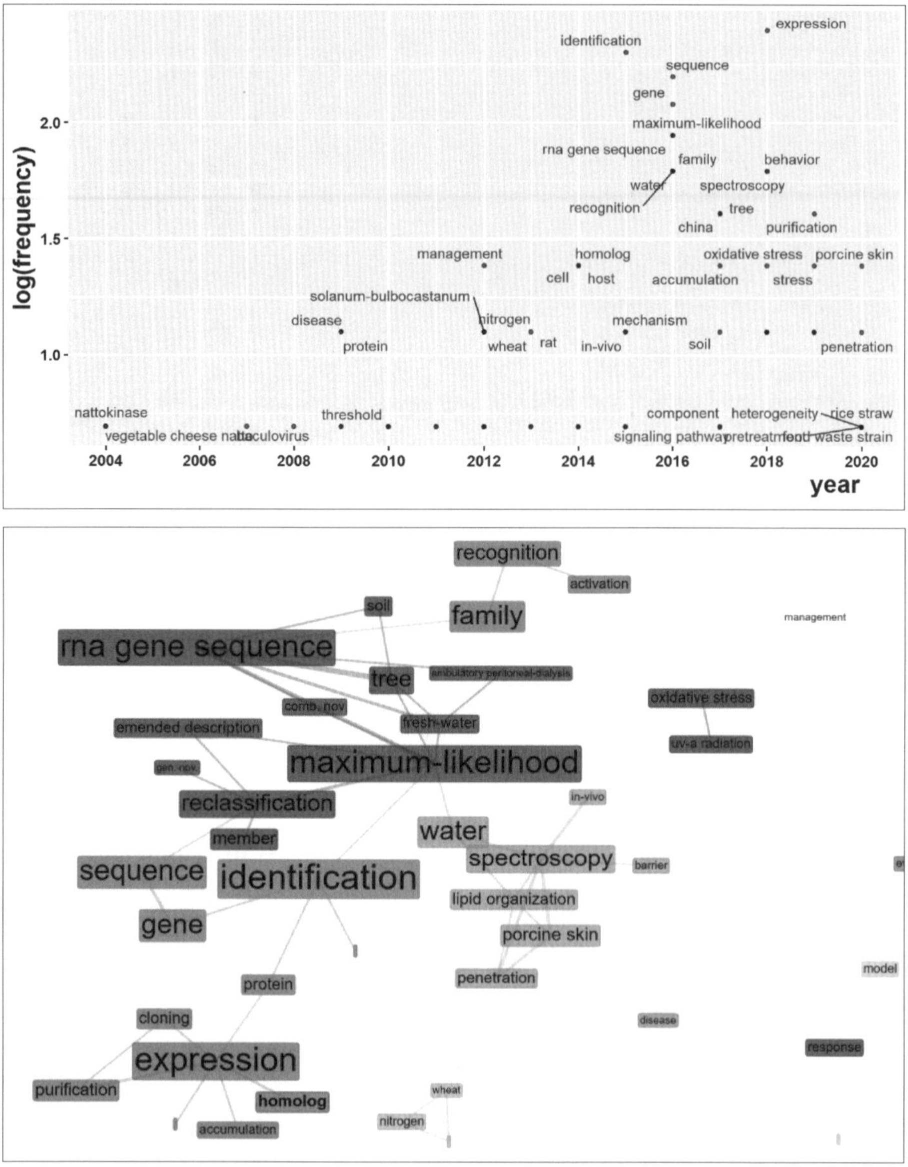

<그림 7> 생명과학 및 생물의학 분야 키워드 트렌드(상: 트렌드 맵, 하: 네트워크 맵)

3. 맺음말

북한 과학자의 국제 학술활동을 WoS 데이터베이스에 색인된 논문을 이용해 살펴보았다. 북한 과학자의 논문에서 나타난 주요 특징은 다음과 같다.

1. 북한 과학자들은 2000년대 초반 중국과의 국제협력 논문을 통해 논문을 발표했으나 2019년을 기점으로 북한의 단독 논문의 수가 더 많아졌다. 2015년 이후 북한 논문 수의 증가는 확연하며, 북한 단독 논문의 수에서도 가파른 증가 추세를 보였다.

2. 생명과학 및 생물의학 분야에서는 생화학 및 분자생물학, 농학, 환경과학 및 생태학, 미생물학 관련 논문의 수가 많았다.

3. 한국 학술지에 논문을 발표한 북한 과학자는 수학 분야의 한성철 이외에도, 곤충학, 미생물학, 응용생물화학, 정보통신 분야에서 나타났다.

4. 북한 과학자들이 국제 논문을 발표하는 학술지, 그리고 피인용 학술지의 종수에서 볼 수 있듯이, 2015년을 기점으로 북한 과학자들의 학술 정보에 대한 접근성이 2015년 이전부터 크게 증가한 것으로 나타났다. 한국 학술지 23종이 북한 과학자의 국제 학술논문의 참고 문헌에서 나타났으며, 가장 많이 인용한 학술지는 한국응용곤충학회지이다.

5. 생명과학 및 생물의학 분야에서 주요 연구기관은 김일성종합대학, 국가과학원, 농업과학원으로 나타났다. 이 분야에서 주요 국제협력 기관은 중국의 우한대학, 저장대학, 중국과학원, 그리고 독일의 CHARITE로 나타났다.

6. 생명과학 및 생물의학 분야에서 국제 학술논문을 가장 많이 발표한 저자는 김일성종합대학의 김명철과 최춘식, 그리고 국가과학원의 김길남이다.

7. 최근 북한에서 관심있는 키워드는 RNA Gene Sequence, Tree, Water인 것으로 나타났다.

본 분석은 북한 과학자가 국제 학술지에 발표한 논문을 대상으로 이루어진 것이므로, 논문 투고에서 발표 시점까지 1-2년의 시차가 존재한다는 점, 그리고 일부 과학자들만 국제 학술논문을 발표한다는 점에서 북한 내부 학술활동을 정확히 파악하기에는 한계가 있다.

그럼에도 불구하고 북한 과학자의 국제 학술논문을 분석함으로써, 북한에서 활발히 연구하고 있는 분야를 찾거나 북한이 국제 학술 무대에 등장하는 데 지렛대 역할을 하는 연구 주체들을 파악하고, 북한에서 학술 정보의 접근성에 있어서 변화를 포착하는 데 그 의의를 찾고자 한다.

❖ 참고 문헌

Research Areas(Categories/Classification) http://images.webofknowledge.com/WOKRS535R111/help/WOS/hp_research_areas_easca.html

최현규·노경란. (2017).《북한 과학자의 국제학술논문(SCOPUS) 분석 연구—2007-2016》. 한국과학기술정보연구원.

| 제2부 |

북한 의학 학술지 질환별 분석

호흡기질환

북한 의학 학술지를 통한 결핵연구 동향 분석

서해숙·이승헌

1. 서론

북한에서 감염성질환 및 영양결핍으로 인해서 초래되는 사망률은 전체 사망률의 29%를 차지하는데, 이는 세계평균 수치인 27.5%보다 높고, 한국의 6.1%보다 높게 보고되고 있다(Yo Han Lee, 2013). 북한의 전염성 질환으로는 결핵(Tuberculosis, TB), B형간염, 말라리아, 기타 기생충 질환이 가장 문제시되고 있으며(Pengyu Han, 2019), 감염병을 초래하는 주된 감염 경로가 되는 호흡기는 감염병으로 인해서 기저질환 및 호흡곤란을 초래하여 중증환자로 발전하여 생명까지 앗아갈 수 있다. 그런데, 북한의 주요 호흡기 질환은 일산화탄소 중독에 이어, 폐결핵이 북한에서 매우 중요한 호흡기 감염질환이다. 북한의 경우 리/동 단위의 진료소, 시/군 단위의 인민병원과 결핵요양소 및 군결핵 실험실, 그리고 도 단위에 있는 결핵병원과 도 결핵예방원 및 도결핵실험실(RTRL, Regional Tuberculosis Reference Laboratory)을 아우르는 중앙 결핵 예방원(CTPI, Central Tuberculosis Prevention Institute) 및 국가결핵표준실험실(NTRL, National Tuberculosis Reference Laboratory)기관을, 총괄적으로 중앙에 있는 보건성(MoPH, Ministry of Public Health)이 총괄하게 되는 국가결핵관리프로그램(NTP)을 이루고 있다(이동한, 2018). 창궐하는 결핵을 억제하고자 북한은 결핵약 복용을 직접 확인하여 투여하는 직접 감시하 복용요법(DOT, Directly Observed Treatment) 정책을 1998년에 채택하여 시작한 바 있는데, 북한의 역대 결핵관리 프로그램은 〈표 1〉과 같고, 최근에는 WHO와 협력하여 Country Cooperation Strategy(CCS)를 발간하여, 결핵 및 말라리아를 비롯한 감염성 질환(communicable disease)에 대한 의료관리서비스의 접근도를 높이고자 한 바 있어 이는 매우 고무적이다(WHO, 2016).

<표 1> 북한의 역대 결핵관리 프로그램(출처: PLOS Med 016:13(8):e10020626)

연도	주요한 결핵 프로그램
1998-2003	Plan of action for the implementation of DOTS
2001-2007	GDF TB project
2007	ARTI survey
2007-2015	A multi-year strategic plan for 2008-2015 to stop TB
2010-2015	GFATM TB project
2015-2018	New strategic plan 2015-2018

TB, tuberculosis; DOTS, diretly observed treatment short course; GDF, Global Drug Facility; ARTI, annual risk of tuberculosis infection; GFATM, Global Fund to Fight AIDS, Tuberculosis and Malaria

그렇지만, 북한의 결핵발생률(2019)은 인구 10만 명당 513명으로 총인구 2,600만 중 132,000(115,000-150,000)명으로 추정되며, 이는 세계적 결핵 고위험국 30개국 중에서 레소토(Lesotho, 654/10만), 남아프리카(South Africa, 615/10만), 필리핀(Philippines, 554/10만), 중앙아프리카 공화국(Central African Rep., 540/10만)에 이어서 5위에 링크되어 매우 심각한 상태이며(WHO 2020), 연도별로 결핵 발생률이 증가경향을 띠고 있으나, 이는 검사실의 향상 및 결핵보고의 체계화로 인한 신고의 증가일 수도 있겠다(그림 1). 북한 결핵의 창궐 원인으로는 6·25전쟁과 이후의 1990년대 구 소련의 붕괴에 따른 원조의 감소,

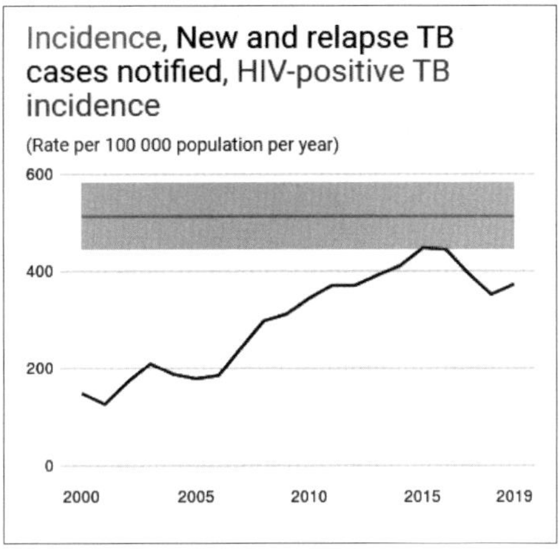

<그림 1> Incidence, New and relapse TB cases notified, HIV-positive TB incidence

그리고 연이은 대홍수와 가뭄 등으로 인한 기아와 굶주림 때문으로 사료된다. 결핵의 연령별 분포는 살펴보면 기저질환이 있는 노인층의 결핵보다는 젊은 층의 결핵유병률이 높은 후진국의 분포를 하고 있다(그림 2).

폐결핵의 경우는 국가가 중심이 되어 결핵 관리를 하는 National Tuberculosis control Program(NTP) 체제를 중심으로 국가적인 관리시스템이 매우 중요하며, 이는 정확하고 객관적인 역학적 보고 및 통계를 바탕으로 하여야 하는데, 북한의 보고되는 데이타의 정확성에 대해서는 재숙고를 할 필요가 있다. NTP와 연관하여서 결핵균을 배양하고 내성결핵을 진단하기 위한 결핵균 진단 검사실은 매우 중요하다고 할 수 있는데, 미국의 스탠퍼드 대학 및 CFK(christian Friends of Korea)의 도움으로 2009-2010년에 걸쳐 설치된 북한의 National TB Reference Level Laboratory(NTBRL) 이후 WHO에 다제내성 결핵(Multi-Drug Resistant TB)이 신고되고 있는 것은 고무적이나, 2010년도 초반에 보고되고 있는 초치료 성공률(92%) 및 재치료 성공률(84%)을 그대로 받아들이기는 어려우며, 아직까지 결핵통계의 투명성 및 정확성에 대해서는 의심의 여지가 많아서, 결핵 질병을 객관적으로 분석하고 연구를 진행하는 해당

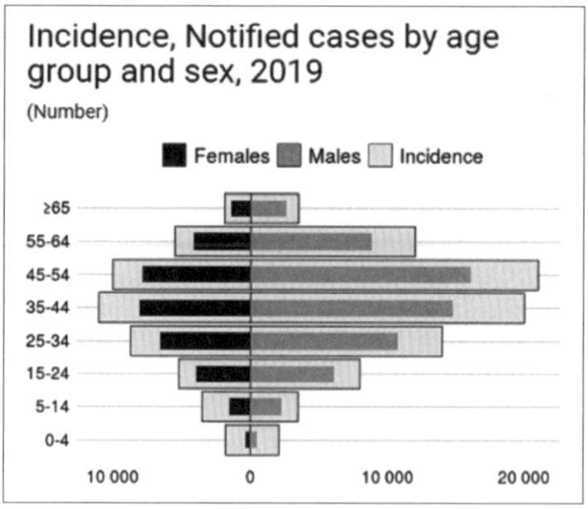

<그림 2> Incidence, notified cases by age group and sex, 2019(출처: WHO, TB country profile 2020)

나라의 학술지를 살펴보는 것은 결핵이란 질병에 관하여 비교적 신빙성 있고 현실적인 상황을 파악할 수 있는 좋은 자료가 될 수 있을 것이다(이승헌, 2015).

그러므로 본 연구는 북한의 결핵실태를 분석함에 있어 국제기구 등의 보고가 아닌, 북한 의사의 직접적인 학술저술인 북한 학술지를 통해 결핵에 대한 예방, 진단, 치료 및 관심과 연구동향을 간접적으로 확인하고자 하며, 여기서는 수집된 북한 학술지의 내용을 기술적인 방법으로 서술하고자 한다.

2. 북한 의학 학술지를 통한 결핵 연구 동향 분석

1) 연구방법

북한의 학술지는 통일부, 국회도서관, 국립중앙도서관에 소장되어 있는바, 본 연구를 위하여 국립중앙도서관 내의 통일부 북한자료센터, 국회도서관에 소장된 자료중 접근 및 복사가 가능한 2006년 1호부터~2019년 2-3호의 자료를 전체 문헌고찰을 하여, 결핵과 관련된 내용을 선별하여 정리하였다(그림 3).

국내 입고된 북한 의학 학술지(연속간행물)는 총 11종으로 간행 빈도는 대부분 계간이었으며 발행처는 의학과학출판사 8권, 중앙과학기술통보사 2권, 과학백과사전출판사 1권이었다.

우선 자료탐색 연도는 2006년부터 2019년까지로 시작하였는데, 이는 현재 국내 입고 가능한 총 9편의 의학 학술지 가운데 2006년에 입고된 논문이 총 3종류로서 이를 포함하고자 하였으며, 최소 10년 이상의 기간을 분석해야 어떤 핵심어가 특정 기간에 편중되어 나타나는 편견이나 오류를 최소화할 수 있기 때문이고, '고난의 행군'이라는 총체적인 재난 영향이 거의 소멸된 시기 이후가 북한의 최근 상황에 근접한다고 판단하였다. 여기서 '고난의 행군'이란, 1994년 김일성 사망 후 나라의 경제사정이 극히 어려워지자 이를 극복하기

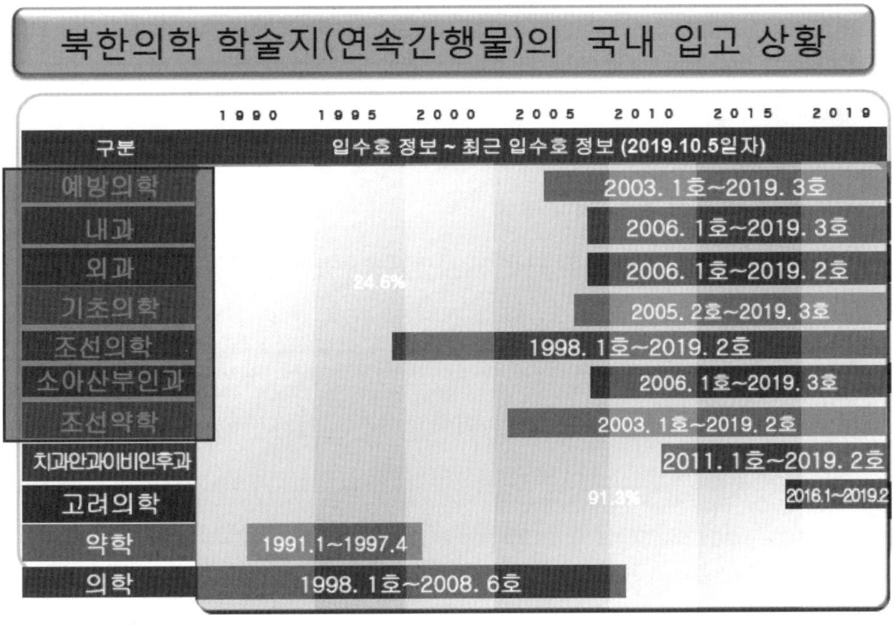

<그림 3> 북한의학 학술지(연속간행물)의 국내 입고 상황

위해 주민들의 희생을 강요하며 김정일이 내놓은 당적 구호로서, 1998년까지로 간주된다. 이 시기는 국가의 배급중단으로 인하여 자체적으로 생계문제를 해결해야만 했고, 살기 위해서는 무엇이든 해야만 했던 절박한 생존의 시기를 의미한다(통일부 북한정보포털, "고난의 행군").

연구방법인 정량분석(Quantitative analysis)으로는《예방의학》,《내과》,《외과》,《기초의학》,《조선의학》,《소아산부인과》,《조선약학》의 선정된 7종의 북한의학 학술지의 결핵 관련 전수조사를 실시하였다. 학술지 수록 원문은 학술지의 제목을 선별하고 전문 내용을 확인 후, 자료를 분류 및 기술하였다. 분석항목으로는 ① 동향분석으로 연도별, 학술지별 연구 분야별, 저자별 정량분석을 하였고, ② 남북한의 결핵의 특징을 비교하기 위하여 성별, 연령, 결핵유형, 결핵약제 및 고려의학 천연물, 기기 등 남북한 결핵진단 및 치료방법에 대하여 기술을 하였다. 한편 통합적 독서법(syntopical reading)으로 결핵에 관한 다양한 주제를 포괄하도록 하였으며 북한의 결핵 상황을 잘 반영하는 관심사를 찾아서 남북한 미래 결핵정책의 실마리가 되는 단초를 찾고자 노력하였다.

2) 문헌고찰 결과

(1) 북한 학술지의 결핵 연구통계

북한의 의학 학술지의 결핵 관련 게재 편수는 최근 증가하고 있는 추세였으며(그림 4), 북한 의학학술지 7종에서 결핵 관련 게재 편수는 총 166건이었고, 결핵 관련 주제로 게재된 논문들 중《예방의학》에서 게재 편수가 가장 많으며(43%), 다음은《내과》(23%),《기초의학》(10%),《외과》(8%),《조선약학》(7%),《소아산부인과》(7%),《조선의학》(2%)의 순서였다(그림 4). 2019년의 경우는《외과》와《조선약학》에 결핵 관련 주제가 급격히 증가하였으며, 연구 분야별로는 R&D가 가장 많은 순으로 연구가 진행되고 있으며, 이어서 치료, 진단, 정책, 그리고 예방 순으로 나타났다(그림 4).

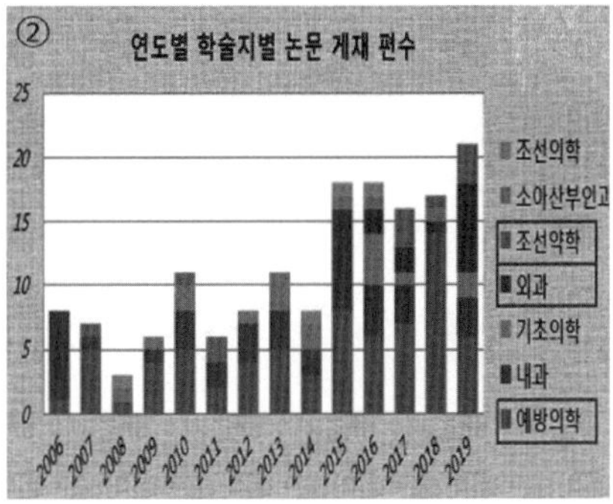

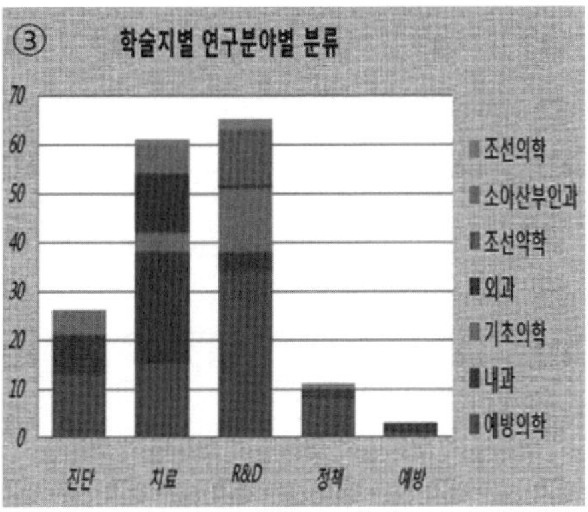

<그림 4> 북한 학술지의 연도별(①), 학술지별(②), 연구분야별(③) 분류

북한 의학학술지의 결핵에 관하여 저자에 따른 게재 편수를 정리해 보면, 최달범이《예방의학》8편과《내과》2편을 저술하여 총 10편을 저술해 결핵에 관한 저술 편수가 가장 많았으며, 김대성은《예방의학》에 5편, 최장수는《내과》에 4편, 최금성은《내과》에 3편을 저술하였으며, 그 외에는 여러 저자들이 단편들을 저술하였다(표 2).

<표 2> 결핵 관련 북한 학술지 저자 상황 및 게재 편수

저자별 게재수	예방의학	내과	기초 의학	외과	조선 약학	소아 산부인과	조선의학
1편	125	62	27	12	21	30	8
2편	8인 (김성국, 석철, 박성진, 홍명표, 리연우, 김명철, 함철혁, 최금성)	3인 (최달범, 김광명, 류진)	2인 (최정숙, 리태용2)	0	2인 (김성길, 박진석)	0	0
3편	2인 (김용남, 리용호)	1인 (최금성)	0	0	0	0	0
4편	0	1인 (최장수)	0	0	0	0	0
5편	1인 (김대성)	0	0	0	0	0	0
6편	0	0	0	0	0	0	0
8편	1인 (김대성)	0	0	0	0	0	0

저자 최달범의 경우는 역학적 연구, 임상정 연구, 기초 연구등의 다양한 분야에 논문을 게재하였으며 김대성의 경우는 결핵균주 연구를 주로 하고, 신약 임상에 대한 연구결과도 게재하였다. 최장수의 경우는 임상적 연구를, 그리고 최금성의 경우는 내성결핵에 대한 연구 결과를 게재하였고, 최근 세계적인 신약인 베다퀼린과 델라마니드 약제에 대해서도 종설을 게재하였다(표 3).

<표 3> 북한 다빈도 게재 저자의 논문 주제 관심분야(*연도옆의 괄호는 공저자)

순서	최달범	김대성	최장수	최금성
1	예방의학, 2007(김철우) 어린이하폐야침윤성 폐결핵의 림상적특성과 예방에 대하여	내과, 2006 부고환결핵을 화학료법과 살모사 주사의 병합료법으로 치료학 위한 림상적 연구	내과, 2007(리상국) 살모사독주사약과 결핵치료약의 폐내주사로 폐결핵을 치료하기 위한 림상정연구	내과, 2006(강창만) 폐결핵환자치료에서 경희토류원소를 첨가한 스트렙토미찐(레-마이싱)에 대한 연구

2	예방의학, 2013 (최성운,백충혁) DNA소편법을 리용한 약제내성 결핵균의 진단에 대한 연구	예방의학, 2009(김성국) 결핵균의 분리 배양에서 제기되는 몇가지 문제	내과, 2012(홍현철) 뉴키놀론계항생제에 의한 겨랙치료동향	내과, 2019(최달범) 결핵균의 약제내성 발생에 대한 기초개념
3	예방의학, 2016(조성남) 전국 결핵 현환자률조사에 대하여	예방의학, 2010(석철) 결핵균 배양음성률에 미치는 PNB포함배양기의 영향에 대한 연구	내과, 2015(최대호) 진단하기 어렵고 최중증으로 경과하는 속립결핵	예방의학, 2019(조성남) 다약제 내성결핵 치료에 리용가능한 베다퀼린과 델라마니드에 대하여
4	예방의학, 2017(박성진) 결핵 화합료법방식과 재발 및 악화에 대하여	예방의학, 2010(김성국) 결핵균의 발육증식에 미치는 몇가지 인자들의 영향(제2보)	내과, 2016 최근 결핵성뇌막염의 진단과 치료	
5	예방의학, 2017(고진혁) 결핵현환자률 조사를 비롯한 집단검진에서 여러 검진수단들의 효과성에 대하여	예방의학, 2011(석철, 김형훈) 생화학검사 (니아찐 검사)와 PNB 포함 배양기에 의한 비전형항산균의 분리동정에 대한 연구		
6	예방의학, 2018(박성진) 항산균염색에 의한 결핵균 검출의 림상병리학적 의의			
7	예방의학. 2018 주민집단에 기초하 결핵현환자률 조사에서 약제감수성검사			
8	내과, 2015(김광섭) 감수성 및 내성 결핵을 신속 진단하기 위한 연구			
9	내과. 2019(최금성) 결핵균의 약제내성발생에 대한 기초개념			

(2)북한 학술지의 특징

①《예방의학》: 결핵에 관한 저술이 가장 많고 실험, 진단, 임상치료, 종설 등 다양한 형식으로 저술되고 있으며, 종설의 경우는 북한에서 시행되었던 연구에 바탕을 두지 않고, 외국에서 발표되었던 잡지를 해석하여 1-3쪽 정도로 요약이 되어 있다. 한편 짧은 논설형식의 "토막"이라는 형식이 있다. 다음은 연도별 대표 논문들이다.

- 2007년: DOTS로 시행하는 약물(DOTS1: HREZ, DOTS2:HREZS)에 관한 내성균 실험
- 2009년: 종설논문으로 감염증의 통제모형인 SEIR모델에 관하여 서술, 종설논문으로 결핵균의 분리배양의 문제점에 관하여 서술
- 2010년: 종설논문으로 결핵면역의 임상적응에 관하여 서술, 동물쥐실험논문으로 이소리팜피찐과 10% 지방젖제 병합요법에 관한 연구
- 2013년: 실험연구로 112주의 결핵균주로 이소니아지드내성유전자(InhA, KatG), 리팜핀 내성유전자(ropB)에 관한 연구가 시행되었으며, reference 게놈 DNA를 통하여 소프투웨어를 통한 유전자 분석연구가 진행되었다. 한편 종설논문으로 폐결핵경과후 남은 변화에 관한 렌트겐(흉부X선)소견에 관한 기술이 있었다. 결핵약물로 인한 간장애(toxic hepatitis) 때 결핵약제 4제 성분이 들어있는 10% 기름젖제를 HRES를 사용하는 대조군연구가 있다는 토막(짧은 논설)이 있었으며, DOTS1 효과에 영향을 미치는 임상적 영상의학적 요소에 관한 토막(짧은 논설)이 있었다.
- 2014년: 비결핵항산균(Non Tuberculosis Mycobacterium, NTM)을 PCR로 감별진단 하기 위하여 환자 1례에서 시술치료 하는 연구가 있음.
- 2014년: GeneXpert에 대해서 소개하고 있으며, 모스크바의 중앙결핵연구협회의 질산환원반응을 이용한 내성검사법에 대하여 언급하고 있음.
- 2017년: 비결핵성항산균의 PCR를 통한 구분 및 내성결핵균 유전자 변이에 관한 연구가 상당수 있음.

- 2018년: 초음파공기졸 흡입치료에는 이소베르베린, 오플록사신, 이소니아지드, 그리고 리팜피신의 혼합약물인 이도또부주사약물을 사용한다고 기술하고 있다.

② 《조선의학》: 짧은 영문초록이 같이 서술되어 있으며, 환자에서 채취된 검체를 가지고 진행된 연구들이 있으며, 혈액(환자 18명: 대조군 20명), 흉막조직(결핵50례, 암: 12례), 동물쥐실험(약제Prothionamide-ciprofloxacin, 황백나무열매엑스 병합요법), 결핵성삼출성심낭염모형토끼연구 30마리(urokinase와 streptomycin 병합주입), 핵성 뇌막염 뇌척수액PCR진단(환자 34례, 대조군 68례) 다양한 연구가 존재하였다.

③ 《조선약학》: 결핵약인 이소니아지드 합성공정연구, 리팜피신 냉동건조 특성연구, 피라진마이드합성연구, 오플록싸신과 레보플록사신에 대한 종설, 결핵약제기본4가지약제 흡입제 제조연구 등이 있었다.

④ 《소아 산부인과》: 소아 뇌수막염치료에 대한 연구가 3건 확인되며, 뇌척수액 배액 및 스테로이사용, 그리고 이소리파제, 그리고 결핵약 초음파 흡입치료 및 특이하게 영구자석을 추가하여 치료하는 연구가 있었다. 증례들을 짧게 보고도 하고 있는데, 젊은 산모에게 생긴 결핵성유방염(TB mastitis)에 대한 증례도 있었다.

⑤ 《외과》: 기본 논문 외에 수술증례들을 보고하고 있었는데, 결핵과 관련하여 수술하여 치료한 결핵성 간농양, 결핵성 뇌하수체선종, 결핵성 복막염수술증례, 흉막결핵수술 1례, 장결핵 1례를 보고한 증례를 확인할 수 있었다.

⑥ 《고려의학》: 하늘타리너삼결핵단알약으로 소아의 말초 림파선염을 치료하기 위하여 치료군 53명, 대조군 43명으로 비교연구가 있었으며, 약의 효능을 보고하고 있다.

⑦ 《기초의학》: 쥐실험을 통한 리팜피신-키토산배합치료의 효능연구, 리포덱스 주사약의 쥐실험 효능연구 2건, 쥐의 기관지폐포세척액(Bronchoalveolar lavage)을 통한 황산화효소연구, 이소이나지드경련에 대한 GABA함량 쥐실험

연구, 다제내성결핵토끼모형에서 오존수가 늑막변화에 미치는 영향연구, 결핵성늑막염에 대한 젖산 LM-K-394 효과연구, 피라진아미드흡입액의 동물쥐 투여연구 등이 있었다.

⑧《약학》: 결핵 관련 연구는 찾을수 없었다.

(3) 남한과 북한의 결핵의 차이점 비교

① 남한과 북한의 결핵의 역학 비교

남한의 결핵은 전 연령 중에서 65세 이상 노년층의 결핵이 매우 많은 부분을 차지 하였으나, 북한의 경우는 20-30대의 젊은 연령의 결핵이 정점(peak)을 이루고 있다. 한편 남녀비에 있어서는 큰 차이가 없다.

2018년 한국의 질병관리 본부자료와 북한의 2019 WHO 리포트(report)를 비교해 보았을 때, 폐결핵 및 폐외결핵의 분포차이는 폐결핵이 각각 80%로 남한과 북한의 큰 차이는 없다. 그러나 폐외결핵에 있어서는 북한의 경우 폐외결핵중 뇌막염(TB meningitis)이 27.5%로 매우 높고, 연구 대부분도 임상경과가 만성적이며 비전형적인 폐외결핵에 관한 연구 결과가 북한 학술지에서 많이 확인이 되었으며, 흉막염,농흉은 청년층 환자에서, 뇌막염은 소아 연구

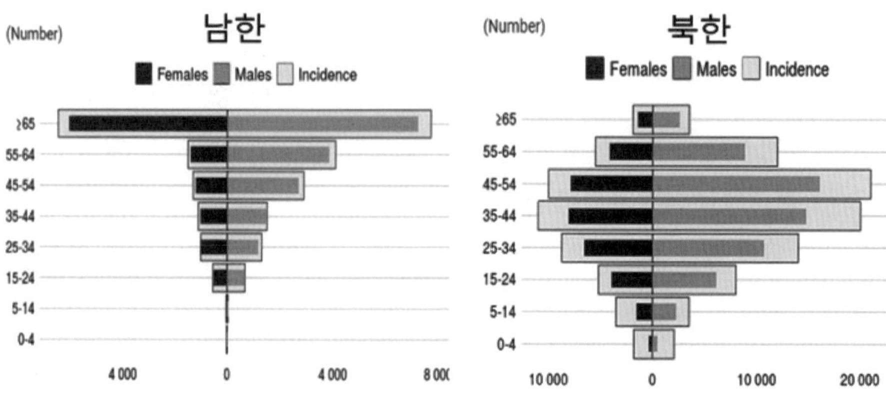

<그림 5> 남한과 북한의 성별 및 연령에 따른 결핵분(출처 WHO, TB country profile 2020)

가 활발히 이루어지고 있다(표 4).

<표 4> 북한의 결핵의 유형 및 역학관련 연구

	북한의 폐외결핵 연구
역학	폐외결핵의 분포: 흉막염(51%) > 뇌막염(27.5%) > 장간막염(11.8%) > 기타(유선염, 부고환염,속립결핵,심낭염,콩팥결핵,기관지림프절결핵,10%) • 최근 농흉(전체51편 중 11편) 언급증가 • 2009년 종설논문으로 감염증의 통제모형인 감염병모형 모델 언급. • 결핵집단검진수단들의 효과성에 관한 종설에서 가슴렌트겐 검사의 중요성에 대해서 언급하고 있음* • 전국결핵환자률 조사에 관하여 언급함.†

* 최달범, 고진혁. 결핵현환률 조사를 비롯한 집단검진에서 여러 검진수단들의 효과성에 대하여 예방의학 주체106(2017년) 제4호(루계 제 211호):50.
† 최달범. 조성남 전국결핵환자률조사에 대하여 예방의학 주체 105(2016)년 제4호(루계 제 207호):49.

② 남한과 북한의 결핵의 진단적 방법 비교

북한의 경우도 기본적인 결핵 항산균에 대한 도말 및 배양, 그리고 신속내성 검사가 가능하며, 평양에 설치되어 있는 중앙결핵균 검사실에서 약제 내성 검사를 통한 약제 내성 검사 및 리팜핀 내성을 신속하게 확인할 수 있는 Xpert 검사도 가능하여 관련 연구들이 진행되고 있는 것 같다. 그러나 결핵 내성균 실험을 할 수 있는 연구실이 biosafety level 3의 규정화된 연구실인지 알 수 없지만, 그리고 최근 증가하고 결핵균 내성결핵 균주 연구는 매우 고무적이다(표 5). 한편 진단기법 인프라의 부족으로 인한 다른 진단법에 관한 연구들이 있으나, R&D 연구들의 경우에 실제 임상에 적용할 수 있는 연구보다는 기초연구들이 대부분이었다(표 5).

<표 5> 남한과 북한의 결핵 진단관련 인프라 및 관련 연구의 비교

	남한	북한
미생물학적 진단	• 객담도말 검사: 결핵균 확인 • 객담배양 검사: 결핵균 배양확인(고체: 3-8주, 액체: 4-14주) • 약제감수성: 항결핵제 내성 확인(4-6주) • 신속내성: INH,RIF 내성확인(48-72시간 이내) • 결핵균PCR: 결핵균 확인(수시간 내) • MRB/RIF(Xpert): rifampin내성 결핵균 신속확인검사	

표준화된 결핵균 검사실	• Supranational Tuberculosis Reference Laboratory 가 있고, 기타 약제 내성검사가 가능한 검사 기관이 7여 개 있음	• National Tuberculosis Reference Laboratory 가 평양에 있으나 내성균검사 및 연구를 위한 quality는 확인 어려움
BCG	• BCG Danish, BCG Tokyo균주를 사용하여 예방접종하고 있음.	• BCG로 구투베르군린(예방약공장제품), BCG 정제투베르쿨린(신제조품) 적용을 위해서 건강한 소아7-8세를 대상으로 117례 연구를 진행한 연구가 있음*
잠복결핵 진단	• Interferon Gamma Release Assay의 개량화된 kit 사용 연구	• 잠복결핵 면역에 대한 종설이 있으나, 잠복결핵 관련 연구는 확인이 안 됨
활동성 결핵진단	• 시술을 통한 검체 채취 - 위에 언급된 미생물학적 진단을 위한 균검사 및 기관지내시경 및 초음파 기관지내시경을 통한 진단법 • 분자생물학적 방법을 통한 진단연구 • 흉부전산화 단층활영(CT) 등의 영상학적 특징연구 연구 • 비결핵항산균의 분포는 M avium complex, M abscessus complex, M kansasii순서로 분포함 • 비결핵항산균 구분 진단 및 Amikacin주사 흡입제를 통한 치료를 하고 있음	• 진단 인프라 부족으로 다양한 진단방안활용 -뇌막염:BCG항체, 빛수감장치 -폐:질산염환원번, DNA소편법)3건), 가래PH 측정, 가래 NO3-함량 -콩팥: 오줌카탈라제시험 등 • 폐결핵균외 비결핵성항산균에 대한 유전자 검출법 연구들이 상당수 있음(예방의학 2014, 예방의학2015). • 비결핵항산균의 분포가 M. fortuitum(12, 46.1%), M. kansasii(7,26.9%), M.abscessus(4, 15.4%). M avium complex(3, 11.5%) 순서로 많음.† • 비결핵성항산균을 PCR을 통하여 진단후 ciprobay 200mg와 Rocephin 500mg을 기관지내시경(bronchoscopy)를 통한 국소약물 주입 및 clarithromycin 500mg bid 치료법이 소개됨.††
내성결핵 진단	• 내성균의 변이를 찾기위한 whole genome sequency 최신 연구 등 • 유전자 변이를 통한 조기진단을 위한 내성균 조기 진단 kit 연구 등	• 최근 내성 유전자 및 내성균주에 대한 연구증가 -실험논문: 결핵균 rpoB유전자단편 증폭 연구 2017 -종설논문: 피라진아미드, 스트렙토미씬내성과 결핵균 유전자변이사이관계 2017, 기본약제외에 퀴놀론항생제의 gyrA gyrB에 대하여 기술 2018¶ -종설논문: 신속하고 비용이 적게 드는 결핵균의 약제 감수성 검사-GeneXpert에 대해서 언급하고 있음. 2014 예방의학회지 -실험논문: 다제내성결핵균의 내성

		유전자에 관한 연구로 평양의 국가결핵표준실험실과 홍콩 국제결핵표준실험실과 공동연구를 진행한 연구로 표준화된 50개 균주로 이소니아지드 리팜핀 내성유전자 검사와 일반약제감수성 검사방법과 일치도를 확인함.¶¶ -아미노글루코시드(aminiglycoside) 계열 약물과 사신계(quinilone)에 내성인 결핵균을 유전자방법으로 검출하기 위한 PCR primer 제작논문이 각각 있으며, 약제내성 유전자형들에 대한 종설이 있음. 2019 예방의학회지
진단관련 R&D연구	• R&D연구로 신속진단 키드 개발등 연구	• R&D 관련 연구는 많으나 실제 임상 현장에서 적용하는 기본 검사 연구 저조 -총 연구의 10% 이내 -가래도말검사(3건), 배양검사(3건) -PCR검사(5건), 약제감수성검사(3건) -신속내성검사(1건), X-pert검사(3건)

* 로학현, 박관절 BCG정제투베르쿨린의 적용에 대한 연구 예방의학 주체107(2018)년 제4호(루계 제 215호):52.

† 리연우, 김현철, 리문철. 몇가지 폐질병들에서 DNA소편검사에 의한 비결핵성항산균분리빈도에 대한 연구. 예방의학 주체 104(2015)년 제2호(루계 제 201호):4.

†† 리연우, 리근, 심충렬, 주임덕. DNA 소편으로 기관지폐렴환자에게서 비결핵성항산성균을 검출하기 위한 연구. 예방의학 주체 103(2014년) 제2호(루계 제 197호):16.

¶ 리용호, 국철민 결핵약제감수성검사에서 유전자 공학적 방법의 적용 예방의학 주체 107(2018)년 제1호(루계 제 212호): 61.

¶¶ 최정환, 김윤철. 다약제내성 결핵진단용DNA소편의 몇가지 특성에 대한 연구. 예방의학 주체 104(2015)년 제2호(루계 제 201호):28.

③ 남한과 북한의 결핵의 치료법 비교

WHO에서는 지금은 수정 보완되었지만 2003년 지침에는 결핵치료에 대한 분류를 카테고리별로 4가지로 분류하고 있는데, 이를 바탕으로 하여 남한과 북한의 결핵 치료를 도식화하면 아래와 같으며, 북한은 WHO의 일률적인 표준화치료(standardized treatment regimen)을 따르고 있으며, 한국은 약제 감수성 결과에 의한 개별화치료(individualized treatment regimen)를 따르고 있다(표 6). 한편 북한 학술지에서 확인된 치료조합은 〈표 7〉과 같다.

<표 6> 2003 WHO권고사항(출처: 2003 WHO treatment of TB) 및 남한과 북한의 결핵치료 분류 (일부 수정 보완)

WHO Category	대상	WHO	북한	남한¶¶
I 초치료 (New Case)	도말양성 폐결핵 도말음성 심한 폐결핵 심한 폐외결핵	2HRZE(S)/4HR or 2HRZE(S)/8HE	DOTS1부류*†¶: 2HRZE/4HR DOTS2부류*†¶: 2HRZS/4HR	2HRZE(S)/4HRE or 9HRE
II 재치료 (Previous Treated, Smear +)	재발자 치료실패자 중단후 재치료자	2HRZES/ 1HRZE/ 5HRE	(2HRZES/1HRZE/5HRE) MDR:18-24개월 Z, Km, Lfx, PTH, CS, PAS†† (Bedaquline or Delamanid 제한적 사용)	약제감수성 결과를 바탕으로 개별화 치료 (individualized treatment) MDR: 18-20개월 (Bedaquline or Delamanid), Linezolid, Quinolone 포함한 치료
III 초치료 (New Case)	도말음성 폐결핵 심하지 않은 폐외결핵	2HRZE(S)/4HR or 2HRZE(S)/6HE	DOTS1부류*†¶: 2HRZE/4HR DOTS2부류*†¶: 2HRZS/4HR	2HRZE(S)/4HRE or 9HRE
IV 만성배균자 (Chronic)		Not applicable		약제감수성 결과를 바탕으로 개별화 치료 (individualized treatment)

Isoniazid(이소니아지드),INH,H; Rifampin(리팜핀),RIF,R; Ethambutol(에탐부톨),EMB,E; Pyrazinamide(피라진아미드), PZA,Z; Rifabutin(리파부틴), Rfb; kanamycin(카나마이신), Km; Amikacin(아미카신), Am; Capreomycin(카프레오마이신), Cm; Streptomycin(스트렙토마이신),SM; Levefloxacin(레보플록사신), Lfx; Moxifloxacin(목시플록사신),Mfx; Prothionamide(포로티오나마이드),Pto; Cycloserine(싸이클로세린),CS; P-aminosalicyclic acid(파스), PAS; linezolid(리네졸리드),Lzd; Delamanid(델라마니드),Di; Bedaquiline(베다퀼린),Bdq; Clofazimine(클로파지민), Cfz.

* 김진영, 김두삼, 리경희. DOTS약물의 부류별 사용기간 및 림상형에 따르는 내성결핵균발생빈도에 대한 연구. 예방의학 주체96(2007)년 제1호(루계 제168호):27.

† 리명학, 강태홍, 홍만길. DOTS료법(1부류)의 효과성에 영향을 미치는 몇가지 요인. 예방의학 주체102(2013)년 제4호(루계 제 195호):5.

¶ 한응민, 박영종 초음파흡입치료기에 의한 항결핵약물 흡입료법에 대하여 예방의학 주체107(2018)년 제2호(루계 제213호):62.

†† Kwonjune J. Seung, Molly Franke, Stephen W. Linton, Multidrug-Resistant Tuberculosis Treatment in North Korea: Is Scale-Up Possible? PLOS Medicine August 2, 2016.

¶¶ 대한결핵및호흡기학회, 질병관리본부. 결핵진료지침(4판). 2020.

<표 7> 북한 학술지에서의 처방 결핵약제

	북한 학술지에서 결핵 치료제
치료	• 실제 임상에서는 경구용 일차약제(HR) 및 주사제(SM)가 많이 사용되고 있음. • 실험연구군에서 천연약물 등 병합요법이 사용되고 있음 • 약제 부작용은 일차약제, 특히 리팜핀 관련 연구가 3편임 • 결핵의 치료제인 플루오로 퀴놀론계 항생제에 대한 종설논문이 있음. 예방의학 2015 • 초음파공기졸 흡입치료에는 이소베르베린, 오플록사신, 이소니아지드, 그리고 리팜피신의 혼합약물인 이도또부주사약물을 사용한다고 종설 논문에서 기술* • 결핵성뇌막염때 HRS외에 단너삼병합요법에 대한 임상연구(환자군16, 대조군:14)가 있음.† • 결핵치료제(INH, RFP)에 정향복합균이라는 물질을 동물실험 하였을 때 간독성이 줄어듬을 확인한 연구가 있음. 예방의학 2018 • 내성결핵치료 신약인 베다퀼린과 델라마니드에 대한 종설이 있음.††

* 한응민, 박영종. 초음파흡입치료기에 의한 항결핵약물 흡입료법에 대하여 예방의학 주체107(2018)년 제2호(루계 제213호):62.

† 함철혁 임정성. 결핵성뇌막염때 결핵치료약-단너삼주사약 병합료법이 몇가지 관찰지표들의 변화에 미치는 영향. 예방의학 주체 107)2018)년 제4호(루계 제215호):48.

†† 최금성, 조성남. 다약제내성결핵치료에 리용가능한 베다퀴린과 델라마니드에 대하여. 예방의학 주체108(2019)년 제2호(루계제 217호):62.

3) 토의

(1) 특이점

남한의 경우 대부분의 초치료에서는 4제요법(경구 일차약제)가 원칙이나 북한에서는 항결핵제와 천연물 등 고려의학과의 병용관점에서 다각적인 시도를 하고 있다. 경구 외에 주사(단독 또는 혼합), 흡입제 등의 다양한 경로로 약제를 투여하고 있는데, 폐, 늑막강, 천골경막외강, 상시상정맥동 등에 직접 병소내에 결핵 약물 투입을 하기도 하였다. 환자-대조군 연구에서 대조군을 표준치료군으로 설정하고, 연구군에서 고려의학과의 병용요법이나 약물/기구 활용이 높은 편이다(표 8).

북한의 경우 결핵성 뇌수막염의 발생이 높아서 결핵성 뇌수막염 치료에 대해서 많은 언급을 하고 있는데, 치료법으로는 감염 뇌척수액을 제거하면서 대신 무균성생리식염수를 채우는 뇌척수액치환술 및 척수강 내 이소니아지

<표 8> 항결핵제와 천연물 등 고려의학과의 병용 관점에서 북한의 결핵치료

	폐결핵	결핵성 삼출성 륵막염&농흉	기타
고려의학	- 10%지방젖제 병합료법 - 기름젖제약물료법 - 단너삼	- SM약침료법 - 약침+물리치료 - 협척혈약침료법	- 단너삼주사약(뇌막염)
약물/기구/요법	- 투베르쿨린 - 살모사독주사	- 이온반응치료기 - 금강약돌원적외선 치료 - 디펜히드라민 주입 - SM+알긴산겔혼합액료법 - 우로키나제/트렌탈 - 젖산균(LM-K-394) - RIF+키토산배합 - 잔유강벌꿀충전제	- 뇌척수액 교환+척수 강내 약물주입(뇌막염) - 복강경하자외선쪼임료법(장간막림프절염) - 살모사주사(부고환결핵)

드, 스테로이드(덱사메타존) 주입법에 대해서 많은 언급을 하고 있다(《예방의학》-2014종설, 2015종설, 2016종설). 한편 결핵치료의 방법으로 시행되고 있는 흡입약제 요법은 〈표 9〉와 같이 여러 학술지에서 확인되었다.

(2) **기타 토의점**

북한 학술지를 통해서 확인된 바로는 내성균 결핵에 대한 유전자 검사 및 고려의학의 약제를 조합한 약물치료 보고를 보았을 때 다제내성 결핵 치료에 대한 노력을 볼 수 있다. 특히 결핵성 뇌수막염은 BCG접종이 발생을 유의하게 낮출 수 있으나, 북한 27.5%로 매우 높은 것을 고려해 볼 때 학술지에서는 잠시 언급을 하고 있는 BCG 신형 백신을 통한 추가 검증, 현대화, 그리고 예방접종의 체계적인 일반화가 매우 필요한 것으로 생각된다. 한편 종설논문에서 언급하고 있는 퀴놀론 및 베다퀼린, 델라마니드 등의 신약의 공급 및 실제 치료가 얼마나 이루어지고 있는지는 알수 없으나, 다제내성 결핵의 진단과 함께 약제의 충분한 공급을 통한 적절한 치료가 중앙의 결핵균검사실의 정확한 검사결과를 바탕으로 하여 반드시 필요하다고 사료된다. 한편 결핵의 감별진단을 위하여 유전자 검사법을 통한 비결핵성항산균의 진단 및 감별은 매우 필

<표 9> 신토피컬 독서에 의한 자료분석-결핵치료흡입약제에 대하여

	결핵치료 흡입약의 제조에 대한 연구*	피리에이 항결핵 흡입약의 독성과 항결핵 작용에 대한 실험적 연구**	초음파흡입 치료기에 의한 항결핵 약물흡입 료법에 대하여***	어린이 폐결핵 때 결핵약 흡입과 영구자석 병합치료효과****
학술지명	조선약학	기초의학	예방의학	소아산부인과
게재연도	2019-2(루계264)	2019-1(루계109)	2018-2(루계213)	2007-4(루계73)
연구유형	연구성과 및 경험	연구성과	종설 및 자료	연구론문 (환자-대조군연구)
저자	김흥수	조성근, 권정수	한용민, 박영종	한덕화, 김원실, 김효훈
항결핵제	H,R,Z,E,D,M,S,O	H,R,Z,E (피리에이흡입약)	이소뚜보주사, 이소베르베린, Ofloxacin	H,R
연구내용	결핵치료 흡입약 조성성분들의 호상 풀림성을 검토하여 처방량을 결정하고 약물을 제조함	피리에이항결핵 흡입약은 급성 및 아급성 독성이 약물 대조무리와 차이가 없었음, 하루에 3번 흡입하며 폐근부의 결핵균에 대하여 억균작용을나타냄	초음파공기졸 흡입치료기를 리용한 항결핵약물 흡입료법으 공기졸 발생시 나타나는 음이온 효과로 내성결핵 치료에도 효과적임	흡입치료와 영구자석 병합치료는 간단하고 치료기일을 줄일 수 있음, 병합료법은 결핵약을 적게 쓰며서 치료효과 상승가능(80%)

* 김홍수, 조선의학, 결핵치료 흡입약의 제조에 대한 연구, 2019.
** 조성근·권정수, 피리에에 항결핵흡입약의 독성과 항결핵작용에 대한 실험적 연구, 기초의학, 2019.
*** 한용민·박영종, 예방의학,초음파흡입치료기에의한 항결핵약물 흡입료법에 대하여, 2018.
**** 한덕화·김원실·김효훈, 어린이 폐결핵 결핵약흡입과 영구자석병합치료효과, 2007.

수적인데, 북한의 학술지에서는 이에 대한 보고도 확인할 수 있었으며, 결핵의 치료를 위해서 약물 흡입치료 및 고려의학약제 복합치료는 고무적이라 할 수 있으나, 학술지에서는 언급이 되어 있지 않은 환자-대조군 연구 또는 무작위 임상시험 등이 윤리적 동의 획득의 투명한 방법 등을 통하여 객관화 되고 명확한 연구가 이루어져야 할 것으로 생각된다. 한편 학술지를 통해 유추해 보았을 때 북한에서는 내성결핵균 보관균주가 많을 것으로 추측되는바, 학술지에서 소속기관을 언급하고 있지는 않으나, 결핵 관련 논문에서 많은 논문을 저술하고 있는 일부 저자들이나 학술지에서 언급하고 있는 홍콩 등의 연구실과 국제협력연구를 조심스럽게 생각해 볼 수도 있겠다.

4) 제한점

북한 출판물은 북한 사회의 선전선동 수단이나 체제유지 위한 도구로 활용되기에, 북한 의학 학술지는 북한 사회의 특수성을 반영하고 학술지 고유 기능을 겸비해야 하는 이중적 특성을 가지는데, 논문 발표 당시의 북한의 사회상황을 확인할 수 없었다. 또한 환자-대조군 연구에서 치료결과가 나쁘지 않았던 논문이 없고 재현성 검증 연구에 대한 언급이 없고, 실제 실험이 제대로 이루어졌다고 믿기 어려운 논문이 있으나 추가 확인을 할 수 없었다. 또한 2002년부터 북한 학술지에서 저자의 소속을 삭제하여 저자의 소속을 확인할 수 없어 공저자에 대한 분석이 부족하고, 저자 네트워크 분석(authorship network analysis)이나 핵심어 네트워크 분석(keyword network analysis) 등의 양적 방법론 적용도 시행하지 못하였다. 그러므로 북한 학술지만을 분석하여 북한의 결핵의 연구동향 및 임상적용의 실체, 그리고 국가 결핵관리 현황을 모두 확인을 할 수는 없을 것이다. 비록 2014년 WHO 결핵보고서(WHO 2014)에 2014년부터 북한의 경우 2차 결핵약제를 사용하는 다제내성 결핵환자 치료를 위한 평균 입원일수를 600여 일로 처음 보고하고 있고, 간단한 1차 약제가 사용되는 1차 약제 치료자 숫자를 객관적으로 보고하고는 있으나, 실제 북한 전체 현장에서의 시행되는 결핵관리 전반에 대하여 학술지 등의 보고를 통한 객관적인 확인이 불가한 상황에서 WHO에 보고되는 보고서의 객관적 신빙성에 대해서는 재확인이 필요하다.

3. 결론

북한의 주요 학술지를 확인하여 결핵의 현황, 역학, 진단, 치료, 그리고 연구 관련한 주요 내용들을 살펴본바,《예방의학》이 가장 폭넓고 많은 게재를 하고 있었다. 결핵균주의 DNA를 통한 내성균 연구, 결핵성 뇌수막염 및 일반 결핵 치료를 위하여 기존 결핵약제의 인체 내 다른 경로를 통한 투입(뇌척수강, 흡입 등)이 노력되고 있으며, 고려의학의 약제와의 조합을 통한 결핵치료제 연구들이, 소규모 환자들을 대상으로 연구되고 있었다. 북한 학술지를 통해서 결핵의 전반적인 역학적 상황은 확인하기 어려웠고, 일부 동물 실험이 진행되고 있으며, 최근 DNA 최신 진단, 퀴놀론, 베타퀼린, 델라마니드등의 신약 치료 등에 대해서는 자체 연구 결과가 아닌 외국에서 소개되고 있는 학술지를 번역하고 소개하고 있었으며, 임상에서의 치료군 대조군을 통한 소규모 연구의 보고가 있었다. 향후 북한의 체계적이고 합리적인 결핵관리 시스템 구축을 돕고 통일을 대비하기 위해서는, 북한의 결핵 상태에 대한 과학적이고 신빙성 있는 자료 및 보고서를 추가로 확인하고, 내성결핵균을 포함한 균주 관리 및 연구를 위한 결핵균검사실과의 체계적인 협력, 그리고 결핵약제에 대한 추가 검증 및 충분한 공급 및 결핵백신을 통한 북한의 국가결핵관리의 기반을 마련하여야 할 것이며, 이는 한반도의 결핵 유병률을 줄이고, 더 나아가 국제보건향상에 이바지하는 길일 것이다.

❖ 참고 문헌

서해숙. (2019). 〈북한의학 학술지를 통한 결핵연구 동향 분석〉. 통일보건의학 심포지엄 발제.

이동한. (2018). 〈통일시대 북한 결핵관리 방안〉. *The Institute for Unification Education*, 27.

이승헌. (2015). 〈코리아 결핵퇴치연맹 창립식 및 학술세미나〉(지정토론 발제문).

통일부. 〈고난의 행군〉. 북한정보포털, https://nkinfo.unikorea.go.kr/nkp/term/viewNkKnwldgDicary.do?dicaryId=4

Pengyu Han. (2019). Epidemiology survey of infectious disease in North Korean travelers, 2015-2017. *BMC Infectious Disease*, 19.

WHO. (2014). *Global Tuberculosis Report 2014*.

WHO. (2016). *WHO Country Cooperation Strategy; Democratic Peoples Republic of Korea 2014-2019*.

WHO. (2020). TB country profile 2019, Democratic People's Republic of Korea. *Global tuberculosis report 2020*. https://worldhealthorg.shinyapps.io/tb_profiles/?_inputs_&lan=%22EN%22&iso2=%22KP%22

Yo Han Lee. (2013). Overview of the Burden of Disease in North Korea. *Journal of Preventive medicine and public health*.

창의적인 통일보건의학을 펼치다

심혈관 질환

노승영

최근 전 세계적으로 의료계는 급변하고 있다. 세계화로 가까워진 거리만큼, COVID-19의 빠른 확산으로 인한 팬데믹 상황을 겪었고, 그것을 극복하려는 노력이 이어지고 있다. 바이러스는 감염에 있어서 대상자를 차별하지 않는다. 그러나 그 감염 확산, 치료 정도, 대처 방법은 각 국가별 사회적 경제적 상황에 따라서 차이가 많이 났다. 동아시아에서는 사회적, 개인적 특징으로 인해 유럽, 미국에 비해 비교적 전파 속도가 제어되었고, 결국 확진자 수가 늘어났지만 한때 우리나라는 성공적인 방역으로 인해 주목받기도 했다. 선진국들은 자본과 물자를 이용하여, 백신 개발에 박차를 가하고 경제가 어려운 나라는 타 국가에 의존해야 하는 문제가 있었다. 또한 감염 전후의 상황이나 치료 과정에서 여러 나라에서 사회 불안이 심해지고 치부가 드러나기도 하였다.

타 질환도 마찬가지이지만 심혈관 질환의 치료는 특히 사회 경제적 상황과 관련이 있다. 한때 심혈관 질환은 선진국형 질환으로 알려져 있었다. 이는 경제가 발전하면서 영양상태가 좋아지고 이로 인해 비만율, 흡연 빈도가 증가하고 고령화되면서 발생하는 것으로 인식되었다. 그러나 이는 한 나라가 후진국에서 막 벗어나 영양 정도가 급속도로 호전되면 발생하는 현상이며 최근 상황은 달라지고 있다. 실제 이미 선진국이 된 나라에서는 국민들의 경제 상황에 따라 다른 상황이 관찰된다. 예를 들어, 경제 상황이 좋지 않은 사람인 경우 건강 관리가 되지 않으며 비만에서 벗어나지 못하고 심혈관 질환 예방이 어려우며, 경제적 여유가 있고 시간이 있는 사람인 경우 건강 관리와 꾸준한 약물 복용으로 동맥 경화 관련 질환을 예방하였다. 또한 최근 연구에서는 심혈관 질환이 영양 상태 이외에도 운동 습관, 음주, 유전자에 의해 영향을 받는 것으로 알려졌다. 이러한 것을 살펴보았을 때 심혈관 질환이 단순히 영양과다와 비만만이 연관되어 선진국형 질환이라고 단정짓고 경제적으로 어려울수록 발생하지 않을 것으로 판단하는 것은 잘못된 것이다.

심혈관 질환의 또 다른 사회적 특징은 질환 발생 이후도 중요하지만 그 예방과 선별이 중요하다는 것이다. 반면에 감염성 질환은 예방과 선별이 비중이 높지 않다. 심근 경색은 증상이 심화되어 급사 또는 극심한 흉통이 나타나야 알 수 있으며, 심전도로 진단하는 부정맥 질환은 겉으로 나타나는 증상이 없는 경우도 많아 일반적인 검사로 진단이 쉽지 않다. 기본적인 고혈압, 고지혈증, 당뇨 등 심혈관 질환의 위험인자들을 선별하여 약물 치료를 유지하는 것이 심혈관 질환의 유병률을 줄일 수 있고, 건강검진 등으로 선별을 하는 의료시스템이 구축이 되야 그 치료 수준을 올릴 수 있다. 그러나 질환의 예방과 선별은 질환 발병 후 약물 치료와 수술 등 대처보다 더 어렵고 사회적으로 많은 노력이 필요하다. 국가 경제 상황이 발전하고 국민 의식 수준이 올라갈수록 검진 체계가 나아지고, 심혈관 질환의 발견 가능성이 향상된다.

앞서 언급한 심혈관 질환의 두가지 사회적 특징 '경제적 상황에 따른 편차'와 '선별 검사로 인한 예방'을 고려하면 사회적인 조건과 의료 체계가 질환 치료에 많은 영향을 주는 것으로 생각할 수 있다. 바꾸어 말하면 이러한 조건이 갖추어지지 않은 나라일수록 심혈관 질환의 예방 및 치료가 어렵다는 것이다. 현재 북한은 대북 유엔 제재에 코로나로 인해 국경 봉쇄가 더해져 경제적 어려움에 직면해 있다. 국경 폐쇄가 장기화될수록 장마당을 통한 경제활동이 중단되어 그 어려움이 심할 것으로 예상된다. 또한 이러한 상황은 영양결핍 환자, 결핵 환자와 같은 감염 취약 주민들의 증가로 이어지게 된다. 우리가 북한의 폐쇄성 때문에 코로나의 확산 실태를 정확히 파악하기는 어렵지만, 지금 북한의 의료 실정이나 수준을 보아 감염성 질환을 넘어 심혈관계 질환의 예방 및 치료에 힘쓰기는 더욱 어려워 보인다. 한국보건사회연구원의 조사에 따르면 북한 사망자의 33%는 심혈관 질환, 25%는 감염성질환 때문인 것으로 나타났다(황미나 2014). 감염성 질환보다 심혈관 질환에 의한 사망자 수가 더 많은 상황이다. 이이 비해 우리나라 사망 원인은 암이 30%, 심혈관 질환이 29%를 차지하고 감염성 질환은 5%에 불과했다. 북한의 경우 암으로 사망하는 이들은 13%로 집계돼 남북한 사인의 명백한 차이를 보여 줬다. 또한 의료 역량의 차이로 심혈관 질환의 진단 자체가 어렵고, 치료 시설과 약물 사용의 한계, 정보 공유의 한계도 있다. 이는 북한에서의 심혈관 질환의 사회적 부담이 아직 드러나지 않은 상태임을 의미한다.

심혈관 질환의 치료를 위해서는 단순히 약물을 투여하는 것만으로는 불충분하다. 심장 혈관이 동맥 경화로 인해 폐색이 생길 때는 혈관을 개통해 주는 시술이 필요하며, 부정맥에 대해서도 카테터 절제술이나 인공 심장 박동기 등 고차원적인 의료 기술이 필요하다. 또한 이의 예방을 위해서나 빠른 진단을 위한 조영술 촬영 등이 일반화되어야 한다. 북한의 몇몇 병원에서도 이러한 심혈관 조영술을 시행하고 있는 것으로 알려졌다. 이러한 고급 의료 기술의 원활한 사용을 위해서는 의료 인력의 고급화, 전문화가 필수적이다. 그러나 북한에서는 병원이나 의료인의 지위와 안정성은 천차만별이다. 2012년 연합뉴스 기사에 따르면 북한 특권층 사이에서 자녀들이 의과대학에 가는 것을 선호하는 것으로 보인다는 내용이 있다(윤일건, 2012). 평양의대를 나오면 평양의 봉화진료소(고위간부 전용병원)나 평양 내의 김만유 병원 등 좋은 병원에 가서 상류층을 대상으로 치료할 기회가 많아진다. 미국의 자유아시아방송(RFA)도 11일 북한 특권층 사이에 평양의학대학에 자녀를 보내려고 하는 사람들이 늘어나고 있다고 보도했다. 이는 1990년대 '고난의 행군'을 겪고 나서 체제 불안감을 느낀 상류층에서부터 자녀가 기술을 배우게 해야 한다는 의식이 강해진 결과이다. 평양의학대학의 인기가 높아지는 이유는 주민들 속에 팽배한 체제 불안감 때문이라고 볼 수 있겠다. 이렇게 점차 의대의 인기가 높아지지만 대부분의 북한 현직 의사들의 실제 생활수준은 여전히 하위권에 머물러 있다. 평양의 일부 의사를 제외한 대부분의 지방 의사들은 아직도 환자로부터 뇌물을 받거나 유엔 기구가 북한 병원에 무상 지원한 약품들을 시장으로 빼돌려 팔면서 생계를 유지하고 있다고 북한 소식통들은 전하고 있다. 이러한 상황에서는 상류층이 아닌 사람에게는 올바른 의료, 특히 비용이 많이 소모되는 심혈관 질환의 치료는 요원한 것으로 생각된다. 이러한 상황을 개선하기 위해서는 특히 적절한 의료 인력의 양성이 필수적이다.

우리는 과거와 현재 북한에서 심혈관 질환을 어떻게 치료하고 있는지를 살펴보기 위해 기존의 북한에서 작성된 논문을 분석해 보았다(Ha S et al., 2018). 작성된 논문의 주제는 유병률과 꼭 일치하지는 않지만, 이런 임상 질환에 대한 관심을 반영하고 진료 및 검사가 많이 시행되고 있다는 것을 의미한다. 논문의 주제는 저자의 학문적 관심도를 반영하기 때문이다. 심혈관 주제로 분석된 북한 논문에서 가장 많이 연구된 주제는 혈관 질환(28%) 고혈압(27%) 등이었다(그림 1). 그 다음이 심근질환, 고지혈증 순이었다. 단순 비교는 어렵지만 우리나라의 논문의 관련 주제의 빈도와는 차이를 보인다. 최근 우리나라의 논문들은 특정 질환에 치우쳐 있지 않고 다양한 주제에 골고루 분포되어 있는 양상을 보인다. 심혈관 질환에 대한 검사 및 스텐트 삽입술 등 시술 기술들은 발전을 거듭하여 어느 정도 기본적인 기술은 정해진 상태이며, 고지혈증도 기존의 스타틴 약물 치료가 치료의 근본이 되어 최근 논문들은 그 이상의 추가적인 방법을 찾아 나가는 정도이다. 심혈관 질환에 대한 내과적 치료가 더 발전할수록 생존율이 올라가고, 고령화가 진행될수록 심부전이나 부정맥 질환들이 늘어나게 된다. 또한 아직 치료 방법이 명확하지 않은 심근 질환이나 유

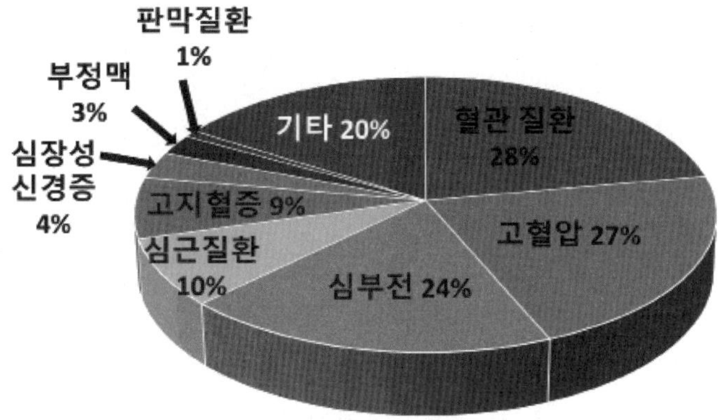

<그림 1> 심혈관 관련 분석된 북한 논문의 세부 주제

전성 심장 질환 등에 대한 논문 빈도가 올라간다. 이러한 사실을 고려해 볼 때, 우리나라와 달리 북한의 경우 기본적인 심장 질환인 심혈관 질환에 대한 시술과 고혈압에 대한 약물 치료에 관심사가 많이 머물고 있는 것으로 보인다. 또한 많은 임상 경험을 가진 의학자들이 늘어날수록 이와 관련된 논문들이 늘어날 가능성이 높아, 북한에서도 심장 혈관 질환에 대한 시술이나 고혈압에 대한 약물 치료는 어렵지 않을 것으로 생각된다.

또한 논문 본문에 나타난 심장 관련 시술 기구나 방법 등을 살펴보면 어떠한 방법이나 기술, 시스템이 사용되고 있는지를 알 수 있다. 〈페스메카전극의 역치변화에 대한 림상적연구〉이라는 제목의 논문을 보면 인공심장박동기 삽입 시술에 대한 내용이 나온다. 또한 박동기가 수명이 다하여 교체 시술을 받은 환자도 있는 것으로 나타나 꽤 오래전부터 시술이 시행되어 왔음을 알 수 있다. 또한 환자를 15년 동안 꾸준히 추적 관찰한다는 것은 박동기 시술이 일회성이 아니라, 지속적으로 관리하는 병원이 있음을 의미한다. 그러나 논문에서 결과적으로 밝혀진 박동기 전극의 시간에 따른 역치 변화는 박동기 시술 분야에서는 기초적인 지식으로, 내용 자체가 신빙성이 있거나 정교하지는 않았다. 〈갑상선기능항진증이 은폐된 발작성심방세동을 치료한 증례〉라는 논문을 보면 심장 초음파, 갑상선 감마 카메라(스캔), 복부 초음파 검사 등이 나오고 '코로다론'(cordarone)이라 명칭을 가진 항부정맥제를 투여받은 사실이 나온다. 기본적인 심장에 대한 검진 및 검사가 가능함을 알 수 있지만 이 논문에서도 역시 밝혀진 사실 자체는 새로운 내용은 아니다. 〈마하임빈박으로 잘못 진단할 수 있는 방실재가입성 빈박치료증례〉를 보면 '발작성상실성빈박'(paroxysmal supraventricular tachycardia)이라는 부정맥을 "경식도심장자극검사"(transesophageal pacing)와 "심강내전기생리검사"(electrophysiologic study)로 진단하는 사례가 나온다. 용어의 차이가 있지만 이 논문들이 작성되는 몇몇, 아마도 대학병원의 의료 수준은 부정맥 치료를 위한 침습적 시술이 가능한 정도임을 추측케 한다. 그 밖에 〈심방세동의 새로운 분류와 림상〉이라든지 〈심장급사의 원인과 예방〉이라는 논문도 역시 내용 면에서 일반적인 의학에 합당한 의학 소견을 보이지만, 논문으로서 중요한 요건인 새로운 내용을 밝히는 참신함은 보여 주지 못한다. 이러한 논문들을 살펴보면 심장 질환에 대한 몇몇 병원의 북한 의료의 수준은 어느 정도 기본을 갖추고 있음을 알 수 있다. 또한 이 논문들은 최신 논문이 아니어서 최근의 의료 수준은 더욱 발전을 했을 것으로 생각된다.

몇 년 전 북한 김정은 총비서의 신변 및 건강 문제가 이슈가 되었던 적이 있었다. 심장 문제로 시술 또는 수술 등의 치료를 받고 복귀가 불투명하다는 내용이었는데, 추후 다수의 소식통은 향산 병원에서 심혈관 시술을 받은 것으로 확인을 하였다. 북한의 초대 지도자인 김일성도 심근경색증에 의한 심장마비로 사망한 것으로 알려졌는데, 아마도 심혈관 질환의 가족력이 있는 것으로 생각이 된다. 향산 병원은 1994년 김일성 사망 이후 처음 설립되어 북한 지도자의 건강 문제 관리를 위해 2014년 김씨 가문 전용으로 지정된 곳이다. 향산은 우리나라 사람들도 많이 알고 있는 '묘향산'을 끼고 있는 평안북도 내의 지역이다. 그 지역의 지리적 특징이 그곳에 병원을 짓는 데 중요한 역할을 했을 것으로 추측되는데, 향산 지역이 평양과 가까우며 산으로 둘러싸여 접근이 제한되어 있기 때문이다. 북한 사회의 특성상 지도자에게 무슨 일이 발생하면 주민 사이에 불안을 야기할 수 있기 때문에 이것은 중요한 장점이다. 향산 병원은 오랫동안 심장 관련 의료 문제를 처리하기 위한 특수 시설로 유지되어 왔다. 이 병원 안에는 독일과 일본에서 수입한 최고의 장비를 배치하고 병원의 의사들도 최고 대우를 받는 것으로 알려졌다. 한 언론 매체는 김정은의 시술 담당 의사가 김만유 병원 심혈관과 출신이며 독일에서 훈련을 받았다고 보도했다. 김정은의 치료 사례는 북한에서도 매우 특별한 경우이겠지만, 고위층이나 평양에 있는 사람들의 경우에는 심장 질환에 대한 검사 및 치료가 일반적으로 가능함을 알려 준다.

앞서 언급하였듯이 심혈관 질환은 선진국형 질환이거나 부자형 질환이 아니다. 질병의 발생은 사람을 가리지 않으나 환자가 받는 치료는 사회 환경이나 신분에 따라 천차만별이 될 수 있다. 특히 경제적 사정이 어려운 나라의 경우 그 차이가 심할 것으로 생각된다. 북한 김정은 비서가 받는 의료의 질, 의사의 수준이나 장비, 기술은 세계 수준에 동등할 것으로 생각된다. 그러나 과연 북한의 일반 국민들이 받는 심혈관 질환 치료 수준은 어느 정도인지 알려져 있지 않다. 이전에 탈북 의사와 북한의 심혈관 질환 치료에 대해 이야기를 나눈 적이 있다. 그가 이야기한 바에 따르면 최근 북한에서는 심근경색이나 협심증 치료를 위한 관상동맥 스텐트 삽입술은 일반화되어 있다. 베타차단제나 디지탈리스, 아스피린 등의 약물 치료도 많이 사용되고 있다. 그러나 부정맥 시술은 일반적이지 않고 제일 기본적인 박동기 시술은 대부분 평양에 있는 병원에서만 주로 시행되고 있는 상태이다. 그 이유는 타 지역에는 부정맥 시술을 할 수 있는 의사가 없기 때문이다. 심혈관 질환의 시술 및 치료는 현재 모든 사람들, 일반 주민들에게 혜택이 돌아가지 않고 인맥이 닿거나 어느정도 가정형편이 되는 사람만 받고 있는 상황이다. 일반 주민들은 심장 질환 치료나 예방에 대해 인식이나 지식 자체 부족하고 혜택을 잘 받지 못하고 있다.

결국 북한의 일반 주민들이 심혈관 질환을 잘 치료받지 못하는 이유는 인식 개선을 위한 노력이나 여유가 부족하며 우수 의료 인력이 없기 때문이라는 결론에 이르게 된다. 소수의 심장 질환 전문의들은 아마도 평양 내 또는 근처에 있으며 많은 주민을 돌보기에는 어려운 상황이다. 만약에 통일이 되거나 남북 상황이 획기적으로 개선되더라도 이러한 상황은 당장 개선되지 않는다. 북한으로 의료진이 이동하는 것에 대해 현실적으로 불가능하고 거부감이 있기 때문이다. 이러한 이유로 통일이 되면 원격진료가 필요하다는 주장도 있다. 현재 우리나라에서는 의료진과 환자가 이동할 수 없는 도서 지역에만 원격진료를 적용하지만, 만약 통일이 되면 북한은 예외지역으로 해서 만들어질 수 있다. 물론 이러한 상황에서 원격진료가 중간 과정에서 연결 고리가 될 수 있겠지만 근본적인 북한 의료 상황을 안정시키지는 못한다.

의료의 혜택이 북한 주민들에게 닿기 위해서는 북한 의료진의 양적, 질적 개선이 반드시 필요하다. 이는 심혈관 질환의 경우 더욱 더 적용이 되어야 하는 사실이다. 남북 교류 협력에 있어서도 병원을 지어 주는 것도 한계가 있다. 인도주의적인 목적으로 남한의 의료진과 북한의 의료진이 상호 교류 협력을 하면서 그들의 기술 수준을 공유하고 필요한 것을 전수해 주는 것이 의미가 있을 것으로 생각된다.

❖ 참고 문헌

윤일건. (2012. 9. 11.). 〈北서 최고 인기 대학은 평양의대?〉《연합뉴스》https://www.yna.co.kr/view/AKR20120911103100014

황미나. (2014). 〈통일 대비 보건의료분야의 전략과 과제〉. 한국보건사회연구원.《보건

복지 Issue & Focus》, 240호, 1-8 doi: 10.23064/2014.05.240

Ha S · Yoon SJ · Chun BC · Kim KJ · Roh SY · Lee EJ et al. (2018 May 25). Bibliographical Characteristics of North Korean Medical Journals and Articles. *J Korean Med Sci*, 33(27), e185.

북한 의학 학술지를 통한 북한 내분비 질환의 현황과 특징

김경진·김신곤

전 세계는 COVID-19 바이러스로 인한 감염자 증가 및 이에 따른 사망자 증가로 고통받고 있다. 지구촌이라는 단어가 무색할 정도로 우리는 이전에 경험하지 못하였던 고립과 격리의 시대를 살아가고 있다. 이러한 COVID-19 팬데믹은 북한의 상황을 더욱 악화일로에 놓이게 하고 있다. 많은 기대를 낳았던 2018년 6월 북미회담 이후로도 미국의 대북 경제 제재는 완화되지 않고 있으며 북한은 점점 더 전 세계로부터 고립되고 있다(Financial Tracking Service, 2017; Park et al., 2017). COVID-19 이전에도 북한은 빈곤에 시달리고 있었으며 국제 사회의 지원이 절실히 필요한 상황이었으나(Hug et al., 2017; McCurry, 2012), 현재와 같은 COVID-19 상황에서는 북한 주민들에 대한 인도적 구호, 특히 의료지원은 정치적 상황과 관계없이 반드시 필요하다고 생각한다(Horton, 2017).

적절한 의료지원을 위해서는 현재 북한의 질병 현황 및 의료 시스템에 대한 이해가 필수적이지만 이에 관련한 정보는 부족한 것이 현실이다(Park et al., 2017; Kim, 2002). 이전 발표되었던 대부분의 보고서는 국제 사회 또는 비정부기관에서 발표된 자료로 주로 결핵, 말라리아와 같은 전염성 질병 및 영양실

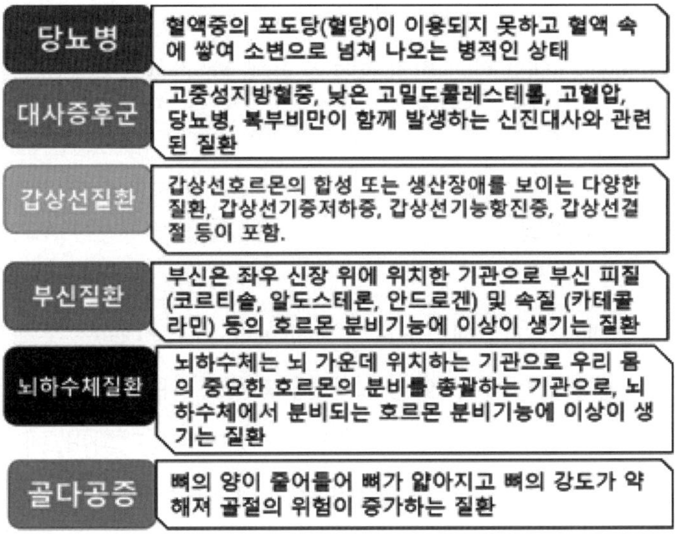

<그림 1> 내분비 질환의 종류 및 정의

조, 이로 인한 사망률에 중점을 두었다(WHO, 2015, 2017; Perry, 2001). 그러나, 세계보건기구(World Health Organization, WHO)의 최근 보고서에 따르면 고혈압, 심혈관 질환 등 북한의 비전염성 질병(non-communicable disease, NCD)의 유병률과 사망률이 선진국과 비슷하거나 더 높다고 발표하였다. 이러한 비전염성 질병은 대부분 만성질환을 포함하고 있어서 남북 통일 이후 더 심각한 경제적 부담 및 보건의료 문제를 야기시킬 것으로 예상된다(WHO, 2014, 2016; Lee et al., 2013). 따라서 북한 내의 비전염성 질병에 대한 유병률 및 질병 양상에 대한 이해는 향후 통일보건의료를 준비하기 위한 중요한 초석이 될 것이라고 생각한다.

내분비 질환은 신체 내로 호르몬을 분비하는 기관인 뇌하수체, 갑상선, 췌장, 부신, 난소 및 고환에서 호르몬이 정상보다 증가 혹은 감소되는 모든 질환을 의미하며, 내분비 기관에서 발생한 각종 종양 및 염증성 질환도 내분비 질환에 포함된다. 내분비 질환의 가장 대표적인 질환은 다음과 같이 정리할 수 있겠다(그림 1).

그림에서 보는 것과 같이 당뇨병 및 대사증후군, 갑상선 질환을 포함하고 있는 내분비 질환은 대표적인 비감염성 질환에 해당된다.

북한 내분비 의학 저널

2016년 통일부 북한 자료 센터(https://unibook.unikorea.go.kr)를 통해 서로 다른 9개의 의학 저널을 열람할 수 있었으며, 이 중에서《내과》저널을 집중적으로 분석을 하였다.《내과》는 1979년부터 발행된 것으로 추정되며, 매년 4개의 호를 발행하여 총 146개의 호를 발행한 것으로 보인다. 각 호당 약 40-60개의 논문을 포함하고 있으며 이 중 2006년도부터 2015년까지 발간된 2,092건의 내과 관련 논문을 분석하였다. 우리는 2000여 건의 전체 내과 논문들 중에서 내분비내과 관련 논문을 집중적으로 분석하였다. 내분비내과 전문의 2인(김신곤, 김경진)이 직접 분석을 진행하였으며, 총 110건의 내분비 관련 논문을 추출 후 이 중 모호한 질병 범주에 해당하는 14건을 제외하였다(그림2).

96편의 내분비내과 관련 논문을 〈그림 1〉에 설명한 것과 같이 당뇨병, 대사증후군, 갑상선 질환, 부신 및 뇌하수체 질환, 골다공증, 및 기타 그룹으로 분류하였다. 〈그림 3〉은 각 질환별 논문 수를 비교한 표로, 96개 논문 중 당뇨병 관련 논문은 53편(55%), 갑상선질환 관련 논문은 27편(28%), 대사 증후군 및 골다공증 관련 논문은 각각 3편, 부신 및 뇌하수체 질환은 2편, 기타 그룹에 속하는 논문이 총 8편이었다.

내분비내과 논문 중 당뇨병 및 대사증후군 관련 논문이 반 이상 차지한다는 것은 북한에서도 당뇨병의 유병률이 낮지 않을 것임을 시사하고, 사회적으로 많은 문제를 야기시키고 있음을 추측해 볼 수 있다.

일반적인 학술 논문과 다른 북한 내분비 논문의 특징은 한두 쪽으로 비교적 짧게 구성되어 있다는 점과 논문의 시작을 대부분 최고 지도자에 대한 가르

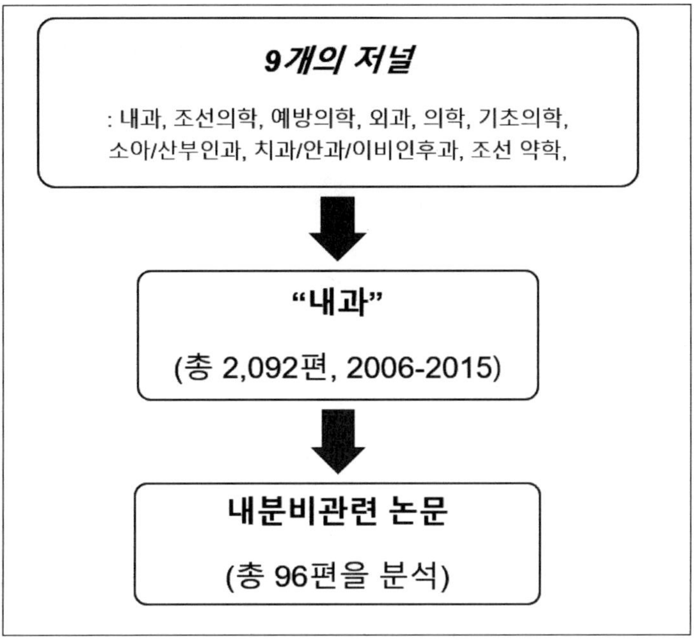

<그림 2> 북한 내분비 질환 관련 논문 연구 설계 모식도

침과 이에 대한 충성심을 기입하였다는 것이다. 또한 참고 문헌이 5개 이하로 적고 그림을 포함하지 않았다는 것도 또 다른 특징이 되겠다. 반면 논문의 구성이 서론, 연구 방법, 연구 결과 및 토론 순서로 구성되어 있다는 점은 일반적인 학술 논문과 비슷한 점으로 볼 수 있겠다. 〈그림 4〉는 대표적인 북한 당뇨병 관련 논문을 소개하였다.

또한 논문의 유형을 중재연구, 관찰연구, 종설 및 사례 보고의 네 가지 유형으로 분류하였을 때 동물연구를 포함한 중재 연구가 45%를 차지하였고 이외 관찰연구 40%, 종설 13%, 사례 보고 2% 순이었다. 이는 동물연구 포함한 기초 실험뿐만 아니라 실제 환자를 대상으로 하는 임상 시험도 진행되고 있음을 확인하였고, 종설의 경우에는 세계 유수 저널에서 발표하였던 내용들도 포함하고 있어 수준 높은 의학적 지식을 포함하고 있었다.

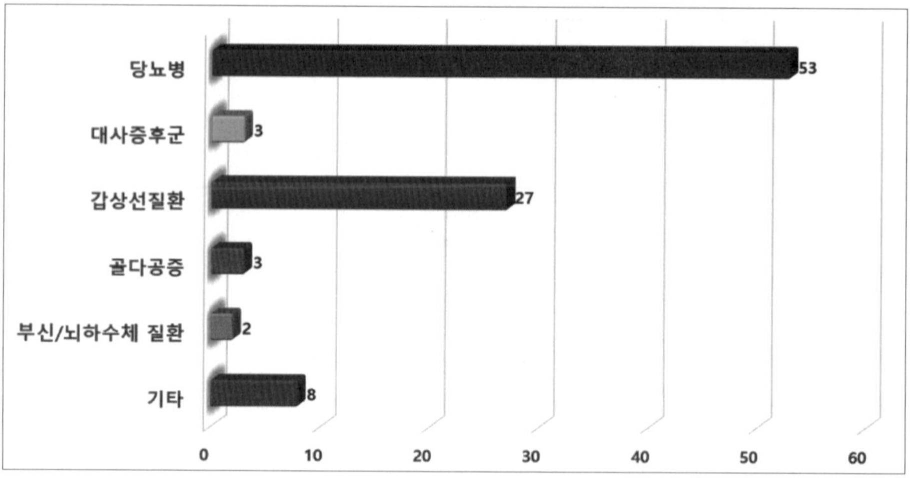

<그림 3> 북한 내분비 질환 관련 논문 분포

당뇨병

당뇨병은 췌장에서 인슐린 자체가 분비되지 않아 발생하는 제1형 당뇨병과 비만 및 나이가 증가함에 따라 췌장에서 분비된 인슐린이 제대로 작용하지 못하여 고혈당 상태가 유발되는 제2형 당뇨병으로 분류할 수 있다. 보통 우리가 흔히 말하는 당뇨병은 제2형 당뇨병에 해당하며 우리나라 당뇨병의 대부분도 이 2형 당뇨병에 해당된다. 자가면역질환의 하나에 속하는 제1형 당뇨병의 국내 유병률을 고려하였을 때 북한에서도 제1형 당뇨병의 비율이 높지 않을 것으로 예측하였는데, 이는 북한 당뇨병 관련 논문 중 대부분이 제2형 당뇨병을 다루고 있다는 이번 연구를 통해서 확인할 수 있었다. 제1형 당뇨병은 종설에서만 간결하게 기술되어 있고 이와 관련된 기초 혹은 임상시험은 확인하지 못하였다. 〈그림 5〉는 당뇨병 관련 총 5개의 논문들을 주제에 따라 진단, 치료, 병태생리, 합병증으로 분류를 하였으며 절반 이상이 합병증 및 치료와 관련된 내용이었다. 놀라운 것은 치료 관련하여 현재 국내에서도 널리 사용하고

몇가지 인슐린분비촉진약들의 혈당낮춤효과를 밝히기 위한 연구

윤성수, 김국화

우리는 술파닐뇨소계약인 글리벤클라미드와 아마릴 그리고 이 약들과는 구조가 다른 레파글리니드, 나테글리니드의 혈당낮춤효과를 밝히기 위한 연구를 하였다.

연구대상과 방법

2형당뇨병환자 69례를 글리벤클라미드조(55례), 아마릴조(5례), 레파글리니드조(5례), 나테글리니드조(4례)로 나누어 대상하였는데 모두가 경증 또는 중등증이였다.

글리벤클라미드조는 글리벤클라미드를 2.5~5mg씩, 아마릴조는 아마릴을 2mg씩 하루에 두번 아침과 저녁밥먹기전에, 레파글리니드조는 레파글리니드를 0.5~1.5mg씩, 나테글리니드조는 나테글리니드를 60mg씩 하루에 3번 밥먹기전에 먹이는 방법으로 3~4주일동안 치료하였다.

연구성적

1) 빈속혈당의 비교(표 1)

표 1. 치료전후의 빈속혈당값($\bar{x} \pm SD$, mg/dl)

치료전후 조	치료전	치료후	감소률(%)
글리벤클라미드(n=55)	166±25.2	114±44.5*	31.3
아마릴(n=5)	198±57.9	127±18.6*	35.9
레파글리니드(n=5)	203±42.3	127±24.9*	37.4
나테글리니드(n=4)	186±11.2	148±21.2*	20.4

*: $p < 0.001$(치료전과 비교)

표 1에서 보는바와 같이 치료후 빈속혈당값은 모든 조에서 치료전에 비해 유의하게 감소하였으며 혈당감소률은 레파글리니드, 아마릴, 글리벤클라미드, 나테글리니드순서로 높았다.

2). 식후 2시간혈당값의 비교(표 2)

표 2. 치료전후의 식후2시간혈당값($\bar{x} \pm SD$, mg/dl)

치료전후 조	치료전	치료후	감소률(%)
글리벤클라미드(n=55)	278±69.3	160±46.3*	42.4
아마릴(n=5)	298±82.1	223±89.4*	25.2
레파글리니드(n=5)	296±54.0	165±33.6*	44.3
나테글리니드(n=4)	286±71.0	143±33.6*	50.0

*: $p < 0.001$(치료전과 비교)

표 2에서 보는바와 같이 치료후 식후 2시간혈당값은 모든 조에서 치료전에 비해 유의하게 감소하였으며 혈당감소률은 나테글리니드, 레파글리니드, 글리벤클라미드, 아마릴순서로 높았다.

맺는말

빈속 및 식후 2시간혈당감소률은 레파글리니드, 글리벤클라미드, 나테글리니드, 아마릴순서로 높았다..

참고문헌 1) Maryt C. et al., Diabetes 50(suppl 2), 104(2001).
2) Saloran C., J. Clin. Endocrinal. Metab. 87, 4171－4176(2002).
3) Moses R., Diabetes Hetr. Metb. 15(suppl 6), 33－38(2002).
4) Baron M. A., Diabetes 51(suppl 2), 93(2002).

협심증때 자률신경기능의 변화를 밝히기 위한 연구

한영진, 홍윤남

우리는 협심증때 자률신경기능(긴장 및 반사기능)의 변화를 밝히기 위한 연구를 하였다.

연구대상과 방법

협심증으로 확진된 환자 14례와 상대적으로 건강한 사람 16례를 대상으로 하여 심박변동검사와 압반사감수성검사를 하였다.

심박변동지표로는 시간령역의 지표(meanRR, SD, CV)와 주파수령역의 지표(VLF, LF, HF, L/H, Pro)를, 압반사감수성검사지표로는 BRS(혈압과 RR간격사이의 1차회귀결수)를 선정하였다.

압반사감수성검사는 페닐레프린을 1~10 μg/min의 속도로 본래혈압보다 40mmHg 더 높아질 때까지 정맥주사하면서 심전도검사를 하며 20초에 한번씩 혈압을 재는 방법으로 하였다.

연구성적

1) 심박변동지표의 비교

표. 시간령역지표와 주파수령역지표($\bar{x} \pm SD$)

지표	구분	협심증(n=14)	상대적으로 건강한 사람(n=16)
시간령역	mean RR	882.34±123.13	923.23±159.12
	SD	37.03±14.97	42.70±20.12
	CV	4.28±1.93	4.48±1.05
주파수령역	VLF(ms^2)	6.70±0.73	7.13±0.92
	LF(ms^2)	5.83±1.30	6.32±1.11
	HF(ms^2)	5.37±1.74	6.16±1.57
	L/H	2.42±2.58	1.93±2.49
	Pro	185.82±168.47	132.32±82.47

표에서 보는바와 같이 심박변동지표는 협심증환자와 상대적으로 건강한 사람사이에 유의한 차이가 없었다.

2) BRS의 비교

BRS는 협심증환자에게서 4.41±2.10으로써 상대적으로 건강한 사람(6.77±1.44)에 비하여 유의하

－36－

<그림 4-1> 북한 내분비 논문의 예시-당뇨병

연구성적

1) 아스피린량에 따르는 치료전과 치료후 혈소판응집능의 비교(표 1)

표 1. 아스피린량에 따르는 치료전과 치료후 혈소판응집능($\bar{X} \pm m$, %)

응집약 / 치료전후 / 조별	ADP 치료전 (1)	ADP 치료후 (2)	아드레날린 1	아드레날린 2	콜라겐 1	콜라겐 2
0.5mg/kg (n=5)	75.2 ±1.2	76.6 ±3.2	79.0 ±3.2	77.6 ±2.2	77.5 ±2.2	75.5 ±0.6
1.0mg/kg (n=5)	75.4 ±4.0	68.0 ±13.2	78.0 ±3.1	64.4 ±13.2	80.8 ±1.7	67.6 ±10.4
2.0mg/kg (n=6)	76.1 ±2.3	40.3 ±9.2**	74.2 ±11.0	29.0 ±11.0*	75.0 ±1.9	32.1 ±13.9*

*; $p < 0.05$, **; $p < 0.01$(치료전과 비교)

표 1에서 보는바와 같이 치료전에 비해 아스피린을 2mg/kg 주었을 때 ADP와 아드레날린, 콜라겐유발에서 혈소판응집능이 유의성있게(각각 $p < 0.01$, $p < 0.05$, $p < 0.05$) 낮아졌다.

2) 시간에 따르는 혈소판응집억제능의 변화(표 2)

표 2. 아스피린을 2mg/kg 주었을 때 시간에 따르는 혈소판응집능($\bar{X} \pm m$, %)

응집약 / 치료전후 / 시간	ADP 치료전 (1)	ADP 치료후 (2)	아드레날린 1	아드레날린 2	콜라겐 1	콜라겐 2
48시간 (n=8)	73.3 ±1.9	41.0 ±6.7***	76.3 ±2.4	21.6 ±7.4***	81.4 ±2.3	65.7 ±2.8***
72시간 (n=5)	78.9 ±5.9	51.4 ±13.1	81.4 ±4.1	65.4 ±4.7	80.4 ±4.7	58.6 ±13.3

***; $p < 0.001$(치료전과 비교)

표 2에서 보는바와 같이 아스피린을 2mg/kg 주었을 때 혈소판응집능은 ADP, 아드레날린, 콜라겐유발에서 치료전에 비해 48시간후에도 유의성있게(각각 $p < 0.001$) 낮아졌다.

맺는말

혈소판응집능을 억제하는 아스피린의 최소량은 2mg/kg이며 혈소판응집억제효과는 48시간 유지된다.

참 고 문 헌

1) Catella – Lawson F., Neurology 57, 5 – 7 (2001).
2) Kathryn S., The Lancet 362, 1558(2003).
3) 田村院, 診斷&治療 79(8), 1866 – 1867(1991).

난치성바세도병의 림상적특징에 대한 연구

계성복, 최향국

위대한 령도자 김정일동지께서는 다음과 같이 지적하시였다.

《의학과학기술이 빨리 발전하고 의료봉사에 대한 인민들의 요구가 날로 높아지고있는 현실은 의료봉사의 전문화수준을 더욱 높일것을 절박하게 요구하고있습니다.》(《김정일선집》 8권, 185페지)

위대한 장군님의 말씀을 높이 받들고 우리는 바세도병환자들을 항갑상선약으로 치료할 때 갑상선기능의 변동이 심하여 유지량을 결정하기 힘든례, 항갑상선약에 의하여 갑상선기능은 정상으로 되지만 갑상선종이 축소되지 않고 오히려 커지는례, 안구돌출이 심해지는 례, 항갑상선약부작용으로 치료할수 없는 례 등 난치례들이 적지 않다는데로부터 난치성바세도병의 림상적특징을 연구하여 일정한 성적을 얻었다.

연구대상과 방법

바세도병환자 51례를 대상하였는데 녀자가 43례로 많았고 25례가 난치성바세도병환자였다.

난치성과 비난치성바세도병환자들의 림상소견과 주요 갑상선기능검사소견을 서로 비교하는 방법으로 연구하였다.

연구성적

1) 림상소견의 비교(표 1)

표 1. 림상소견의 빈도

림상소견 / 조별	갑상선중독증상 #	갑상선중독증상 +	갑상선중독증상 −	눈증의 활동도 0	눈증의 활동도 I	눈증의 활동도 II	눈증의 활동도 III	갑상선종대 ≤II	갑상선종대 III	갑상선종대 IV	혈관잡음 +	혈관잡음 −	갑상선굳기 유연	갑상선굳기 고무모양	갑상선굳기 딴딴
난치성 (n=25)	24 (96.0)	1 (4.0)		6 (24.0)	9 (36.0)	6 (24.0)	4 (16.0)	4 (16.0)	8 (32.0)	13 (52.0)	22 (88.0)	3 (12.0)	1 (4.0)	23 (92.0)	1 (4.0)
비난치성 (n=26)	18 (69.2)	6 (23.1)	2 (7.7)	13 (50.0)	6 (23.1)	7 (26.9)		14 (53.8)	11 (42.3)	1 (3.9)	15 (57.7)	11 (42.3)	3 (11.6)	23 (88.4)	

( ): %

표 1에서 보는바와 같이 난치성바세도병때 갑상선중독증상, 눈증의 활동도, 갑상선종대, 혈관잡음, 갑상선굳기 등 림상소견이 비난치성바세도병에 비하여 더 심하였다.

—37—

<그림 4-2> 갑상선 기능 항진증

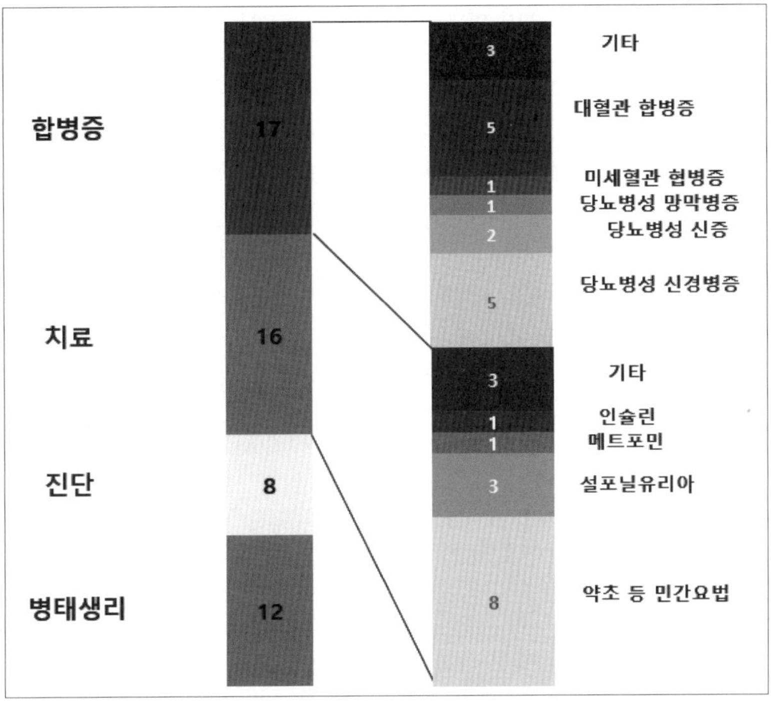

<그림 5> 당뇨병 관련 논문의 주제 분포

있는 당뇨병 약제인 메트포민 및 설포닐유레아를 이용하여 혈당강하 효과 및 저혈당 발생에 대한 임상시험을 진행했다는 것이다. 그러나 최신에 개발되어 사용되고 있는 신약에 대한 정보는 확인해 볼 수 없었고, 성분을 정확히 확인하기는 어려웠으나 북한에서 이용 가능한 약초를 당뇨병 약제로 사용하여 혈당 감소에 대한 연구를 진행하고 있다는 것을 확인할 수 있었다.

갑상선 질환

갑상선 질환 관련 연구는 27개로 전체 내분비 논문 중 두 번째를 차지하였다. 갑상선 질환은 크게 세 가지 질환으로 구별될 수 있는데, 첫번째가 갑상선 호르몬이 과다하게 분비되는 갑상선 기능 항진증, 반대로 호르몬이 부족한 갑상선 기능저하증이 있겠으며 마지막으로 갑상선 내에 양성 혹은 악성 결절이 생기는 질환으로 분리할 수 있겠다. 갑상선기능항진증은 갑상선기능저하증에 비하여 체중감소 및 가슴 두근거림, 손떨림 등의 증상이 뚜렷이 나타날 수 있는 병이며 오랫동안 치료하지 않을 경우 부정맥 및 심부전을 유발시킬 수 있다. 27개의 논문 중 13개의 논문이 갑상선 항진증의 치료 및 진단과 관련된 논문으로 북한에도 갑상선기능 항진증의 사회적 중요도가 높음을 짐작할 수 있었다. 반대로 우리나라 여성에서 2번째로 많이 발생하는 갑상선암에 대한 논문은 상대적으로 적었는데 이는 갑상선 암은 보통 무증상인 경우가 많고, 진단에 필수적인 초음파 및 조직검사를 쉽게 이용하지 못하고 있기 때문일 것으로 추측된다.

또한 북한의 경우 갑상선호르몬 생산에 필수적인 요오드 섭취가 부족한 것으로 보고되고 있어 이로 인한 중독성 결절성 갑상샘종 및 소아에서의 저신장을 동반한 점액부종 등에 대한 유병율이 높을 것으로 생각되었으나 이에 대한 연구는 활발히 진행되지 않고 있음을 확인하였다.

골다공증, 부신/뇌하수체, 기타

당뇨병 및 대사증후군, 갑상선 질환을 제외한 내분비내과 질환에 대한 연구는 상대적으로 부족한 것을 이번 연구를 통해 확인할 수 있었다. 골다공증에 관해서는 현재 국내에서도 널리 사용되는 골다공증 치료 약제인 비스포스포네이트 약물 요법의 효과 평가 및 골다공증시 운동요법의 필요성에 대한 논문을 각각 한 편씩 확인할 수 있었으며 골다공증에 대한 진단, 치료 및 병태생리에 관한 전반적인 종설을 한 편 확인할 수 있었다. 부신 종양 및 뇌하수체 기능이상에 대한 질환에 초점을 맞춘 연구는 두 편으로 확인되어 이 분야에 대한 북한 내 연구는 활발하지 않음을 추측할 수 있었다. 그 이외 분류되지 않은 그룹에는 결핵 환자에서의 내분비 관련 호르몬 변화와 같은, 질병 하나를 특정

할 수 없는 전반적인 내분비 기능이상을 다루는 논문들이 포함되었다.

고찰

2006년부터 2015년까지 발표된 총 96편의 내분비 관련 북한 의학 학술지를 통해서 우리는 북한 내분비 질환의 분포 및 특성을 파악할 수 있었다. 내분비 관련 논문은 매년 최소 3편에서 최대 18편이 꾸준히 발표되고 있었으며 이는 전체 내과 중에서도 소화기, 순환기, 호흡기에 이어 네 번째로 발표 편수가 많은 분야로 확인되었다. 같은 기간 내에서 발표된 전염성/기생충 관련 논문이 120여 개인 것과 비교할 때, 비감염성 질환의 대표 질환인 내분비 질환의 중요도가 결코 낮지 않음을 확인할 수 있다.

북한 내분비 논문을 통해 살펴본 북한 내의 내분비 질환 특성은 다음과 같이 요약할 수 있겠다.

- 비감염성 질환의 대표로 꼽히는 제2형 당뇨병 및 대사증후군 관련 논문이 가장 많았으며, 이는 비감염성 질환의 비중이 북한내에서도 상당히 높을 것으로 보임.
- 갑상선 질환은 두번째로 활발히 연구되고 있는 내분비 질환으로 특히 갑상선 기능 항진증의 진단 및 치료에 대한 중요도가 높을 것으로 보임.
- 골다공증 및 부신, 뇌하수체 질환에 대한 연구는 당뇨병과 갑상선 질환에 비해 부족함. 이는 이 질환의 유병률이 절대적으로 낮기 때문이 아니라 현재 북한의 경제적, 의료수준이 상기 질환의 진단 및 연구를 활발히 진행할 만큼 좋지 않기 때문일 것으로 생각됨.

2014년 세계보건기구가 발표한 북한의 사망률과 질병 부담에 대한 데이터에 따르면, 가장 흔한 사망 원인은 심혈관 질환이었으며 당뇨병을 포함한 비감염성 질환에 의한 사망이 전체 사망 원인의 79%를 차지하였다(WHO, 2014). 따라서 북한 연구자들도 이러한 만성질환의 심각성을 인식하고 현재의 상황에서 가장 효과적인 치료 방법을 찾기 위해 많은 연구를 진행하고 있는 것으로 보인다. 특히 당뇨병의 경우, 국내에서도 많이 사용되고 있는 경구용 혈당강하제의 한 종류인 설포닐우레아, 글리벤클라미드가 활발히 연구되고 있는 것으로 보이며, 이는 이러한 약제가 일반 시민들에게도 사용되고 있을 것으로 추측된다. 그러나 최근 출시된 신약 및 인슐린은 임상연구 논문에서는 확인할 수 없었고 종설에서만 다루고 있어 아직까지 실제 임상에서 사용되고 있지 않음을 추측할 수 있었다. 특히 인슐린 치료는 제1형 당뇨병 환자의 치료에 필수적인 약제로 인슐린 치료가 없이는 급성케톤산증과 같은 중증 합병증으로 인해 사망에 이를 수도 있기 때문에 인슐린에 대한 국제단체의 적극적 지원이 필요할 것으로 생각된다.

정치·경제적 제약으로 인해 신약에 대한 접근도가 떨어지기 때문에 북한 의학 학술지들은 이러한 신약 대신 북한에서 발견되는 전통 약제를 치료제로 사용하여 그 효과를 연구하고 있음이 특징적이었다. 신약을 충분히 구하기 어려운 현재 북한의 상황에서 북한 연구진의 최선의 노력이겠지만, 그 효과 및 부작용이 명확히 입증되지 않은 상태에서 임상시험을 진행함으로써 연구에 참여하는 환자들의 안정성이 보장되지 않는다는 우려를 피하기 어렵다.

북한은 주로 산악지형으로 이루어져 있어 지형학적으로 해조류에 풍부한 요오드의 결핍에 취약할 수밖에 없다. 요오드 글로벌 네트워크(Iodine Global Network, https://www.ign.org/)의 보고에 따르면, 북한은 요오드 결핍 국가에 해당되며 국제아동긴급기금(UNICEF)는 10년 넘게 북한의 소금 요오드화 프로그램을 지원해 오고 있으나, 요오드 산 칼륨 구매 및 소금 공장의 생산 능력의 문제로 여전히 요오드가 포함된 소금의 공급은 제한적이다(Yadav, 2012). 이러한 요오드 결핍은 소아뿐만 아니라 성인에서도 갑상선 기능 저하증을 유발시킬 수 있다. 그러나 96편의 논문 중에서 갑상선기능저하증 관련 논문은 오직 2편뿐이었고, 갑상선 기능 항진증에 비해 연구가 활발히 진행되고 있지 않은 것으로 추측된다. 갑상선 기능 저하증은 혈액검사 및 임상증상으로 비교적 간단히 진단할 수 있으며 갑상선 호르몬약제만 잘 복용한다면 치료가 다른 질환에 비해 용이한 편이라서 이러한 진단 및 치료 약제가 북한 내부에서 부족하지 않도록 지원해 주는 것이 필요할 것으로 필자는 생각한다.

또한, 우리는 남한에 거주하고 있는 북한 이탈 주민 386명을 대상으로 골다공증의 중요한 요소인 비타민D 결핍상태를 2015년 국제학술지에 발표하였는데(Kim et al., 2015), 이 연구에 따르면 386명 전체 북한 이탈주민이 비타민D 부족 상태인 것으로 확인되었다. 또한 2020년 후속 연구로 발표한 한국에 거주하고 있는 북한 이탈여성의 골다공증 유병률 연구 결과에 따르면, 폐경 후 북한 이탈여성 52명 중 오직 5명(10%)만 정상 골밀도를 가지고 있었고 골감소증 및 골다공증이 각각 22명(42%), 25명(48%)으로 남한의 같은 연령의 여성보다 골다공증 및 골감소증의 유병률이 월등히 높음을 확인하였다(Kim et al., 2020). 골다공증은 성인 골절의 중요한 원인으로 노년 남성과 폐경기 여성에서 골절로 인한 이환율과 사망률을 유발한다(Sattui & Saag, 2014; Walsh & Eastell, 2013). 앞선 연구 결과로 미루어 보아 북한의 비타민D 결핍과 골다공증이 중요한 비감염성 질환의 한 부분을 차지하고 있을 것으로 생각되나 발표된 논문이 다른 당뇨병과 갑상선 질환에 비해 월등히 작다는 것은 북한 내에서 적절한 진단, 치료 및 질병에 대한 연구가 적절히 이루어지지 않고 있음을 시사한다.

이번 북한 의학 내분비 관련 학술지 평가에는 몇 가지 한계점이 있음을 반드시 짚고 넘어가야 한다. 첫째, 북한 내분비 질환의 정확한 상황은 북한에서 발표된 의학 학술지만으로 완벽하게 파악될 수 없다. 둘째, 96개의 논문 중 약 60% 정도가 2006-2009년에 출판된 연구들로 가장 최신의 북한 내분비 질환에 대한 평가가 어려울 수 있다. 셋째, 2006-2015년까지 약 10년 동안 발표된 내분비 관련 학술지를 평가하였으나 총 편수가 100편 이하로 북한 실정을 정확히 평가하기에는 부족할 수 있다는 점이다.

이러한 한계점에도 불구하고 이번 북한 의학 학술지 고찰은 국내에서 처음으로 실제 북한에서 발표된 전문 학술지를 바탕으로 분석하여 현재 북한 내분비 질환의 특징 및 상태를 평가하였다는 점에서 매우 중요한 의미를 가진다고 필자는 생각한다. 또한 이번 연구에 참여할 수 있게 되어 영광으로 생각하며 향후 통일 이후에 내분비내과 의사로서 준비해야 할 일들이 적지 않음을 다시 한번 생각하는 계기가 되었다. 북한은 이미 감염성 질환을 떠나 당뇨병과 고지혈증 및 대사증후군을 포함한 비감염성 질환이 빠르게 증가하고 있다. 또한 당뇨병 및 갑상선 항진증에 대한 연구는 북한에서도 수준급으로 진행되고 있음을 확인할 수 있었다. 이와 더불어 북한 내에서 아직 연구가 미흡한 골다공증, 뇌하수체/부신에 대한 연구도 좀 더 활발히 진행되기를 희망하며, 이번 연구를 통해서 남북한이 내분비 질환뿐만 아니라 다양한 의학 분야에서 서로 의견을 공유하고 공동연구를 진행할 수 있는 교류의 초석이 되기를 간절히 기원한다.

❖ 참고 문헌

Financial Tracking Service. (2017). *Korea, Democratic People's Republic of 2017* [Internet]. Geneva: Financial Tracking Service. [cited 2018 Apr 11]. Available from: https://fts.unocha.org/countries/118/summary/c2017.

Horton R. (2017). Offline: North Korea. The case for health diplomacy. *Lancet*, 390(10099).

Hug L, Sharrow D, You D. (2017). *Levels & trends in child mortality: report 2017. Estimates developed by the UN Inter-agency Group for Child Mortality Estimation* [Internet]. New York: United Nations Children's Fund [cited 2018 Apr 11]. Available from: https://www.popline.org/node/671957.

Iodine Global Network. Available from: https://www.ign.org/.

Kim KJ, Kim YJ, Kim SH, An JH, Yoo HJ, Kim HY, et al.(2015). Vitamin D status and associated metabolic risk factors among North Korean refugees in South Korea: a cross-sectional study. *BMJ Open*, 5:e009140.

Kim KJ, An JH, KiM KJ, Yoo HJ, Kim NH, Yoo HY, et al. (2020). Prevalence of osteoporosis among North Korean women refugees living in South Korea: a comparative cross-sectional study. *BMJ Open*, 10(6).

Kim OJ. (2002). An analysis of a North Korean medical journal: In-Min-Bo-Gun (People's Health) in 1950s. *Uisahak*, 11: 165-85.

Lee YH, Yoon SJ, Kim YA, Yeom JW, Oh IH. (2013). Overview of the burden of diseases in North Korea. *J Prev Med Public Health*, 46:111-7.

McCurry J.(2012). No end in sight for North Korea's malnutrition crisis. *Lancet*, 379:602.

Park JJ, Park KB, Shafik N. (2017). Nuclear war and public health: rebalancing priorities and global health leadership. *Lancet*, 390:1733-4.

Perry S, Linton H, Schoolnik G. (2011). Tuberculosis in North Korea. *Science*, 331:263.

Sattui SE, Saag KG. (2014). Fracture mortality: associations with epidemiology and osteoporosis treatment. *Nat Rev Endocrinol*, 10: 592-602.

Walsh JS, Eastell R. (2013). Osteoporosis in men. *Nat Rev Endocrinol*, 9:637-45.

World Health Organization. (2014). *Noncommunicable diseases country profiles 2014* [Internet]. Geneva: World Health Organization. [cited 2018 Apr 11]. Available from: http://www.who.int/nmh/publications/ncd-profiles-2014/en/.

World Health Organization. (2015). *World malaria report* [Internet]. Geneva: World

Health Organization. [cited 2018 Apr 11]. Available from: http://www.who.int/malaria/publications/world-malaria-report-2015/report/en/.

World Health Organization. (2016). *Country cooperation strategy* [Internet]. Geneva: World Health Organization. [cited 2018 Apr 11]. Available from: http://apps.who.int/iris/bitstream/10665/137159/1/ccsbrief_prk_en.pdf.

World Health Organization. (2017). *Global tuberculosis report 2017* [Internet]. Geneva: World Health Organization. [cited 2018 Apr 11]. Available from: http://www.who.int/tb/publications/global_report/en/.

Yadav K. (2012). *Iodine deficiency in the Democratic People's Republic of Kore*a [Internet]. Ottawa: International Council for the Control of Iodine Deficiency Disorders. [cited 2018 Apr 11]. Available from: http://www.iccidd.org/newsletter/idd_nov12_korea.pdf.

북한 어린이 설사증 현황분석 및 보건의료 지원방안

로타바이러스성 장염을 중심으로

박영혜 · 신나미

1. 서론

북한의 5세 미만 어린이 사망률은 1997년에 1,000명 중 75.7명으로 가장 높았던 이후 점차 감소하고 있지만, 2019년도 경우, 17.3명으로 남한의 3.1명에 비하면 6배에 가까운 수준이었다(The United Nations Children's Fund, 2020, pp. 42-43). 북한의 5세 미만 어린이의 사망 원인을 살펴보면, 선천적 장애로 인한 신생아 사망을 제외한 주요 원인은 전염성 질환인 폐렴과 설사였다. 특히, 어린이 설사증은 질병부담지표(윤석준 외 2012, p. 14)에서 1세 미만 영아에서는 조기사망으로 인한 생존년수의 상실(Years of Life Lost: YLLs)이, 1세~4세 어린이에서는 장애로 인한 건강년수의 상실(Years Lived with Disability: YLDs)이 높게(IHME에서 2020.06.28 인출) 나타났다.

어린이 설사증의 원인 중 로타바이러스 감염에 의한 장염은 급성증상을 일으켜 탈수증과 합병증을 동반하는 경우가 많으며, 저개발국 영아의 주요한 사망 원인이 된다. 그러나 개발국에서는 로타바이러스 예방백신의 접종과 간단한 검사 및 증상 관리로 '예방과 치료가 가능한 질병'으로 알려져 있다. 북한의 5세 미만 어린이 사망 중 설사증으로 인한 전체 사망 수는 점차 감소하는 반면 로타바이러스성 장염 비중은 증가하고 있어(WHO MCEE & IHME에서 2020.06.28 인출) 이에 대한 정확한 현황 분석을 토대로 한 문제해결이 시급하다.

1995년에 북한 당국이 공식적으로 유엔 인도주의업무조정국(United Nations Office for the Coordination of Humanitarian Affairs: UNOCHA)에 인도적 지원을 요청한 이후, 국제기구 및 민간단체와 남한 정부 및 민간단체들은 북한을 돕기 위해 많은 노력을 해 왔으며, 인도적 지원 가운데 북한 어린이들에 대한 지원은 중요한 부분을 차지하고 있다. 그러나 북한 현지에 상주하는 국제기관을 포함, 외부의 지원 단체들은 사전 조사가 어려워서 지원 사업진행 후 그 효과를 정확히 평가하는 데 어려움이 많다. 따라서 북한 어린이의 질병 예방과 회복 및 정상적 성장을 돕기 위한 효과적인 지원방법을 찾기 위해서는 북한 어린이들의 질병상태 및 건강수준에 대한 현황 파악과 생활 환경 및 보건의료 지원 체제에 대한 파악이 우선되어야 할 것이다.

이에 본 연구에서는 북한에서 발행된 일차 자료인 '북한 의학 학술지' 및 '어린이설사증' 관련 국제연구소 자료 분석을 통해 로타바이러스성 장염을 중심으로 어린이 설사증과 관련된 북한의 의료 및 보건환경 실태를 파악하고, 로타바이러스 장염을 중심으로 어린이 설사증 예방을 위한 지원방안을 구체적으로 제시하고자 한다.

2. 북한 어린이 사망률과 사망원인의 변화

1) 5세 미만 어린이 사망률

2020년도 UN IGME(Inter-agency Group for Child Mortality Estimation)의 보고에 의하면 북한의 5세 미만 어린이 사망률은 1980년대 말부터 높아지기 시

작하여 '고난의 행군' 실태를 반영한 듯, 1997년에 75.7명으로 정점에 이른 후 점차 낮아져 2019년 현재 전 세계 5세 미만 어린이 사망률의 약 1/2, 저개발국가 사망률의 약 1/4 수준이며, 2013년부터는 24명 이하로 낮아져, 숫자 상으로는 유엔 지속가능개발목표(United Nation's Sustainable Development Goals; SDGs) 가운데 '5세 미만 어린이 사망률 1000명당 25명 이하'라는 목표 3.2를 달성하였다. 그러나 '2019년의 북한 5세 이하 어린이 사망률 1,000명당 17.3명'은 북한 당국이 UN과 함께 계획한 2020년까지의 목표인 5명 이하(Ministry of Public Health, DPRK in partnership with WHO, UNICEF, and UNFPA 2017) 달성에 크게 미치지 못하였고 이는 남한 어린이 사망률인 3.1명의 약 6배에 이른다(그림 1). 이는 북한이 어린이 사망 원인 중 '예방 가능한 사망을 근절'하는 상태에 이르지 못하고 있음을 시사하는 것이다.

2) 북한 어린이 사망원인 및 변화 추이

북한의 5세 미만 어린이 사망 원인 가운데 전염성 질환과 산모와 신생아 질환 및 영양 관련 질환이 차지하는 비중이 크다. 2017년 기준, WHO통계에 의하면 '신생아 사망'이 전체의 34.8%를 차지하였는데, 주요 원인을 살펴보면, 미숙아 관련 원인이 34%, 출생 시 질식과 외상이 21%, 선천성 기형이 20%, 패혈증과 신생아의 기타 감염적 상태가 12%로 대부분을 차지하며, 주산기와 영양상태가 원인인 경우가 5.7%, 급성하기도감염이 5%, 설사성 질환은 0.2%였다. 또한, 영아의 사망원인을 살펴보면, 급성하기도감염 27%, 비감염성질환 19%, 상해 16%, 설사성질환 13%, 감염성 질환 및 주산기와 영양상태 불량 11% 등이 주요 원인으로 보고되었는데(그림 2), 이 중 급성하기도감염, 설사성질환, 전염성 질환, 주산기와 영양상태 등 '예방 가능'한 사망원인이 51%에 이르는 등 신생아의 사망원인과 다른 양상을 보였다.

1990년-2017년 사이 북한의 5세 미만 어린이의 사망원인 질병의 변화를

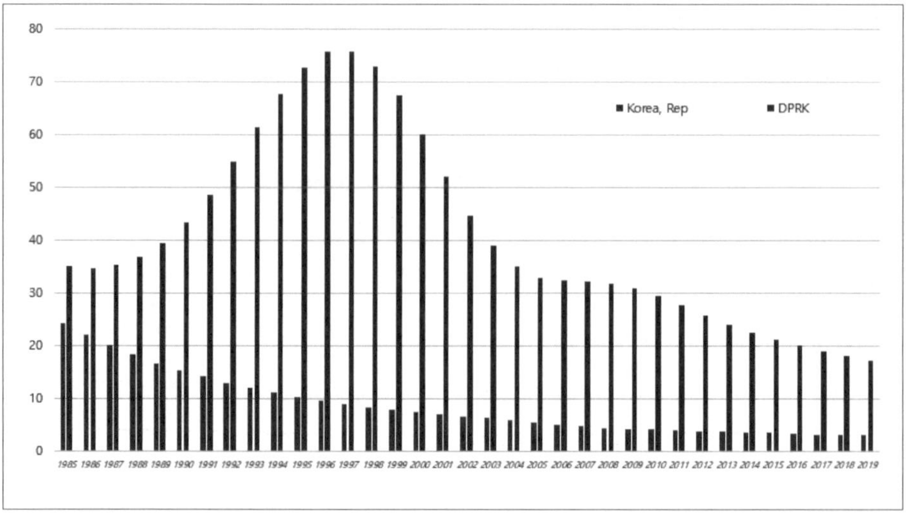

<그림 1> 남한&북한, 5세 미만 어린이 사망률, 1985-2019(deaths per 1,000 births)(출처: http://data.unicef.org, 검색 자료-재구성, 검색일: 2019.06.28.)

살펴보면, '고난의 행군'시기로 불리었던 1990년도 중반 이후부터 2000년대 초반까지 단백질-에너지 영양실조가 사망원인의 1위를 차지하였고, 또한 그 시기에 홍역[1]이 유행한 것으로 추측된다. 그러나 1990년 이후 지금까지 신생아 질환 및 선천성 질환을 제외하면, 하기도감염과 설사성 질환이 지속적으로 영아 사망 원인의 1위와 2위였다.

3) 북한 어린이 질병 부담[2]

(1) 장애보정 생존년수(Disability Adjusted Life Year: DALY)

2017년 기준, 북한은 세계 195개국 중 75번째로 질병 부담이 높은 국가로

1 홍역 유행 시기: 1990년 3.68%, 1995년 0.92%, 2000년 1.01%.

2 The Institute for Health Metrics and Evaluation. (IHME) https://vizhub.healthdata.org/gbd-compare 검색일: 2020.08.16.

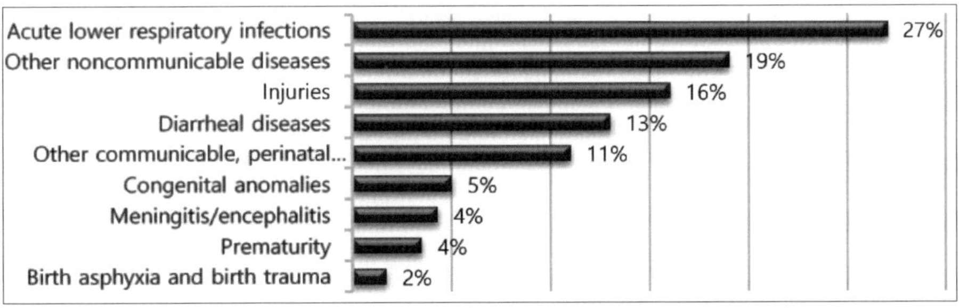

<그림 2> 북한 5세 미만 어린이(신생아 제외)사망원인 , 2017(출처: WHO The Global Health Observatory 검색 자료 재구성. WHO. The Global Health Observatory Explore a world of health data. https://www.who.int/data/gho/data/indicators/indicator-details/GHO/deaths-per-1-000-live-births 검색일: 2020.08.13.)

(남한 177위), 인구 10만 명당 DALY는 33,646년으로 남한의 22,538년보다 약 1.5배 높은 질병 부담을 지고 있다. 그러나 5세 미만 어린이의 질병 부담을 따로 비교해 보면, 북한은 어린이 10만 명당 DALY가 46,873.73년으로 남한의 8,573.01년보다 약 5.5배 높았으며, 개별 질환에 따른 질병 부담에서 설사성 질환은 2,345.41년으로 남한의 197.05년보다 약 12배 높았다.

(2) 장애로 인한 건강년수의 상실(Years Lost due to disability: YLDs)

북한의 5세 미만 어린이 10만 명당 YLDs는 3,686.11년이고 남한은 2,947.84년이다. 북한 어린이의 YLDs에 대한 영향요인[3] 1위는 설사성 질환으로 701.84년, 2위는 비타민 A 결핍으로 318.85년, 3위는 철분결핍으로 296.68년이다. 이들 세 가지 영향요인이 전체 5세 미만 어린이의 YLDs에서 차지하는 비중은 설사성 질환이 19.1%, 비타민 A 결핍이 8.5%, 식이철분 결핍이 7.9%이며, 1.34%에 해당하고 YLDs 52.48년인 단백질-에너지 영양실조와 관련하여 보면 북한의 식량부족 상태를 짐작해 볼 수 있다. 특히, 2017년에는 5세 미만 어린이의 YLDs 1위인 설사성 질환이 차지하는 비율은 남한의

3 https://vizhub.healthdata.org/gbd-compare/ 검색일 2020.08.16.

5.34%보다 4배 정도 높다. 게다가 영양장애와 비타민 A 및 철분 부족, 오염된 물, 위생시설 불량 등 '영양 및 생활환경' 관련 요인이 YLDs 관련 위험요인으로 지적되고 있는데 이들 대부분이 어린이 설사 질환의 원인도 되지만 이로 인한 결과로 이어지는 악순환이 반복되고 있다.

4) 북한 어린이 사망원인 중 로타바이러스 장염

1990년대 중반 '고난의 행군' 시기에 급격히 증가하였던 북한의 어린이 사망 수는 2000년을 기점으로 감소하기 시작하였다. 국제기구의 어린이 사망에 관한 통계(WHO & MCEE, 2018. 2018.06.28 인출)에 의하면 설사증으로 인한 5세 미만 북한 어린이의 사망 수는 2000년에 2,904명, 2010년에 724명, 2017년에 403명이며 이 중 신생아기 설사로 인한 사망은 2000년에 54명, 2017년은 6명으로 감소하였다. 하지만 2017년의 경우만 봐도, 5세 미만 남한 어린이의 설사증 사망 수 8명과 비교하면 사망 수가 50배 이상이었다.

북한에서 설사증으로 인한 5세 미만 어린이 사망자 중 '로타바이러스 감염'이 원인인 경우는 2000년에 234명에서 2017년에는 84명으로 감소하였으며, 이 기간에 로타바이러스 감염에 의한 사망 수는 5세 미만 전체 설사증 사망 수의 평균 15%를 차지하였다. 설사증에 의한 전체 사망 수가 86% 감소한 것에 비하면 로타바이러스 감염으로 인한 사망 수는 64% 감소에 머물고 있으며, 그 비율은 2000년의 8%에서 2017년에는 21%로 오히려 증가하였다.

로타바이러스 감염으로 인한 5세 미만 북한 어린이의 질병 부담(IHME에서 2020.06.28 인출)은 2000년을 기점으로 서서히 감소하지만 1세 미만 영아와 1세에서 4세 어린이를 나누어 보면 사망률에서 큰 차이가 있다. 2017년을 기준으로, 로타바이러스 감염에 인한 1세 미만 영아 사망 수는 1세에서 4세 미만 어린이 사망 수의 약 4배이며, 1세 미만의 DALYs 6824.9년 중 조기사망으로 인한 수명손실년수(Years of Life Lost: YLLs)는 5873.8년으로 86%를 차지한다.

<표 1> 북한 1세 미만 어린이 로타바이러스 장염으로 인한 질병부담

Year	Deaths	Disability-Adjusted Life Yeas	Years Lived with Disability	Years of Life Lost
1995	157	14864.6	1123.4	13741.2
2000	174	16398.5	1094.1	15266.5
2005	140	13330.4	1087.6	12242.7
2010	103	9929.1	962.5	8966.6
2015	75	7506.1	939.1	6566.8
2017	67	6824.9	951.1	5873.8

출처: IHME http://ghdx.healthdata.org/gbd-results-tool/-GHDx. 재구성(검색일 2020. 06.28.)

<표 2> 북한 1세~4세 어린이 로타바이러스 장염으로 인한 질병부담

Year	Deaths	Disability-Adjusted Life Yeas	Years Lived with Disability	Years of Life Lost
1995	52	6596.5	2153.7	4442.7
2000	60	7253.1	2153.1	5081.9
2005	39	5208.2	1876.7	3331.5
2010	26	3783.1	1585.1	2198.1
2015	19	3208.4	1587.2	1621.2
2017	17	3125.3	1671.7	1453.5

출처: IHME http://ghdx.healthdata.org/gbd-results-tool/- GHDx. 재구성(검색일 2020. 06.28.)

이는 북한의 1세 미만 영아에서 로타바이러스 감염이 치명적인 사망 원인임을 의미한다(표 1).

1세~4세 어린이에서는 로타바이러스 감염으로 인한 DALYs에서 YLDs가 차지하는 비율이 50% 이상이다. 이것은 영아기에 로타바이러스 감염으로 인한 급성설사증에서 사망의 위험은 넘겼으나, 이후 다시 로타바이러스 감염에 노출되어 건강을 상실한 채 지내는 기간이 많음을 의미한다(표 2).

3. 북한 의학 학술지[4] 분석을 통해 살펴본 '북한 어린이 설사증'

북한 의학 학술지인《예방의학》에 실린 자료인〈최근 갓난아이[5] 사망 질병의 구성에 대하여〉(김선경·한정옥 2015, 56)에 의하면, 북한 영아의 사망원인은 다음과 같다.

> 1988년 이전 갓난아이 사망의 기본 질병은 폐염, 설사증, 영양실조, 선천성 기형, 뇌막염 순이었으며, 1993년 이후에는 설사증, 선천성기형, 폐염, 태아가사, 영양실조 순이었다. 2000년 이후에는 폐렴, 설사증, 기형, 영양실조, 태아가사를 위주로 한 사망이 전체 갓난아이 사망 질병의 80%를 차지하였다. 2011~2013년 사이 도시와 농촌에서 한 살 아래 갓난아이 사망 질병은 기형, 설사증 및 영양실조, 태아 가사, 조산 순이며 이 외에도 폐염과 각종 사고로 인한 질병들이 적지 않은 비중을 차지하고 있다.

북한의 통계자료는 대부분 그 출처를 명확히 밝히지 않는데, 이 자료에서도 그 통계 수치와 연구 대상 지역 등을 밝히지 않고 있다. 하지만, 이 자료로도 어린이 설사증 및 영양과 관련된 질병이 갓난아이 사망의 주요 원인임을 쉽게 짐작할 수 있다.

1) 북한 의학학술지에서 살펴본 로타바이러스성 장염 실태

2006년부터 2019년까지 발행된《소아·산부인과》의 어린이 설사증 관련 학술자료 133편 중 로타바이러스 관련 자료는 연구가 5편, 환자증례가 1편이

4 북한에서 출간된 일차 자료를 인용할 경우: 북한에서 사용하는 단어를 그대로 표기한다

5 북한 의학 학술지에서 사용하는 '갓난아이'란 젖을 먹여 키우는 아이로서 태어나 한 살까지의 어린이이다.

<표 3> 북한 의학 학술지 《소아·산부인과》에 실린 로타바이러스 관련 연구 및 증례

발행연도	저자	연구 제목	연구 내용
2006년 제2호 루계 제67호	허은주 김별 김성택	인공신경망을 리용한 어린이 로타비루스성설사증의 감별진단에 대한 연구	- 인공신경망(인공지능) 자료 분석 - 림상증상으로 로타비루스성 설사증을 감별 진단 할 수 있는 진단 체계 작성 - 진단체계 정진률: 85%
2012년 제3호 루계 제92호	배정호 김상건	오존수로 어린이 로타비루스성 설사증을 치료하기위한 임상적 연구	- 오존수 VS 포도당 정맥 점적과 경구 수액 비교연구 - 오존수 먹이는 방법 치료효과 85.0%이며, 대조군에 비교하여 치료 유효율 8.3% 더 높음
2014년 제2호 루계 제99호	조종일 강명인 김성택	최근 어린이 로타비루스 설사증의 발병률과 AHRV의 안정성, 면역원성에 대한 연구	- 어린이 설사증중에서 로타비루스 설사증의 발병률을 밝힘 - 동물모형에서 약독화사람로타비루스의 약독화와 면역원성 확증
2015년 제4호 루계 제105호	박일남 김성택 황영곤	어린이 로타비루스 설사증 증례	- 1세 여아 사망관련 림상 증례
2018년 3호 루계 제116호	백지향 김성택	젖먹이설사증때 로타비루스예방약 접종후 항체가와 설사증 발생과의 관계	- 나이에 따르는 로타비루스항체가 - 영양방식에 따른 로타비루스항체가 - 예방약 접종 회수에 따르는 로타비루스항체가
2019년 제2호 루계 제119호	리철남 곽성준 김성택	어린이 로타비루스성 설사증환자에게서 분리한 사람 로타비루스의 대표적인 그루를 선정하기 위한 연구	- '면역혈정 중화항체가' 구별에 따른 대표적인 분리그루(group) 선정

며, 대표적인 연구자는 '김성택'이다(표 3). 관련 연구 내용을 살펴보면, 2006년에 발표된 〈인공신경망을 리용한 어린이 로타비루스성 설사증의 감별진단에 대한 연구〉에서는 설사증과 관련된 임상 증상을 관찰하여 그 원인을 파악하려는 연구를 통해 "병일별 림상증상을 지표로 하여 진단액이 없는 조건에서도 로타비루스성 설사증을 감별할 수 있는 진단 체계를 작성하였다"고 하였으며, 2012년에 발표된 〈오존수로 어린이 로타비루스성 설사증을 치료하기위한 임상적 연구〉에서는 연구대상 '어린이 로타비루스성 환자 70례'라는 표현을 하였을 뿐 검사방법에 대한 서술이 없다. 2014년에 발표된 〈최근 어린

<표 4> 연도에 따른 북한 어린이 설사증 환자 로타바이러스 검출 수 & 검출률

구분	연도	
	2005~2006	2011~2012
검사한 례수	150	57
검출된 례수(%)	69(46.0)	30(52.6)

출처: 조종일, 〈최근 어린이 로타비루스 설사증의 발병률과 AHRV의 안정성, 면역원성에 대한 연구〉, 2014.

이 로타비루스 설사증의 발병률과 AHRV[6]의 안정성, 면역원성에 대한 연구〉에서는 로타바이러스성 설사증을 "대변을 로타비루스 라텍스응집 반응 진단액으로 검사하였다"고 서술하였다. 로타바이러스 백신과 항체 형성에 관한 연구는 2014년부터 발표하였다.

2) 북한 의학 학술지 원자료(原資料)에 나타난 '어린이 로타비루스 설사증의 발생률'

조종일 등의 연구(2014, pp. 31-33)에 의하면 2005년과 2006년, 2011년과 2012년 사이 어린이 설사증 환자에서 로타바이러스 항원이 검출된 비율은 각각 46.0%와 52.6%이다(표 4). 이 자료는 검사 시행 연도와 검사 수를 제외한 다른 정보는 포함하고 있지 않다.

연령에 따른 로타바이러스 검출률은 7개월~1년 사이 영아에서 52.0%로 가장 높고, 신생아를 포함한 6개월까지의 영아에서의 검출률이 41.7%였으며, 연령 증가에 따라 로타바이러스 검출률이 낮아졌다(표 5, 그림 3). 같은 논문에 발표된 이 자료는 위의 〈표 4〉의 경우와 검사 수가 크게 다르며, 자료수집 기간과 장소는 표시되어 있지 않아 동일한 연구의 결과인지 알기 어렵다.

또한, 2015년에 발표된 〈어린이 로타비루스 설사증 증례〉(박일남 외, 2015, p. 47)에서는 발병 14일 만에 탈수증과 폐 합병증으로 사망한 영아의 사례를 통

6 북한 의학 학술지에서 AHRV의 full name을 명시하고 있지 않으나 Attenuated Human Rotavirus Vaccine으로 추정함.

<표 5> 나이에 따른 북한 어린이 설사증 환자 로타바이러스 검출 수 & 검출률

구분	나이(살)						
	0~6/12	7/12~1	1~2	3~4	5~6	7~11	12~16
검사 례수	525	1,177	1,347	920	133	70	44
검출된 례수(%)	219 (41.7)	612 (52.0)	526 (39.1)	221 (24.0)	24 (18.1)	10 (14.3)	5 (11.4)

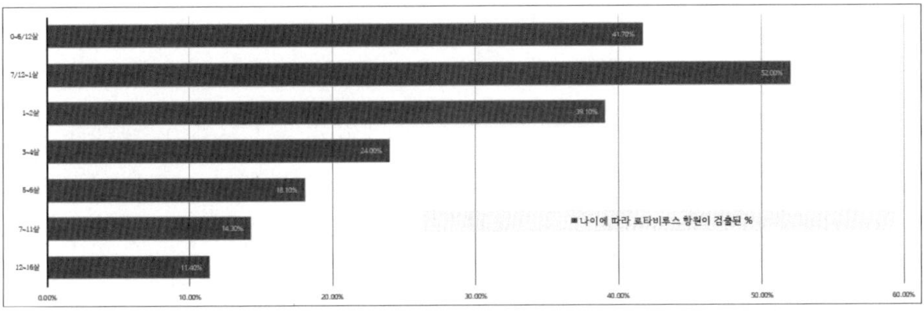

<그림 3> 나이에 따른 북한 어린이 설사증 환자 로타바이러스 검출 수 & 검출률(출처: 조종일, 〈최근 어린이 로타비루스 설사증의 발병률과 AHRV의 안정성, 면역원성에 대한 연구〉, 2014)

해 북한 의료의 실상을 추측할 수 있다.

4. 어린이 설사증 위험요인과 북한의 환경적 요인

어린이 설사증이 '예방과 치료가 가능한 질병'인 이유는 다음과 같다. 첫째, 이미 많은 연구를 통해 어린이 설사증의 위험 요인들(Oxford Martins School Our world in Data-Global Change Data Lab에서 2020.09.05 인출)이 잘 알려져 있고, 영양관리, 위생환경 개선 및 관련 교육을 통해 위험요인 차단이 가능하며, 둘째, 가장 큰 원인인 로타바이러스 감염을 예방하는 백신이 개발되어 접종이 이루어지고 있으며, 셋째, 예방조치에 실패하더라도 간단한 검사로 원인 분석이 가능하고 구강재수화용액 및 정맥수액점적 등으로 치료적 중재가 가능하기 때문이다.

<표 6> 설사증 관련 위험요인으로 인한 5세 미만 어린이 사망 수 남한과 북한 비교(2017년)

	영양 부족	조산 또는 저체중 출생아	손씻기 부족	모유수유 부족	위생시설 부족	식수안전 불량	비타민A 부족	아연 부족
남한	3.91	1.69	0.50	2.95	0.31	1.48	0.56	0.12
북한	190.70	10.42	19.36	51.52	107.70	109.70	61.17	4.61

출처: Oxford Martin School 'Our World in Data'(Source: IHME, Global Burden of Disease Study 2017)(https://ourworldindata.org/2 검색일 2020.09).

위험요인을 차단하는 방법에는 수질 향상, 물과 비누로 손씻기, 배설 위생 시설 관리가 각각 17%, 48%, 36%의 설사증 예방효과가 있으며, 아연의 투여는 예방효과가 13%로 알려져 있다. 로타바이러스 예방백신 접종은 로타바이러스 감염을 완전히 차단할 수는 없지만, 감염 증상이 심해지는 것을 방지함으로써 탈수 및 합병증으로 인한 사망을 줄일 수 있다. 백신 접종은 '매우 심한 증상'을 74% 감소시키고, '심한 증상'의 61% 감소 효과를 나타내며, 로타바이러스성 장염으로 인한 입원을 47% 줄일 수 있다. 또 아연의 치료적 투여와 구강재수화용액의 사용은 설사증으로 인한 사망을 각각 48%, 69% 줄일 수 있는 효과를 나타낸다(Das J. K. et al., 2014, pp. 451-458).

지난 20여 년간 전 세계적으로 설사증에 의한 5세 미만 어린이 사망 수는 크게 감소했지만, 국가별 대처하는 수준에는 큰 차이가 있다. 북한의 경우 영유아 사망률이 높은 사하라 이남 아프리카나 남아시아 지역의 저개발국가들에 비해 상대적으로 문제가 적게 보인다(홍제한 외, 2018, p. 9). 그러나 설사증으로 인한 5세 미만 어린이 사망 수가 남한의 50배에 달하며, 이와 관련된 위험요인은 남한에 비하여 '위생시설 부족'이 347배로 가장 큰 차이를 나타내며, '비타민 A 부족'이 109배, '식수 안전 불량'이 74배, '영양 부족' 49배에 이르는 원인인 것으로 나타나(표 6) 어린이 설사증에 영향을 미치는 북한의 보건, 영양 및 생활·환경 수준은 매우 심각한 상태임을 알 수 있다.

UNICEF가 〈2017 DPR Korea Multiple Indicator Cluster Survey(MICS)〉를 통해 발표한 북한 어린이 설사증과 관련된 위험요인들은 다음과 같다. 약 49

만 명의 어린이가 영양부족 상태로, 이유식으로 영양을 보충받아야 하는 생후 6~23개월 어린이 중 29%가 최소량의 영양공급으로 연명하고 있으며, 경제적으로 하위 20%에 속하는 계층의 생후 48개월에서 59개월에 해당하는 아동 중 41%가 발육부진 상태이다. 관리되지 않는 식수원 비율은 83%로 2009년도 조사 결과와 여전히 동일 하였으며, 분뇨로 오염되어 대장균이 검출된 식수원이 24%(농촌이 45%, 도시는 10%)로 안전한 식수를 공급받는 가정은 겨우 61% 정도였다. 적절히 관리된 화장실 시설을 사용하는 인구는 전체의 48%지만, 경제적 상위 그룹의 91%에 비해 경제적 하위 그룹은 4%만이 관리된 화장실 시설을 사용하고 있음에 주목할 필요가 있다. 또한 분뇨의 90%가 농촌에서 비료로 재활용되고 있다.

설사증 치료에 고려의학이나 민간요법 이용 비율은 12.3%인 반면, 정맥수액 투여는 6.1% 수준이며, 의료적 도움을 전혀 못 받은 경우도 5.7%에 이른다. 한편 어린이 설사증에 큰 도움이 되는 '완전 모유 수유율'은 71%로 세계에서 가장 높고, '구강재수화용액 사용'은 82.1%로 세계에서 두번째로 높았다. 로타바이러스 예방백신은 아직 접종 계획이 없는 상태이다.

5. 북한 어린이 설사증 관리를 위한 협력방안

설사증으로 인한 어린이 유병률과 사망률을 낮추기 위해서는 영양공급, 보건의료환경 개선, 물 위생 개선 등 여러 방면에서 종합적인 접근이 필요하다. 하지만 국가 경제의 성장과 함께 발전하게 되는 '기초 생활 인프라'의 개선으로 어린이 설사증 유병률과 사망률을 낮추기에는 많은 시간이 필요할 것으로 예상된다.

그러므로 본 연구에서는 북한 어린이 설사증 관리를 위한 장·단기 지원전략인 '1단계: 로타바이러스성 장염 예방 및 관리'에서 '로타바이러스 백신 지

<표 7> 북한어린이 설사증 관리를 위한 장 단기 지원 전략

	1단계: 로타바이러스성 장염 예방 및 관리	2단계*: 로타바이러스가 원인이 아닌 설사증 관리
대상인구	Birth cohort 362,374명 (Gavi 2019)	5세 미만 어린이: 약 120만명
백신 공급**	5가 백신(로타텍) or 1가백신 (로타릭스) 접종: 생후 2, 4, 6개월 or 2, 4개월	
진단검사 및 의학적 관리	- 로타바이러스 신속 검사 키트 - 구강재수화용액 - 정맥용 수액: 군 리단위 진료소 수액 제조시설 마련 - 주사용 안전 물품 공급 - 합병증 예방을 위한 기초의약품공급	- 군 리 단위 진료소 검사시설 확충: 세균성 & 원충성 설사증 원인 검사 - 항생제 / 구충제 공급
영양공급	- 임산부 영양공급: 미숙아 or 저체중 출생아 예방 - 초유 수유 및 완전 모유수유	- 이유식 공급 - 비타민A, 아연 공급
환경관리	- 안전한 식수 확보 - 손 씻기 및 배설물 처리 위생시설 설비 - 탁아소 등 어린이 집단보육시설 감염관리	- 농업용 비료공급 (인분 비료 사용하지 않도록)
교육	- 호 담당 의사 역량강화 - 간호사, 검사 기사 등 의료종사자 역량강화 - 지역사회 및 부모교육	

* 2단계 지원전략은 백신 공급 이외의 모든 1단계 지원전략을 포함한다.
** 백신 공급: cold chain시설 점검 및 확충 필요(필요에 따라 전력 공급원 제공).

원'에 가장 우선순위를 둔다(표 7). 로타바이러스 백신의 비용효과성은(로타릭스 평가: 80.0%, 로타텍: 58.8%)이미 전 세계에서 입증되었다(강혜영, 2017, pp. 173-180). Oxford Martin School의 Global Change Data Lab(GCDL)에서는 북한에 로타바이러스 백신이 도입된다면, 2016년도 기준, 한 해 동안 132명의 어린이가 생명을 잃지 않을 것으로 예측한 바 있다.

로타바이러스 백신은 생후 2, 4개월 또는 2, 4, 6개월에 접종하므로 북한의 당해 출생 코호트(cohort)인 약 36만 명이 백신접종 대상자(Global alliance for vaccines and immunization에서 2020.09.30 인출)로 추정된다.

두 번째로, '로타바이러스 신속 진단 키트' 지원이다. 북한 의학 학술지《'로타바이러스 증례》에서 나타난 것처럼 북한의 의료현장에서는 어린이의 설사증이 심해도 로타바이러스를 검출하기 위한 진단 검사가 매우 늦는 것으로 파악된다. 진단이 늦어질 경우 증상이 심해지고, 합병증을 동반하거나, 입원이 필요한 상황이 될 수 있기에 설사증의 증상을 초기에 발견하고 진단하여 신속한 원인 파악 및 치료가 가능할 수 있도록 지원하는 것이 반드시 필요하다.

세 번째 지원항목으로 중요한 것은 군·리 단위 진료소에 소규모 수액 제조 시설을 마련하는 것이다. 북한에서는 설사증 치료를 위한 구강재수화용액 사용률은 전 세계에서 2위이지만 정맥주입수액 사용은 6.1%로 급성탈수증상으로 인한 어린이 사망을 예방하지 못하고 있는 실정이다. 수액제조시설이 대도시에 있어도 북한의 도로 및 운송사정으로 인해 지방의 군·리 단위 진료소까지 수액이 공급되기 어렵기 때문이며, 이와 함께 로타바이러스 백신의 보관 및 운반도 같은 맥락에서 고려하여 콜드체인 시스템(Cold Chain System)을 점검하는 것이 필요하다. 또한 정맥주입수액과 로타바이러스 백신의 보관과 사용에 대한 호담당의사 등 의료진 교육 및 주민 교육도 동반되어야 할 것이다.

북한 어린이 설사증 관리를 위한 장 단기 지원전략 '2단계: 로타바이러스가 원인이 아닌 설사증 관리'와 관련하여 충분한 영양공급, 안전한 물 확보, 설사증의 원인 분석을 위한 검사 시설 확충, 세균성 설사증 치료를 위한 항생제 공급, 원충성 질환 예방을 위한 구충제 및 인분 비료 사용금지를 위한 지원 전략이 필요하다.

6. 요약 및 결론

본 연구는 북한에서 발행된 일차 자료와 국제연구소 자료 분석을 통해 로타바이러스성 장염을 중심으로 북한의 어린이 설사증 실태를 파악하고, 차후 대북

보건의료지원의 방향을 제시하고 우선순위 조정을 제안하였다.

지난 20여 년간 전 세계의 5세 미만 어린이 사망률은 지속적으로 감소하였고, 북한의 5세 미만 어린이 사망률 또한 1997년 이후 지속적으로 감소해 온 것으로 보고되었다. 하지만 남한의 어린이 사망률과 비교하면, 2019년의 경우, 북한 어린이 사망률은 1000명당 17.3명으로 남한의 약 6배에 이른다. 이 격차가 안타까운 이유는 예방 가능한 사망을 감소시키지 못했기 때문이다. 신생아를 제외한 북한 5세 미만 어린이 사망원인 중 '설사증'은 13%로 폐렴에 이은 두번째 원인이나, 실생활의 질병 부담 측면에서는 YLDs 701.84년/19.05%로 1위이다. 설사증으로 인한 북한의 5세 미만 어린이 사망 수는 2000년 이후 크게 줄었으나, 남한과의 차이는 50배 이상이며, 특히 로타바이러스성 장염에 의한 설사로 사망하는 비율은 2000년의 8%에서 2017년에는 21%로 오히려 증가하였다. 북한 어린이에서 로타바이러스성 장염으로 인한 질병 부담은 1세 미만 영아의 경우 전체 DALYs에서 YLLs이 차지하는 비율이 86%로 사망위험이 매우 높고, 1세에서 4세 어린이의 경우 2000년대 이후 로타바이러스성 장염으로 인한 질병 부담 비율이 지속적으로 높아지고 있다. 또한 북한 의학 학술지는 6개월 미만의 영아 설사증 환자에서 로타바이러스 검출률이 41.7%이며, 생후 6개월부터 12개월에서 52%, 1살과 2살 사이에서 39.1%라고 보고한 바 있다. 또한 〈어린이 로타비루스 설사증 증례〉를 살펴보면 로타바이러스성 장염의 급성기 관리가 매우 어려움을 추측할 수 있다.

로타바이러스 장염은 2006년에 시작된 백신접종으로 심한 증상을 감소시킬 수 있고 신속한 진단을 통한 급성기 관리는 사망 및 합병증을 동반하는 심각한 상태로의 진행 차단이 가능하다. 따라서 로타바이러스 백신의 예방접종과 적절한 급성기 관리 및 추후 관리는 북한 어린이 사망률을 감소시킬 수 있는 대책이 될 수 있다.

1995년에 북한이 국제사회에 공식적인 도움을 요청한 이후, 북한에 대한 인도적 지원은 대부분 식량안보와 농업지원, 영양공급 및 안전한 식수공급,

위생관리 및 보건의료지원에 맞추어져 있으며, 핵심 대상은 어린이였다. 이러한 대북지원은 북한 어린이 사망률 감소와 설사증으로 인한 질병 부담 감소의 성과에 영향하였다고 볼 수 있다.

지금까지 남한 정부의 대북지원을 비롯한 국제기구와 여러 민간단체의 북한 보건의료지원 중 로타바이러스 백신은 포함되어 있지 않았다. 북한의 열악한 환경이 개선되기 전 우선적으로 로타바이러스 백신을 영아에게 접종하게 된다면 설사증으로 인한 어린이 사망 수와 질병부담을 크게 감소시킬 수 있을 것으로 예측되며, 경제적으로 어려운 사회일수록 가장 취약하게 되는 아동의 인권을 배려하는 가장 인도적인 대북지원이 될 것으로 예상할 수 있다. 또한 북한 어린이 설사증 관리를 위한 협력방안으로 본 연구에서는 로타바이러스 백신 지원의 필요성을 제안하는 동시에 백신의 효과를 안전하게 보존할 수 있는 콜드체인 시스템의 확보, 그리고 로타바이러스에 대한 북한 내 호담당의사 등을 포함한 의료진을 대상으로 하는 교육 및 주민들에 대한 홍보와 교육계획 등에 대한 필요성도 제안하는 바이다. 또한 로타바이러스 감염을 초기에 검사 할 수 있는 신속 진단 키트의 지원과 급성 탈수증 치료가 가능하도록 지방의 군·리 단위 진료소에 수액 제조시설의 지원도 전략으로 제안하면서 로타바이러스 감염으로 인한 북한 어린이 설사증을 감소시키기 위한 지원 방안이 개시되기를 기대한다.

❖ 참고 문헌

강혜영. (2017). 〈로타바이러스 백신의 국가예방접종도입 시 비용-효과 분석〉. 질병관리본부.

김선경·한정옥. (2015). 〈최근 갓난아이사망 질병의 구성에 대하여〉. 《예방의학》(평양:

의학과학출판사), 4(203).

박일남·김성택·황영곤.(2015). 〈어린이 로타비루스 설사증 증례〉. 《소아·산부인과》(평양: 의학과학출판사), 4(105).

윤석준·김은정·서현주·김범수·오인환. (2012). 《계량적 보건정책 연구 방법론》. 고려대학교출판부.

조종일·강명인·김성택. 〈최근 어린이 로타비루스 설사증의 발병률과 AHRV의 안정성, 면역원성에 대한 연구〉. (2014). 《소아·산부인과》(평양: 의학과학출판사), 2(99).

홍제환·김석진·정은미. (2018). 〈북한 민생 실태 및 협력 방안〉. 통일연구원.

《소아·산부인과》. 〈소아과 연구자료 및 종설, 증례: 2006년 제1호-2019년 제4호〉. 평양: 의학과학출판사.

Central Bureau of Statistics. 2017 DPR Korea Multiple Indicator Cluster Survey. UNICEF. (2019). 2017 DPRK MICS Highlights: Trends, Perspective and Analysis July 2019. https://www.unicef.org/eap/reports/2017-dpr-korea-mics-report

Das J. K., Salam R. A., & Bhutta Z. A.(2014). Global burden of childhood diarrhea and interventions. *Current Opinion in Infectious Diseases*, 27(5). https://pubmed.ncbi.nlm.nih.gov/25101554/

Global alliance for vaccines and immunization(Gavi): Korea, DPR https://www.gavi.org/programmes-impact/country-hub/south-east-asia/korea-dpr 2020.09.30. 인출

Institute for Health Metrics and Evaluation(IHME) http://ghdx.healthdata.org/gbd-results-tool / - GHDx. 2020.06.28. 인출

Ministry of Public Health, DPRK in partnership with WHO, UNICEF, and UNFPA. (Juche106: 2017). Medium Term Strategic Plan for the Development of the Health Sector DPR KOREA 2016-2020. https://extranet.who.int/countryplanningcycles/sites/default/files/planning_cycle_repository/democratic_peoples_republic_of_korea/dpr_korea_medium_term_strategic_plan_2016-20.pdf

Oxford Martins School Our world in Data-Global Change Data Lab(GCDL). https://ourworldindata.org/diarrheal-diseases/ 2020.09.05. 인출

Oxford Martins School Our world in Data-Global Change Data Lab(GCDL). https://ourworldindata.org/grapher/avertable-deaths-from-rotavirus-with-full-vaccine-coverage?tab=map&region=Asia 2020.09.18. 인출

The Institute for Health Metrics and Evaluation. (IHME) https://vizhub.healthdata.org/gbd-compare 2020.08.16. 인출

The Institute for Health Metrics and Evaluation(IHME). https://vizhub.healthdata.org/gbd-compare 2020.06.28. 인출.

The United Nations Children's Fund. (2020). Estimates Developed by the UN Inter-agency Group for Child Mortality Estimation. Levels &Trends in Child Mortality Report 2020. https://www.unicef.org/reports/levels-and-trends-child-mortality-report-2020

UN. Inter-agency Group for Child Mortality Estimation. https://childmortality.org 2020.09.10. 인출

UN. Sustainable Development Goals. https://www.un.org/sustainabledevelopment/sustainable-development-goals/

WHO and Maternal and Child Epidemiology Estimation Group(MCEE). estimates 2018 & The Institute for Health Metrics and Evaluation(IHME). http://apps.who.int/gho/data/node.main.ChildMort?lang=en

http://ghdx.healthdata.org/gbd-results-tool / - GHDx. 2020.06.28. 인출.

최근 북한 의학 학술지에 게재된 정신건강 연구에 대한 탐색적 고찰

조철현·전진용·이헌정

1. 서론

질환의 종류와 분류와 치료적 접근에 있어서 차이는 있을 수 있어도 어느 사회나 정신질환은 있을 수밖에 없다. 북한 사회에서도 정신질환은 존재할 것이고, 이에 대한 치료와 관리는 어떤 형태로든 이루어지고 있을 것이다. 하지만, 북한에 있어서 정신건강에 대한 정보는 매우 제한적이다. 남북 분단 이후 남과 북이 다른 형태의 의료와 의학적 연구를 진행해 오면서 북한의 의료 현실과 의학의 발전에 대하여도 궁금한 것이 사실이지만, 북한 사회가 모든 면에서 폐쇄된 사회이기 때문에 의료와 의학 분야에 대해서도 알려진 것들이 많지 않다. 그나마 21세기 들어서 남북교류의 빗장이 어느 정도 열리면서 알려지던 북한의 상황들도, 2010년 전후로 남북 관계가 악화되면서 다시 매우 제한된 남북 교류만이 이루어지고 있다. 본 내용은 현재 상황에서 북한의 정신건강과 정신의학의 현황을 간접적으로나마 파악하고자 최근 북한 의학 학술지에 실린 정신건강에 관한 연구를 검토한 결과이다.

2. 북한 의학논문의 분석의 중요성과 한계

기존의 북한의 의료와 의학에 대한 대부분의 연구는 탈북민이나 탈북 의료인의 증언, 남북 교류 시절 북한을 방문한 의료진들을 통한 경험을 토대로 한 것들이다(Park YS et al., 2014). 이러한 접근은 특히 정신건강에 있어서는 타 의학영역에 비하여도 상당히 큰 어려움이 있다. 북한의 정신건강의학 치료는 49호 병원이라고 불리는 곳에서 이뤄지는데, 이곳에서는 주로 중증 정신병에 대한 치료를 담당한다고 알려져 있다(전우택 외, 2021). 그러므로 우리가 흔히 생각하는 넓은 정신의학 영역의 시각에서 파악하는 데에는 어려움이 있다. 불안장애나 정신신체 영역은 정신의학이 아닌 내과적 영역으로 분류되어 있고 그렇기 때문에 정신건강 관련 정보를 탐색할 때도 내과적 영역까지 살펴봐야 하는 어려움이 있다(김석주 외 2012). 또한 탈북민 중에서도 북한에서 정신건강의 영역에 종사한 탈북민은 매우 드문 편이어서 탈북민을 통한 정보를 얻기에도 어려움이 많다. 그러다 보니 정신건강 연구에 대한 부분은 타 영역보다 더 미지의 영역으로 남아 있는 것이 사실이다.

이러한 현실에서 북한 정신건강 연구에 대한 파악을 위해 시도해 볼 수 있는 것이 북한 의학논문 분석이다. 현재 북한에서 발행하는 논문을 파악하여 이를 토대로 북한의 정신건강 연구에 대해 알아보는 것은 간접적으로 북한의 정신건강의 현황과 시각 그리고 최근의 연구 수준을 파악하는 데 도움을 줄 것이다. 더욱이 기존의 북한의 정신건강에 대한 연구가 탈북민 인터뷰 등 제한된 정보로만 이루어진 현실에서 이러한 시도는 문헌에 기반한 연구로 나름의 가치가 있을 것이다. 다만 북한 의학논문 분석에 있어 고려해야 할 요소들이 있다. 우선 현실 영역에서의 정신건강에 대한 관심과 연구가 반드시 일치하지 않을 수 있다. 북한의 학술지는 개인 연구자들의 관심과 함께 국가 차원의 관심사나 지도층의 관심사에 맞는 연구가 이루어지기도 한다. 따라서 국내외의 학술지에서는 학술지에 나와 있는 논문이나 연구 주제를 통해 그 당시 연구의 동향이나 연구자들의 관심사를 알아볼 수 있지만 북한의 학술지 해석에 있어서는 이러한 점을 고려해야 한다. 따라서 학술지의 내용이 현실에서 주로 발병하는 질환이나 임상적인 중요성을 갖는다고 하기보다는 북한 정부 당국 차원의 관심일 수 있다는 점을 염두에 두어야 한다. 또한 타 영역의 북한 연구와 마찬가지로 자료 접근의 시간 차가 존재한다. 즉, 현재 국내에서 접할 수 있는 학술지가 최근호라고 하더라도 1-2년 전 자료일 경우가 흔하여 북한의 최신 연구 경향을 알아보는 데 한계가 있다. 또한 앞서 기술한 남한과 북한의 정신의학의 영역 차이가 학술지 분석에서도 존재한다. 따라서 소아정신과 영역을 조사하기 위해서는 소아 영역의 학술지를, 불안장애 영역을 알아보기 위해서는 내과 영역의 학술지를 분석해야 하기도 한다. 따라서 북한의 정신건강을 알아보는 데에는 많은 배경 지식이 필요할 수 있다. 마지막으로 북한의 학술지의 관행에 대한 이해가 필요하다. 정신의학과 관련이 있을 만한 다양한 주제를 파악하는 데에는 의학적 지식뿐만 아니라 북한의 관례와 현황 및 용어의 이해도 필요하다. 예를 들면 모든 논문에는 연도표기가 '주체' 몇 년인지로 표시되어 있으며, 연구 분류도 우리의 종설, 원저, 임상 증례에 해당하는 연구논문, 종설 및 자료, 토막 등으로 구성되어 있다. 또한 연구 시작에 있어서도 왜 연구를 하는가에 있어 국가적 시책 등을 언급하는 경우도 많이 있다. 용어에 있어서도 '잠장애', '심장신경증' 등 우리에게 익숙하지 않은 용어에 대한 이해도 필요하다.

그럼에도 불구하고 북한 의학논문 분석의 한계점을 이해하고 접근한다면 북한과 관련된 정신건강 분야의 제한된 자료의 한계에서도 북한의 정신건강 분야를 이해하는 데 상당한 도움을 얻을 것으로 기대한다.

3. 북한 의학논문 양적 분석

최근 북한 의학 학술지에 게재된 정신건강 연구의 현황을 확인하기 위해, 2000년 이후에 발간된 북한 의학 학술지를 대상으로 논문을 검토하였으며, 연구 제목과 내용을 기준으로 정신의학과 연관된 내용을 다룬 학술논문을 정리하였다. 두 명의 정신건강의학과 전문의(조철현, 전진용)가 국립중앙도서관 북한자료센터에 방문하여 직접 학술지 전체를 열람하며 자료를 정리하였으며, 북한자료센터에서 확보된 학술지 최근호(2018년)까지 기간을 검토하였다.

검토 대상이 된 북한 의학 학술지는《의학 주체》,《예방의학 주체》,《내과 주체》,《소아산부인과》,《외과》,《조선약학》그리고《조선의학》총 7종이었다. 이 중에서,《의학 주체》,《예방의학 주체》,《내과 주체》,《소아산부인과》, 그리고《조선의학》총 5종의 학술지에서 정신건강 연구 논문 게재가 있었음을 확인할 수 있었다. 총 121건의 정신건강 연구논문을 추릴 수 있었으며,《의학 주체》에 23건,《내과 주체》에 52건,《예방의학 주체》에 27건,《소아산부인과》에 12건, 그리고《조선의학》에 총 7건의 연구논문 분포를 보였다.

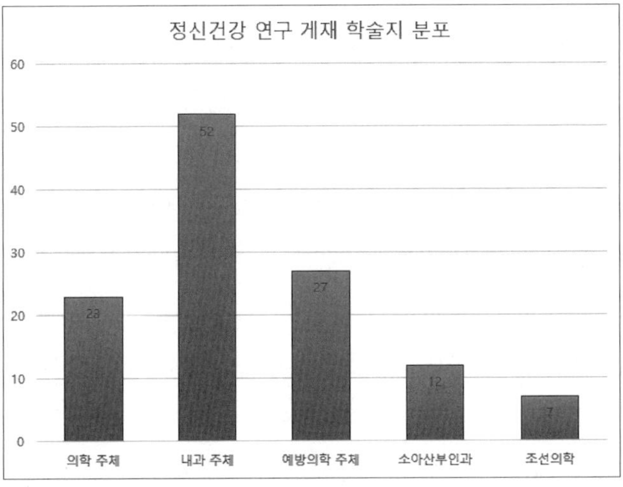

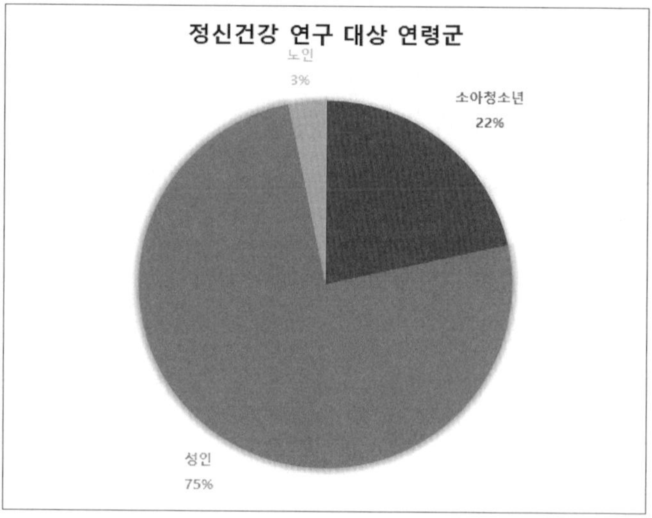

정신건강 연구 대상 연령을 소아청소년, 성인, 그리고 노인으로 나누어 게재된 연구논문의 분포를 살펴본 결과, 소아청소년이 26건(22%), 성인이 91건(75%), 그리고 노인이 4건(3%)의 분포가 관찰되었다.

좀 더 구체적으로, 연구 주제를 세분화하여 정신건강 연구의 주제 분포를 살펴보고자 하였다. 우선 기분장애 중에서는 우울장애 관련 연구가 총 13건이 있었지만, 흥미롭게도 양극성 장애와 관련된 연구는 보고된 바가 없었다. 다양한 불안장애 관련 연구가 총 7건 게재되었으며, 스트레스성장애 연구가 총 2건이었다. 니코틴, 알코올 등과 같은 물질사용장애 관련 연구가 총 13건이었으며, 정신신체 관련 연구가 총 19건으로 상당히 많은 수를 차지하였다. 조현스펙트럼장애 관련 연구가 총 8건으로 적지 않은 수를 차지하고 있었다. 해리성장애와 관련된 연구가 총 6건으로 특정 질환치고는 상대적으로 많았다. 노인 대상 연구는 앞의 연령 분포에서 보듯이 많지 않았는데, 신경인지장애 연구는 총 2건이었다. 노인에 비해 소아청소년 대상 연구는 상대적으로 많은 비중을 보였는데, 이 중에서는 자폐스펙트럼 장애 관련 연구가 총 4건, 지

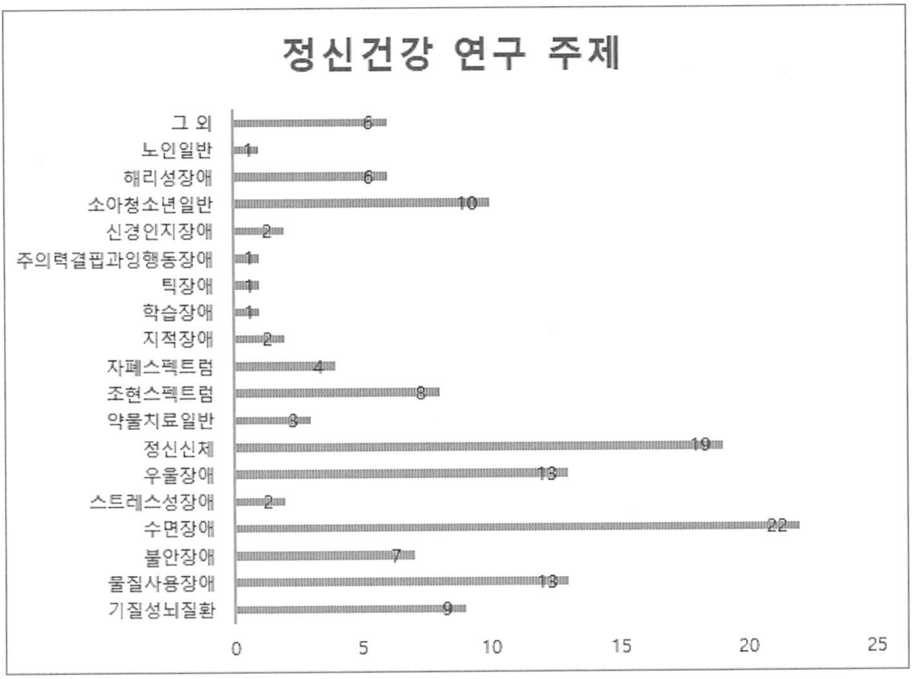

적장애 연구가 총 2건, 주의력결핍과잉행동장애와 틱장애 관련 연구가 각각 1건씩 보였다. 소아청소년 대상 연구는 특정 질환과 연관된 연구보다는 지능이나 정신발달을 평가하는 등의 일반적인 연구가 총 10건으로 다수를 차지하였다. 뇌의 기질적 문제에 따른 정신건강 문제에 대한 기질성뇌질환 연구는 총 9건이 게재된 것을 확인할 수 있었다. 가장 많은 연구 건수를 보인 것은 바로 수면장애 관련 연구였는데, 총 22건의 연구가 게재되었다. 수면장애 관련 연구는 시간생물학 등과 같은 기초 영역에서부터 불면증, 수면무호흡증 등의 질환에 대한 진단이나 치료에 이르기까지 다양한 스펙트럼의 연구가 진행된 것을 확인할 수 있었다.

마지막으로, 정신건강 연구의 주제를 연구 영역 분포의 기준으로 살펴보았다. 연구 영역은 기초 의학, 임상 일반, 임상 진단, 임상 치료, 한방 진단, 그리고 한방 치료로 구분하였고, 한방 진단에 해당하는 논문은 없었기 때문에 제

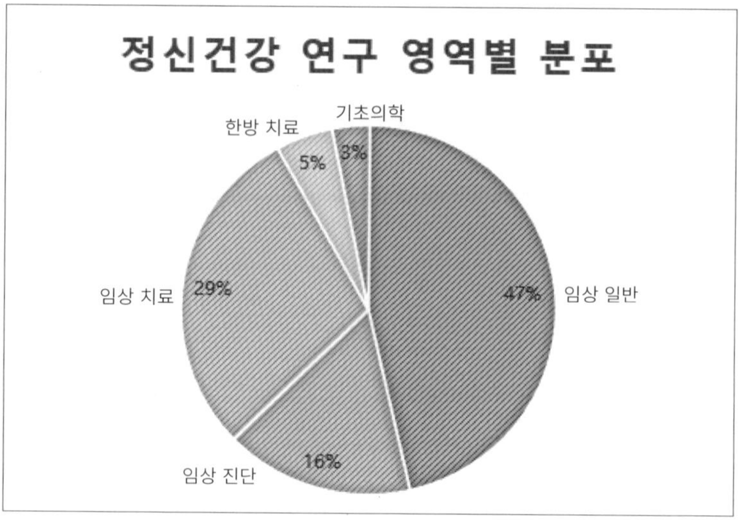

외시켰다. 총 2건의 논문은 임상 진단과 임상 치료의 내용을 모두 담고 있었기 때문에, 각 영역에 중복 포함시켰다. 그 결과 기초 의학 영역은 4건(3%), 한방 치료 영역은 6건(5%), 임상 진단 영역은 20건(16%), 임상 치료 영역은 36건(29%), 그리고 임상 일반 영역은 57건(47%)으로 파악되었다.

4. 북한 의학논문의 질적 분석

또한 국립중앙도서관 북한자료센터에서 확보된 학술지 최근호(2018년)까지 문헌을 검토하였으며, 현재의 북한의 정신의학의 현황을 파악하는 데 도움이 될 내용을 소개하고자 한다.

첫 번째로 정신과 약물에 대한 연구이다. 흔히 북한에서는 선택적 세로토닌 재흡수 차단제(Selective Serotonin Reuptake Inhibitor, SSRI)나 비정형 항정신병 약물(Atypical Antipsychotics) 사용에 대해서는 많이 알려져 있지 않았고 몇몇 탈북 의료인들의 인터뷰에서도 삼환계 항우울제(Tricyclic Antidepressant, TCA)나

정형 항정신병 약물(Typical Antipsychotics)의 사용에 대한 보고들이 많았다. 하지만 2014년 1호《소아산부인과》(29) 〈어린이 주의력결핍과잉행동장애를 플루옥세틴으로 치료〉 논문에서는 주의력결핍과잉행동장애 어린이 15례를 플루옥세틴 투여 후 5점 평가 척도를 사용하여 개선된 점을 제시하는 등 항우울제 치료에 대해 언급하고 있다. 또한 2014년 2호《소아산부인과》(39) 〈할로페리돌과 플루옥세틴 배합에 의한 어린이만성티크의 치료에 대한 연구〉에서도 플루옥세틴 투여의 효과를 검증하고 있다. 성인에 있어서도 2017년 106호《내과 주체》(37) 〈플루옥세틴과 심리치료병합으로 갱년기심신증을 치료〉에서 성인의 플루옥세틴 치료, 2018년《내과 주체》 107호(39) 〈불안장애의 치료〉에서 서트랄린과 디아제팜의 병합 요법에 대해 제시하고 있는 플루옥세틴(Fluoxetine)이나 설트랄린(Sertraline)등 선택적 세로토닌 재흡수 차단제(SSRI)과 관련된 연구도 관찰할 수 있었다. 항정신병 약물에 있어서도 2017년 106호《내과 주체》(26) 〈블로난세린에 대하여〉에서 블로난세린(Bolnanserin)의 약물학적 특성에 대해 언급하고 있는 등 비정형 항정신병약물(Atypical Antipsychotics)에 대한 언급도 많았다. 2016년 105호《내과 주체》(46) 〈정신병치료약의 부작용〉에서는 부작용을 1) 당대사 이상, 2) 몸질량 증가, 3) 고프록락틴혈증(고프로락틴혈증), 4) Q-T 간격 연장 등으로 언급하고 있는 등 비정형 항정신병약물(Atypical Antipsychotics)의 부작용에 대해서도 관심을 가지고 있었다.

다음으로 심리 치료에 대한 연구들도 주목할 만한데, 49호 병원으로 대변되는 정신병 중심으로 치료시설에 따른 편견으로 심리치료가 적을 것으로 예상되었지만, 의외로 2017년《내과 주체》 107호(39) 〈불안장애의 치료〉에서는 디아제팜과 서트랄린으로 치료하고 일반심리치료는 수용, 지지, 보증의 3대 요법을 사용하고, 인지행동 요법은 주1회 3달간 실시한다고 언급하고 있다. 따라서 지지정신치료(Supportive psychotherapy)나 인지행동치료(Cognitive Behavior therapy)가 북한의 연구 문헌에서는 언급되고 있었다. 다만 짧은 논문에서 언급된 것이기 때문에 북한에서 실제 정신치료를 어떤 방식으로 행하고 있는지는 파악할 수는 없었으며 추후 북한의 정신치료에 대해서도 좀더 연구가 필요하겠다.

마지막으로 지역사회 정신의학 관련해서도 흥미로운 내용을 찾아볼 수 있었다. 2015년《내과 주체》105(45)〈정신병 미치료기간의 개념과 기 장기예후적 의의〉에서는 정신병 미치료와 관련해서 DUP(Duration of Untreated Psychosis)에 대해 언급하고 설명하고 있으며, 지역사회 조기개입에서의 예후 차이에 대해서도 언급하고 있다. 다만 짧은 논문으로 북한의 지역사회 조기개입에 대한 상황을 알아보기는 힘들었다.

5. 요약 및 결론

지금까지 2000년 이후에 발간된 북한 학술지를 대상으로 정신건강 연구에 대해 탐색적 분석과 고찰을 하였다. 일반적으로 정신의학은 내과, 외과, 산부인과, 소아청소년과와 함께 상대적으로 중요한 임상 영역으로 여겨지고 있으나, 북한 학술지에는 정신건강 연구를 독립적으로 담당하는 학술지가 존재하지 않는 대신 외과와 조선 약학을 제외한 학술지 전반에 걸쳐 정신건강 연구를 담고 있는 것을 확인할 수 있었다. 북한 내에서 정신의학은 독립적인 학문의 영역으로 인정받을 만큼의 비중을 차지하고 있지 않음은 분명하지만, 그럼에도 불구하고 정신건강 연구가 어느 정도는 이뤄지고 있음을 알 수 있었다. 정신건강 및 정신질환에 대한 다양한 관심이 있다는 것도 이번 분석을 통해 엿볼 수 있었다.

정신건강 연구의 대상 연령은 성인이 압도적으로 많았지만, 노인 연령을 대상으로 한 연구가 매우 적다는 점은 주목할 만하다. 한국은 고령사회에 접어들면서 노인의 건강에 대해 활발한 연구가 이루어지고 있으며 사회경제적으로도 큰 비중을 차지하는데, 북한의 현황은 북한의 인구 연령 분포, 노인에 대한 인식, 노인과 관련된 사회경제적 규모 등과 연관하여 추측해 볼 수 있겠다. 소아청소년을 대상으로 한 연구는 꽤 활발하였는데, 단순 정신질환 차원의 연구보다는 정상발달 등과 관련된 연구들이 상대적으로 많아 이들에 대한 관심이 많음을 확인할 수 있었다.

정신건강 연구 주제의 분포상에서 주목할 만한 점은, 첫 번째 조현스펙트럼장애 관련 연구가 상당히 있었다는 점이다. 통상, 북한에서 조현병에 대한 적절한 치료를 하기보다는 격리 수용 등을 한다고 알려져 있으나, 학문적으로 조현병에 대한 연구가 생각보다 많았으며 항정신병약제에 대해 다루는 등 치료적 측면에서 관심이 있다는 점이 인상적이었다. 두 번째는 양극성장애 관련 연구가 전무했다는 점이다. 임상적으로 급성기 증상 기준으로 생각하였을 때 조현병보다는 양극성장애 조증삽화에서의 중증도가 훨씬 심할 수 있는데, 때문에 북한에서 양극성장애의 조증이 진료의 영역에서 배제되거나 조현병이나 다른 질환으로 오진될 가능성도 추정해 볼 수 있었다. 세 번째는 해리성장애에 대한 관심이 높다는 점이다. 해리증상이나 전환증상은 시대적, 문화적 상황을 많이 반영하는 것으로 알려져 있다. 이에 대한 연구 건수가 상대적으로 높다는 것은, 북한 내에서 관련 증상이 꽤 빈번하고 때문에 주목을 받는다고 추정할 수 있겠다. 네 번째는 우울장애, 불안장애, 정신신체문제, 그리고 수면장애 등과 같은 영역에 대한 연구가 월등히 높다는 것이다. 2000년 이후의 북한의 정신건강 문제가 주로 어느 부분에 집중되고 있는지를 확인할 수 있다는 점에서 주목할 만하다. 소위 신경증적 문제에 상당수의 연구가 집중이 되고 있다는 것은, 최근 북한 내의 정신건강 문제의 흐름을 읽을 수 있는 대목이다.

지금까지 최근 북한 의학 학술지에 게재된 정신건강 연구에 대해 질적, 양적 분석과 고찰을 통해, 북한에서의 정신건강이 차지하는 위치와 정신건강 현황에 대해 살펴볼 수 있었다. 연구논문의 상당수는 1-3장 정도로 매우 빈약한 내용이 다수였고, 그 형태도 주로 종설이나 증례 보고가 많았으며, 임상연구를 통한 분석이라 해도 부족한 샘플 수와 연구디자인으로 의학적 근거로서 사용되기에 부족함이 많았다. 하지만, 북한에서 정신건강 연구가 지속적으로 이루어지고 있으며, 대상 연령과 주제가 생각보다 다양하다는 점에서 의미가 있다. 북한의 정신건강 분야에 대한 적절한 교류와 지원을 위해서, 북한 정신의학의 현주소를 명확히 파악하고 이해하는 것이 필수적이겠으며, 이를 바탕으로 집중하여 준비하는 것이 통일을 대비하는 데 중요하겠다.

❖ 참고 문헌

김석주·박영수·이혜원·박상민. (2012). 〈북한 의사들이 바라보는 북한의 정신의학 현황〉. 《정신신체의학》, 20(1):32-39.

전우택·김신곤·강민아·고상원·김석주·김석향 등. (2021). 《한반도 건강공동체 준비》. 박영사.

Park YS, Park SM, Jun JY, Kim SJ. (2014). Psychiatry in Former Socialist Countries: Implications for North Korean Psychiatry. *Psychiatry Investig*, 11(4): 363-370.

김정은 시대 북한 의학 학술지에 게재된 정신건강 연구에 대한 탐색적 고찰*

유시은

1. 서론

세계보건기구(WHO)헌장에 의하면, 건강의 정의는 "단지 질병에 걸리거나 허약하지 않은 상태만이 아니라 신체적, 정신적, 그리고 사회적으로 웰빙한 상태"이다. 여기서 정신건강(mental health)은 "일상생활에서 언제나 독립적·자주적으로 처리해 나갈 수 있고 질병에 대해 저항력이 있으며 원만한 가정생활과 사회생활을 할 수 있는 상태이자 정신적 성숙 상태를 의미한다. 또한, 자신의 잠재력을 실현하고 공동체에 유익하도록 기여할 수 있는 것을 포함"한다(WHO, Mental health: strengthening our response, 2018). 한국교육심리학회(2000)에서, 정신건강이란, "인간의 심리적 기능이 어느 정도 정상적인가를 나타내는 개념이다. 일반적으로 정신질환이 없고, 정상 범주에 있으며, 잘 적응하고, 불만이 적고 행복감을 느끼는 사람 등의 조건을 갖춘 경우이다. 또한, 인간 정신기능의 생리적·심리적·사회적 측면이 상호 심각한 갈등 없이 고유의 기능을

* 본 논문은《미래연구》, vol. 10, No. 1(2019)에 게재된 것을 일부 수정하여 수록하였음.

발휘하고 있으며 사회집단과 현실적 적응을 하고 있는 것"이라고 정의되어 있다. 김춘경(2016)에 의하면, 정신건강은 "정신적으로 건강하지 못한 상태의 예방 및 치료라는 소극적인 측면과 정신적으로 건강한 상태 유지 및 증진이라는 적극적인 측면을 가진다"고 하였다.

상기 '정신건강'의 공통 개념을 도출하면, 정신적인 질병 증상이 없을 뿐 아니라 자신의 능력을 최대한으로 발휘하고 환경에 잘 적응하며 자주적이고 건설적으로 자신의 생활을 잘 처리해 나갈 수 있는 성숙된 인격체를 갖추고 있는 상태라고 할 수 있다.

정신건강 법률 제정과 관련하여 살펴보면, 국내에서는 1995년 12월 정신보건법(법률 5134호)이 제정되어 오늘에 이르기까지 '정신건강'이라는 용어가 도입, 대중들에게 알려지게 되었다. 이는 그 당시 국내외 사회문화적인 환경과 무관하지 않은 것으로 보인다. 즉, 1992년 구소련 및 중국과의 한중수교가 체결되었고, 1993년 문민정부 전환이 일어났으며, 1994년 북한에서 김일성 사망, 1997년 한국 IMF 전야 등으로 일련의 변화로 인한 환경적응 및 정신위생에 대한 잠재적인 수요에 의한 것이라 볼 수 있다. 이는 한국사회가 동서를 아우르는 기회가 주어졌다는 의미이며, 이데올로기 대결에 지배된 상황에서 해방이 반영된 것이기도 하다. 명실공히, 한국사회 각자가 대양으로의 항행과 관련된 복잡한 심리·정신건강 수요가 요청되었다는 함의이다.

이상의 배경에서 북한 연구 접근 주제가 상당 부분 해제되었으며, 북한이탈주민들이 한국에 입국하면서 북한의 정신건강 탐색이 가능해졌다. 즉, 제한된 창구를 통하여 상기 정신보건법에 준거한 북주민의 정신건강 연구 접근이 시작되었다. 1999년 12월에 통일부 하나원이 설립되어, 기관 내 정신건강을 전담하는 상담심리사가 2000년 9월부터 활동, 일련의 데이터가 축적되기 시작하였다. 필자는 2001년 1월부터 2002년 12월까지 하나원에 심리상담사로 재직하였으며, 그 후 지역사회 사회복지관 및 제3국 영사관에 체류하는 보호대상 북 출신 주민들의 정신건강 관련 심리상담 및 연구를 하였다. 이러한 경험을 토대로 북한이탈주민들의 정신건강 현황 및 그 인식에 대해 추적하였으며, 남북한 주민들의 정신건강 관련 인식 및 태도 등에 차이가 있다는 것을 실감하게 되었다.

Park(2012)의 연구에 의하면, 사회문화적인 요인에 따라 정신건강 인식에 많은 영향을 미치고 있다는 것이 보고된 바 있다. 이 외에도 북주민들의 정신건강을 연구하기 위한 시도로서, Kim SJ 등(2012)은, 북한에서 10년 이상 임상경험이 있는 북한이탈주민 의사 3명을 대상으로 '북한의 정신의학'을 고찰하였다. 연구 결과에 의하면, 정신 질환 증상이 분명한 환자에 한하여 정신과 치료를 받았으며, 우울증이나 불안장애는 대개 정신과에서 다뤄지지 않고 있었다. 자살은 국가에 대한 배신으로 간주되며, 이는 매우 드문 것으로 보고되었다. 연구자는 북한의 정신의학에 대한 결론으로, 남북 정신의학은 크게 차이를 보이며, 구 사회주의 국가의 정신과와 유사하나, 북한의 정신의학은 독특한 특성을 가지고 있다고 보고하였다. Shieun Yu 등(2018)은 북한에서 의료인이었거나, 친인척 중 정신과 진료를 받았던 북한이탈주민 10명을 대상으로 북한에서의 정신건강 관련 인식을 질적 연구한 결과, 북한에서 '1) 정신건강 용어와 개념에 대해 생각하거나 들어본 적이 없으며, 2) 우울증이나 불면증이 병이라는 것을 몰랐으며, 3) 정신건강이 질병이라는 것을 모르고 죽는 사람이 많으며, 4) 정신병원에 입원하지 않는 사람이 건강하다'고 보고하였다. 이 연구는 북한 내 정신건강에 대한 인식을 고찰함에 있어 남한에 입국한 북한이탈주민들을 대상으로 한 회고적인 접근이다. 이는 북한 내 정신건강 관련 의료인을 직접 대상할 수 없다는 한계로 인한 대안 접근이며, 북한 내 정신건강을 이해하는 데 한계가 있기 때문이다.

한편 이에 북한의 정신건강에 대해 고찰함에 있어 남한 및 서구권의 렌즈가 아닌, 그 사회에서 통용되는 측면을 살펴볼 필요가 있다. 북한사회는 남한과 달리 '당 및 근로단체 조직'에서 주민들의 생활애로 또는 심리상담 기능을 실시하고 있다. 이때 심리상담의 의미는 '인민의 마음속에 품고 있는 아픈 심정' 또는 '곤란'을 해결해 주는 '사람과의 사업'이라고 할 수 있다. 한편, 정신과 의사들은 정신질환 증상을 보이는 환자를 대상으로 진단 및 약물치료 등을 실시한다. 심리학의 경우 정신과 의사뿐만 아니라 교육학 및 경찰학교, 공산대학에서 일반 교양 및 '사람과의 사업'에 필요한 기초 과목이다. 즉, 정신과 의사 및 심리치료 전문 상담자가 아닌 교육 및 주민 교양과 관련된 인력은 일반 대중을 향하여'군중/대중 사업' 또는 '담화' 등으로 심리상담 기능을 하고 있다. 이러한 북한 사회문화적인 특징은 남북한 정신건강 및 심리상담의 차이를 이해하는 데 고려해야 할 사항이다.

본 연구의 목적은 국내 입고된 김정은 시대 북한 의학 학술지에서 정신건강 관련 논문을 살펴봄으로써, 심리상담 및 심리치료적인 접근을 탐색적으로 고찰하는 것이다. 이를 위해 정신건강 관련 논문을 우선 선별하고, 그중 심리상담 및 심리치료적인 논문을 중심으로 탐색적으로 고찰하였다. 이와 같은 시도는 한반도 미래 새 세대의 창의적인 교육 및 그 개발과 관련하여 중요한 의의를 가진다고 볼 수 있다. 즉, 자아의 특성을 발견하는 개인의 정신건강뿐만 아니라 타인과 협업할 수 있는 사회적 건강에 대한 남북한 교류 협력의 토대를 마련하는 데 기초 자료가 될 것이다.

2. 연구방법

본 연구는 김정은 시대 북한 의학 학술지에 게재된 정신건강 관련 연구를 탐색적으로 살펴보기 위한 문헌고찰이다. 특히, 심리상담 및 심리치료 접근의 논문을 중심으로 분석하였다.

필자는 2019년 3월 25일, 4월 25일, 5월 10일, 5월 23일 4일 동안 통일부 북한자료센터에 방문하여, 국내 입고된 북한 의학 학술지(연속 간행물) 11종 중

《예방의학》, 《소아산부인과》, 《조선의학》을 대상으로 분석하였다. 3종의 학술지를 선택한 이유는, 《예방의학》의 경우 남북이 전염성 질환 방역을 협력해야 하는 보건권역임을 감안한 것이며, 《소아산부인과》는 건강취약계층인 여성 및 아동의 건강을 우선 고려하였기 때문이다. 《조선의학》은 북한의 건강 관련 의학 논문을 전반적으로 다루는 간행물 성격을 가지고 있기 때문이다. 분석 범위는 2011년 11월 김정일 사망 이후 김정은 시대를 중심으로 살펴보았다. 이는 과거 북한 의학 학술지 내 정신건강 관련 연구의 역사적인 접근 역시 중요하나, 본고에서는 현재 당면한 정신건강 과제와 향후 남북 교류협력을 감안하여 김정은 시대를 중심으로 연구 범위를 한정하였다. 이에 김정은 시대 정신건강 관련 연구의 연간 추이를 탐색적으로 고찰하기 위해 2011년 제1호부터 2018년 제4호까지 분석하였다. 필자는 김정은 시대 북한의 정신 건강 관련 연구 경향과 의미있는 연구 주제를 도출하기 위해 다음과 같은 단계를 거쳐 순차적으로 진행하였다.

1단계: 연구 질문 설정

문헌고찰의 일반적인 방법은 연구 질문을 설정하는 것이다. 본 연구의 주요 질문은 다음과 같다.

첫째, 김정은 시대 북한 의학 학술지에 게재된 정신건강 관련 연구는 무엇인가?

둘째, 김정은 시대 북한 의학 학술지에 게재된 심리상담 및 심리치료 연구는 무엇인가?

셋째, 미래사회 정신건강 및 사회적 건강을 위한 남북한 교류협력을 위한 함의는 무엇인가?

2단계: 관련 연구 확인

김정은 시대 북한 의학 학술지에서 정신건강 관련 연구를 확인하기 위해,

현재까지 통일부 북한자료센터에 입수된 북한 의학관련 학술지를 확인하였다. 그 결과, 연속간행물중 의학 학술지는《고려의학》,《치과/안과/이비인후과》,《조선의학》,《약학》,《의학》,《내과》,《예방의학》,《소아산부인과》,《외과》,《기초의학》,《조선약학》으로 총 11종이 있었다.

3단계: 연구선택

연구 질문과 관련된 논문을 선정하고 그렇지 않은 경우는 제외시켜서 최종 분석 대상을 선택하였다. 선정 시 북한에서 참여관찰을 하였으며, 사회문화적인 식견을 가지고 있는 전문가에게 정신건강 관련 연구 목록 선정에 대한 자문을 얻었다.《예방의학》,《소아산부인과》,《조선의학》 학술지를 대상으로 2011년 제1호부터 2018년 제4호까지의 목차를 복사하고, 그중 정신건강 관련 원문을 확보하여 전문을 읽었다.

2011~2018년도 하반기까지《예방의학》,《소아산부인과》,《조선의학》 목차에서 수집한 문헌은 총 30편이었으며, 원문을 검토하면서 정신건강과 관련 내용이 적은 2편을 제외하여, 최종적으로 28편을 선정하였다. 그중 심리상담 및 심리치료와 관련된 논문은 23편(82.14%)이었다. 23편은 주로 심리 진단 및 심리치료 효과, 심리건강 및 심리치료 소개 등이었다.

4단계: 데이터 기록

선택된 질적 자료들을 분류하고 데이터로 기술하는 것으로서, 분석 대상을 충분히 검토하고 중요한 내용을 엑셀 프로그램에 기록(Charting)하였다. 기록한 내용은 저자, 학술지, 호수, 연구 대상, 연구유형, 연구설계, 결과, 요약, 참고 문헌, 실마리어(주요어, key word), 영문요약 여부 등이다. 데이터 기록 과정에서 필자는 자문위원과 토의를 통하여 작업에 임했으며, 토론 후 일치되는 사항을 기록하였다.

5단계: 분석, 요약과 결과 도출

탐색적 고찰에 있어서 논문 원문을 복사하여 모의 평가와 분석을 하였으며, 필자와 자문위원 간 불일치가 발생하는 항목은 토의하여 제외 또는 추가하였다. 최종 선정된 논문은 발표연도, 학술지별 등으로 분석하고, 연구대상, 연구방법, 세부 연구 주제를 살펴보았다.

3. 연구결과

1) 북한 의학 학술지의 정신건강 논문 동향

(1) 정신건강 논문 출판연도별 게재 편수

북한 의학 학술지에 게재된 정신건강 관련 논문의 연구별 현황을 〈그림 1〉에 제시하였다. 2011년과 2012년에는 각각 1편씩 게재되었다. 2013년도와 2014년도에는 각 2편씩 게재되었다. 2015년도에는 7편, 2016년에는 4편, 2017년에는 7편, 2018년에는 4편이 게재되었다. 2011년부터 2018년까지 3종의 학술지에 게재된 정신건강 논문 수는 김정은 시대 초기에 비하여 증가하고 있는 것으로 보인다. 2015년과 2017년도 정신건강 논문 편수가 급격하게 증가하는 추세를 보였으나, 2016년과 2018년 감소 추이를 보이고 있다. 이러한 경향성은 북한에 대한 미국의 경제제재로 인한 내부 긴장이 고조되면서, 과학적인 학문 분야가 과거로 회귀 및 위축된 것으로 해석할 수 있다.

2011년부터 2018년까지 정신건강 논문이 게재된 학술지를 살펴보면, 〈표 1〉과 같다. 2011~2013년까지는《소아산부인과》에만 게재되었다. 2014년은《조선의학》과,《소아산부인과》에 각각 1편씩 게재되었으며, 2015년에는《소아산부인과》 5편,《예방의학》에 2편이 게재되었다. 2016년에는《소아산부인과》와《예방의학》에 각각 3편과 1편이 게재되었으며, 2017년에는《조선의

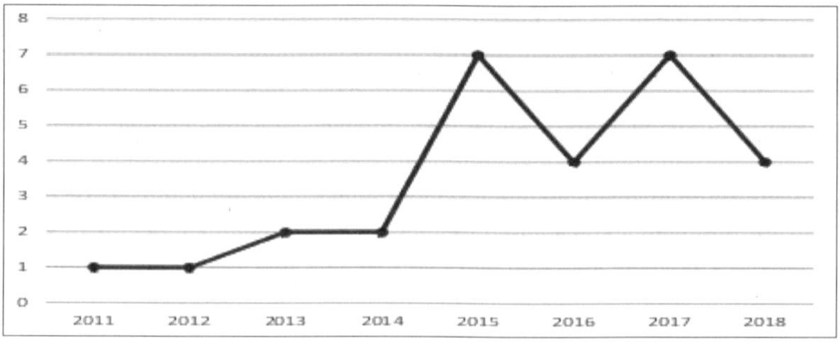

<그림 1> 출판연도별 3종의 북한 의학 학술지에 게재된 정신건강 논문 게재 편수

<표 1> 3종 학술지별 논문 게재 수

연도	학술지	편수
2011	소아산부인과	1편
2012	소아산부인과	1편
2013	소아산부인과	2편
2014	조선의학	1편
	소아산부인과	1편
2015	소아산부인과	5편
	예방의학	2편
2016	소아산부인과	3편
	예방의학	1편
2017	조선의학	3편
	소아산부인과	4편
2018	예방의학	2편
	조선의학	2편
계	3종	28편

학》 3편, 《소아산부인과》 4 편으로 총 7편이 게재되었다. 2018년에는 《조선의학》과 《예방의학》 각각 2편이 게재되었다. 출판연도별 학술지를 종합적으로 살펴보면, 2018년를 제외하고 2011~2017년까지 《소아산부인과》에 정신건강 연구가 지속적으로 게재되었다.

발표된 글의 유형을 살펴보면, 〈표 2〉와 같이 구분할 수 있다. 3종의 학술지는 '연구성과와 경험', '종설 및 강의', '토막'으로 구분되어 있다. 이 중 '종설 및 강의', '토막'은 저자들의 연구라기보다 자료 조사의 성격을 가진 것으로

<표 2> 발표 논문 유형

구분	편수(%)
연구성과 및 경험	19편(67.9%)
종설 및 자료/강의	7편(25%)
토막	2편(7.1%)
합계	28편(100%)

북한에서는 '통보'라고 일컫는다. '종설 및 강의'의 경우 해외 참고 문헌을 번역하여 소개하는 경우가 많다. 토막은 2011년부터 2018년 3종의 학술지에서 발표된 정신건강 글은 '연구성과 및 경험'이 19편(67.9%), '종설 및 강의/자료'는 7편(25%), 토막은 2편(7.14%)이었다. '연구성과 및 경험'의 경우《예방의학》은 '연구성과'라고 하거나,《조선의학》은 '연구논문'이라고 명기되기도 하였다.

(2) **정신건강 연구주제 구분**

연구 주제는 상위범주와 하위범주로 구분하였다. 첫째, 정신질환과 관련되어 APA(2015) 및 ICD-10 기준 등으로 설명되는 증상적인 자폐증, 해리장애 등과 관련된 내용들을 범주화하였다. 둘째, 심리적 적응에 대한 것으로 심리적 위기와 고통 등으로 국제기구 및 관련 연구자의 진단 도구 활용한 것으로 구분하였다. 셋째, 정신건강의 회복을 반영한 개념으로 만족도, 건강심리 등을 포함시켰다. 넷째, 정신건강과 관련된 포괄적 연구로 정신건강 전략, 문제 예측과 비교, 서비스 모색 등으로 구분하였다. 다섯째, 자기실현, 정서와 관련된 내용을 묶어 기타로 분류하였다. 이러한 범주에 따라 북한 의학 학술지에 게재된 정신건강 연구 주제를 〈표 3〉에 제시하였다. 심리적 적응 관련 논문이 15편(48.38%)으로 가장 많았으며, 정신실환 및 회복은 각각 7편(22.58%), 포괄적 연구 및 기타는 각각 1편(3.23%)으로 나타났다.

<표 3> 북한 의학 학술지 정신건강 관련 연구 주제

상위범주	하위범주	편수(%)
심리적 적응	불안 (6)	15(48.38%)
	우울 (5)	
	주관적 심리상태(1)	
	심리조사 (1)	
	어린이증상검사 (1)	
	어문출현 (1)	
정신질환	어린이 자페증 (1)	7(22.58%)
	자페증치료평가조사 (1)	
	공포불안장애 (2)	
	격리불안장애 (2)	
	자페증 유사질병(1)	
	발달장애증상 (1)	
	해리(전환)성장애 (1)	
회복 패러다임	현증관찰 (1)	7(22.58%)
	심리치료 요법 및 효과 (2)	
	약물치료 효과 (2)	
	건강심리(2)	
포괄적 연구	환자의료봉사질 만족도 (1)	1(3.23%)
기타	정서 (1)	1(3.23%)
합계		31개(100%)

* 논문에서 언급한 연구주제 복수 체크.

** '자페증'은 북한의 용어를 그대로 명기한 것임.

(3) 정신건강 연구자 및 게재 편수

2011~2018년까지 3종의 학술지에 게재된 정신건강 논문 28편에 참여한 연구자는 총 42명이었다. 그중 〈표 4〉에서 보는 바와 같이 리성진과 리영민의 논문이 6편으로 가장 많다. 뒤이어 김유근과 로경희의 논문이 각각 5편과 4편 게재되었다. 2편을 게재한 연구자는 리광희, 박미라, 전충호, 조련희, 최윤성, 최혜영, 한봄순이었다. 즉, 2편 이상 게재한 연구자는 총 11명이며, 31명의 연구자는 각각 공저자로 참여하여 1편의 논문을 게재하였다. 4편 이상 게재한 연구자를 중심으로 살펴보면, 리성진과 리영민, 김유근은《소아산부인과》에 공저자로 참여하였으며, 로경희는 전충호, 박미라, 박은별과 공저하였다.

<표 4> 북한 의학 학술지 정신건강 연구자별 논문 게재 편수

저자명	편수	저자명	편수	저자명	편수
리성진	6	김명호	1	신정순	1
리영민	6	김선경	1	신찬재	1
김유근	5	김용남	1	오귀화	1
로경희	4	김정혁	1	오일선	1
리광희	2	김철남	1	오현진	1
박미라	2	류성일	1	왕정남	1
전충호	2	리성준	1	임애경	1
조련희	2	리수금	1	장혜경	1
최윤성	2	리은영	1	조신옥	1
최혜영	2	리은정	1	조희건	1
한봄순	2	리은희	1	최남용	1
고충일	1	박경선	1	최정근	1
김동철	1	박은별	1	한영복	1
김명심	1	박혜란	1	한정옥	1

정신건강 연구에 참여한 연구자 42명 중 단독 저술은 없었으며, 2편 이상 게재한 연구자들의 학술지를 살펴보면, 〈표 5〉와 같다. 2인 이상 공저자 편수는 19편(67.86%)으로 가장 많았으며, 3인은 7편(25%), 4인은 2편(7.14%)으로 나타났다.

<표 5> 북한 의학 학술지 정신건강 공저자 편수

저자수	편수	백분위
2인	19편	67.86%
3인	7편	25%
4인	2편	7.14%
합계	28편	100%

2편 이상 정신건강 관련 논문을 게재한 연구자들을 중심으로 학술지와 출판연도를 〈표 6〉에 제시하였다. 리성진(6편), 리영민(6편), 김유근(5편)은 공저자로서 2013~2015년까지 《소아산부인과》에 발표하였다. 이들의 연구는 〈학령전 어린이들을 대상으로 불안장애의 약물 및 심리치료〉이다. 그들은 불안에 대해 공포 및 격리, 사회 불안으로 구분하여 게재하였으며, 연구성과 및 종설을 통해 불안장애에 대한 다양한 약물 및 심리치료, 개념 등을 소개하였다.

로경희(2014)는 《소아산부인과》에서 〈어린이자페증의 특징〉을 발표하였으며, 같은 해에 《조선의학》에 〈어린이자페증 약물치료〉를 발표하였다. 또한 2017년 전충호와 공저하여 《조선의학》과 《소아산부인과》에 각각 1편씩 발표하였다. 공저 시 연구주제는 〈어린이자페증의 약물치료와 진단〉에 대한 연구를 발표하였다.

<표 6> 북한 의학 학술지 정신건강 게재 편수가 2편 이상인 연구자별 학술지 및 출판연도, 연구주제

저자명	편수	학술지명	출판연도	연구주제
리성진	6	소아산부인과	2013, 2014, 2015	학령기전 불안장애 (공포, 격리, 사회) 약물 및 심리 치료
리영민	6	소아산부인과	2013, 2014, 2015	
김유근	5	소아산부인과	2013, 2014, 2015	
로경희	4	소아산부인과	2014, 2017	어린이자페증 임상적 특징, 어린이자페증 조기진단
		조선의학	2014, 2017	어린이자페증 약물치료
전충호	2	소아산부인과	2017	어린이자페증 조기진단
		조선의학	2017	어린이자페증 약물치료
리광희	2	소아산부인과	2011, 2012	자률신경기능실조증환자의 정서상태, 정상임신부의 심리적 특성
박미라	2	소아산부인과	2016	어린이 정서장애 조기감별, 어린이자페증 림상적특징
조련희	2	소아산부인과	2013	어린이 불안장애(공포)
		예방의학	2018	불안장애환자
최윤성	2	예방의학	2018	정신지능장애자 지능수량화
		조선의학	2018	자페증
최혜영 한봄순	2	조선의학	2017	현대의학과 건강심리학
		소아산부인과	2017	청소년 심리와 건강

리광희는 2011년과 2012년에 《소아산부인과》에 각각 1편씩 발표하였으며, 최근 발표 논문은 없었다. 리광희는 임산부를 대상으로 〈자률신경기능실조증환자의 정서상태 및 심리적인 특징〉을 연구하였다.

박미라는 2016년 《소아산부인과》에 2편의 논문을 발표하였다. 박미라의 연구주제는 〈어린이 정서장애 조기감별 및 어린이자페증 림상적 특징〉이다. 조련희는 2013년 《소아산부인과》에 1편의 논문을 발표한 후, 2018년 《예방의학》에 1편의 논문을 발표하였다. 조련희는 2013년 리성진·리영민과 〈불안장애〉를 공저한 이후 2018년 다른 저자와 함께 〈어린이자폐증〉을 발표하였다. 최윤성은 2018년에 《조선의학》과 《예방의학》에 각각 1편씩 발표하였으며, '회색동급무게결정 방법을 활용하여 정신지능장애자의 지능을 수량화'하였으며, '자폐증'에 대해 연구하였다.

최혜영과 한봄순은 공저자로 2017년에 《조선의학》과 《소아산부인과》에 각각 1편씩 발표하였다. 그들은 병리적인 측면보다는 '건강심리' 및 '심리와 건강과의 관계'에 대해 소개하였다.

(4) 정신건강 논문의 연구방법

연구방법 분석은 Kim(2013)이 개발한 분석틀을 활용하였다. 다음의 여섯 가지로 분류한다. 첫째, 설명적 연구이다. 변인 간의 관계 양상이나 인과관계를 분석하는 연구이다. 둘째, 실험 연구이다. 실생활 또는 실험 공간에서 의도적으로 일정한 조건을 부여하여 개입의 효과를 분석하는 연구이다. 또한 유사실험연구를 포함한다. 셋째, 질적 연구이다. 심층면접 또는 참여관찰을 통해 정신건강과 관련된 생활, 가족사, 경험, 사건 등을 심층적으로 분석하는 연구이다. 넷째, 통계DB(데이터베이스)분석이다. 비반응적 연구의 하나로서 연구자가 수행한 설문이 아니라 외부기관의 조사자료를 활용하여 분석하는 2차자료 연구이다. 다섯째, 문헌연구이다. 해당 연구주제에 관련하여 분석틀을 통해 기존 문헌을 논리적으로 분석하거나 비판적으로 고찰하는 접근이다. 또한 척도개발 등의 연구도 이에 포함하여 분류하였다. 여섯째, 다중방법연구(또는 혼합연구)이다. 즉, 위에서 열거된 실증적 연구방법들 중 2개 이상을 활용한 연구이다.

Kim(2013)의 분석틀에 의해 북한 의학 학술지의 정신건강 연구의 연구방법을 구분한 결과, 설명적 연구는 14편(50%)로 가장 많았다. 차순위로는 문헌연구가 11편(39.29%)이었으며, 그중 3편은 심리검사지 및 진단도구 척도를 개발하기 위한 것이다. 그 외에 실험연구 2편(7.14%)이었다. 통계DB연구는 임산모 18,039례를 대상으로 임산모의 등록관리카트/해산대장/예방접종카드 등을 통하여 분석한 연구이다. 한편, 질적 연구와 다중방법 연구는 없었다(표 7).

<표 7> 북한 의학 학술지 정신건강 연구방법별 구분

연구방법	편수(%)
설명적 연구	14편(50%)
실험 연구	2편(7.14%)
질적 연구	없음
통계DB연구	1편(3.8%)
문헌 연구	11편(39.29%)
다중방법 연구	없음
합계	28편(100%)

* 검사지 및 진단도구 척도 개발과 관련.

2) 북한 의학 학술지의 심리상담 및 심리치료 논문

심리상담 및 심리치료 논문은 진단과 치료적인 접근의 효과성을 다룬 것을 중심으로 살펴보았다. 상기에서도 언급하였듯이 3종의 학술지중 28편의 정신건강 논문이 게재되었으며, 그중 심리상담 및 심리치료 관련 논문은 23편(81.13%)이었다.

(1) 심리상담 및 심리치료 논문 내용 분석

북한 의학 학술지에서 23편의 심리상담 및 심리치료를 중심으로 다뤄진 내용은 〈표 8〉과 같다.

그중 질병 및 정서적인 증상을 진단하기 위한 것이 9편(39.13%)으로 가장 많았다. 주로 불안 및 우울, 자폐증 등을 진단하는 것이었다.

두 번째로는, 심리건강 및 심리료법에 대한 소개를 다룬 논문이 5편(21.74%)이었다. 특히, 어린이 불안에 따른 심리료법을 소개할 뿐만 아니라, 현대사회에 있어 건강에 대한 새로운 정의, 정신건강의 의미와 개념, 건강심리학의 중요성과 역사, 신체적 건강과의 관계 등을 설명하고 있다.

<표 8> 심리상담 및 심리치료 관련 논문에 대한 내용 분석

구분	빈도(%)
진단도구	9(39.13%)
심리건강 및 심리료법 설명	5(21.74%)
상담 및 심리치료효과	4(17.39%)
진단도구(기준)개발	3(8.7%)
심리적변화	2(8.7%)
합계	23(100%)

세 번째로는, 상담 및 심리치료의 효과에 대해서는 4편(17.39%)이었으며, 그중 임산부를 대상으로 심리치료 후 경막외마취 유효율이 93.9%라고 보고되었다. 또한, 임신 때 상담을 하지 않은 여성의 갓난아이 사망률과 6-8번 상담을 받은 여성의 갓난아이 사망률에 대한 비교연구를 통해 상담의 유효성을 소개하였다.

네 번째로는, 진단도구(기준)개발과 관련된 논문이 3편(13.04%)이었으며, 그중 소아과 상담 시 4세-16세 내원 어린이 환자의 부모를 대상으로 "어린이증상검사표"를 작성하도록 하여, 행동 및 정서장애를 조기 감별하는 기초적 지표를 제시하였다. "(부모보고형) 어린이증상검사표"는 전체 35개 문항이며 3점 척도(0점: 없다, 1점: 때로 있다, 2점: 자주 있다)로 평가하였다. 22점 이상은 의심자로 평가하였으며, 부모 및 보육/교육자들의 관찰에 따라 의심 되는 어린이들에게 어린이증상검사표를 작성하도록 권고하고 있다.

마지막으로, 심리적 변화를 측정한 연구가 2편(8.7%)이었다. 그중 한편의 논문을 소개하면, 전국 및 평양시 9세-20세 청소년 12,847명을 대상으로 심리변화 특성 결과를 발표하였다. 심리변화 특성은 12개 문항으로 사회관계수립, 독자성, 자기평가, 리상/포부, 가정심리, 이성심리로 이루어져 있다.

(2) 심리상담 및 심리치료 논문의 연구대상별 구분

심리 및 정서 관련 도구를 활용한 17편(60.71%)의 논문을 중심으로 연구대상을 살펴보았다(표 9). 아동/청소년을 대상으로 한 연구가 9편(52.94%)으로

<표 9> 연구대상별 구분

<table>
<tr><th colspan="2">구분</th><th>대상</th><th>편수</th><th>소계(%)</th></tr>
<tr><td rowspan="9">아동/
청소년</td><td>정상 아동청소년</td><td>4-16세 어린이 36례</td><td>1편</td><td rowspan="9">9편
(52.94%)</td></tr>
<tr><td>정상아동~성인
복합</td><td>전국 9세-20세 12,847명
(남 6,543명, 여 6,304명)</td><td>1편</td></tr>
<tr><td rowspan="3">정서장애</td><td>격리불안장애진단 1세-7세 359례
(남 202, 여 157)</td><td>1편</td></tr>
<tr><td>생후6월-7세 공포불안진단 173례
(남103, 여70)</td><td>1편</td></tr>
<tr><td>정서장애진단 어린이 40례
(대조20, 연구20)</td><td>1편</td></tr>
<tr><td rowspan="4">자폐증</td><td>3세-8세 자폐증환자 75례</td><td>1편</td></tr>
<tr><td>1-14세 자폐증환자42례
(남31례, 여11례)</td><td>1편</td></tr>
<tr><td>자폐증 확진 어린이 90례</td><td>1편</td></tr>
<tr><td>2세-6세 자폐증 확진 어린이 95례
(대조. 자폐증류사질병 확진 어린이 48례)</td><td>1편</td></tr>
<tr><td rowspan="3">성인</td><td rowspan="3">임신부</td><td>정상임신부</td><td>3편</td><td rowspan="3">5편
(29.41%)</td></tr>
<tr><td>임신합병증환자
(된입쓰리 26례, 자궁외임신 17례,
정상임신부 34례)</td><td>1편</td></tr>
<tr><td>산후자률신경기능실조증환자 86례,
대조군. 정상경과 산모 62례(26-34세)</td><td>1편</td></tr>
<tr><td rowspan="3">기타</td><td>입원환자</td><td>입원실 6개과 120례
(내과 3개, 외과 3개과)</td><td>1편</td><td rowspan="3">3편
(17.56%)</td></tr>
<tr><td rowspan="2">내원환자</td><td>도병원과 정신신경의학연구소에 내원한
해리성장애환자 각각 50례</td><td>1편</td></tr>
<tr><td>회복치료과 래원 외래환자 380례
(남 195례, 여 185례, 9세이하~60세이상)</td><td>1편</td></tr>
<tr><td colspan="3">합계</td><td colspan="2">17편(100%)</td></tr>
</table>

나타났다. 아동 및 청소년을 대상으로 한 연구를 구체적으로 살펴보면, 정상 아동청소년 및 성인 복합 대상 연구는 2편, 불안 및 우울, 정서 관련 청소년 연구는 3편, 자폐증 대상자는 4편이었다. 임신부를 대상으로 연구한 논문과 기타는 각각 5편(29.41%)이었으며, 정상임신부 대상은 3편, 산후자율신경기능실조증환자 및 임신합병증환자 대상은 각각 1편이었다. 기타는 3편(17.65%) 게재되었다.

4. 맺는말

1) 연구의 함의

지금까지 북한의 정신건강 연구는 북한 이탈주민들의 증언에 의한 것으로 '정신질환'과 관련된 '49호 병동'은 있으나(박현준 등, 2015; Shieun Yu, et. al., 2018), '정신건강'이라는 용어는 사용되지 않으며, 이와 관련된 불안 및 우울은 주민들의 생활 속에서 언급되지 않는다고 보고되었다(김석주 등 2012). 또한, 북주민들의 정신건강에 대한 문제를 고찰함에 있어 북한이탈주민들을 대상으로 실시함으로써, 북한 내 정신건강을 전반적으로 이해하는 데 한계가 있었다(김연희, 2006; 조영아 등, 2009; Shieun Yu et. al., 2018). 이에 북한 의학 학술지를 통한 정신건강 연구를 탐색적으로 고찰함으로써 다음과 같은 함의를 도출하였다.

첫째, 출판연도에 따른 정신건강 관련 연구 추세를 볼 때 북한의 학문 연구 발전 및 방향성을 볼 수 있다. 북한은 학술지 주제 선정 및 발간 과정 등이 남한과 달리 국가가 계획하고 개입함으로써, 학문의 다양성과 발전이 좌우된다. 즉, 북한은 '사상'을 강조하며 전투적인 정신력을 강조함으로써, 정신건강과 관련된 연구가 위축될 여지가 있다(중앙중앙통신, 2019년 11월 16일). 그럼에도 불구하고 김정은 시대 과학발전 및 지식경제시대를 맞이하여 창조실천형 인재를 육성해야 한다는 기조 아래 정신건강에 대한 관심과 현대적인 추세를 따라가려는 노력을 볼 수 있다(리강언, 2013).

둘째, 북한의 정신건강 분야도 국제적인 기준을 따르고 있다는 것을 알 수 있다. 지금까지의 연구에 의하면, 북한 주민들의 정신건강 진단 도구 및 활용에 대해 파악할 수 없었다(김석주 등, 2012). 그러나 본 북한 의학 학술지에 대한 탐색적 고찰을 통하여 진단 도구, 절차, 참여 대상자 등을 조금이나마 이해할 수 있었다.

셋째, 정신건강 연구 주제를 볼 때, "불안 및 우울"에 대한 관심이 다른 주제에 비해 높다는 것을 알 수 있다. 이러한 연구 결과는 기존 연구에서 언급된 것과 상반된 내용이라고 볼 수 있다. 즉, 북주민들은 불안과 우울은 정신병으로 인식하지 않는다는 기존 연구와 상반된 것이다(김석주 등, 2015; 우종민 등, 2013).

마지막으로, 신체건강 및 기초 보건의료에 대한 전문 학술지는 정기적으로 발행되는 반면, 정신건강 연구는 연구대상자 유형 등을 고려하여 다양한 학술지에 게재되고 있었다. 이러한 게재 상황을 볼때, 북한의 정신건강에 관한 학술적인 논의 영역 및 전문가 풀(pool), 사회문화적인 관심 등이 증대될 필요가 있음을 시사한다.

2) 대북 교류협력의 시사점

본 연구를 통해 정신건강 연구자들의 전문 영역과 교류협력 대상자들을 가늠할 수 있었다.

첫째, 청소년들의 정서(불안 및 우울) 관련 연구는 리성진, 리영민, 김유근이 지속적으로 활발한 게재를 하고 있는 것을 볼 때, 남북 및 국제교류협력 시 이들과 소통하는 것이 바람직하다고 볼 수 있다. 또한, 대상자별 심리 및 정서 관련 진단 도구 개발 연구를 볼 때, 이에 대한 기술 교류도 필요한 것으로 보인다.

둘째, 아동의 자페증에 대해 논문이 지속적으로 출판되는 것을 볼 때, 발달장애 관련된 교류협력이 필요한 것으로 보이며, 고난의 행군 이후 임신부의 건강한 출산을 지원하기 위한 심리요법 및 심리적인 진단 도구가 수요된다는 것을 알 수 있다. 이는 영유아 및 청소년의 건강이 북한 사회의 미래와 직결되기 때문에 더욱 중요한 부문으로 대두되는 것이라고 해석할 수 있다.

셋째, 주목할 것은 북한 의학 학술지의 정신건강 내용을 볼 때, 병리적인 측면이 다수를 차지하고 있다. 그러나 예외적으로 정신건강과 관련된 "해마의 현대의학적 견해"와 전반적으로 정신건강 이해를 증진할 수 있는 "현대의학 및 건강심리학" 종설 분량을 '연구성과 및 경험'에 준한 지면을 할애하고 있다. 즉, 종설의 경우 해당 분야의 전문가가 강의안처럼 설명하는 성격이기에, 정신건강에 대한 이해를 높이고 관점을 긍정적으로 전환하려는 노력을 엿볼 수 있다. 이에 정신건강 교류협력을 할 경우 정신 의학적인 개입 및 약물치료, 심리상담 및 심리 치료 시 긍정심리적인 측면을 고려한 균형적인 접근이 필요할 것으로 보인다.

3) 한계점 및 의의

본 연구는 김정은 정권이 시작된 2012~2018년까지 통일부 북한자료센터가 입수한 북한 의학 학술지 중 3종을 선정하여 정신건강 연구를 탐색적으로 조사한 것이다. 이에 김정은 시대 이전과 경향적인 차이를 볼 수 없었다.

세계보건기구 헌장에 정의된(WHO, 2005), 정신건강의 개념을 감안할 때, 북한 의학 학술지에 게재된 정신건강 논문에 언급된 정신건강 개념을 비교 고찰하는 것은 한계가 있었다. 이에 북한의 전반적인 정신건강과 관련된 내용을 살펴보기 위해서는《교양원》,《교원수첩》,《인민교육》,《고등교육》,《천리마》 등을 고찰할 필요가 있다.

그럼에도 불구하고, 본 연구는 북한 의학 학술지를 통하여 정신건강 연구현황 및 학술적인 연구 주제, 연구 방향 등을 살펴보았다는 의의가 있다. 또한, 북주민들의 정신건강과 관련된 연구 실태를 살펴봄으로써 향후 남북한 및 해외 연구자들의 학문적인 교류협력의 기반을 마련하고 대북 보건의료의 지평을 확대했다고 볼 수 있다.

❖ 참고 문헌

김석주·박영수·이혜원·박상민. (2012). 〈북한 의사들이 바라보는 북한의 정신의학 현황〉. 《정신신체의학》, 20(1), 32-39.

김석주·이원재·박상민·이혜원·최희란. (2015). 《북한주민의 질병관과 질병행태》. 서울대학교 출판문화원.

김연희. (2006). 〈북한이탈주민의 정신보건에 관한 연구〉. 박사학위 논문, 서울대학교.

김춘경. (2016). 《상담학사전》. 학지사.

로경희. (2014). 〈어린이자페증때 몇가지 발달심리학적 특성에 대한 연구〉. 《조선의학》, 4, 22-23.

리강언. (2013). 〈가치창조과정에 대한 선행리론과 그 평가〉. 《경제연구》, 1, 21-22.

박현준·김민자·권영대·우종민·유시은·노진원. (2015). 〈북한이탈주민이 생각하는 남북한 정신건강문제에 대한 시급성과 심각성〉. 《통일문제연구》, 27(1), 279-297.

서울대학교 교육연구소. (2004). 《교육학용어사전》. 도서출판 하우.

우종민·권영대·유시은·노진원·박동연. (2013). 《북한이탈주민들의 정신건강 인식도 및 태도 조사》. 국립정신보건교육·연구센터.

연합뉴스. (2019. 11. 16). 〈김정은, 전투비행경기대회 참관… "불패 위력 남김없이 과시〉. https://www.yna.co.kr/view/ AKR20191116009600504?input=1179m (2019년 11월 16일 검색)

조영아·김연희·유시은. (2009). 〈남한 내 7년 이상 거주한 북한이탈주민의 정신건강 예측요인〉. 《한국심리학회지—상담 및 심리치료》, 21(1), 329-348.

한국교육심리학회. (2000). 《교육심리학용어사전》. 학지사.

APA. (2015). 《DSM-5 정신질환의 진단 및 통계 편람》. 학지사.

Kim SJ, Park YS, Lee HW, Park SM. (2012). Current situation of psychiatry in North Korean: From the viewpoint of North Korean medical doctors. *Korean Journal of*

Psychosomatic medicine, 20(1): 32-39.

Kim, S. K.(2013). A Review of Research on Runaway and Homeless Youth: A Comparison of Trends Between American and South Korean Journals from 2001 to 2010. *Child and Adolescent Social Work Journal*. (DOI) 10.1007/s10560-013-0313-5.

Park YN.(2012). New challenge for psychiatry: From symptomatic treatment to mental health promotion. *Journal of the Korean Neuropsychiatric Association*, 51(3): 101-106.

Shieun Yu, Jungeun Jang, Jin-Won Noh, Young Dae Kwon, Hyunchun Park, JongMin Woo. (2018). What is it to be mentally healthy from the North Korean refugees' perspective? Qualitative research on the changes in mental health awareness among the North Korean refugees. *Psychiatry Investigation*, 15(11): 1019-1029.

WHO. (2018. 3). https://www.who.int/ news-room/fact-sheets/detail/mentalhealth-strengthening-our-response, Mental health: strengthening our response (2019년 10월 30일)

치과, 통일보건의료 협력 주제로서의 매력

분단을 넘어 사랑을 담는 도구로

전미라 · 류재준

1. 서론

통일의 문제, 조금이라도 예방할 수 있을까?

헌법은 대한민국의 영토를 한반도[1]로 명시하고 있으나 실제적으로는 남한과 북한, 두 나라가 존재한다고 볼 수 있다(UN 동시 가입국으로 각각의 나라로 인정[2]). 한반도의 허리는 1953년 7월 27일 '한국 군사 정전에 관한 협정'에 따라 나뉘게 되었으며(군사분계선, 38선) 이로 인해 언어, 사회, 문화, 경제, 보건 등 여러 분야에서 상당한 차이를 보인다.

독일 통일 당시(1990년) 서독과 동독의 1인당 GPD(Gross Domestic Product, 국내 총생산)는 약 2.6배(GDP 1/6배)의 차이를 보였다. 현재 한반도의 경제 부분의 차이는 〈표 1〉과 같다(통일부 2016, 17; 자이페르트·강유덕 2015; 이현대 2013).[3]

1 헌법 제3조 대한민국의 영토는 한반도와 그 부속도서로 한다.

2 남북한국제기구가입현황 우리나라는 1991년 동시 가입하였다. 공공데이터 포털 https://www.data.go.kr/data/3038030/fileData.do.

3 서독과 동독의 경제·생활수준의 격차는 민족 사이에 경제·정치·사회·문화적 반감을 증폭시켰다. 통독 당시 서독의 경제수준을 국내 총생산(GDP)으로 비교하자면 동독은 353.0(10억 동독

통계청이 밝힌 〈2020 북한의 주요통계지표〉에 따르면, 현재 북한의 국내총생산(GDP)추정치는 2019년 북한의 명목(추정치) 국내 총생산(GDP)은 35.3조 원으로 남한(1,919조 원)의 1/54수준이며, 2019년 1인당 국민총소득(GNI)(통계청 2020, 2)은 약 141만 원으로 남한(3,744만 원)의 1/27 수준이다.[4] 동독과 서독은 통독 전 현재 남북한이 가지고 있는 경제적 차이보다 더 적은 차이를 보였지만 경제와 통일의 두 마리 토끼를 잡지는 못했다. 독일 경제와 사회가 통독 전 수준으로 안정되기까지는 약 20여 년이 소요된 것으로 알려져 있다.

<표 1> 2019 북한경제자료

항목명	북한	남한	비교(배수)	출처
인구	25,250.4 (천명)	51,709.1(천명)	2.0배	한국은행
명목 GNI	35,6(조원)	1,935.7(조원)	54.4배	한국은행
1인당 GNI	140.8 (만원)	3,743.5 (만원)	26.6배	한국은행
경제성장률	0.4(%)	2.0(%)	2.5배	한국은행
명목 GDP	35.3(조원)	1,1910(조원)	54배	통계청

출처: 한국은행, 통계청자료를 종합함(검색일 2021.1.20).

그렇다면 남북한이 통일을 할 경우 한반도가 감당해야 하는 통일재정부담과 사회적 혼란은 더 크고 장기간 작용할 것이라는 것은 누구나 생각해 볼 수 있다. 우리가 통일로 파생된 다양한 문제들을 완전히 피할 수는 없겠지만 작은 것이라도 미리 대비할 수 있다면 통일로 인한 사회적 혼란을 조금이라도 줄일 수 있지 않을까?

우리가 분단된 현재의 시점에서 통일과정으로부터 파생되는 문제들을 조금이라도 대비할 수 있다면 통일 후 한반도가 치러야 하는 사회적 혼란을 예방하고 사회경제적 문제를 줄이는 데 큰 도움이 될 것이다. 여러 가지 방안을 모색해 볼 수 있겠으나 본 글에서는 치과 분야를 중심으로 통일문제 예방을 위한 실마리를 찾아보자 한다.

마르크), 서독 2,237(10억 서독마르크) 정도로 약 6배 차이를 보인다.

4 한국은행지표로는 2019년 1인당 국민총소득(GNI)은 약 140.8만원 남한(3,743.5만원).

<그림 1> 북한 황병서 전 총정치국장이 김정은 국무위원장 옆에서 입을 가리고 보고하고 있다(사진: 연합뉴스; 사진출처: 조선중앙TV).

입 냄새가 나지 않게 양치질을 하고 오라

북한 매체에 노출된 한 장면이 인상적이다. 북한 김정은 국무위원장이 간부들의 입 냄새가 나지 않도록 양치질하고 오라는 명령을 하였다는 흥미로운 장면이 언론에 보도되었다(그림 1)(조선일보, 2015).

이는 구취(치과 문제)가 상당한 사회문제임을 읽을 수 있는 대목인데, 북한의 상황을 조금 더 들여다보면 왜 이런 현상이 일어나는지 짐작해 볼 수 있다.

치약은 주로 장마당에서 사며 그나마 중국산 치약은 가격이 비싸다고 한다. 물론 북한이라고 해서 북한 주민들이 치약을 살 수 없는 것은 아니지만 생활수준이 어느정도 유지가 되야 치과에 관심을 갖게 되는 만큼 치과진료나 치과용품 구입에 대한 순위가 자연스럽게 밀리게 된다. '식료품을 사느냐 치과용품 사거나 치과치료를 받느냐'의 문제에서 치과는 우선순위가 밀려나게 된다.

불소(충치를 예방하는 역할)의 중요성은 북한 주민들도 잘 알고 있으며, 대부분의 북한 치약에는 불소가 함유되어 있다.[5] 학교의 경우 호 담당의사가 정기

5 탈북의사 증언.

적으로 학교에서 칫솔질 교육, 불소양치 사업 등을 시행하고 있다고 하나 효과적으로 진행되고 있는지 조사할 수 없었다.

이승표 등(2020)의 연구에서 최근 북한 이탈주민의 치아 개수가 남한 주민보다 3개 적다고 밝혔다(2020, 17). '25~64세 상실 영구치는 북 6.79개, 남 3.76개'로 중·장년층 구강 건강이 열악하며 치과 진료 경험이 낮은 것으로 조사되었다.

치아를 닦기 위한 수도 시설 역시 도농 간의 차이가 크다. 지방의 경우 상하수도와 전기 시설이 노후된 곳이 많다. 전기는 지방의 경우 하루 약 4시간 정도 사용이 가능하다. 남한처럼 편리하게 물을 구해서 칫솔질을 할 수 있는 환경이 아니기 때문에 (평양 및 대도시 제외) 칫솔질을 위해서는 외부의 수도 시설까지 이동해야 하며, 칫솔질은 선택적으로 미뤄지게 된다. 또한 북한의 담배와 술에 쉽게 노출되는 문화와[6] 만성적인 영양부족으로 인해 비교적 젊은 나이에 심각한 치과 질환을 앓는 주요 요인이다. 게다가 치과 진료를 받기 위해서는 진료비에 대한 성의 표시(현물, 돈)를 해야 더 좋은 진료를 받을 수 있기 때문에 치과 치료 경험은 개인의 경제력에 따라 큰 차이를 보인다.

이런 여러 가지 이유로 구강관리는 또 다시 우선순위에서 밀려나게 된다. 결국 치아의 조기 상실, 부정 교합 등과 같은 열악한 구강 상태를 가지게 되며 심각한 섭식장애, 소화기질환, 만성적 영양부족, 신체 발달 저하 등의 전신 건강을 함께 악화시키는 간접적 요인이 된다.

만약 2천5백만 명[7]에 달하는 북한 주민들의 구강상태가 좋지 않다면 한반도가 감당해야 하는 치과 부문의 통일질병 분야의 부담은 필연적으로 커질 수밖에 없을 것이다. 따라서 현시점에서 통일치과 질병부담 비용을 조금이라도 줄일 수 있는 방안이 있다면 모색해 보는 것이 필요하다.

---

6 북한남성들의 흡연과 음주문화는 개인의 기호로 많다기보다는 남성다움으로 대표되며, 인민건강을 위한 금연선전을 하고는 있으나 큰 기대 효과는 없어 보인다(김정은 국무위원장의 흡연 장면은 상당히 자주 목격된다).

7 북한인구 2,588만 7,045명, 세계54위(2021 통계청).

먼저는 북한 상황을 잘 이해하고 남북한 의료격차를 좁히기 위한 실현 가능한 협력주제를 찾아야 하며, 이를 위한 북한의 관심사를 파악하여 소통의 통로를 이끌어 내는 이차적인 과정이 필요하다.

본 글은 '치과가 남북한 보건의료협력 주제로 유용한가?'라는 질문으로 시작하였다. 필자는 최근 북한이 치과 분야에 상당한 관심을 보인다는 것에 주목했다. 그리고 치과 영역이 얼마나 매력적인 남북보건협력 주제인지 함께 이야기해보고자 한다. 연구는 북한을 대표하는 신문인《로동신문》과 국내외 언론보도 그리고 국내외 북한 치과 관련 학술지를 참고하여 수행하였다.[8]

2. 북한 치과의 이해와 관련 기사

1) 북한 치과 의료 시스템의 기초

북한 의료법

"조선민주주의인민공화국 의료법"은 1997년 12월 3일 최고인민회의 상설회 결정 제103호로 채택되었다(전미라 2021, 9-12, 14). 주요 내용은 "무상치료제(의료법 제3조), 의사담당구역제(의료법 제4조), 병의 예방원칙(의료법 제5조), 의학과학기술개발의 원칙(의료법 제6조), 고려의학 치료방법의 적응원칙(의료법 제7조), 의료 활동에서의 정성 원칙(의료법 제8조)으로 대표된다.

의사담당구역제와 무상 치료제, 정성 의료

북한의 '의사담당구역제'는 '호 담당제'와 '직장(갱) 담당제'로 운영되고 있

8 북한에 대한 자료를 모으는 과정이 쉽지 않았으나 북한에서 직접 발행한 간행물과 북한 언론보도를 중심으로 근거를 삼기 위해 원본 자료 접근하려 최대한 노력하였다. 2013년 1월부터 2020년 1월 24일까지 북한 자료센터 입수된《로동신문》을 절차를 거쳐 열람 후 분석하였고, 기타 자료의 경우는 온라인 학술 사이트(구글 학술 검색, 고려대학교 도서관)과 국내 관련 보도기사 등을 이용하였다.

다. 아래 인용문은 '무상치료제'와 '의사담당구역제'에 대한《로동신문》기사의 원문이다. 가정의 경우 '호 담당 의사'가 각 지역 주민들에게 보건의료 서비스를 제공하며, 직장 단위를 중심으로 하는 경우는 '직장(갱) 담당제'라고 불린다. 광산, 탄광, 농장과 같은 근로자들은 '직장(갱)담당의사'가 보건의료 서비스를 담당하고 있다.

〈전반적인 무상치료제와 의사담당구역제〉

주체42(1953)년 1월부터 우리나라에서는 전반적무상치료제가 실시되어 모든 주민들이 병치료에 대한 근심걱정을 모르고 생활하고 있다. 위대한 수령님의 뜨거운 인민사랑에 의하여 가렬처절했던 전쟁의 포화속에서 마련된 전반적인 무상치료제는 60여년의 년륜을 아로새기고 있다. 주체69(1980)년 4월 인민보건법의 채택으로 인미들의 병치료와 건강증진의 권리를 철저히 보장하며 사회주의 보건제도를 공고발전시킬 수 있는 법적담보가 확고히 마련되였다.

무상치료제의 혜택으로 우리나라에서는 누구나가 태여나서부터 무상으로 치료받을 권리를 보장받고 있으며 도시와 농촌 그 어디에나 병원, 진료소들이 훌륭히 꾸려져있어 사람들의 병치료에 적극 이바지하고 있다. 환자들에 대한 진찰로부터 검사, 진단, 치료 등이 다 무상으로 진행되고 있으며 병원에 입원하였을 경우에도 입원비, 약값 등은 모두 국가에서 부담한다.

우리나라의 의사담당구역제는 의사가 일정주민세대를 맡아 그들의 건강을 책임지고 돌봐주는 사회주의예방의 본성적 요구에 맞는 가장 우월한 주민건강관리제도이다. 당의 현명한 령도에 의하여 1960년대부터 의사가 집집마다 찾아다니면서도 진찰도 하고 치료도하는 의사담당구역제가 실시였다. 의사담당구역제에 따라 의료일군들은 담당지역에서 사는 주민들의 건강을 정상적으로 보살펴주고 환자들이 생기면 제때에 치료대책을 세워준다.

의사담당구역제가 실시되는데 맞게 주민들의 건강관리를 진료소단계에서 채임지는 호담당등등록관리체계가 정연하게 세워졌으며 주민들은 담당의사의 관심속에서 태여나서부터 건강상태, 질병상태를 기록하는 건강관리부를 가지고 병을 보다 과학적으로 예방 및 치료할수 있게 되었다.

의사 담당구역제는 호담당제와 직장(갱)담당제로 나뉘며 근로자들은 가정에서는 호담당의사로부터, 일터에서는 직장(갱)담당의사로부터 의료봉사를 받는다.

— 김옥별, 《로동신문》, 2014년 5월 5일

'보통강 인민병원 구강 분원 의료 일군들'이 1,000명의 탄부들에게 보철과 구강치료를 해 준 신문 기사와 '보건성구강종합병원일군들'이 농장근로자들을 돌본 기사는 '(직장) 갱 담당제'의 실제 사례이다.[9]

북한 의료의 특징인 '정성 의료'는 치과 영역에서도 보여지고 있다. 그 예로 '보건성 치과 종합병원의 의료 일군들'이 '강동군 구빈축산전문협동농장'에 정성으로 진료하는 기사, '보건성 구강종합병원 미용외과 의료일군들'이 지극한 인간애로 어렵고 힘든 얼굴 성형술을 여러 번 진행하여 원래의 모습을 찾은 여성의 기사, '안면 성형이 필요한 강○○ 여성'을 '보건성 구강 종합병원'이 치료하고, 치료 이후에도 '순천시 인민보안서 인민보안원들'이 가족처럼 환자를 찾아와 돌봤다는 치과 의료일군들의 미담 기사가 있다.[10]

무상치료제와 실제

북한은 국가가 모든 진료비를 부담하는 '무상치료제'를 기초로 하고 있으며, 의사의 진찰과 처방, 수술비와 약 값 등을 모두 국가가 부담한다고 선전한다(봉급의 약 1%를 사회보험료 명목으로 징수). 그러나 1990년대 고난의 행군 시기

9 《로동신문》, 2014. 1. 20, "탄광에서 만난 현장치료대원들"; 《로동신문》 2013.05.27. "의료일군의 본분을 지켜—보건성 구강종합병원에서".

10 《로동신문》, 2019. 3. 23, "호평 받는 현장치료활동—보건성 치과종합병원 의료일군들"; 《로동신문》 2013.8.15. "지극한 인간애와 자질향상"; 《로동신문》, 2013. 9. 29, "인간사랑의 화원에 꽃펴난 아름다운 이야기—순천시인민보안서 아래단위 인민 보안원과 보건성 구강종합병원 의료일군들".

를 겪으며 국가재정이 어려워짐에 따라 국가가 주도하는 '무상치료제' 역시 함께 붕괴되었으며, 실제적으로는 현물거래를 통한 유상치료로 운영되고 있다(KBS NEWS, 2016). 진료비에 관한 현물거래의 경우 임플란트 같은 고급진료는 돈을 주고받으며, 일반 치과진료를 받는 경우에도 담배 같은 것들로 대체된다. 반드시 물품을 주어야만 진료를 해 주는 것은 아니다(무상치료제이기 때문에). 다만 더 양질의 진료를 받기 위해서는 결국 개인의 경제력이 뒷받침되어야 한다.

최근 북한은 장마당과 같이 자유롭게 의료기구나 재료, 약품 등을 살 수 있는 '유상약국'을 승인하고 있다(치의신보, 2020). 만약 임플란트를 시술받고 싶다면 이곳에서 필요한 재료를 사 구강 의사(치과의사)를 찾아가 의료인의 개인 시설에서 치료를 받는다고 한다. 진료비를 지불할 능력이 부족한 북한 주민의 경우에는 치과치료를 미루다 발치를 선택하게 되고 결국 조기 상실하게 된다. 앞서 언급하였듯 북한 이탈주민들의 구강 건강상태가 젊은 나이임에도 좋지 않은 이유는 이러한 악순환이 반복되기 때문이라고 볼 수 있다.

> [인터뷰] 신희영(서울대 의대 통일의학센터 소장): "의사들한테 환자들이 담배를 갖다 주면 우선 그걸 받고 치료를 해 주고 의사가 그 담배를 다 모으면 바로 병원 앞에 담배상이 있다고 합니다. 그래서 그 담배상한테 팔면 의사는 그걸 화폐로 바꿀 수가 있고 해서 그러한 식의 자본주의 경제가 의료에도 조금씩 도입이 되면서… 의료 면이 조금씩은 살아나고 있는 것같이 보입니다."(KBS NEWS, 2016)

자동차로 한 시간 달리면 닿을 수 있는 거리지만, 남북한 주민들의 치과진료 접근성의 온도 차는 무척 큰 것 같다. 우선 북한 치과계를 조금 더 이해하기 위하여 최근 주요 이슈들을《로동신문》을 통해 조사해 보기로 하였다.

2) 북한 치과계의 최근 주요 이슈

《로동신문》 분석을 통해 본 북한 치과계 연도별 주요 내용

《로동신문》은 북한을 대표하는 조선로동당 중앙위원회 기관지로서 북한 사회의 동향을 들여다보기에 적합하다.[11] 〈그림 3〉은 '치과, 구강, 이발'이라는 검색어로《로동신문》을 조사한 결과를 나타낸다. 북한 자료센터의 절차를 거쳐 자료를 수집하였고 '디지털 아케이브'를 사용하였으며, 2019년 이후 자료는 직접《로동신문》 원문을 열람하여 확인하였다. COVID-19로 인해《로동신문》의 입수가 일시 중지되어 2013년 1월부터 2020년 1월 24일까지 입수된 자료 내에서 조사하였다.

그래프 결과는 최근《로동신문》에서 치과를 밀도 있게 언급하고 있음을 보여 주고 있다.《로동신문》에는 치과가 자주 언급되며 비중 있게 다루어졌는데, 류경치과병원이 건설되던 2013년과 2014년, 평양치과용품공장의 설립 전후 2018년도와 2019년도에 치과 관련 기사가 증가하였다.

기사 내용 면에서는 북한 치과 분야의 인민적 관심과 긍지가 매우 높았다. 치과 관련 기사의 대부분은 김정은 국무위원장의 업적을 선전하고 인민 사랑을 투영하는 데 사용되었다. 북한식 정성 의료나 사회주의 보건 제도의 우월성을 선전하기 위한 내용이 주류를 이룬다고 할 수 있다. 외국 대표단이 방북

---

11 '로동신문' 구글 검색, 검색일: 2020.11.26.

1945년 11월 1일《정로(正路)》라는 이름으로 창간되었고, 1946년 9월 지금과 같은 이름으로 제호를 변경했다. 지면은 매호 6-12면 정도로 구성되며,《조선중앙통신사》의 보도를 인용하여 매일 발행된다. 첫 페이지에는 북한의 국내외 주요 뉴스나 사설이, 2면~3면에는 경제와 사상에 관한 기사를 다룬다. 4면은 북한 국내외 뉴스와 짧은 사설이 있으며, 5면은 대한민국(남조선)의 기사나 북한체제에 대한 우수성과 미담, 6면에는 해외 뉴스 기사와 학술적 칼럼 등을 담고 있다(간혹 애국을 호소하는 노래(악보)가 실리기도 한다).《로동신문》에는 광고가 실리지 않으나《김정일 선집》 출판을 알리는 경우에는 간혹 광고가 실리기도 했다.

'치과''이발''구강'과 관련 단어가 단순 언급 된 경우도 모두 포함되었으며, 연관성이 전혀 없는 기사는 제외하였다. 다만 기사의 밀접한 관련도의 파악보다는 연도별 치과 관련 기사의 보도율의 증가와 감소를 파악에 의의를 둔다.

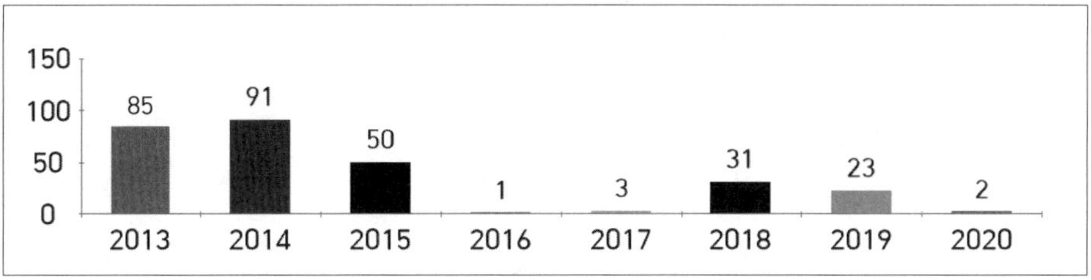

<그림 3> 《로동신문》에서 언급된 치과 관련 기사

할 때 류경치과병원을 들러 참관하는 기사를 자주 접해 볼 수 있었는데 류경치과병원에 대한 북한의 남다른 자부심을 느낄 수 있었다.[12]

새로운 치과 재료나 장비 개발의 국산화를 다루는 기사는 북한의 '자력갱생'[13]이라는 기조를 따르고 있다(치과용 종이심 Paper Point의 국산화,[14] 평양의학대학 치과의학부 얼굴 성형외과학 강좌 교원들의 연부조직 충전제 개발,[15] 우리식(북한) 치과 임플란트 이식재 개발[16]). 또한 순수하게 치의학 칼럼을 다룬 기사도 있었다(부정교합과 그 치료대책,[17] 치과위생용품의 분류와 그 리용[18]). 2017년부터는 평양 치과 용품 공장의 현대화를 통해[19] 인민을 구강 건강을 돌보고 사랑하는 김정은 국무위원장의 정치적 행보가 주로 기사화되었다.

---

12 《로동신문》, 2014. 2. 20, "광명성절경축 재일본조선인 대표단 여러곳 참관".

13 자력갱생(自力更生): 자신의 힘으로 생존을 추구한다는 뜻으로 남에게 의존하지 않고 오직 자신의 능력과 의지로 발생하는 도전을 극복하려는 행동 또는 정신. [개설] 북한이 자력으로 경제를 발전시키고 운영해 나간다는 정책의 기조로 자주 등장하는 표현이다(출처: 한국민족문화대백과).

14 《로동신문》, 2019. 6. 17, "현실에서 제기되는 문제를 풀어나간다—새로운 치과용품을 연구제작".

15 《로동신문》, 2019. 3. 23, "첨단의학과학기술개척에 뚜렷한 자욱을 새기며".

16 《로동신문》, 2018. 11. 29, "치과임플란트용 이식체제자기술 확립".

17 《로동신문》, 2014. 5. 11, "부정교합과 그 치료대책".

18 《로동신문》, 2017. 8. 6, "치과위생용품의 분류와 그 리용".

19 《로동신문》, 2018. 11. 10, "현대화 공사 힘있게 추진—평양치과위생용품공장 치솔".

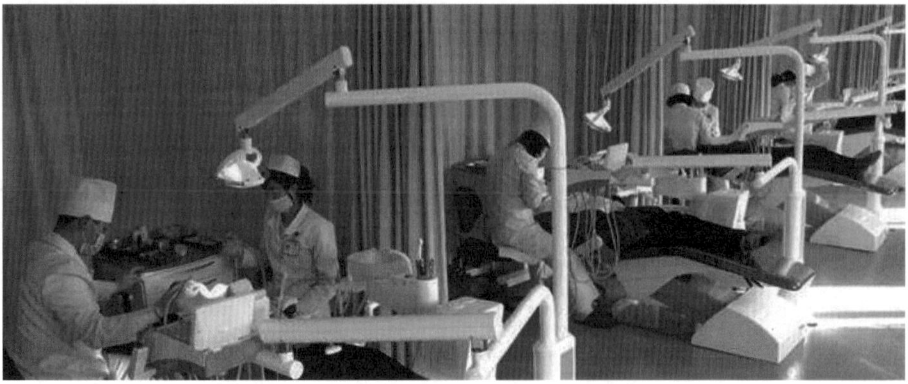

<그림 4> 류경치과병원(출처: 조선의 오늘, 2016.7.9.)

가. 2013년~ 2014년 주요 기사

• 류경치과병원

'류경치과병원'은 2013년 10월 14일 개원식을 진행했으며,[20] 명실상부 북한 최고의 자랑거리이자, 김정은 국무위원장의 인민사랑을 전하는 정치적 도구로서 사용되고 있다(그림 4). 주로 사회주의 보건 제도와 김정은 국무위원장의 업적을 선전하는데 언급되고 있다. 류경치과병원에 대한 김정은 국무위원장의 특별한 애정을 보여 주는 대목은 다음과 같다. 김정은 국무위원장은 류경치과병원을 여러 번 현지지도하고 류경치과병원의 이름을 직접 짓기도 했다.[21] 또 류경치과병원은 여러 번 대서특필되며 북한의 보건 제도의 면모를 보여 주는 종합적인 구강치료 봉사기지로서 당이 인민들에게 주는 사랑의 선물로도 묘사되고 있다. 이는 의료봉사기지 현대화 사업의 하나로서 류경치과병원이 김정은정권의 정치적 업적 달성의 수단임을 보여 주고 있었다.[22]

---

20 《로동신문》, 2013. 10. 14, "류경구강병원 개원식 진행".

21 《로동신문》, 2013. 7. 17, "경애하는 김정은 원수님께서 새로 건설하고 있는 아동병원과 구강병원을 현지지도하시였다"; 《로동신문》, 2013. 9. 24, "경애하는 김정은 원수님께서 완공단계에 이른 구강병원 건설장을 현지지도하시였다".

22 《로동신문》, 2018. 11. 13, "현대적인 의료봉사기지들에 어린 은혜로운 사랑".

나. 2015년~ 2016년 주요 기사

• '구강'에서 '치과'로

2016년, 북한은 '구강'이라는 용어를 '치과'라는 용어로 변경한다.《로동신문》을 비롯한 북한 언론 역시 '류경구강병원'에서 '류경치과병원'으로 용어를 변경하여 보도하였다.

'구강'에서 '치과'로 용어가 변경된 배경에 대하여 이새롬, 정세환(2020, 26-33)은 이러한 변화는 김정은 국무위원장의 지시에 따른 것이며, 집권 시작과 함께 치과병원을 설립한 것은 굉장히 중요한 정치적 행위로 볼 수 있다고 평가하였다. 이는 김정은 정권이 추구하는 백두혈통을 따르는 혁명적인 사회주의 보건 제도를 빛내기 위함으로 보고 있었다.

> 첫 번째 변화는 '류경구강병원'으로 오픈한 걸로 알고 있는데 명칭 자체가 '류경치과병원'으로 바뀌어 있었고 왜 바뀌었냐고 했더니 거기 참사가 하는 말이 '원수님께서 이게 옳다라고 말씀 하셨다'고 하면서 치과병원으로 명칭이 변경이 되었고 (…) (정○○, 치과의사)

> 김정은이 되자마자 만든(것이) 병원인데 왜 중요하냐면 제일 중요한 건 백두혈통인데 그 사람이 뭘 했냐가 우리는 상상할 수 없을 정도로 중요한데 그 사람이 집권하자마자 어린이병원, 치과병원, 안과병원을 한 것인데 이것이 정치적으로 굉장히 중요한 행위이고 이것은 체제의 상징적 조직이기 때문에 (…) (신○○, 예방의학 교수)
>
> — 이새롬 · 정세환 (2020) 〈김정은 시대의 북한 구강보건의료 발전방침과 실태에 대한 탐색적 연구〉

'구강'에서 '치과'로의 용어 변경은 김정은 국무위원장의 말 한마디가 북한 사회를 얼마나 빠르게 반응시키는지 보여 주는 대표적인 장면이라 할 수 있다. 그 때문에 김정은 국무위원장의 관심 분야는 남북한 보건 협력 사업을 구상할 때에 가장 최우선으로 고려해야 할 주제이며, 그 주제 중 하나가 바로 '치과'인 것이다.

• 국가경제발전 5개년 전략

'국가경제발전 5개년 전략'이란 2016년 5월 6일 개최된 '제7차 노동당 대회 사업총화보고'에서 북한의 경제 강국 건설을 위한 당면과제를 지칭한다. 향후 김정은 시대의 경제정책 방향을 제시한 것으로 2016년부터 2020년까지 5년의 단기 경제발전 전략이라고 할 수 있다(이희은, 2018). '인민 경제 전반의 활성화', '경제 부문 사이의 균형 보장', '나라의 경제를 지속해서 발전시킬 수 있는 토대 마련'을 중심으로 한다. 이 전략의 궁극적인 방향은 '경제 및 핵 무력 병진 노선', '에너지 문제 해결', '인민 경제 선행 부문과 기초공업 부문의 정상화', '농업과 경공업 생산증진 등을 통한 인민 생활의 질 향상'이라고 할 수 있다.

치과 역시 '인민 생활의 질 향상'이라는 '국가경제발전 5개년 전략'의 범주 안에 있다고 볼 수 있다. 하지만 '국가경제발전 5개년 전략'에 대하여 구체적인 부문별 생산목표 수치를 제시하지 않은 채, 기존의 선행 부문과 먹는 문제 해결을 재강조하여 추상적 수준에 그쳤다는 평가도 있다.

• 북한의 정치 수단으로서의 치과

그렇다면 북한 학술지에서는 어떻게 표현되고 있는지 살펴보도록 하자. 〈그림 5〉의 표지를 자세히 보면 앞면 윗부분에 기록된 "위대한 김일성 동지와 김정일 동지는 영원히 우리와 함께 계신다"라는 선전 문구를 볼 수 있는데, 비록《치과(구강), 안과, 이비인후과》가 의학 학술지이지만, 치과(보건영역) 역시 체제 유지 수단의 속성을 가지고 있음을 알 수 있다(이 선전 문구는 모든《치과(구강), 안과, 이비인후과》 학술지 표지에 적혀 있다).

<그림 5> 《치과 (구강), 안과, 이비인후과》(2015년 4호, 2016년 1호의 표지)

> 보건부문에서는 인민의 생명과 건강을 더 잘 보호증진 시킬 데 대한 당의 정책적 요구와 사회주의제도하에서 무병장수하여 끝없는 행보를 누리려는 우리 인민의 지향에 맞게 의료봉사사업을 끊임없이 개선해 나가야 하겠습니다.
>
> —《김정일 선집》, 증보판, 제11권, 76쪽
>
> (《치과 (구강), 안과, 이비인후과》 2015년 4호, 서문 재인용)

이는 북한 치의학 연구는 단순히 의학적으로만 접근하여 보기에는 한계가 있으며, 북한에 대한 통합적이고 다면적 이해가 필요하다는 것을 의미하기도 한다.

현대적인 치과(의료) 시설의 확충 = 김정일 전 국방위원장의 유훈 계승 = 인민 사랑의 도구 = 김정은 국무위원장의 정치수단이자 업적

정리하자면, 치과 봉사를 포함한 의학 연구 활성화와 현대화는 백두혈통을 계승하는 김정일 전 국방위원장의 유훈을 받들어 계승하는 행위로서 사회주의 보건제도를 빛내어 가는 행위와 간주되며, 옥류아동병원, 류경치과병원, 류경안과병원 등으로 대표되는 인민을 위한 의료봉사이자 김정은 국무위원장의 중요 정치수단인 것이다. 북한치과계의 발전은 단순히 인민의 건강을 살피고자 하는 범주를 넘어 김정은시대의 업적의 결과물로 이어지기 때문에 북한의 치과계를 관심 있게 살펴보는 것은 상당히 중요한 의미가 있다.

다. 2017년~2020년 1월 24일 주요 기사

북한 보건성 '의료기구 공업관리국' 산하의 10개의 의료 관련 기구는 의료기구를 각 치료 예방 단위들에 공급한다(어린이의약품지원본부 2019). 대표적인 공장으로는 평양 전자 의료기구 공장, 남포 의료기구 공장, 개성 영예군 의료기구 공장, 흥남 제약 공장, 보건성 의료기구 공업관리국 의료기구 연구소, 묘향산 의료기구 공장, 평양 의료기구기술사, 평안북도 보건산소 공장, 대동강 주사기 공장이 있다.

• 평양 치과용품 공장

치약은 주로 신의주화장품공장(예: 백학 치약)과 평양화장품공장에서 생산된다. 평양 치과용품 공장은 2017년 6월 문을 열었다(그림 6)(자주시보, 2020).[23] 북 언론매체에 따르면 평양 치과위생용품공장은 평양의 선교구역에 건설됐으며, 연 건축면적이 1만 2,720여 ㎡이다. 연간 수천만 개의 치약, 함수약(가글액), 각종 치간치솔(칫솔)이 달린 이쑤시개들, 틀니세척솔, 혀글개(혀긁개), 혀솔 등 각종 치과 위생도구들을 생산하는 능력이 큰 치과 위생용품 종합생산기지다.

---

23 《로동신문》, 2017. 6. 20, 1면.

<그림 6> 평양 치과위생용품공장'의 '자동치분(치약)포장기'(사진: 자주시보; 출처: 메아리)

• 묘향산 의료기구 공장

'치과 종합치료기(unit chair)'는 묘향산 의료기구 공장에서 생산하고 있다. 김정은 국무위원장은 여러 차례[24] 묘향산 의료기구 공장을 방문하여 현지 지도 할 정도로 각별한 관심을 보였는데, '(공장)외부 벽체 타일 면의 '평탄도'가 보장되지 않고 미장 면이 고르지 못하다'는 공사의 세부 결함을 일일이 지적하기도 했다고 전했다(그림 7)(중앙일보, 2019).

김정은 국무위원장은 '치과 종합치료기'에 상당한 관심을 보였으며 '치과 종합치료기'의 여러 곳을 세세히 살펴보며 '치과종합치료기'에 직접 앉기도 하였으며, 박동주 전 내각 총리[25]가 직접 현지지도를 하는 등 치과 의료기기 생산에 대한 높은 관심을 보였다.

---

24 《로동신문》, 2018. 8. 21; 《로동신문》, 2019. 10. 27, "경애하는 최고령도자 김정은동지께서 묘향산의료기구공장을 현지지도하시였다"(제목 동일).

25 《로동신문》, 2018. 2. 3, "박봉주 동지 평양치과위생용품 공장 현지료해"(박봉주: 전 조선로동당 중앙위원회 정치국 상무위원회 위원, 조선인민주의인민공화국 국무위원 부위원장, 내각총리).

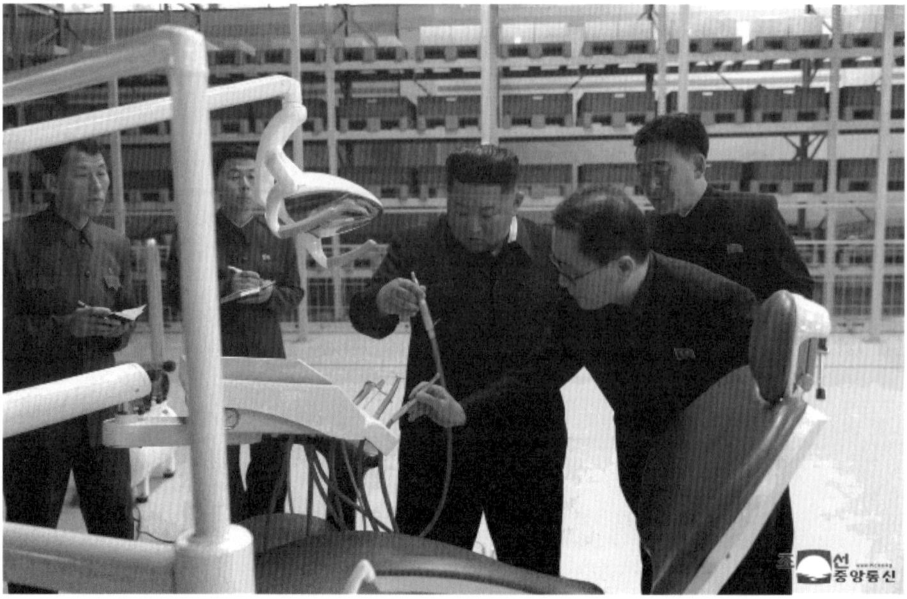

<그림 7> 묘향산 의료기구공장 현지지도(사진: 중앙일보; 사진출처: 조선중앙통신)

• 북한의 의료관광 주 테마 **(백내장, 임플란트, 암 치료, 전통의학, 온천 관광)**

북한이 의료관광시장으로 뛰어들었다. 의료관광, 즉 '치료 관광 교류사'를 제공하겠다고 하였다(2020년에 출범 예정이었으나 COVID-19로 인해 연기되었다)(메디컬 투데이 2019). 김정은 국무위원장의 업적의 백미가 될 '치료 관광 교류사'는 외국의 관광객들을 대상으로 현대적인 의료설비들을 갖춘 '류경안과종합병원'과 '류경치과병원', '평양산원', '유선종양연구소' 등을 통해 '백내장 수술'과 '치과 임플란트', '유선종양치료'는 물론 (북한) '고려의학 치료'를 북한의 아름다운 관광지에서 함께 이용할 수 있다(파이낸셜 뉴스, 2019).

'Explore DPRK'는 외국인들에게 북한의 문화, 역사, 관습, 정책 등을 소개하는 영문 국가홍보 홈페이지이다. 〈그림 8〉은 'Explore DPRK'의 홈페이지인데 류경치과병원의 내부 모습도 확인할 수 있다. 위생 복장을 한 북한 치과인들이 현대적인 류경치과병원에서 진료하고 있음을 홍보하고 있다. 국가 홍

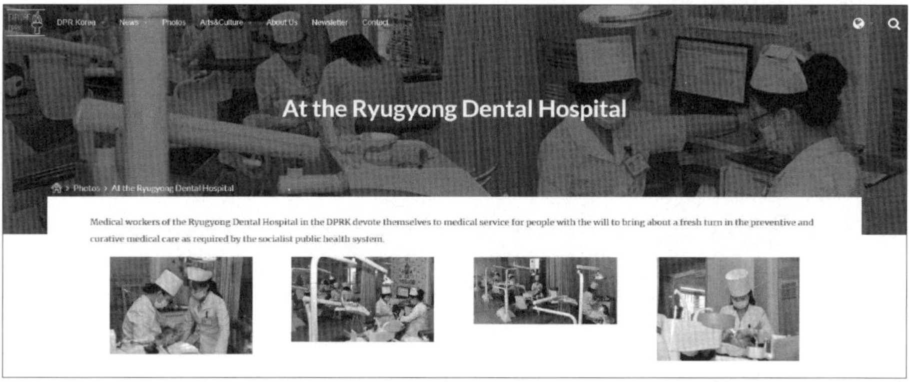

<그림 8> 류경치과병원 내부(검색일 2019.12.27., 사진 출처: Explore DPRK).

보 홈페이지에 치과병원을 게시하는 것은 이례적인 일이다. 이는 2020년 이후 출범 예정이었던 의료관광 사업자원으로서 치과를 선전하기 위한 의도가 있을 것으로 생각한다.

그러나 북한이 UN 제재, 북한 내부 경제 침체, 원자재 수입중단 문제, 인지도가 낮은 북한 의료관광사업과 같은 난관을 독자적으로 돌파하기는 어려울 것이다. 게다가 '2020년 함덕 검덕지구의 태풍 피해'와 '황해북도 은파군 대청리 홍수 피해', 'COVID-19로 인한 국경 폐쇄'와 같은 악재가 겹쳐 2019년 12월까지 맞춰 개장하려던 북한의 대규모 의료 관광지구의 정식 출범 역시 언제가 될지 기약할 수 없다.

만일 북한이 이런 모든 악재를 이겨 낸다고 해도 COVID-19으로 국가 간 이동을 꺼리는 현시점에서 북한 주민만으로 대규모 관광시설을 모두 채울 수는 없을 것이다. 따라서 북한이 '치료 관광 교류사'를 출범하기 위해서는 외부의 협조가 필연적이며, 의료관광 유치 주 타깃층이였던 중국마저 왕래가 쉽지 않으니 내심 남한의 도움을 필요로 하고 있을 것이다. 이는 남한의 입장에서도 얼어붙은 남북관계의 물꼬를 터 줄 매우 흥미로운 기회가 될 수 있으니 눈여겨 볼 필요가 있다.

• **삼지연군 인민병원과 치과전문병원 건설사업**

《로동신문》은 2019년도 10월에 삼지연군 인민병원과 치과 전문병원 건설장을 현지 지도하는 김정은 국무위원장의 모습을 소개하였다.[26] 양강도 삼지연시 인민병원은 2019년 12월에 '삼지연시 꾸리기 2단계 공사' 때 완공을 마친 것으로 알려져 있으나, COVID-19 여파로 2020년에는 병원 현대화 사업이 추가된 것으로 보인다. '내과, 외과, 소아과, 산부인과, 치과를 비롯한 모든 과에 최신 의료설비를 공급하며, 입원실 운동 치료실, 어린이 놀이장, 실내공원' 등의 편의시설을 갖춘 명실상부 지방 인민병원의 표준이자 '혁명의 성지'로 훌륭히 일떠섰다[27](뉴스1, 2020). 백두산 입구에 자리 잡은 삼지연시는 양덕 온천관광지구, 원산갈마 해안관광지구와 함께 김정은 시대를 대표하는 북한의 주력 사업지 중 하나이다.

3) 협력 주제로서의 실제성

• **한국산 재료에 대한 속마음**

북한은 계속해서 표면적으로는 '자력갱생'을 외치며 '재료의 국산화'를 외치고 있지만, 실상은 질 좋은 치과 재료가 귀하기 때문에 어려움을 겪고 있다. 《치과 신문》에 따르면, 심지어 몰래 한국산 치과 재료를 사용한다고 한다(치과 신문, 2020).[28]

---

26 《로동신문》, 2019. 10. 16, "경애하는 최고령도자 김정은동지께서 삼지연군안의 건설장을 현지지도하시였다".

27 일떠서다(조선어): 힘차게 일어나다(표준어). 북한 언론 기사에서 자주 언급되는 표현이다.

28 2013년 개원해 중앙당 직속의 본보기로 내세워진 북한 류경치과병원 역시 표면적으로는 무상치료의 원칙을 지키고 있지만 치과의사-환자 간 치과 치료 보상심리가 형성되어 있어 병원 밖에서 환자들이 현찰로 사례하는 것으로 알려져 있다. 류경치과병원의 임플란트 치료는 치과의사가 파노라마, 구강 검사 등을 통해 임플란트 사이즈를 결정해주면 환자가 (유상)약국에서 사 오는 방식으로 이뤄진다.

대표적인 기자재 가격: △초음파 스케일러 120~400불(중국산) △원심 주조기 120불(중국산) △광중합기 70~120불(중국산) △리도카인 (70A) 45.5불(한국산) △스웨덴의 Branemark 임플란

또 4급 의사가 약 3,700원 정도를 받으며, 북한 의사의 월급이 5,000원을 넘는 경우는 거의 없었다고 한다.[29] 《치과 신문》은 치료에 필요한 치과 재료 및 기구를 북한 주민들이 직접 구매한다고 전했다. 평양에서는 중국산, 독일산, 일본산, 한국산 재료 및 기구를 구입하며 그중에서도 한국산과 일본산을 많이 선호하지만 한국산은 국가적 통제로 물량이 적고, 사용하더라도 몰래 쓰고 있는 상황이라고 전했다.

부족한 것은 치과 재료뿐만이 아니다. 수준 있는 최신 치의학 연구 자료가 귀하기 때문에 외국에서 치의학 도서를 어렵게 구입하거나 해외 학술서버를 통해 참고자료를 구하기도 한다. 북한 치과의사의 학문적 수준은 남한과 비교하여 절대 부족하지 않다고 평가되고 있다. 그러나 충분한 임상적 실력을 쌓기 위한 좋은 치과 재료와 최신 임상자료가 부족하기 때문에 북한 치과인들은 이 부분에서 늘 갈증을 느낄 수밖에 없다.

• 틀니, 남과 북을 잇다!

경남 양산의 (주)제씨콤(이하 제씨콤)은 개성공단에 입주한 광통신업체기업 중 하나였다(경남공감, 2018). 그러다 제씨콤은 새로운 남북사업 아이템을 발견하였는데, 다름 아닌 치과 기공기술을 이용한 틀니 생산이었다.

틀니의 원료인 세라믹을 다뤄 온 이재철 대표는 북측 근로자들을 교육, 6개월 만에 그들이 수준급의 성장을 보여 주었으며, 이후 북측이 대형 프로젝트를 제의해 왔다고 전했다. 북측은 미도와 조소과 출신의 젊은 근로자 30만 명을 치기공기술자로 양성해 달라고 주문했고, 실제로 2007년 북측의 평양구강병원(평양치과병원)에서 100명의 인력을 차출해 주었다. 제씨콤 측은 그들을 개성 시내 자남산호텔에 숙박시키며, 1년간 치기공사를 양성하였다. 하지만

트 재료비가 250 유로, (비공식적인 치료비는 50불△) 교정치료 역시 환자가 교정용 브라켓 및 재료를 구입, 비공식 치료비는 100달러 수준(치료비는 외화로 지불)

29 탈북의사 증언, 의사라 하더라도 월급이 풍족하지 않음을 알 수 있다.

천안함 사태와 연평도 포격으로 이 사업은 무기한 중단되었다. 현재 평양에서만 제씨콤 개성공장에서 배출한 치기공 인력 500명 가운데 200여 명이 활동하고 있다고 전해진다.

• **치과, 분단을 넘어 사랑을 싣는다**

치과는 현시점에서도 대북지원 할 수 있는 희소성 있는 남북 보건 협력 분야 주제이기도 하다. 〈SBS 뉴스〉는 UN은 유엔 안전보장이사회가 한국의 보건 의료 지원단체, 어린이의약품지원본부의 대북 치과 장비 지원 사업에 대하여 '제재 면제'를 결정했다고 보도하였다(SBS 뉴스, 2020). 2019년 12월 30일 전략물자관리원으로부터 '보철물 재료와 치과용 구강 스캐너'가 UN 제재 비해당 판정을 받았으며, 이는 '어린이와 임신부, 노인 등 취약 계층의 구강 건강과 영양을 개선하기 위한 장비 제공 목적'으로 쓰인다. 제재 면제 기한은 승인일로부터 6개월 뒤인 2021년 2월 13일까지로, 어린이의약품지원본부는 이 기간 내에 통일부에 반출 승인을 받은 뒤 북한에 지원 물자를 보낼 수 있다.

3. 결론

치과는 남북한 보건 협력 주제로 매우 흥미로운 주제임을 함께 살펴보았다. 북한 주민들의 치과 진료에 대한 필요는 매우 높으며, 김정은 국무위원장을 비롯한 북한 수뇌부도 치과에 특별한 관심이 있다는 것을 알 수 있었다. '무상의료', '의사담당제'로 대표되는 북한의 국가 보건 시스템의 화려한 이면에는 제때에 치료를 받지 못해 고통받는 북한 주민들이 있다. 북한 치과인들은 좋은 치과재료와 임상기술에 대한 니즈(Needs)를 가지고 있으며, 남한 치과 재료에 대한 거부감이 없고 심지어 선호하는 현상까지 보였다.

또한 북한에서 치과는 단순한 의료영역을 넘어 김정은 시대를 대표하는 업적이자 정치적인 수단으로서의 속성을 가지며, 북한이 야심차게 준비하여 출범을 앞둔 '치료 관광 의료사'의 중점 주제 중 하나로서 빼놓을 수 없는 매력적인 협력 주제이기도 하다.

남한 치과계 역시 치과의사협회를 중심으로 '남북 구강 보건 의료협력 특별위원회'를 통해 '초도회의·통일 구강보건 의료포럼 5개 연구과제 중간 발표회'를 여는 등 매우 적극적인 모습을 보이고 있다(치의신보, 2020). 통일부, 대한치과의사협회, 대한치과기공사협회, 대한치과위생사협회의 대표들이 참석한 이 자리에는 남북 관계 개선을 위한 '치과계 대북사업'의 모색과 '남북한을 위한 치의학도서관 개관'을 제안하는 등의 다양한 논의를 다루었다.

앞에서 살펴보았듯 경제가 여려운 상황에서는 치과는 우선순위에서 밀릴 수밖에 없다. 가장 먼저 선행되야 하는 것은 북한 경제수준의 회복이겠지만, 그 다음으로 우리가 생각해 볼 수 있는 치과 부분의 협력과 과제를 고민해 보았다.

첫째, 현재 가능한 인도적 차원의 긴급지원을 통해 북한과의 소통을 이어가며 신뢰를 충분히 쌓는 것이 우선된다. 하지만 북한이 앞으로는 인도적 지원을 받지 않겠다고 밝힌바, 인도적 차원의 협력이 앞으로도 지속되긴 어려울 것으로 전망된다. 미래의 남북 협력은 "인도적 차원이 아닌 상생적(win win) 보건 협력"으로 방향을 바꾸어야 할 것이다. 따라서 북한과의 다양한 접촉을 통해 그들의 '니즈(Needs)'를 읽는 것이 무엇보다 중요하다.

둘째로 신뢰가 어느 정도 형성된 후에는 남북한 치과인들의 직·간접적 만남의 장을 열어 주는 방안을 생각해 볼 수 있어야 한다. 고려해 볼 방안은 (평양과 대도시를 제외한) 구강 의료혜택이 가장 부족한 지역의 호담당 치과의사들과 함께 "이 돌봄 빼스"를 지속적으로 운영하는 것이다(신희영 외, 2017).[30] 1

30 북한의 보건의료기관은 리·동을 담당하는 1차 병원(산업지역 공장병·의원, 리·동 진료소, 도시지역 리인민·병의원)부터 시(구)군 2차병원(시·군병원·구역병원, 구역병원(평양일부국한)) 도(직할시) 3차(도중앙병원,의대부속병원, 결핵예방원,결핵요양소, 감염병원·요양소), 중앙(평양) 4차 상급병원(병양의대부속병원,조선적십자병원, 중앙결핵병원 기타부속병원)으로 나누어져 있다.

차 의료기관의 담당인 '산업지역 공장 병·의원, 리·동 진료소, 도시지역 리 인민·병의원, 무의촌'의 치과 진료를 선별하여 지원하며, 더불어 학교 구강 검진 및 예방치료, 충치 치료 등의 이동 진료를 지속해서 진행함으로써 치과 의료 협력을 통해 남북한 치과인들이 만남이 자연스럽게 이어지도록 돕는다.

셋째로 남북한 학술협력을 위한 '통일 보건 공동연구소'를 설립하여 남북한 의료인 간의 직·간접적인 학술적 만남이 가능하도록 돕는다. 남북한 의료인 학술적 접촉은 서로에게 민족적 유대감을 느끼게 하며 그들의 학문적 갈증 해소효과를 가져올 것이다.

넷째로 세계적으로 공신력 있는 남한 치과 기업들의 북한 진출을 정식으로 허가하는 협력 사업 방안도 고려해 볼 수 있다(북한에는 저렴한 가격에 질 좋은 국산 치과 재료를 공급하고, 대북사업 참여 기업에게는 세제 감면 혜택을 주는 것도 좋은 방법이 될 것이다).

다섯째로 협력의 시대를 준비할 수 있는 '통일 치과 연구자들'을 발굴하고 양성한다. 치과 관련 대학들은 '통일 치의학 교육 프로그램'을 지속적으로 기획하여, 예비 치과인들이 통일 문제에 대해 자연스럽게 관심을 가질 수 있도록 돕는다.

여섯째로 남북한 치과제도와 인력의 차이를 이해하고 어떻게 통합하여 운영할 것인가에 대한 심모원려한 정책·학술적 논의들이 필요하다. 동독의 경우 기초보건의료를 담당했던 폴리 클리닉(북한의 의사담당제와 유사)이 통일 후 서독식 의료제도로 변화되는 과정에서 사라졌다. 이는 예상치 못한 통일 때문이었으나 그 결과 동독의 폴리클리닉은 장점을 살리지 못하고 역사 속으로 사라졌다. 통일 과도기를 활용해 실제로는 무너졌지만 장점이 많은 북한의 1차 의료(의사 담당제)를 활용하여 한반도 공공부문의 구강보건의료체계를 변화시키는 방안도 생각해 볼 수 있다.

예를 들면, 통일 초기에는 팀을 구성하여("이 돌봄 팀(가제)"으로 구성) 통일 직후에는 의료수혜가 적었던 남북한 지역의 학교와 지역사회를 중심으로 구강

진료와 예방, 교육을 응급치과진료 등을 진행해 나간다. 이를 통해 남북한 주민들의 구강건강 격차를 빠르고 효율적으로 줄인다. 통일 후 안정기에 들어서면 "이 돌봄팀"은 1차 구강보건교육분야의 전문가들로 변모시켜 구강보건예방실천을 강화하여 공공구강보건 분야의 질 높은 예방 서비스를 남북한 주민들에게 제공하고, 한반도의 구강건강증진을 도모한다.

그러나 이러한 다양한 형태의 논의와 협력 과제를 연속성 있게 진행하기 위해서는 정부의 협조가 필수적이며, 학교, 병·의원, 학회 및 협회, 대북지원 NGO, 국제사회 등 다양한 유관기관들을 아우를 수 있는 '대북 치과 교류 협력 협의체'(가칭)가 필요하다. 지금의 대북 치과 교류 협력 방식은 대북 단체와 각 협회 그리고 연구기관(학교)별로 분리되어 있다. 때문에 언제든 한반도 정세와 개별 단체의 상황에 따라 대북 치과 협력사업이 사라지거나 축소될 수도 있다. 따라서 시시각각 변화하는 대북상황에 신속하고 긴밀하게 대응할 수 있도록 '대북 치과 교류 협력 협의체'와 같은 하나의 기구를 신설하여 유관 기관들이 보다 유기적으로 협력하면서도 전문성을 발휘하며 지속적인 대북 치과 정책을 펼칠 수 있는 기반이 마련되어야 한다.

이제 곧 남북한의 경색된 상황을 반전시킬 기회가 우리 앞에 모습을 드러낼 것이다. 우리는 북한의 여러 가지 니즈(Needs)를 미리 읽고 효과적으로 손을 내밀어야 한다. 작지만 강한 협력의 도구, 치과는 분단을 넘어 민족의 사랑을 전할 수 있는 통일의 메신저(messenger)가 될 것이다.

한반도의 모든 이(齒)들이 건강히 웃을 수 있는 그날을 기대하며 글을 마친다.

❖ 참고 문헌

북한 자료

《로동신문》, 2013년 1월-2020년 1월 24일.

《구강(치과), 안과, 이비인후과》, 2015년 4호.

《구강(치과), 안과, 이비인후과》, 2016년 1호

국내 자료

신희영 외. (2017). 《통일 의료 남북한 보건의료 협력과 통합》. 서울대학교 출판문화원.

어린이의약품지원본부. (2020). 《2019년 북한 보건의료 연차보고서》.

이새롬·정세환. (2020). 〈김정은 시대의 북한 구강보건의료 발전방침과 실태에 대한 탐색적 연구〉. 《대한구강보건학회지》, 44(1), 26-33.

이승표·김지은·김서은·이혜경. (2020). 《통일 대비 구강보건정책 개발과 치과의사 통일 인식도 조사》. 대한 통일치의학학회 치과의료정책연구원.

이희은. (2018). 〈클릭! 통일교육 콕 집어 개념 풀이〉. 평화문제연구소 연구원. 《국가 경제 발전 5개년 전략》, 2018. 8.

이헌대. (2013). 〈통일 후 독일경제의 교훈〉. 《한국 경제 포럼》, 6(1), 69-79.

전미라. (2021). 〈북한 치의학의 이해와 통일 치과연구자양성의 필요성〉. 석사학위논문, 고려대학교.

통계청. (2020). 《북한의 주요통계지표》.

통일부. (2016). 《(독일통일 총서15) 독일통일총서 화폐통합분야 관련 정책문서》.

하르트무트 자이페르트·강유덕. (2015). 〈독일의 노동시장과 유연성〉. 노동포럼.

언론 보도 자료

정상혁·이해나. (2015. 7. 31). 〈김정은 [늙은 간부들, 입 냄새 안 나게 양치질 하고 오라]〉. 《조선일보》. https://www.chosun.com/site/data/html_dir/2015/07/30

/2015073002488.html

KBS NEWS(남북의 창). (2016. 11. 5). 〈[클로즈업 북한] 병원 대신 장마당으로…北 무상 의료 실상은?〉. http://news.kbs.co.kr/news/view.do?ncd=3373061

《경남공감》(최석철 편집장), 2018. 8.

김현동. (2019. 10. 27). 〈묘향산 의료기구공장 방문한 김정은 질책에 책임자들 정신없이 필기 중〉. 《중앙일보》. https://news.joins.com/article/23616310

김병덕. (2019. 11. 14). 〈북한도 쿠바처럼?...김정은 '관광대국의 꿈' 가능할까〉. 《파이낸셜 뉴스》. http://www.fnnews.com/news/201911131713050708

온동석. (2019. 12. 7). 〈북한, 중국 관광객 겨냥한 의료관광 개시〉. 《메디컬 투데이》. http://www.mdtoday.co.kr/mdtoday/index.html?no=372127

《자주시보》. (2020. 4. 23). 〈현대적인 평양치과위생용품공장〉. http://www.jajusibo.com/50294

김아영. (2020. 8. 18). 〈UN, 한국 NGO '北 취약계층 치과 지원' 제재 면제〉. SBS 뉴스. https://news.sbs.co.kr/news/endPage.do?news_id=N1005935426&plink=ORI&cooper=NAVER&plink=COPYPASTE&cooper=SBSNEWSEND김인혜. (2020. 11. 5). 〈北, 한국산 치과재료, 몰래 씁니다〉. 《치과신문》. http://www.dentalnews.or.kr/news/article.html?no=28856

천민제. (2020. 11. 8). 〈백두와 한라가 하나 될 때까지 치과계 '한뜻'〉. 《치의신보》. http://www.dailydental.co.kr/news/article.html?no=11326

이재훈. (2020. 11. 22). 〈북한 치과의료 최신 근황 소개 "북한서도 임플란트, 교정 활발하죠"〉. 《치의신보》. http://www.dailydental.co.kr/news/article.html?no=113445

김정근. (2020. 12. 2). 〈북한, 삼지연시 병원 '방문기' 보도… '코로나 시대' 보건·의료 부각〉. 《뉴스 1》. https://www.news1.kr/articles/?4137023

학술지를 통해 본 최근 북한의 고려의학*

김동수

1. 들어가며

전통의학 분야는 남·북의 사회, 경제, 정치 분야 중 거의 유일하게 민족의 동질성을 유지하고 있어 교류협력 분야로 적합하고, 인도주의적인 성격으로 경색된 남북 관계 회복을 위한 우선적 교류 분야로 인정받고 있다. 특히 고려의학은 북한 일차의료의 70%를 책임지고 있다고 알려져 있어 북한 보건의료를 이해하고 협력하기 위하여 고려의학에 대한 이해는 매우 중요하다. 그래서 전통의학 분야는 다양한 방식으로 교류·협력이 이루어져 왔다. 2001년 1차 방북 이후 15차례 방북이 있었으며, 2회에 걸친 '남북 민족의학 학술대회' 개최와 다양한 방식의 지원이 이루어졌다.

그러나 이와 같은 남북 교류에서 전통의학 분야의 중요성에도 불구하고 북한 고려의학에 대해서는 체계적으로 분석되거나 보고되지 못하였다. 특히 다른 분야에서 북한 학술지에 대해 다양한 방법론을 활용하여 활발하게 연구되

* 본 글은 필자가 책임자로 참여하였던 〈고려의학 현황과 남북 전통의학 교류·협력 방안〉(한국한의학연구원, 2020)을 재구성하여 작성하였음.

었던 것에 반해 고려의학에 대해서는 한 번도 연구된 적이 없다. 북한 학술지 분석 연구는 남북 경색 국면이 장기화되어 북한 사회에 대한 정보를 취득하기가 매우 어려운 최근 더욱 필요성이 높아지고 있는 방법이다.

따라서 본 글은 우리나라에서 처음으로 북한 고려의학 연구의 전문 학술지인《고려의학》의 문헌을 분석한 결과를 소개하고자 한다.

2. 자료 수집

《고려의학》은 북한에서 고려의학에 대한 연구 문헌을 전문적으로 출판하는 학술지이다. 본 글에는 북한의 연구 현황을 파악하고 이를 통해 최근 북한 고려의학의 상황을 유추하기 위하여《고려의학》의 서지 분석을 진행하였다. 《고려의학》은 1년에 4권이 출판되며 1권내에는 약 70개의 문헌이 실려 있다.

자료는 국립중앙도서관 북한자료센터에서 구할 수 있는《고려의학》의 2016년도 1권-2019년도 1권(총 13권)에 수록된 문헌 총 931편을 대상으로 하였다.

<표 1>《고려의학》 학술지 분석을 위한 자료

연도	권	문헌 수(편)	비율(%)
2016	1	66	7.09
	2	70	7.52
	3	72	7.73
	4	74	7.95
2017	1	69	7.41
	2	65	6.98
	3	80	8.59
	4	73	7.84
2018	1	72	7.73
	2	78	8.38
	3	73	7.84
	4	72	7.73
2019	1	67	7.20
합계		931	100.0

3. 분석 방법

본 연구에는 고려의학 연구의 현황을 파악하기 위하여《고려의학》문헌 전체를 연구 목적과 연구 방법에 따라 구분하였다. 연구 목적은 '안전성 규명 연구', '작용부위·치료원리·치료방법 규명 연구', '치료효과 규명 연구', '기타 연구', '종설'의 5가지로 구분하였다. 그 다음 연구 방법은 연구 대상에 따라 임상연구와 비임상연구로 구분 이후 세분화하였는데 '비임상연구-기타', '비임상연구-동물실험', '임상연구-증례연구', '임상연구-대조군 있음', '임상연구-대조군 없음', '기타', '알 수 없음', '종설'의 총 8가지로 구분하였다.

연구 방법에 따른 문헌 분류 중 임상연구는 총 611편이었다. 이 임상연구 문헌들은 중재 요법과 대상 질환에 따라 다시 분류하였다. 먼저 문헌에서 다룬 중재 요법 중 19가지 다빈도 요법을 추출하였다. 그리고 이들의 기준이 되는 요법을 크게 비약물요법, 진단, 약물요법으로 구분하였다. 비약물요법은 세부적으로 14가지 요법으로 구분하였는데 '체침', '피부침(피내침)', '이침', '온침·화침', '기타침', '뜸', '기기 사용 침·뜸', '부항', '사혈', '수기요법', '매선요법', '기타요법', '사상체질', '알 수 없음'이다. 진단은 문헌 수가 많지 않아 진단과 관련된 모든 문헌을 포함하였다. 약물요법은 '한약/한약제제', '약침', '기타 한약', '알 수 없음'의 4가지로 구분하였다.

임상연구 문헌 611편에 대해 두 번째로는 연구 대상 질환에 따라 분류하였다. 질환은 제7차 한국표준질병사인분류(Korean Standard Classification of Diseases, KCD)의 22개 대분류를 기준으로 하였다. 분류는 마찬가지로 한의사 2인이 교차검증을 진행하였으며, 문헌의 정보만으로 판별하기 어려운 경우는 '알 수 없음'으로 구분하였다. 하나의 문헌 내에 두 개 이상의 질환이 포함되어 있는 경우가 있었으며 이 경우 중복으로 항목을 분류하였다.

분류는 한의사 2인이 교차검증을 진행하였으며, 문헌의 정보만으로 판별하기 어려운 경우는 '알 수 없음'으로 구분하였다. 하나의 문헌 내에 두 개이상

<표 2> 《고려의학》 문헌의 치료 중재 및 정의

치료 중재		정의
비약물 요법	체침	피부침, 이침 등 특수침술이 아닌 일반적인 경혈 침술 전반
	이침	문헌에서의 '귀침'
	뜸	문헌 내 '뜸대뜸', '온뜸' 등 뜸이 들어가는 요법 전반
	기기 사용 침, 뜸	전기침, 레이저침, 저주파침 등 기기를 사용하여 침술과 뜸의 자극을 대신하는 경우
	수기요법	문헌 내에서 '수법', '관절운동', '문지르기' 등으로 표현된 손을 사용한 치료
	매선요법	문헌 내 '매몰요법'
	기타 요법	온천, 찜질 등
	사상체질	사상체질을 활용한 진단과 치료 모두를 포함
약물 요법	한약/한약제제	달임액, 차, 식품/알약, 엑스, 추출액 등 복용할 수 있는 제형 전반
	약침	주사를 사용한 모든 경우
	기타 한약	학술지에서 '약붙임', '훈증', '관장약' 등 복용하는 이외의 모든 한약 활용을 포함
진단		고려의학적 진단을 다룬 모두를 포함하나 사상체질과 관련된 진단은 '사상체질' 파트로 구분

의 요법이 포함되어 있는 경우가 있었으며 이 경우 중복으로 항목에 포함하여 분류하였다.

마지막으로 북한의 전통의학이 서양의학과 협력이 어떤 방식으로 이루어지는지를 살펴보기 위하여 서양의학적 치료가 병행되었는지를 분류하였다. 그리고 서양의학적 치료가 병행되었다고 판단된 문헌들을 위의 치료 방법과 대상 질환에 따라 다시 분류하였다. 서양의학적 치료가 병행되었다고 판단한 기준은 문헌의 연구 방법 내에 서양 의약품이나 서양 주사액, 수술 등이 전통의학 치료 방법과 함께 제시된 경우로 정의하였다.

4. 분석 결과

1) 연구 목적 및 연구 방법별 분류

북한《고려의학》문헌을 연구 목적별로 분류한 결과 '치료 효과 규명' 연구가 전체의 81.63%로 가장 많았다. 대부분의 연구가 고려 치료, 고려약 등이 특정 질병에 효과가 있는지를 규명하기 위한 연구였다.

<표 3> 《고려의학》 문헌의 연구 목적별 분류

연구 목적	문헌 수(편)	비율(%)
안전성 규명	4	0.43
작용부위·치료원리·치료방법 규명	88	9.45
치료효과 규명	760	81.63
기타	30	3.22
종설	49	5.26
합계	931	5.26

연구 방법별로 분류한 결과 임상연구가 69.27%로 가장 많았다. 세부적으로는 임상연구 중 대조군이 있는 연구가 전체의 52.72%로 가장 많았으며, 비임상연구 중 동물실험 연구가 25.28%로 그 다음 순이었다. 연구방법은 보다 구체적인 방법을 확인하고자 하였으나, 문헌에 포함된 정보가 너무 적어 확인하기가 어려웠다.

<표 4> 《고려의학》 문헌의 연구 방법별 분류

연구 방법	문헌 수(편)	비율(%)
비임상연구-기타	17	1.93
비임상연구-동물실험	223	25.28
임상연구-증례연구	16	1.81
임상연구-대조군 있음	465	52.72
임상연구-대조군 없음	130	14.74
기타	31	3.51
종설	49	5.26
합계	931	100.0

2) 임상연구 문헌의 중재 요법별 분류

임상연구 문헌 611편을 대상으로 연구에서 다룬 중재 요법별로 분류한 결과 침, 뜸, 부항과 같은 비약물요법이 55.65%였고, 한약, 약침과 같은 약물요법이 39.93%였다. 진단은 1건밖에 없었다.

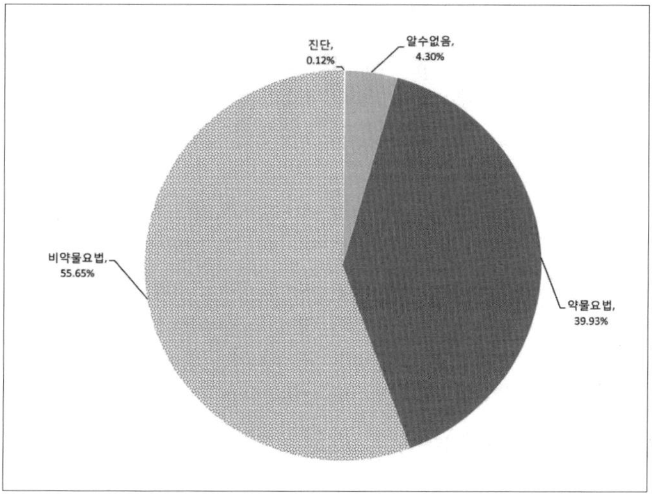

<그림 1> 임상연구 문헌 중 비약물/약물/진단에 의한 문헌 분류

세부 요법별로는 한약/한약제제가 17.69%로 가장 많았고, 그 다음으로 체침(15.48%), 약침(12.69%), 기타 한약(9.55%), 기기 사용 침, 뜸(8.15%) 순이었다. 북한에서도 한의학의 가장 대표적인 치료 방법인 한약과 침술에 대한 연구가 많다는 것을 잘 보여 주는 결과이다. 반면 약침 연구와 기타 한약 연구가 많은데 이는 우리나라가 다양한 침술의 발달로 침술에 대한 비중이 높은 것과 비교되는 결과이다.

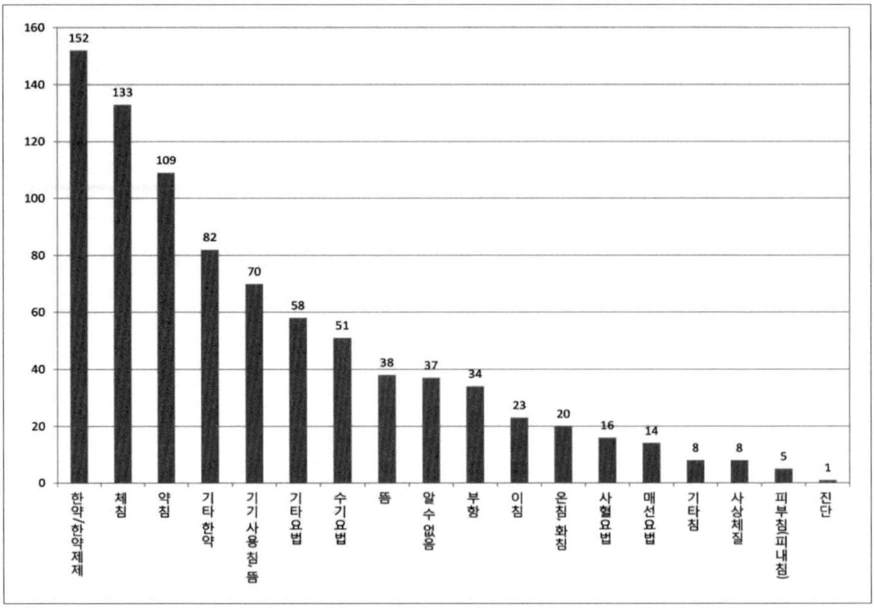

<그림 2> 임상연구 문헌 중 요법 종류에 따른 문헌 분류

3) 임상연구 문헌의 질환별 분류

임상연구 문헌을 다룬 질환별로 분류한 결과 '소화계통이 질환(K00-K93)'이 21.15%로 가장 많았다. 그 뒤로는 근골격계통 및 결합조직의 질환(M00-M99)이 17.15%, 비뇨생식계통의 질환(N00-N99)이 10.1%, 순환계통의 질환(I00-I99)이 8.33% 순이었다.

4) 서양의학적 치료 병행 임상 문헌

서양의학적 치료 병행이 확인된 임상문헌은 총 107편이었다. 서양의학적 치료 병행 임상 문헌에서 다룬 요법들은 약침 임상연구가 61편으로 가장 많았다. 그 뒤를 이어 한약/한약제제(20편), 체침(18편), 기타 한약(11편) 순이었

<표 5> 임상연구 문헌 중 KCD 대분류에 따른 문헌 분류

KCD 대분류	문헌 수(편)	비율(%)
소화계통의 질환(K00-K93)	132	21.15
근골격계통 및 결합조직의 질환(M00-M99)	107	17.15
비뇨생식계통의 질환(N00-N99)	63	10.1
순환계통의 질환(I00-I99)	52	8.33
신경계통의 질환(G00-G99)	34	5.45
피부 및 피하조직의 질환(L00-L99)	33	5.29
호흡계통의 질환(J00-J99)	31	4.97
내분비, 영양 및 대사 질환(E00-E90)	27	4.33
정신 및 행동 장애(F00-F99)	21	3.37
달리 분류되지 않은 증상, 징후와 임상 및 검사의 이상소견(R00-R99)	18	2.88
특정 감염성 및 기생충성 질환(A00-A99)	17	2.72
알 수 없음	17	2.72
손상, 중독 및 외인에 의한 특정 기타 결과 (S00-T98)	14	2.24
임신, 출산 및 산후기(O00-O99)	13	2.08
혈액 및 조혈기관의 질환과 면역메커니즘을 침범한 특정 장애(D50-D89)	11	1.76
눈 및 눈 부속기의 질환(H00-H59)	11	1.76
신생물(C00-D48)	8	1.28
기타	7	1.12
귀 및 유돌의 질환(H60-H95)	6	0.96
특수목적 코드(U00-U99)	1	0.16
건강상태 및 보건서비스 접촉에 영향을 주는 요인(Z00-Z99)	1	0.16
합계	624	100.0

<표 6> 서양의학적 치료 병행 임상 문헌의 요법에 따른 분류

중재 요법	문헌 수(편)	비율(%)
약침	61	40.67
한약/한약제제	20	13.33
체침	18	12.00
기타 한약	11	7.33
기타 요법	10	6.67
뜸	6	4.00
기기 사용 침, 뜸	6	4.00
수기요법	5	3.33
이침	4	2.67
온침, 화침	3	2.00
부항	3	2.00
피부침	1	0.67
사혈요법	1	0.67
알 수 없음	1	0.67
합계	150	100.0

<표 7> 서양의학적 치료 병행 임상 문헌 중 KCD 대분류에 따른 분류

KCD 대분류	문헌 수(편)	비율(%)
소화계통의 질환(K00-K93)	23	21.5
근골격계통 및 결합조직의 질환(M00-M99)	14	13.08
호흡계통의 질환(J00-J99)	12	11.21
신경계통의 질환(G00-G99)	10	9.35
순환계통의 질환(I00-I99)	8	7.48
피부 및 피하조직의 질환(L00-L99)	8	7.48
특정 감염성 및 기생충성 질환(A00-A99)	6	5.61
비뇨생식계통의 질환(N00-N99)	6	5.61
눈 및 눈 부속기의 질환(H00-H59)	4	3.74
귀 및 유돌의 질환(H60-H95)	3	2.8
손상, 중독 및 외인에 의한 특정 기타 결과(S00-T98)	3	2.8
기타	3	2.8
신생물(C00-D48)	2	1.87
달리 분류되지 않은 증상, 징후와 임상 및 검사의 이상소견(R00-R99)	2	1.87
혈액 및 조혈기관의 질환과 면역메커니즘을 침범한 특정 장애(D50-D89)	1	0.93
내분비, 영양 및 대사 질환(E00-E90)	1	0.93
정신 및 행동 장애(F00-F99)	1	0.93
합계	107	100.0

다. 전체 임상연구 문헌에서 다룬 요법의 종류는 한약/한약제제, 체침, 약침 순으로 많은 문헌이 속해있었으나, 서양의학적 치료 병행 임상 문헌은 약침이 40.67%나 될 정도로 많아 서양의약품 성분을 약침 내에 섞어서 활용하는 경우가 매우 많은 것으로 보인다.

서양의학적 치료 병행 임상 문헌 중 KCD 대분류에 따른 문헌을 분류한 결과 소화계통의 질환이 23편으로 가장 많았고, 그 다음으로 근골격계통 및 결합조직의 질환(14편), 호흡계통의 질환(12편), 신경계통의 질환(10편) 순이었다. 이는 전체 임상연구 문헌 611편을 대상으로 KCD 대분류에 따라 분류한 순서와 크게 다르지 않았으나, 다만 호흡계통의 질환에서 약침 활용이 많았고 또 약침시술 시 서양 의약품 병행 치료가 많은 이유로 호흡계통의 질환에 대한 문헌이 일반 임상의학 문헌에 비해 많은 편이었다.

5. 맺음말

이상으로 북한의《고려의학》을 분석한 결과 다음과 같은 시사점을 도출하였다.

첫 번째 북한의《고려의학》에는 치료 효과를 규명하기 위한 연구가 대부분을 차지하였으며, 반면 치료 효과 규명 이외의 다양한 연구가 부족하였다. 우리나라의 한의학 학술지에서 치료 효과 규명을 위한 연구뿐만 아니라 역사 연구, 고문헌 발굴 및 해석, 한의학 관련 사회 조사 등 인문사회적인 다양한 연구가 진행되는 것과는 다른 점이다. 특히 고문헌 연구는 동아시아 국가들에서 공통적으로 전통의학 연구의 중요한 파트로 다루어지는 분야임에도 불구하고 북한에서는 이러한 연구를 찾아보기가 어려웠다. 그러나 본 분석이 북한의 고려의학 관련 연구 전반을 다룬 것이 아니고《고려의학》이라는 1개의 학술지만을 분석하였기 때문에 단정지어 말하기 어렵다는 한계가 있다.

두 번째 근골격계 질환을 다룬 연구의 비중이 그리 높지 않다는 점이다. 우리나라는 한의의료서비스가 근골격계 질환의 비중이 매우 높으며, 이에 따라 임상연구도 침술을 활용한 연구와 근골격계 질환 연구의 비중이 높다. 북한은 앞서 치료 요법에서도 침술의 비중이 우리나라만큼 그리 높지 않았으며 한약, 약침, 기타 한약의 비중이 높다 보니 질환에 있어서도 근골격계 질환에 치우치지 않고 소화기계 질환을 비롯하여 비뇨생식계통의 질환, 순환계통의 질환 등 내과 질환의 비중이 높았다.

세 번째 서양의학적 치료가 병행된 임상연구가 많았으며, 특히 약침 연구가 많았다. 이것은 북한의 의료체계가 우리나라와는 달리 서양 의사와 고려 의사가 면허 행위의 범위가 구분되지 않는 의료일원화 체계이기 때문으로 보인다. 그래서 약침액 내에 서양의약품 성분과 한약 성분을 제도적인 장벽 없이 자유롭게 활용하고 있는 것으로 예상된다.

네 번째 대부분의 요법들이 우리나라에서도 활용되고 있는 요법들이었으나 몇 가지는 우리나라에서 생소한 요법들이 있다. 예를 들어 우리나라에서 생소한 요법인 '물속장관류'란 치료의 설명은 다음과 같다.

> 37-39도의 경성온천을 가슴높이까지 채운 욕조안에 설치된 물속장관류기를 리용하여 40-42도의 경성온천수로 20분동안 장관류를 하루 건너 한 번씩 진행한다.

이와 같은 요법들은 새로운 한의의료서비스 개발을 위해 참고할 만하다.

본 글은 우리나라에서 처음으로《고려의학》을 분석한 결과의 소개이다. 따라서 처음으로 북한의 고려의학에 대한 연구 현황과 실상을 일부 엿볼 수 있었다는 점에서 의미가 있다. 그러나 아직도 우리나라에 북한의 고려의학에 대한 연구가 거의 이루어지지 않아 고려의학에 대한 정보는 턱없이 부족하다. 앞으로 고려의학에 대한 연구가 본격화하여 남북 보건의료 교류의 보탬이 될 수 있기를 바란다.

| 제3부 |

주요 이슈별 창의적 협력

창의적인 보건의료 교류협력 모델 개발

김신곤·김윤환

1. 서론

남북 관계의 불통의 시간들을 바라보는 필자들의 마음은 무겁다. 남북 간의 극단적 불통의 상황에서도 보건의료를 통해 생명의 끈을 연결하는 노력을 멈출 수는 없다. 생명권은 어떠한 상황에서도 포기할 수 없는 인간의 기본권이기 때문이다. 그런 의미에서 북녘 땅에서 살아가는 사람들의 삶의 문제는 생명을 지키는 것을 업으로 살아가는 우리 의료인들의 관심에서 벗어날 수 없다. 북핵 문제로 초래된 UN제재, 반복되는 수해 등 자연재해, 코로나19로 인한 자발적인 국경봉쇄로 초래된 북한이 직면한 삼중고는 보건의료 영역에도 직격탄이 되고 있다. 결핵약을 포함한 필수 의약품의 유입도 제한되고 있고, 영양부족의 문제도 북한 주민들의 건강과 생명의 문제를 심각하게 위협하고 있다.

한편 보건의료는 남북한의 소통과 통합을 선도할 가능성이 높은 영역이다. 분단 이후 서로에게 너무도 큰 상처를 주고 긴 세월을 지내 온 남북의 사람들에게 보건의료는 서로를 이해하고 어루만지는 화해의 단초이자 따뜻한 치유의 도구가 될 수 있다. 남북한 경제협력이 '돈'을 향해 움직이는 것이라면, 보건의료협력은 서로 간에 그토록 증오하고 의심했던 '사람'을 향한 움직임이라는 독특성을 갖는다. 사람 간의 신뢰가 전제되어야 경제협력도 탄력을 받을 것이다.

더 나아가 보건의료는 통일을 대비한 가장 유효한 투자영역이다. 영양부족, 열악한 보건의료 상황 등이 초래한 북한 주민의 불건강 상태는 한반도 공동체의 큰 부담으로 작용할 것이다. 따라서 북한 주민의 건강과 보건의료의 개선, 더 나아가 미래 통일한국의 보건의료를 대비한 협력은 대표적인 'low risk, high return'의 투자전략이 될 것이다. 육체적, 정신적, 사회적으로 건강한 사람들 간의 통합이 미래 통일한국의 가장 소중한 자산이기 때문이다.

그러나 하노이 회담 결렬 이후 남북 간의 불통은 회복될 기미를 보이지 않고 있다. 기존의 문법을 넘어서는 창의적 접근이 필요한 이유이다. 작금의 극단적 불통의 상황에서 남북 당국이 새로운 접점을 만들려면 명분이 필요하다. 대북제재에 크게 저촉되지 않고, 남북 모두에게 유익하며, 국제사회에서도 수용할 수 있는 명분이면 현실화될 가능성이 높아질 것이다. 그런 측면에서 코로나19가 초래한 보건학 위기 국면에서 남북이 한반도의 건강안보를 위해 공동 대응하고, 더 나아가 전 세계 위기극복에 함께 기여하자는 것은 남북 당국과 주민, 더 나아가 국제사회를 위해서도 좋은 명분이 될 수 있다. 인도주의라는 보편성, 생명 보호라는 시급성에 더해 현실성만 갖춰진다면 가능성이 높은 방안이 마련될 수 있다. 이외에도 적정의료나 사회적 기업모델을 통한 협력 등도 창의적 협력 방안이 될 수 있다.

2. 남북한 보건의료 교류협력을 위한 원칙[1]

1) 중장기적 로드맵 속에서 단기적 대책 마련

남북 보건의료 교류협력은 정치, 경제, 사회, 문화를 모두 아우르는 거시적 맥락에서 조망되어야 한다. 현재와 같은 위기 국면에서 보건의료협력이 선도적 역할을 점할 수 있지만, 궁극적으로는 타 영역과의 협력과 연계를 고려한 포괄적인 지속개발목표(Sustainable Development Goals, SDG)의 관점이 견지 되어야 지속성이 담보될 수 있다. 정치·군사분야와는 달리, 보건의료에 있어서는 통일 전·후를 대비하는 포괄적 로드맵이 마련되어 있지 않다. 교류협력이 일시적 이벤트가 안 되게 하려면 단기적 추진 방향도 중장기적 전망과 로드맵 속에서 마련되어야 한다.

남북한의 교류협력이 막혀 있는 상황에서도 우리 내부로부터 준비할 수 있는 것은 차분히 추진해야 한다. 대표적인 것이 '남북의학용어' 편찬 사업이다. 이미 오래전부터 〈겨레말 큰사전 편찬사업〉을 지원해 온 정부 당국이 더욱 시급한 의학용어 사전에 관심이 없다는 게 의아하다. 생명의 출발인 임신과 출산에서부터 생명의 마지막인 임종에 이르기까지 보건의료인들은 수많은 소통을 한다. 이때 서로에게 진의와 맥락이 잘 전달되고 정확하게 이해되지 않으면, 생명과 건강에 치명적인 결과를 초래할 수 있다. 머지않아 남북 간의 교류협력이 활발해지게 될 때 서로가 사용하는 보건의료 용어에 대한 이해의 부족, 소통의 어려움은 남북을 가로질러 만나게 될 보건의료인들과 환자들에게 상당한 난맥상을 초래할 수 있다. 남북 보건의료 전문가들 간, 현대의학과 전통의학 간, 보건의료인과 남북 주민들 간에 소통할 때 초래될 수 있는 삼중의 난관을 지금부터 미리 대비해야 한다.

---

1 이하 내용은 필자가 주관연구자로 참여한 통일부 용역보고서, 〈대북 비감염성 만성질환 협력 로드맵 구축〉(고려대 산학협력단, 2021. 12) 중 일부를 수정보완한 것임.

2) 인도적 지원을 넘어 개발협력 추진

북한은 긴급구호적인 일회성 인도지원을 받는 것으로부터 지속 가능한 개발협력 추진으로 자신들의 정책 기조를 바꾸겠다는 것을 2005년 공식적으로 천명한 바 있다. 그리고 그에 따라 다수의 기관으로부터 다양한 소규모의 직접적 지원을 받는 것으로부터, 대규모의 체계적 개발 협력사업을 추진하기를 원한다고 하였다. 그리고 특히 김정은 시대에 들어서면서 핵강국으로서의 자신들의 국가 위상을 강조하며, 과학과 교육을 국가 건설의 주요 도구로 내세우게 되었다. 즉 돈과 물자에서부터 인력 개발과 시스템 구축을 더 중시하게 된 것이다.

이제는 단기적, 인도적 지원을 넘어 지속 가능한 협력 모델을 준비해야 한다. 이를 위해서는 북한 당국의 요구를 넘어 북한의 실질적인 의료적 필요를 채우는 방식으로 접근해야 하며, 문제가 발생하면 대응하는 방식을 넘어 미래에 다가올 상황을 예측하고 선제적으로 준비해야 한다. 또한 민간기관이 참여할 때 기부나 사회공헌과 같은 기업의 사회적 책임 모델(Corporate social responsibility, CSR)을 넘어, 북한의 보건의료에 대한 협력과 참여가 기업의 비즈니스 경쟁력에 도움이 되는 공유가치창출(Creating shared value, CSV) 모델로의 전환이 필요하다. 사회적 기업 모델도 그런 사례이다.

3) 보건안보의 측면에서 위기 공동대응

이상에서 언급한 거시적 전망과 개발협력을 관점을 견지하면서도 지금 당장 해 나갈 수 있는 단기적 대응책이 빨리 나와야 한다. 작금의 극단적 불통의 상황에서 남북 당국이 새로운 접점을 만들려면 명분이 필요하다. 역설적이게도 인류에게 닥친 보건학적 위기가 한반도의 기회가 될 수 있다. 한반도의 보건안보를 위해 공동 대응하고, 더 나아가 전 세계 위기극복에 함께 기여하자는 것은 남북 당국과 주민, 더 나아가 국제사회를 위해서도 좋은 명분이다.

국경의 폐쇄, 방역과 예방의 강화, 지역 이동의 금지, 능동적 자가 감시의 확대 등 코로나19에 대한 북한 당국의 적극적인 노력에도 불구하고 그 한계는 자명해 보인다. 일부 국제사회의 지원에도 불구하고 열악한 보건의료 인프라와 환경, 영양의 부족 등은 언제든 북한 사회를 폭발시키는 심각한 뇌관으로 작용할 수 있다. 2020년 착공된 평양의 현대적 종합병원 건립 소식은 이런 위기를 관리하는 '김정은식 보여 주기'로 출발한 사업으로 보인다. 그러나 유엔 제재와 코로나19 위기 상황에서 의료장비의 반입은 매우 제한적일 수밖에 없어 공식적인 완공을 선언하기는 어려울 것이다. 또한 김정은 위원장이 주력하고 있는 관광사업도 방역의 관점이 접목되지 못한다면, 신종 바이러스 창궐이 뉴노멀이 되고 있는 시대에 사상누각이 될 수 있다. '방역 없이 관광 없다'라는 모토는 북측의 필요를 채워 주는 좋은 유인책이 될 수 있을 것이다.

4) 남북 보건의료 교류협력의 거버넌스 구축와 제도화

대북 보건의료 활동에는 매우 다양한 주체들이 참여하게 된다. 정부 내에도 통일부, 보건복지부, 외무부, 국방부, 국정원 등 많은 부서가 관여하고, 대한적십자회, KOICA, KOFIH 등 관련 공공기관들과 많은 국내의 민간기관, 종교기관들과 다양한 국제기구와 외국 정부들도 참여하게 된다. 이들이 다양한 이슈에도 불구하도 공통의 목표를 공유하며 협력하고 조율하는 것을 지원하기 위한 거버넌스가 필요하다. 범부처와 민·산·학·병을 아우르는 가칭 '한반도 건강공동체 준비위원회'가 그런 역할을 할 수 있을 것이다.

더 나아가 이번 기회에 보건안보의 측면에서 남북한의 공동대응을 제도화하기 위한 노력이 필요하다. 남북한 전염성 질환 공동관리위원회를 추진하고, 독일과 같은 재난공동대응협정과 보건의료협정을 체결해야 한다. 남북 보건의료의 교류협력 증진에 관한 법률안(이하 '보건의료 교류협력법')은 21대 국회에 들어와 신현영 21대 국회의원이 발의하기 이전, 이미 정의화 전 국회의장을 비롯하여 안명옥, 윤종필 전의원 등 국회의원들에 의해 세 차례 대표 발의되었던 법안이다. 그러나 안타깝게도 아직 〈보건의료 교류협력법〉은 제정되지 못하고 있다. 동서독은 1973년과 1974년도에 각각 재난협정과 보건의료협정을 맺는다. 그런 의지가 결국 16년이 흐른 후 동서독의 통일을 이루어 내는 디딤돌이 되었다. 〈보건의료 교류협력법〉 최초 발의 후 16년이 지나도록 법안 통과도 이루어 내지 못하고 있는 우리의 상황과 매우 대조적이며, 그만큼 우리의 통일 준비가 요원하다는 생각을 지울 수 없다.

3. 창의적 협력을 위한 제안

1) 한반도형 방역모델을 통한 협력

코로나19가 초래한 보건학 위기국면에서 이 문제를 비켜 간 남북한의 소통과 교류협력은 매우 제한적일 수밖에 없다. 국경이 봉쇄된 상태에서 기본적인 물자의 유입도 제한된 상태인데 하물며 사람들의 통행과 교류가 원활할 수 없다. 김정은 위원장이 주력하고 있던 관광사업도 방역의 관점이 접목되지 못한다면, 신종바이러스 창궐이 뉴노멀이 되고 있는 시대에 사상누각이 될 수밖에 없다. K-medical로 세계적 방역 모범 국가로 등장한 우리의 기술력과 시스템이 북한의 인력 중심의 고전적 방역 능력과 상호보완적으로 결합할 수 있다면 'With Corona' 시대에 방역을 겸비한 새로운 관광 모델 개발에 기여할 수 있을 것이다. 북한 접경 지역과 입출국 통로에서의 첨단 방역에 협력하는 것이 출발점이 될 수 있다. 남북과 중국, 러시아, 몽골을 아우르는 동북아 접경 지역 공동 방역모델 개발을 추진하는 것도 한 방안이다.

신종바이러스 방역의 게임 체인저(game changer)라 일컬어지는 백신과 치료제 개발이 남북협력의 창의적 돌파구가 될 수 있다. 현 단계에서는 유엔제재 완화보다도 북한이 자발적으로 봉쇄한 국경을 여는 게 더 시급하고 더 중요하다. 국경이 열리면 개성공단도 재개할 수 있다. 단 국제적 명분을 얻기 위해 개성공단은 감염병 대응 전초기지로 전환한다. 북한 입장에서도 개성공단을 여는 것은 북한이 전 세계 감염병 극복에 기여하기 위함이다. 중장기적으론 개성공단 인근에 미래의 팬데믹을 준비하는 백신 및 치료제 생산시설을 준비할 수 있다. 지금은 서로가 아닌 공동의 적, 바이러스와의 전쟁에 힘을 모아야 한다는 명분이 있다. 이렇게 될 수만 있다면 아직도 반(反)생명의 상징인 전쟁이 끝나지 않은 한반도에서 인류의 생명을 구하기 위해 남북이 협력한다는 역설적 메세지가 세상에 울림을 줄 수 있다.

이런 방식은 북한이 일방적으로 외부지원을 받는다는 부담도 적어지고, 보건의료 영역에 국한한 유엔제재 유예도 가능하다. 이를 매개로 북한이 국제사회와 소통할 수 있다면 현재의 강대강 대립구조를 완화하며 비핵화 로드맵 협상까지 이어질 수 있다. 언젠가 대북협상이 시작되면 북한의 비핵화 실천 수준에 상응하여 유엔제재의 완화, 경제협력, 평화협정 등 단계별 로드맵의 조율이 필요하다. 이런 복잡 방정식이 풀리려면 상호 간의 신뢰가 필수적인데, 팬데믹 위기에서의 보건의료 협력이 그런 신뢰 형성의 마중물이 될 수 있다.

남북한의 감염병 대응 핫라인 구축, 공동방역을 위한 협의 시작 등은 지금 바로 가능한 협력이다. 남북은 이미 2018년 11월 열린 남북 보건의료 분과회담을 통해 ▷쌍방의 전염병 정보교환 등 남북 전염병 유입 및 확산방지 ▷결핵과 말라리아를 비롯한 전염병의 진단 및 예방치료 협력 ▷중장기적인 방역 및 보건의료 협력 ▷남북공동연락사무소를 통한 정례적 협의와 해결 등에 합의했다.[2] 코로나19 확산 상황에서 이러한 합의 이행은 더욱 절실하다.

---

2 남북보건의료분과회담 공동보도문. 2018.11.07. https://www.unikorea.go.kr/unikorea/news/live/?boardId=bbs_0000000000000003&mode=view&cntId=54657&category=&pageIdx=3.

2) 적정의료를 통한 협력

적정의료 기술은 좋은 교류협력의 영역이다. 적정기술은 크기, 비용, 사용성의 측면에서 공간, 시간, 인간에 가장 적합하고 효과적인 기술을 의미한다. 가격이 비싸지 않으면서, 접근성이 좋고, 창의적이며, 작은 규모로 적용 가능해야 한다는 것이 적정기술에 중요한 지표이다(김정태·홍석욱, 2014, pp. 40-41). 세계 도처에서 이런 적정 기술을 통해 생명을 살리는 노력들이 창의적으로 진행되고 있다. 아프리카 사람들의 분변이 식수를 오염시키는 데서 착안해 개발한 '화장실 재발명 프로젝트'인 'omni processor'는 배설물을 고온으로 가열하여 발생한 수증기를 통해 깨끗한 물과 전기를 생산하고 있다.[3] 음식에 같이 넣고 끓이는 것만으로도 하루 철분 섭취량의 75%를 보충할 수 있어, 캄보디아의 빈혈 문제의 획기적 해결책이 된 'Lucky Iron Fish' 등이 그런 적정의료 기술의 예이다.[4] 사회적 문제를 해결하기 위한 이런 방식의 창의적 적정의료 모델을 남북한 보건의료인들이 다양하게 고민하고 시도해 볼 수 있을 것이다.

북한의 호담당의사(household doctors) 제도는 평균 130여 가구를 한 명의 1차 진료의사가 담당하는 제도이다. 최근의 보고에 따르면 WHO가 제안한 Package of essential noncommunicable disease(PEN) 프로젝트가 북한의 호담당의사들에 의해 활용될 때 심혈관질환과 당뇨병을 선별하고 관리하는 데 유용할 가능성을 보여 주었다(Hyon et al., 2017, p. 69). 방문 진료를 특징으로 하는 호담당의사 제도에 다양한 적정의료 기술이 접맥된다면 이 유용성은 배가될 가능성이 있다. 남북의 공동연구를 통해 적정기술에 기반한 진단 및 치료 기술, 관리 프로토콜들을 개발하고 표준화, 실용화할 수 있다면 이를 기반으로 다른 개발도상국가들에 적용할 수 있을 것이다.

남한은 정보통신(Information technology) 영역에서 이미 많은 원격진료(먼거

---

3 https://en.wikipedia.org/wiki/Omni_Processor.

4 https://en.wikipedia.org/wiki/Lucky_iron_fish.

리 의료봉사) 기술이 개발되어 있음에도 여러 이유로 실제 진료에 이용하고 있지 못하다. 북한에 첨단 원격진료(먼거리 의료봉사)가 적극적으로 적용되고 활용될 수 있다면 북한 주민의 건강 수준 향상에 크게 기여할 수 있는 기술이 될 수 있다. 북한의 핸드폰 이용인구가 6백만 명을 넘어섰고 스마트폰을 이용한 심전도 전송 등 원격진료가 이미 시도되고 있다. 원격진료 이외에도 북한처럼 당을 중심으로 조직화된 사회에서 빅데이터, 사물인터넷, 인공지능 등 4차 산업혁명의 다양한 기술이 활용될 수 있다면, 짧은 시간 내에 국가적 차원의 창의적인 모델들이 개발될 가능성이 있다.

3) 사회적 기업을 통한 협력

대북 보건의료 교류의 과거 방식은 인도적 차원에서 약과 의료장비 등을 지원하는 것으로 지속 가능성이 떨어진다는 비판을 받아 왔다. 그래서 등장한 것이 사회적 기업 모델을 기반으로 한 교류협력이다. 사회적 기업 모델은 일반적인 기업처럼 이윤을 내는 것만 목적으로 하지 않고 결과적으로는 공공적인 영역이나 취약한 영역을 도와 주는 사회적 문제해결과 비즈니스를 동시에 진행하는 모델이다. 아래와 같은 사회적 기업을 추진해 볼 수 있다.

한 예로, 두유와 칫솔을 예로 들어 보려 합니다. 어릴 때부터 양치 교육은 굉장히 중요합니다. 이산가족 상봉할 때 북한 사람 중 상봉 리스트에 있다가 결국에 못 나오는 사람들 상당수는 치아 문제 때문이라고 알려져 있습니다. 한국은 치과 치료를 받는 데 큰 어려움이 없지만, 북한은 치아에 문제가 생길 경우 치아 용품이 부족해서 아예 뽑아야 하는 경우가 생깁니다. 아말감 치과 치료에 사용되는 재료도 부족한 상태라 치료가 잘 이뤄지지 않으니까요. 북한에서는 중년만 되어도 치아가 성치 않은 사람이 적지 않습니다. 북한 사람들이 이가 많이 없으니까, 이산가족 상봉할 때 그것을 북한 측에서는 외부에 공개하고 싶지 않았겠죠. 그런 치아 치료 같은 경우도 결국은 보건 교육과 치과 치료가 같이 가야 하는 것입니다. 쉬운 예방법은 양치질을 잘하는 것이죠. 그러면 뭘 하면 될까요? 사회적 기업 형식으로 이미 들어가 있는 두유 공장 옆에 대나무 칫솔 같은 친환경 칫솔 공장을 만들면 되겠죠. 이것 역시 사회적 기업 형식으로 말이죠. 생산물을 통해 경제생활 하면서 먹고 사는 사람들이 생길 것이고, 또한 두유를 줄 때 그곳에서 생산한 칫솔, 치약을 한 달에 한 번씩 같이 끼워서 보내 주는 것이죠. 그리고 보건교육도 같이 하는 것입니다. 북한의 기관과 파트너쉽 구축해서, 우리가 아이들 먹거리만 보내는 게 아니라 북한의 보건의료인을 세워서 그분들과 같이 치아 관리 교육하는 것도 진행해 볼 수 있는 거죠. 그러면 단지 먹거리만 주고 끝나는 게 아니라 아이들에게 치아 건강 교육도 제공하는 것입니다. 치아는 나중에 만성 질환과도 다 관련되니까 특히 중요합니다. 그런 식으로 창의적으로 할 수 있다고 봅니다. 이런 것들은 제가 관련된 활동을 하는 (사)남북보건의료교육재단에서 준비하고 있는 것들이기도 합니다. 지금은 코로나19로 인해 추진하기 힘들기는 하지만요.[5]

4. 결론

북핵개발과 개성공단의 남북공동연락사무소 폭파, 연평도 인근 어업지도원 피살 사건 등은 북한 정권에 대한 국민적 분노를 일으키고 있다. 보건의료와 같은 인도적 차원의 교류협력이라 할지라도 이를 바라보는 국민적 시선이 차가울 수밖에 없는 상황이다. 그럼에도 보건의료인인 우리는 생명의 가치와 소중함, 모든 생명이 잇대어 있음을 생각하지 않을 수 없다. 한반도를 살아가는 사람들 중 소중하지 않은 생명은 없고, 이들의 생명을 지키는 것은 그 어떤 가치보다도 우선하기 때문이다.

5 [북한 보건의료와 건강권 ⑤] 모두가 잇대어 있는 보건의료 문제. https://amnesty.or.kr/39015.

극단적 불통의 상황, 적대적 대치의 상황을 창의적인 인도적 교류로 타개한 사례가 있다.[6] 1983년 북한이 저지른 아웅산 테러로 21명의 민관 희생자와 46명의 부상자가 발생했다. 그로부터 1년 후 우리나라에 발생한 홍수에 북한의 조선적십자사는 통지문을 보내 쌀과 의약품 등의 지원을 제안했다. 당시 전두환 대통령은 아웅산에서 발생한 암살 시도의 당사자였음에도 불구하고 북한의 제안을 전격적으로 수용했다. 86년 아시안게임과 88년도 서울올림픽을 염두에 둔 정치적인 결정이었지만, 테러에 대한 분노에 머물지 않은 인도적 지원의 수용이 남북관계 개선의 물꼬를 열게 된다. 북한의 식량지원은 이후 적십자회담과 이산가족 고향방문 및 예술공연단의 교환방문, 남북 간 최초의 경제회담으로 이어졌다.

지금 북녁 땅에서 건강의 문제로 고통받고 있는 사람들을 생각하면 당장 할 수 있는 작은 실천이 중요하다. 정부당국이 할 일은 해 나가고, 동시에 민간 차원의 교류협력도 적극적으로 지원하길 기대한다. 코로나19를 계기로 돌파구를 만들고 호혜적 차원에서 생명의 끈을 연결하는 창의적 접근을 지금 시작하자.

❖ 참고 문헌

김정태·홍성욱. (2014). 〈적정기술이란 무엇인가?〉. 《공업화학 전망》, 17(1).

신희영·이혜원·안경수·안형순·임아영·전지은·최소영. (2017). 《통일 의료—남북한 보건의료 협력과 통합》. 서울대학교 출판문화원.

김신곤. (2017). 〈보건의료 분야의 제도와 실천〉. 양옥경 외. 《통일과 사회복지》. 나남.

---

6 https://m.blog.naver.com/gounikorea/221835838340.

Hyon CS, Nam KY, Sun HC, Garg R, Shrestha SM, Ok KU, Kumar R. (2017). Package of essential noncommunicable disease (Pen) interventions in primary health-care settings in the Democratic people's Republic of Korea: a feasibility study. *WHO South East Asia J Public Health*, 6(2).

https://en.wikipedia.org/wiki/Omni_Processor

https://en.wikipedia.org/wiki/Lucky_iron_fish

https://m.blog.naver.com/gounikorea/221835838340

비감염성 질환 영역에서의 창의적 협력방안

이요한·김신곤

1. 북한에서 비감염성 질환 영역이 왜 중요한가?[1]

비감염성 질환이 그동안 북한 보건의료에서 높은 우선순위가 아니었던 것은 분명하며 남북 간의 보건교류 논의에서도 이 영역은 언제나 논외였다. 북한뿐 아니라 남한 당국이나 그동안 실질적인 교류를 담당했었던 남한 민간단체들도 비감염성 질환 영역의 협력이나 지원을 시도한 적이 거의 없다. 이것은 국제보건 현장에서도 마찬가지이다. 소수 저소득국가를 제외한 대부분의 나라들에서 비감염성 질환이 가장 큰 보건문제임에도 이와 관련한 구체적인 실행이 항상 부족하였다. 이것은 비감염성 질환이 감염성 질환, 여성과 아동건강, 영양 보건문제 등에 비해 그 시급성과 심각성이 표면적으로 잘 드러나지 않기도 하거니와 무엇보다 저개발국가에서는 빈곤해결이 더 높은 우선순위를 가졌기 때문이다.

---

1 원만한 남북관계를 가정하여 구상한 북한 지역 비감염성 질환 지원 방안들은 다음의 문헌들을 참고하라: 한국국제보건의료재단(2014), 〈북한 비감염선 질환관리 중장기 전략〉; 통일보건의료학회(2018), 〈한반도 건강공동체 준비〉.

그러나 비감염성 질환 사망률을 획기적으로 줄인 선진국들과 달리 비감염성 질환 사망의 비중과 조기 사망자의 수가 계속 증가하는 저개발국가들에서는 이 질환들의 문제가 불평등의 심화와 경제 발전 둔화로 이어진다. 비감염성 질환들은 완치가 되지 않고 점차 악화되기에 평생에 걸친 노동력과 생산성의 손실이 매우 큰 데다, 이로 인해 자녀의 인적자본형성에도 큰 손실을 입히고, 만성질환이라는 성격상 취약한 보건재정을 더 소모적으로 만들어 종합적으로 저개발국가들의 경제와 사회 발전을 크게 저해하는 요소가 된다. 이러한 저개발국가들의 심각한 비감염성 질환 문제를 인식한 국제사회는 UN의 세 차례 고위급 회담과 지속 가능한 개발목표(SDG)를 통해 모든 주체들이 비감염성 질환 문제를 더 책임있게 대처하도록 촉구하고 있다.

새천년개발목표(MDG)에 포함되지 않았던 비감염성 질환 관련 목표들이 SDG에 포함된 것은 이 질환들이 개인의 삶과 공동체, 국가의 지속가능한 발전에 큰 장애가 되기 때문이다(Buse & Hawkes, 2015, p. 13). SDG 세부목표 3.4는 2030년까지 비감염성 질환으로 인한 조기사망을 1/3 수준으로 떨어트리는 것을 목표로 하며 이를 위해 흡연, 고위험 음주, 고염분 섭취, 신체 활동 부족과 같은 생활습관 위험요인을 줄이는 중재 시행과 보편적 건강보장(UHC)을 통한 필수 의약품/기술에의 접근성 향상을 그 전략으로 제시한다. 북한은 UN회원국으로서 SDG이행에 미진하게나마 참여 중인 상황으로, 건강 관련 주요 세부목표인 모성/신생아/영아 사망과 관련된 세부 목표들에서는 이미 목표수준을 달성하였지만 비감염성 질환 세부 목표 3.4는 여전히 그 달성이 요원한 상황이다(Bennett et al., 2018). 북한당국은 비감염성 질환 문제의 심각성을 충분히 인식하지 못하는 것으로 보이며 국제사회가 권고한 과학적인 전략들을 수용하거나 확대하지 않고 있다.

북한의 비감염성 질환 상황을 좀 더 들여다보자. 유엔인구기금이 발표한 〈세계인구 현황 보고서〉(UNFPA, 2020)에 의하면 2020년 현재 북한의 출생 시 기대수명은 72세로 전 세계 평균값에 해당하며, 갓 태어난 아기가 65세까지 생존할 확률이 남녀 각각 71%와 83%이다. 북한의 5세 미만 아동 사망률은 출생아 1,000명당 15-18명으로 남한에 비해서는 7-8배나 높지만, 1,000명 출생아 중 982-985명은 5번째 생일을 맞이한다는 뜻이며 이들 중 성인기를 무사히 지나 60세 생일을 맞을 수 있는 사람은 850명 정도 된다. 세계에서 가장 가난하게 살아가고 공적 의료혜택을 거의 받지 못해도 북한 인구 대다수는 노인이 될 때까지 살아간다는 말이다. 이것은 다른 저개발국가에서도 보편적으로 일어나는 현상으로 아무리 나라가 가난해도 70세 정도는 사는 것이 점점 뉴노멀이 되고 있다.

그러나 북한은 같은 기대수명을 가진 나라들에 비해 아동사망률은 낮아도 성인사망률은 높은 편이며, 특히 성인 남성의 조기사망 확률이 높다. 북한은 소득수준에 비해서는 놀랍도록 낮은 아동사망률을 가졌지만, 그리고 이것으로 인해 근근이 세계 평균의 기대수명을 유지하지만 성인의 건강상태는 상대적으로 나쁜 것이다. 아동사망률이 일정 수준 이하로 감소한 상태에서 성인의 사망률이 줄지 않으면 전체 기대수명이 더 이상 증가하지 않는데, 북한이 바로 이런 상태에 놓여 있으며 이것은 당연히 북한 성인들의 낮은 삶의 질과 여건, 그리고 빈곤상태를 반영한다. 북한 인구의 절반정도에게 식량수급이 제대로 되지 않는다는 사실과 인구의 80%가 15세 이상 성인이며, 600만 명이 이미 50세 이상인 점을 동시에 고려하면 이 빈곤은 북한 인구의 비감염성 질환 부담을 가중시켜 인구 전체의 건강수준을 좌우하는 요인이 됨을 알 수 있다 (이요한, 2020).

결국 이러한 북한만의 만성적인 경제난 및 빈곤이 전 세계 보편적인 고령화 현상과 합쳐져 비감염성 질환은 북한 주민에게 가장 큰 부담을 안기게 되었다. 북한 인구센서스 등의 자료를 바탕으로 수학적 모델링을 가미한 WHO나 세계질병부담연구의 추정치들이 서로 큰 차이가 없는 일관된 결론을 도출하는데, WHO의 추정치는 2016년 북한의 전체 사망에서 비감염성 질환이 차지하는 비중을 세계 평균치 71%보다 높은 84%로 제시하며, 북한도 비감염성

<표 1> 남북한과 전 세계 비감염성 질환 사망의 비중(2016년 기준)

사망원인	남한	북한	세계
비감염성성 질환 전체	80%	84%	71%
심혈관 질환	23%	40%	31%
암	30%	19%	16%
만성호흡기 질환	6%	14%	7%
당뇨병	4%	1%	3%
기타 비감염성 질환	17%	9%	15%

출처: WHO, Noncommunicable Diseases Country Profiles, 2018.

질환이 주요한 사망원인임을 보여 준다(표 1).

놀라운 것은 남북한 사망률 차이의 대부분이 이 비감염성 질환 영역에서 발생되는 것이며 10세 이상의 남북 간 기대수명의 격차가 비감염성 질환에 크게 기인한다는 것이다. 남북한 전체 사망률 차이 10만 명당 480명 중 410명이 비감염성 질환에 의한 것이다(표 2). 북한도 최근 감염성 질환, 모성 및 신생아, 영양 질환 사망률이 상당히 감소했으나 비감염성 질환의 사망률은 감소하지 않은 것을 볼 때 비감염성 질환에 대한 국가적 관리가 거의 이루어지지 않음을 알 수 있다.

이것이 북한 보건상황의 핵심 단면이며 또한 경제난과 직결되어 있는 단면이다. 비감염성 질환의 예방과 관리에 건강한 생활습관과 더불어 현대적 의료서비스가 꼭 필요하나, 경제난 속에서 보통 사람들이 건강한 생활습관을 가지기란 불가능하며 의료체계 개선은 지금의 북한 경제상황에서 우선순위에 들어가지 않는다. 작금의 심화된 경제난은 빈곤을 가속시켜 가뜩이나 높은 비감염성 질환 부담을 더욱 가중시키게 된다. 또한 비감염성 질환은 개인과 가족의 삶만 위협하는 것이 아니라 필연적으로 국가 노동력과 생산성의 손실로 이어져 경제와 사회발전을 크게 저해하는 요소가 된다는 점에서 심각성은 더 가중된다. 빈곤이 비감염성 질환 부담증가로 이어지고 이것이 다시 경제난에 기여하는 악순환의 고리가 형성되는 것이다. 북한 당국은 현재 무엇보다 자력자강, 자력갱생, 우리국가제일주의를 통해 경제발전과 빈곤 탈피를 국가 최우선

<표 2> 남북한 사망원인별 연령표준화 사망률(단위: 명, 인구 10만명당)

사망원인	남한		북한		북한-남한 (2016년)
	2000	2016	2000	2016	
모든 원인	599.2	341.2	1145.1	821.6	480.4
감염성 질환, 모성 및 신생아 영양 질환	42.9	34.6	475.8	84.3	49.7
비감염성 질환	494.4	266.7	606.7	677.1	410.4
손상	61.8	40.0	62.6	60.2	20.2

출처: WHO, Global Health Estimates: 2000-2016. 2018.

과제로 삼고 있지만 북한 보통 시민들의 건강문제, 그중에서도 가장 심각한 비감염성 질환 문제를 진지하게 다루거나 해결하지 못한다면 그 노력의 성과는 크지도, 지속적이지도 않을 가능성이 높다.

향후 비감염성 질환 문제는 통일한국에서 가장 다루기 어려운 보건문제가 될 가능성이 높으며 무엇보다 남북 간의 엄청난 건강격차의 주요 요소가 된다는 점에서 남북한 모두 이에 대한 바른 이해와 관심이 더 필요한 상황이다. 높은 정책적 우선순위와, 장기적인 계획수립, 이 과정에서의 비용 수반을 보장해야 한다.

2. 북한 당국은 왜 비감염성 질환관리에 노력하지 않는가?

북한 당국이 비감염성 질환관리에 큰 관심과 투자를 쏟지 않는 이유를 나열하는 것은 그리 어렵지 않다. 여기서는 그동안 잘 지적되지 않은 북한 특유의 보건의료 패러다임의 문제를 논한다. 북한의 의료 패러다임이 인구집단 건강증진과 사회적 건강결정요인을 중시하는 현대 보건학적 이해와 지식을 잘 담아내지 못하는 사실이 북한 당국이 비감염성 질환 관리에 적극적이지 못한 이유를 상당 부분 설명해 준다. 북한 의료현상 이면에 있는 의료 패러다임을 이해하는 것은 교류협력를 추구하는 우리에게 꼭 필요한 것으로 남북교류가 어디에서부터 시작해야 하는지를 결정하는 데 중요한 시사점을 제공한다.

북한은 건국 시에 구소련의 보건의료 패러다임을 많은 부분 이식하였고 현재까지도 견지하고 있다. 구소련은 볼셰비키 혁명 후 감염병이 체제안정에 큰 위협이 됨을 감지하고 당시 초대 보건부 장관인 니콜라이 세마시코를 통해 감염병 관리를 보건의료의 핵심 어젠다로 삼았고 감염병 예방을 위한 '예방의학'과 '공중보건체계'를 갖추게 되었다. 구소련의 조의사들은 북한의 호담담의사 같은 역할을 했는데 이들이 담당 구역에 나가 위생 교육과 예방 접종을 하면서 감염병이 발견된 환자를 병원에 입원시켜 항생제 치료를 강력하게 하는 감염병 관리 공중보건체계가 큰 성과를 거두었고, 그 결과로 구소련은 1960년대에 이미 서구 나라들과 유사한 기대수명을 가지게 된 것이다. 그런데 이러한 감염병 통제의 성과는 역설적으로 고령화를 촉진시켰고 비감염성 질환 중심의 질병구조로 전환되는 결과를 초래하게 되었는데, 당시 소련 당국은 이러한 인구학적·역학적 변화에 적절히 대응할 의료 패러다임과 전략으로 전환되지 못하여 결과적으로 구소련은 체제붕괴 시까지, 그리고 현재까지도(러시아는) 수십 년간 기대 수명이 그다지 증가하지 않는 특이한 기현상이 발생하게 되었다.

비감염성 질환 중심의 질병구조에서는 인구 전체의 생활습관을 건강하도록 하는 건강 증진이라는 패러다임이 필요하나 구소련 국가들이 이러한 현대 보건학적 이해와 지식이 결여되었던 것이 이들 국가에서 기대한 기대수명 증가가 나타나지 않는 주된 이유로 지적받고 있다(Rechel et al., 2014). 더욱 심각한 것은 이러한 의료패러다임이 체제붕괴와 전환 후 어느 정도의 의료 개혁을 단행한 현재에도 여전히 러시아를 비롯한 구소련 국가들에서 이어지고 있다는 점인데, 이들 국가들은 객관적으로 비감염성 질환이 주요한 질병부담원임에도 여전히 감염병 통제를 공중보건 최우선 과제로 삼고 있고 건강을 질병의 유무로만 이해하여 의료를 통해서만 건강 문제를 다루려는 소련 사회주의 의료의 유산과 잔재가 여전히 강력한 것으로 전해진다(Merkur, 2015).

놀랍게도 북한은 이러한 구소련의 의료 패러다임과 함께 그 실수까지도 따르고 있는 것으로 보인다. 북한 당국은 자국의 비감염성 질환 부담이 상당하며 이것이 국민의 삶의 질과 국가경쟁력을 심각하게 저해하고 있다는 사실을 인지하는지도 불분명하고, 이 문제에 대응하는 적합한 보건의료 패러다임과 전략 또한 부재한 상황이라 할 수 있다. 북한은 '예방의학'의 이름으로 감염병 관리사업에 대부분의 자원을 동원하고 방대한 의료자원에 의존하여 보건문제를 해결하려는 의료 중심의 패러다임을 여전히 고수한다. 호담당의사의 주요 활동은 감염병 예방과 관련된 교육과 검진이며 이러한 '위생방역사업'이 북한 예방의학의 본체라 스스로 밝히고 있다(예방의학, 2019). 더 안타까운 점은 북한이 코로나19 팬데믹에 결사적으로 대응하기 위해 이러한 오래된 보건의료 패러다임에 더욱 천착할 수밖에 없는 현실이다. 북한 보건의료체계에서 그나마 작동하는 의사담당구역제는 코로나 방역을 최우선과제로 운영된다. 북한뿐 아니라 많은 저개발국가에서 코로나 방역으로 인해 비감염성 질환 서비스를 포함한 정상적인 의료서비스 붕괴현상이 가속화되었는데(WHO, 2020. 5. 20) WHO가 회원국들을 상대로 한 두 번의 조사에서 대부분의 국가들에서(90%), 특히 소득이 낮고 보건의료체계의 수준이 열악한 국가일수록 이러한 기본의료체계 붕괴 현상이 두드러졌다(WHO, 2020. 8. 27, 2020)(북한 역시 이 두 번의 조사에 모두 참여하였다).

북한이 감염병 관리 중심의 패러다임을 더욱 고수할수록 북한 전체 인구의 건강관리 측면에서는 상당한 악영향이 예상된다. 북한처럼 사회서비스나 사회보장프로그램이 미진한 나라일수록, 즉 스스로 식량과 식수, 약품, 생필품을 구해야 하는 나라일수록 강력한 감염병 통제조치는 직접적으로 주민들의 생명과 건강을 위협할 수 밖에 없다. 많은 저개발국가들에서 코로나 방역조치 자체로 인한 생활고가 보고되는데 특히 비감염성 질환자들의 건강이 크게 위협받는 것으로 드러난다(Walker et al., 2020). 일반적으로 봉쇄조치는 주민들의 신체활동을 줄이고 건강생활습관을 제한하며 외로움을 심화시키고 필수적인

의료관리에 변화를 주어 특히 비감염성 질환 부담을 증가시킨다.[2]

2천5백만 인구의 다수가 비감염성 질환으로 (조기)사망하고 65세 이상 노인인구가 10%에 이르는 북한 인구집단 전체의 건강을 효과적으로 관리하기 위해서는 인구집단 생활습관 관리와 건강증진이라는 새로운 패러다임으로의 전환과 함께 필수의료서비스의 확충이 꼭 필요하다. 북한 당국은 이러한 현대 보건학적 접근에 대한 이해 부족과 함께 주민건강 향상이 곧 북한 당국이 추구하는 자력자강과 자력갱생을 통한 경제발전으로 이어질 수 있음을 인식하지 못함으로써 비감염성 질환 관리를 우선순위에 올려 놓지 못하고 있다.

3. 비감염성 질환 영역에서의 교류는 어디에서 시작해야 하나?

북한 당국이 제8차 당대회(2021년 1월)에서 밝힌 것처럼 '방역이나 보건, 인도적 지원'을 남북관계에서 비본질적인 것으로 간주하는 상황에서 보건영역 중에서도 그동안 북한당국의 관심이 적었던 비감염성 질환 문제는 더더욱 남북교류의 어젠다가 되기 어렵고 이 분야 교류를 위한 획기적인 묘수를 찾기는 쉽지 않다. 따라서 획기적이고 새로운 무언가를 시도하는 방식이 아닌 국제 보편적인 인식과 접근으로 북한이 나아 오도록 하는 남북협력이 되어야 한다. 서두에 언급한 대로 국제사회는 저개발국일수록 비감염성 질환 관리가 더 절박하게 요구됨을 밝히며 국가적 대응을 촉구하고 있고 이를 위한 비용-효과적인 중재들을 이미 제시해 놓은 상태이다. 북한의 본질적인 문제는 돈이나 자원이 없는 차원이기에 앞서 이 국제보편적인 인식과 접근법에 대한 이해와 수용이 부족하다는 것이다. 북한이 이러한 국제 표준적인 접근을 수용할 때에야 비로소 지속가능한 발전의 토대를 마련할 수 있다는 것을 남한과 국제사회

2 The potential long-term impact of the COVID-19 outbreak on patients with non-communicable diseases in Europe: consequences for healthy ageing.

가 설득하는 것부터가 남북 비감염성 질환 영역 교류의 출발점이 될 수 있을 것이다.

그렇다면 어떤 내용과 전략으로 북한을 설득할 수 있을까? 무엇보다 보건과 경제의 상호관계성을 활용해야 한다. 최근 보건의료영역의 남북교류를 경제협력과 묶어 구상해 보자는 방안들이 나오고 있는데, 이것과 함께 보건 자체가 곧 경제로 이어진다는 관점을 적극적으로 활용할 필요가 있다. 남한과 국제사회는 현재의 북한 질병구조의 특성상 북한에서 비감염성 질환 관리에 투자하는 것이 확실한 경제투자라는 점을 북한 당국에 지속적으로 설득해야 한다. 이에 대한 학술적 근거들은 이미 충분하다(Nikolic, 2011). WHO는 저자원 상황(low-resource settings)에서도 매우 비용-효과적인 비감염성 질환 관리 중재들을 개발해 놓았는데 이것을 Best Buys라고 부르며 실제 많은 저소득 국가들에서 적용되고 있다. 이런 가장 비용-효과적인 비감염성 질환 중재들을 저소득·저자원 상황에서 시행하고 확대하는 데 1년에 한 사람당 1.27달러(US)가 추가적으로 드는 반면, 이 중재를 통해 생산성이 향상되고 의료지출이 줄어 12년 후에는 한 사람당 9달러를 산출할 수 있다(WHO, 2018). 또한 267명의 경제학자들이 유명 의학학술지 《랜싯(Lancet)》에 발표한 대로 '중·저소득 국가들에서 건강수명의 증가는 이후 경제성장의 25%를 설명하고, 보건투자는 일반적으로 10배 이상의 경제적 효용을 창출하는 고수익 투자이며 특히 질병부담이 큰 질환 영역에 대한 투자일수록 그 효용이 더 커진다'(Summers, 2015)는 발표는 유명하다.

북한과 유사한 의료패러다임과 질병구조를 가진 러시아가 최근 국제사회의 지속적인 교류를 통해 비감염성 질환 문제를 인식하고 이 Best Buys를 국가적으로 적용하는 사업을 추진하게 된 점과 이로 인한 경제사회적 편익이 상당히 크게 예측된 점을 적극 활용해야 한다(부록 참고). 또한 우리는 북한 맥락에서 비감염성 질환을 효과적으로 관리할 경우 어느 정도의 건강 이득과 경제적 효용이 창출될 수 있는지를 과학적인 분석을 통해 북한에 제시할 필요가

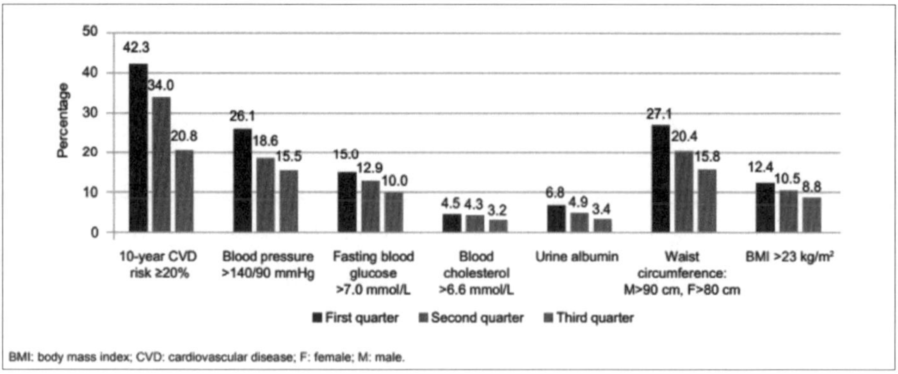

<그림 1> 북한 비감염성 질환 WHO PEN intervention 사업의 효과

있다. 〈부록〉에 제시한 러시아의 사례를 고려할 때 북한 역시 러시아 이상의 편익이 예상되는데 현재 북한 비감염성 질환의 높은 질병부담과 북한 의사담당구역제도의 기반을 고려하면 상당히 높은 비용-효과성, 혹은 비용-편익성이 도출될 가능성이 매우 높다. 북한과 같은 빈곤국 상황에 적용가능한 경제성 높은 중재들을 구체적으로 제시하고 이러한 투자에 필요한 기술적·물적·인적 지원을 체계적으로 제공할 필요가 있다. 다행스럽게 북한도 이러한 중재들을 제한적이지만 일부 지역에 적용한 바 있는데 필수적인 중재들(Package of essential noncommunicable disease(PEN) interventions)을 평양 지역에 호담당의사들을 통해 적용해 봄으로써 비감염성 질환의 생리적 위험요인들의 수준을 상당히 낮춘 것으로 발표하기도 하였다(그림 1)(Hyon, 2017).

북한은 예방의학이 사회주의 의학의 본체라 강조한다. 북한의 질병구조와 빈곤상황에서 북한이 취할 수 있는 가장 근거 중심적이고 효율적인 예방의학 방침이 비감염성 질환에 대한 예방중재를 확대 적용하는 것이며, 이를 통해 북한의 예방의학이 현대화될 수 있음을 인식시켜야 한다. 또한 북한이 자랑하는 북한식 일차의료인 의사담당구역제가 현대 보건학에서 말하는 건강증진 전략과 WHO의 Best Buys의 실행에 효과적인 플랫폼이 될 수 있는 방안도 활용해야 한다. 예상한 대로 북한에서 비감염성 질환 중재들의 비용-효과성이 매우 높은 수준으로 도출된다면 그것은 아마도 북한의 의사담당구역제도라는 지역사회 기반의 보건의료체계가 갖추어져 있기 때문일 것이다. 북한이 자랑하는 의사담당구역제도의 성과를 국제적으로 확인하는 기회가 되며, 북한과 같은 저소득 국가에서 북한식 일차의료가 효율적으로 작동할 수 있음을 보여 줌으로써 저소득 국가 보건모델로 발전시킬 수도 있다.

창의적 방안이라는 것이 따로 있다기보다 지금 북한이 지키고 싶어 하는 것(예방의학과 의사담당구역제)과 북한이 추구하는 것(보건의 과학화와 현대화)이 국제보편적인 전략 위에서 서로 조우할 수 있도록 분위기를 조성하고, 국제사회를 참여시키며, 인내로 설득하는 전략이 우리에게 필요하다. 이러한 보편적 차원의 접근을 통해 남북보건의료 교류협력이 단지 남북관계 개선의 단기적 도구로만 소비되는 것이 아니라 북한 주민의 건강과 생명 보호라는 궁극적 목표에 더 가까이 갈 수 있을 것이다.

[부록]

러시아 비감염성 질환 투자 사례 소개

(Investment case for NCD control in Russia Federation)[3]

UN NCD 태스크 포스를 주도하는 WHO/UNDP는 작년(2020년) 러시아에서 비감염성 질환의 예방 및 통제를 위한 보건중재들을 확대하면 향후 15년 동안 430만 명 이상의 사망자를 예방하고 1,000억 달러 이상의 경제적 이익을 얻을 수 있다는 비용-효과 및 비용-편익 분석 결과를 제시한 바 있다. 이러한 막대한 편익은 무언가 **새롭고 획기적인 방안을 적용하는 것이 아닌 그동안 WHO를 통해 매우 비용-효과적이라 증명된 5개의 과학적 중재들을 단지 러시아 맥락에 맞게 확대(scaling-up)함으로써 가능**하다는 것이다.

이러한 막대한 편익은 그만큼 러시아에서의 비감염성 질환 질병 부담과 경제적 비용이 상당했다는 것을 반증한다. 2016년 현재 비감염성 질환은 러시아의 사망 및 장애의 주요 원인으로 전체 사망자의 87%를 차지하며 이 사망자의 상당 비중이 생산 가능 연령대에 속하였기에 자연히 국가적 손실도 상당히 컸던 것이다. 이러한 비감염성 질환으로 인한 손실은 보건 부문을 넘어 인적 자본을 극대화하고 빈곤과 불평등을 줄이며 포괄적인 경제 성장을 강화하는 러시아의 국가경쟁력 자체를 약화시켜 왔다고 볼 수 있다. WHO/UNDP가 제시한 구체적인 수치를 보면 2018년에만 비감염성 질환으로 인한 사회경제적 비용이 러시아 GDP의 약 4%를 차지했고 모든 비용의 86%는 조기 사망과 근로자의 생산성 저하와 관련된 간접 손실에서 비롯된 것으로 나타났다.

그러나 러시아 연방정부은 이러한 비감염성 질환으로 인한 대부분의 사회

---

3 아래 WHO 웹사이트에 보다 자세한 러시아 사례 내용이 나오며 본 부록은 러시아 사례에 대한 저자의 해설이라 할 수 있다.
https://www.who.int/news/item/29-10-2020-launch-of-the-ncd-investment-case-for-the-russian-federation-prevention-and-control-of-non-communicable-diseases-as-a-catalyst-of-economic-growth-and-social-well-being-in-russia

경제적 피해가 사실 예방이 가능하다는 것을 분명히 인식하게 되었고 국가적 대응을 확대함으로써 국가의 보건 및 경제상황이 지속적으로 개선될 수 있다는 공감대가 형성되었다 한다. 비감염성 질환 대응은 정치적 의지와 이를 위한 공감대 형성이 관건인데, 러시아 맥락을 바탕으로 한 비용-효과 및 비용-편익 분석 결과가 여기에 큰 역할을 했다. 이 분석은 러시아 연방 내에서 5개의 비용-효과적인 중재 패키지를 평가했는데 4개의 생활습관 중재 패키지(흡연, 고위험 음주, 신체활동 부족, 염분 과다섭취 등에 대한 중재들) 및 심혈관 질환 및 당뇨병 관리를 위한 1개의 임상 중재 패키지를 가동하면 앞에서 언급한 상당한 수준의 효과와 편익, 즉 비감염성 질환으로 인한 조기사망과 장애를 예방함으로써 국민들의 웰빙과 삶의 질을 높이는 동시에 국가 경제 성장을 가속화 할 수 있다는 것을 보여 준 것이다. 투자 수익은 모든 중재들에서 편익이 컸으며 일부 중재들에서는 편익/비용 비(B/C ratio)가 향후 15년 동안 50배에 달하기까지 했다.

이러한 분석이 가능했던 이유는 국제사회와 전문가 그룹을 통해서 러시아 정부가 비감염성 질환의 통제가 국가발전에 필수적임을 인식하였기 때문이며, 결과적으로 2018년 대통령령 204호에 따른 보건부의 전략 목표에 이 비감염성 질환 관리가 우선순위로 포함되게 되었다. 오랜시간동안 비감염성 질환 부담이 엄청난 수준이었음에도 이상하리만치 이에 대한 국가적 대응이 미진했던 러시아가 과거의 오래된 사회주의 의료 패러다임을 극복하고 국민보건과 국가경제의 선순환관계를 인식함으로써 보건-경제 투자를 하게 된 것과 국제보편적인 전략을 전격 수용 및 적용 한 것은 유사한 배경을 가진 북한에 시사하는 바가 매우 크며 한국 정부는 이러한 러시아 사례를 남북 비감염성 질환 교류협력사업에서 적극 활용할 필요가 있다.

❖ 참고 문헌

《예방의학》. (2019). 〈머리말〉(제3호, 4호).

이요한. (2020). 〈북한경제와 주민건강〉. 《KDI북한경제리뷰》, 7월.

통일보건의료학회. (2018). 《한반도 건강공동체 준비》.

한국국제보건의료재단. (2014). 《북한 비감염성 질환관리 중장기 전략》.

Buse K. Hawkes S. (2015). Health in the sustainable development goals: ready for a paradigm shift? *Global Health*, 11.

Hyon, Choe Suk, et al. (2017). Package of essential noncommunicable disease (PEN) interventions in primary health-care settings in the Democratic People's Republic of Korea: a feasibility study. *WHO South-East Asia journal of public health*, 6(2), 69-73.

James Bennett et al. (2018). NCD Countdown 2030: worldwide trends in non-communicable disease mortality and progress towards Sustainable Development Goal target 3.4. *The Lancet*, 392(10152), 1072-1088.

Merkur, Sherry, Anna Maresso, and David McDaid. (2015). Health system developments in former Soviet countries. *LSE Health and Social Care*.

Nikolic, Irina A., Anderson E. Stanciole, and Mikhail Zaydman. (2011). Chronic emergency: why NCDs matter.

Rechel, Bernd, Erica Richardson, and Martin McKee. (2014). Trends in health systems in the former Soviet countriesBernd Rechel. *European Journal of Public Health*, 24(2).

Summers LH. (2015). Economists' declaration on universal health coverage. *Lancet*, 386(10008), 2112-2113.

UNFPA. (2020). *State of World Population 2020*.

Walker, Patrick GT, et al. (2020). The impact of COVID-19 and strategies for mitigation and suppression in low-and middle-income countries. *Science*, 369(6502),

41-422.

WHO. (2018). *Saving lives, spending less: a strategic response to NCDs*.

WHO. (2020). *The impact of the COVID-19 pandemic on noncommunicable disease resources and services: results of a rapid assessment*.

WHO. (2020. 5. 20). Preliminary results: rapid assessment of service delivery for noncommunicable diseases during the COVID-19 pandemic.

WHO. (2020. 8. 27). Pulse survey on continuity of essential health services during the COVID-19 pandemic.

인문사회를 포함한 포괄적 협력

전영선

1. 서론

한반도에서 이루어지는 남북협력은 한반도에 작동하는 분단 상황을 극복하고, 한반도 평화와 공동 번영을 위한 토대를 구축하는 과정이다.

한반도 통일을 바라보는 시각은 다양하다. 지난 역사의 문제를 바로잡아 분단을 넘어 민족사적 통일을 이루려는 역사적 관점으로부터, 남북통일을 통해 세계 강대국으로 도약하려는 정치적 관점, 한반도 평화 정착을 통한 전쟁의 위협을 해소하려는 군사적 관점, 남북 협력을 통한 상호 경제적 시너지 효과를 극대화하려는 경제적 관점 등이 있었다. 분단의 지형 위에 놓인 한반도 상황에서 민족주의 정서를 불어넣고, 그 위에 통일을 자기 체제에 의해 실현하여 선진통일국가를 완성하자는 국가주의 담론을 덧칠하는 방식이었다(서보혁·정욱식, 2016).

다른 시각의 접근도 있었다. 분단으로 인해 발생한 이산문제를 풀어 보려는 인도주의적인 관점, 분단으로 인해 왜곡되었고, 위축되었던 분단의 사유(思惟)체계를 극복하고 평화로운 삶을 지향하는 인문학적 관점 등이 그것이다.

이러한 관점은 일제강점기를 지나 광복 이후 진행된 한반도 분단과 갈등으로 인해 생겨난 문제를 바로 잡고, 통일문제를 인간적인 관점에서 접근해야 한다는 데 관심을 둔다.

다른 한편으로 현재의 문제를 해결하기 위한 남북협력의 필요성을 제시하기도 한다. 한반도를 포함하여 전 지구적으로 당면한 문제인 지구온난화 문제, 대기오염이나 해양오염 등의 환경문제, 코로나 팬데믹이나 아프리카돼지열병, 조류독감, 말라리아 등의 질병 대응은 남북을 포함하여 지역협력, 국제협력을 통하여 해결할 수 있는 문제들이다. 환경문제, 질병문제는 이데올로기를 초월하고, 인종을 넘어 인류 전체의 삶을 위협하는 문제에 공동으로 대응하자는 것이다. 인간 안보를 위한 총괄적인 협력을 위해서도 남북협력은 필수적인 상황이 되어 가고 있다. 한반도에서 남북만을 적대적으로 바라보던 시각을 넘어선 새로운 패러다임이 필요한 이유이다.

2. 남북협력의 의미와 필요성

남북협력 사업은 경색된 남북관계를 해소하고, 분단 이후 이질화된 남북 문화의 소통을 위한 기반을 다지면서, 통일로 나아가는 사회문화공동체를 형성하는 기반 사업이라는 의미가 있다.

분단 이후 처음으로 교류협력 사업이 진행된 것은 1985년이었다. 광복과 함께 시작된 분단의 시간이 40년이나 지난 다음이었다. 1985년 분단 이후 최초로 진행된 남북 이산가족 상봉에 이어 남북 예술단의 상호 방문 공연이 있었다. 이를 계기로 남북교류가 추진되었다.

사회문화교류를 통하여 경색된 남북관계를 풀어 나가는 계기도 만들었고, 정치적 화해 분위기를 조성하는 데에도 일조하였다. 북한 사회문화에 대해 이해할 수 있는 기회가 되기도 하였다. 그러나 축적된 성과를 온전하게 사회문화 교류의 제도화된 틀을 만들지 못하고, 정치적 사안에 좌우되는 한계도 보였다.

부정적인 측면도 있었다. 남북 사이에 이루어진 교류 협력 사업은 정쟁의 대상이 되기 일쑤였다. 남북 관계는 다른 어느 분야보다 갈등이 첨예하게 맞서는 지점이 되어 버렸다. 통일에 대한 열망이 적지 않음에도 북한에 대한 인식과 통일문제에 대해 극단적인 대립을 보이는 이유는 무엇일까? 첫 자리를 차지하는 것은 이념의 역사이다. 광복 이전부터 이념의 갈등이 있었다. 한반도에서 이념은 단순한 정치적 선택의 영역이 아니었다. 생사를 가르는 기준이었다. 어느 한 편이 되기를 강요했고, 한 편이 되어야 했다. 편을 갈라서 생사를 가르는 죽음의 현실을 체험했던 역사적 DNA가 자리 잡았다. 화해와 협력을 이야기하기 어려운 것이 당연하다. 논리적으로 접근하기 이전의 문제가 되었다.

분단의 감정은 시간이 지난다고 해결되는 문제가 아니다. 조사결과에 의하면 시간이 지나면서, 불안, 적대, 공포의 감정은 줄어들었지만 상대적으로 혐오의 감정이 자리하였다. 남북 분단이 70년 넘게 자리 잡으면서, 분단 담론을 생성하고, 소비하는 완결적인 구조화가 이루었다. 분단을 토대로 한 새로운 분단 담론을 생성하는 인식 차원의 분단 구조화가 진행된 것이다.

분단을 넘어 건강한 통일을 이루어 나가기 위해서는 분단을 성찰하고, 통합을 경험하는 구체적인 체험을 통해, 분단을 극복하고 통일로 나아가는 새로운 경로를 만들어 나가야 한다. 이런 점에서 남북 사이에 이루어지는 교류협력 사업은 분단의 시간 동안 깊게 뿌리 내린 분단의 생태계를 건강하고 미래지향적인 통일의 생태계로 전환하는 과정이 되어야 한다(전영선, 2017).

한반도 평화를 향한 건강한 통일생태계를 만들어야 하는 이유는 분명하다. 우리가 맞이할 한반도의 상황은 지난 역사의 패러다임으로는 설명할 수 없는 새로운 환경에 놓이기 때문이다. 통일은 지난 역사로의 시간을 돌리는 역사의 회귀가 아니다. 남과 북의 상황이 달라졌고, 4차 산업혁명을 비롯하여 세계

사적으로 급속한 변화가 매우 빠르게 일어나고 있다. 한반도의 미래는 변화된 상황에 맞추어 새롭게 만들어 나가야 한다. 통일은 정치, 경제, 사회문화의 모든 영역에서 발생하는 문제를 총체적이고, 유기적으로 해결해야 할 복합적인 문제이다. 남과 북이 상호 주체로서 참여해야 한다.

분단의 시간 동안 대화를 주도한 쪽은 강한 쪽이었다. 남북이 대화를 주장할 때는 힘의 우위가 바탕이 되었다. '내가 주도할 수 있는 상황'에서 대화를 제의하였고, 내가 주도하지 못하면 '상대의 속셈'을 의심했다. 교류협력의 이름 아래 많은 교류가 지원의 형식으로 이루어졌다. 대한민국이 국제사회로부터 원조를 받았던 경험을 그대로 남에서 북으로 전이(轉移)하려고 하였다. 교류협력을 제의하면서도 우월의식을 버리지 않았다. 자본과 기술력이 있는 남한과 값싼 노동력을 가진 북한이라는 우월의식이 교류협력의 바탕에 있었다. 교류협력이 통일에 다가가지 못한 이유의 하나이다.

통일은 건강해야 한다. 한반도에 사는 남북 주민 모두가 평등하고, 평화롭고, 자유롭게 몸과 마음이 건강한 삶을 누릴 수 있는 통일이어야 한다. 건강한 통일을 만들기 위해서는 과정이 건강해야 한다. 남북 사이에 이루어지는 교류협력 사업은 건강하지 않은 한반도를 건강한 한반도 만드는 과정이어야 한다.

3. 남북협력의 방향

남북이 교류협력을 통해 살려야 나가야 할 것은 정치나 경제만이 아니다. 협력 사업은 남북 사이에 이루어지는 다양한 사업의 성과를 기반으로 통일의 동력을 생성하고, 남북관계 개선의 에너지를 축적해 나가야 한다.

한반도가 남과 북으로 갈려진 시간은 비정상의 일상이었다. 시간이 지나면서 비정상의 일상에 익숙해지고, 병들었다는 것을 느끼지 못하고, 서로가 적대하면서도 공생하는 '적대적 공생관계'를 이어 왔다. 남북이 협력을 통해 함께해야 할 일은 분단으로 인해 병들어 있는 몸과 마음을 건강하게 만드는 것이다. 한반도 평화시대를 살아가게 될 남북의 주민들이 건강한 주체로서 상호 소통을 확대함으로써 내면적 통일을 만들어 가는 과정이 남북협력을 통해 만들어져야 한다. 이 과정에서 남북의 주민들은 남북의 차이를 우열 관계가 아닌 대등 관계로 인식하고, 상호 이해와 존중의 기반을 만들면서 통일의 기반을 다져 나가야 할 것이다.

또한 남북협력으로 분단 이후로 지속된 남북의 이질화를 완화해 나가야 한다. 한반도 분단 이후 77년의 시간이 지났다. 결코 짧지 않은 분단의 시간이었다. 분단의 시간은 그냥 흘러가지 않았다. 가만히 있는 것 같아도 조금씩 많은 것을 차이 나게 하였다. 소통의 기회도 없었다. 77년의 시간 동안 언어가 달라졌고, 생각하는 방식이 달라졌다. 남북이 합의한 문건에도 해석이 붙어야 한다. 같은 것을 보아도 달리 생각하고, 같은 말을 하여도 머릿속에 떠올리는 것이 달라졌다. 언어보다 더 무서운 언어문화의 차이가 벌어졌다.

같은 말을 한다고 남북의 언어가 하나라는 것은 환상이다. '자유', '민주주의', '어머니', '고맙습니다'는 말은 남과 북에 모두 있는 말이다. 말이 있다고 뜻이 같은 것은 아니다. 사전에 오르는 순서도 다르고, 의미도 다르고, 쓰임도 다르다. 남북 사이에 진행되는 '겨레말큰사전' 남북공동편찬사업은 남과 북의 언어가 얼마나 달라지고, 어떻게 차이 나는지를 분명하게 보여 준다. 남북 분단은 국토의 분단을 넘어, 정치의 분단을 지나 문화의 분단으로 가고 있다. 분단은 "크게는 민족동질성의 균열로부터 작게는 일상적 삶의 밑바닥에까지 침투"했다(김종회, 2004).

통일에서 중요한 것은 인간이다. 통일은 정치적인 문제도 중요하고, 경제적인 문제도 중요하다. 하지만 정치나 경제, 또는 사회나 문화 이 모든 것은 결국 좀 더 인간다운 정치, 더불어 행복한 경제가 되어야 한다. 통일과정은 곧 성숙한 정치, 인간의 얼굴을 한 따뜻한 경제를 만들어 나가는 과정이어야 한다. 남과 북을 구분 짓지 않으며, 서로를 경계하지 않고, 더불어 살아가는 통합된 사회가 건강한 사회이다. 몸도 마음도 건강하지 않으면 아무리 좋은 말로 통일을 꾸민다고 해도 진정성을 얻을 수 없다.

남북이 소통하고, 분단의 상처를 치유하고, 마음의 통합을 이루어 나가야 한다. 남북이 소통하기 위해서는 우선 남과 북이 서로 가지고 있는 장점을 인정하는 자세가 필요하다. 마주 앉아 이야기하고 주고받는다고 소통이 이루어지는 것이 아니다. 진정한 의미에서 소통은 분단 이후부터 남북이 안고 살아가는 분단의 상처와 고통에 대한 성찰로부터 출발해야 한다. 상대를 탓하는 것이 아니라 서로에게 상처를 주었고, 상처를 키워 왔다는 것을 인정하고 반성하면서, 불가역적으로 진행하여야 한다. 분단 이후 남북에서 각각 축적한 성과를 하나로 모으고, 민족의 정체성을 유지하면서도 세계적인 보편성을 갖추어 나가야 한다. 남북협력 사업이 경제나 사회문화에 머물지 않고, 문화와 예술, 과학과 철학이 함께 이루어져야 하는 이유이다.

4. 남북교류 경과와 평가

광복 이후 1970년대까지 남북 교류에서 중요한 역할을 한 분야는 체육이었다. 남북은 광복되던 해인 1945년 12월 29일 창경원에서 경평 아이스하키 경기대회를 진행하였다. 이어서 이듬해인 1946년 3월 25일부터 26일까지는 서울운동장에서 '경평축구대회'를 개최하였다. 군정하에서 서울과 평양을 오고 간 대회였지만 남북을 잇는 계기가 되었다.

체육 분야에서는 남북의 치열한 이념의 대결 속에서도 회담 제의가 꾸준하게 이어져 왔다. 올림픽대회를 비롯한 각종 국제 대회는 남북 교류의 명분이 되었다. 남북은 국제기구의 틀 안에서 남북단일팀 구성을 비롯하여 다양한 형태의 협력을 위한 제안과 회담을 수 차례에 걸쳐 진행하였다. 하지만 마지막 단계에서 정치적 문제를 넘지 못하였다. 체육회담과 관련 없는 정치적인 비방과 사과 요구, 명분없는 회담 거부 등이 이어졌다. 비정치적인 분야인 체육에서도 정치 외적 변수로 인해 번번이 결렬되었다. 남북의 치열한 이념대립은 체육 분야에도 고스란히 반영되었다. 체육교류는 교류의 의미보다는 이념적 대결의 장, 체제경쟁의 장으로 인식되었고, 결과적으로 상대방에 대한 적대적인 태도 또는 배타주의적인 태도를 부추기는 부정적인 작용을 하였다.

1980년대 말부터 시작된 세계 평화의 물결 속에 남북한 치열한 대결의식에서 벗어나 화해물결을 타고 남북교류를 추진하기 시작하였다. 1985년 9월 '제1차 남북 이산가족 고향방문 및 예술공연단 교환방문' 이후 교류·협력을 위한 본격적인 사업이 논의되었다. 1985년 9월 21일부터 22일까지 이틀간 평양의 평양대극장과 서울의 국립중앙극장에서 서울예술단과 평양예술단이 각각 2회에 걸쳐 공연함으로써, 분단 이후 최초의 문화교류가 이루어졌다.

1980년대에 이르면서 국제사회가 크게 변화되었다. 1980년대 중반 이후 치열했던 동서의 이념대결이 마무리되었다. 동서냉전이 화해 모드로 바뀌면서, 한반도에도 영향을 미쳤다. 현실적인 대화 상대로서 인정하고 대화를 위한 준비가 시작되었다. 1990년 8월 1일 〈남북 교류·협력에 관한 법률〉이 제정 시행되면서 본격적인 교류의 장이 열렸다. 1991년 6월 포르투갈에서 열린 제6회 세계청소년선수권대회에서 남북은 '코리아(KOREA)'라는 단일팀으로 출전하여 8강에 올랐다. 하얀 바탕에 하늘색 한반도기는 지금도 남북 공동행사의 상징이 되었다.

1991년 12월 13일에는 역사적인 〈남북기본합의서〉가 채택되었다. 〈남북기본합의서〉 제23조에서는 '남북 교류·협력분과 위원회'를 구성하여 "남북 교류·협력에 관한 합의의 이행과 준수를 위한 구체적 대책을 협의"할 것을 명시하였다. 제6차 남북고위급회담 공동발표문인 〈남북기본합의서〉에 따라 남북교류·협력에 관한 합의의 이행과 준수를 위한 구체적 대책을 협의하게 될 남북교류·협력 분과위원회 구성에 합의하였다. 그리고 남북교류·협력 분과위원회 위원 명단은 1992년 3월 6일 서로 통보되었으며, 3월 18일 판문점 평화의 집에서 첫 회의가 열렸다.

남북 관계의 본격적인 전환을 가져 온 것은 국민의 정부 시기였다. 김대중 대통령은 "남북관계는 화해와 협력, 그리고 평화정착에 토대를 두고 발전시켜 나갈 것"이라고 강조했다. 정책목표는 "평화·화해·협력의 실현을 통한 남북관계 개선"으로 제시되었다. 정책 3원칙으로는 무력도발 불용, 흡수통일 배제, 가능한 분야부터 남북화해·협력의 적극 추진 등을 내세웠다. 2000년의 남북 정상회담은 남북관계 발전에 한 획을 그었다. 2000년 〈6·15남북공동선언〉 이후 사회문화 교류가 본격화되기 시작하였다. 남북정상회담은 남북 교류·협력에서 일대 전환을 가져오는 계기가 되었다. 당국 간 대화채널로 '남북장관급회담'이 출범했다. 민간에서도 남북협력 사업에 참여하는 주체가 늘어나면서 교류·협력 사업이 확대되었다. 공동행사를 비롯하여 각 분야별 사업이 진행되었다. 하지만 이 역시도 오래 가지 못하고 정치적인 문제로 남북관계는 정권의 성격에 따라서 협력이 단속(斷續)되었다.

5. 남북협력 현황

남북협력 사업은 정치적 상황에 따라 민감하게 반응하였다. 남북의 정치적인 상황이 남북협력의 내용과 성격을 규정하였다. 남북정상회담이 최초로 이루어진 2000년 이후 다양한 분야에서 왕성하게 진행되었다. 하지만 남북협력 사업은 제도적 발전을 이루지 못했다. 각종 협력사업은 2008년 이후 상당한 침체를 겪었고, 2008년 이후 2017년까지 냉각된 남북관계 속에서 협력사업은 사실상 단절되었다.

2017년 문재인정부 출범 이후 2018년 평창동계올림픽을 계기로 남북관계는 단일팀 구성, 남북공연단의 상호 방문이 성사되면서 전환의 계기를 만들었다. 2018년 4월 27일에 있었던 '판문점선언'은 남북관계의 상당한 의미와 가치를 가진 합의였다. '판문점선언'에서는 남북 사이에 합의되었던 내용을 이행하고, "각계각층의 다방면적 협력과 교류 왕래와 접촉을 활성화"하기로 합의하였다.

판문점 선언은 '민족 자주의 원칙'을 확인하고, '남북 사이에 합의한 내용에 대해서는 반드시 지킨다'는 원칙을 분명히 한 토대 위에 남북 상호간의 군사적 기장 완화와 신뢰 구축, 한반도 평화 정착과 비핵화와 관련한 구체적인 실천적 내용을 담고 있다. '판문점 선언'에서는 '상호 이해와 공동의 이익을 증진하기 위한 교류와 협력'의 진행, '이산가족 문제 해결' 등의 내용을 담고 있다. 남북 사이에 현안이 되고 있는 문제에 대해서는 '고위급 회담을 비롯한 각 분야별 대화와 협상'을 통해 해결하기로 하였다. 그리고 이러한 현안 문제를 수시로 논의하기 위해서 '남북 당국자가 상주하는 공동연락사무소'를 개성에 설치하기로 하였다. 판문점 선언에는 한반도 평화와 발전을 위한 한반도 비핵화, 종전선언 추진, 정전협정의 평화협정으로 전환, 남·북·미 3자 또는 남·북·미·중 4자회담 개최 적극 추진 등의 내용이 담겨 있다. 이는 북한의 핵개발과 로켓발사 등의 도발과 북한의 도발에 대한 국제사회의 대북제재가 강화되는 악순환의 고리를 끊고, 평화협력을 위한 프로세스로 전환하겠다는 의지를 보여주는 합의였다. '판문점 선언'은 남북 사이에 이루어진 합의의 실천적 이행을 강조한 선언으로 평가할 수 있다.

이어서 2018년 9월에는 남북정상이 지켜보는 가운데 송영무 국방장관과 노광철 인민무력상이 서명한 〈역사적인 '판문점선언' 이행을 위한 군사분야 합의서〉(9·19군사합의)가 채택되었다. 이후 군사분계선을 기준으로 한 완충지대 설정, 비무장 지대 GP철수, 비무장지대에서의 공동유해발굴, 한강하구에서의 공동 수로조사가 진행되었다.

순조로울 것 같았던 남북관계도 국제사회의 정치적 지형을 넘어서지 못하였다. 2019년 하노이에서 열린 북미정상회담이 교착에 빠지면서 남북관계도 경색되었다. 야심차게 준비되었던 각종 협력사업도 중단되었다. 남북관계가 전면적인 중단 상황에서 북한은 개성남북공동연락사무소를 폭파하였고, 코로나 팬데믹으로 인한 국경 봉쇄 상황 속에서 우리 공무원이 피살당하는 사건도 있었다. 한반도 문제의 복잡성과 현실을 보여주는 일련의 사건들은 국민들에게 적지 않은 실망감을 안겨 주었다. 남북관계는 일순간에 물거품이 될 수 있다는 불안정한 현실을 그대로 보여 주었다.

남북협력이 활성화되기 위해서는 무엇보다 정치적 안정이 필요하다. 과거 남북 당국 차원의 여러 합의가 있었다. 의미 있는 합의에도 불구하고 남북 사이의 기본협정이 되지 못하였고, 이를 실천할 수 있는 평화적 환경도 뒷받침되지 않았던 전례가 있다. 한반도의 정치적 안정은 남북관계의 기본이다. 한반도에 긴장 국면이 조성될 때마다 경제가 출렁이는 '코리안 리스크'를 감내해야 했던 지난 역사가 있었다. 잘못된 역사를 되풀이 해서는 안 된다. 한반도의 긴장은 남북 어디에도 도움이 되지 않는다는 것을 분명하게 인식해야 한다.

한반도에서 긴장을 유발했던 사건에 대한 책임 있는 해명과 조치가 필요하다. 김정은 위원장의 사과로 그나마 남북관계의 최악은 피하였다. 하지만 여전히 잠재된 위험 요소들이 산재해있다. 재발 방지를 위한 적극적인 조치가 필요하다. 한반도의 긴장을 완화하고 평화 정착을 위해서는 남북이 합의한 '9·19군사합의'가 반드시 지켜져야 한다. 한반도의 평화가 잘 관리되어야 한다. 이를 기반으로 남북 간의 군사적 신뢰구축과 긴장 완화에 대한 실질적인 진전을 모색해야 한다(박종철 외, 2020).

또한 국제적인 협력도 필요하다. 한반도에 새로운 평화를 정착하기 위한 한반도 평화프로세스가 온전하게 정착되기까지는 상당한 인내의 시간이 필요하다. 국제사회의 대북제재도 여전히 진행 중에 있다. 남북 사이에 이루어지는 인적 교류를 포함하여, 어떤 형태의 교류도 국제 사회의 대북제재와 연관된다. 기술적인 문제 역시 제재와 무관하지 않다. 엄밀한 의미에서 순수한 교류협력은 현실화하기 어렵다. 국제 사회의 대북제재를 우회하거나 예외로 인정한 분야의 교류도 있다. 하지만 이런 방식의 교류는 바람직하지 않다. 한반도 평화와 안정을 위해서는 국제적인 협력을 통해 문제를 풀어나가야 한다. 한반도를 둘러싼 주변 국가의 관계 개선은 한반도 평화 증진과 통일 과정의 필수적인 요소이기 때문에 국제적인 협력을 통한 문제 해결과 교류협력의 방안을 끈질기게 모색해 나가야 한다.

6. 남북협력의 과제

경색된 현 상황을 타개하고 남북협력을 촉진하고, 남북협력과 건강한 한반도 관계 형성을 위해서는 교류협력을 위한 우리 내부의 문제를 포함하여 남북관계에 이르는 해결해야 할 다양한 과제가 있다.

과제의 출발은 남북 문제에 대한 성찰이다. 새로운 출발을 위해서는 전제부터 새로워야 한다. 남북 사이에 진행되었던 협력사업들을 돌아보아야 한다. 관행적이고 타성적이지 않았지를 돌아보는 것이 필요하다. 성찰을 바탕으로 남북관계에 대한 기본 인식과 미래지향적인 방향을 거시적 차원에서 재구성하여야 한다.

남북협력은 남이 북을 돕고, 북의 자원을 활용하여 경제를 발전하는 방식이어서는 곤란하다. 한반도의 미래와 남북협력이 하나의 궤도 안에서 이루어져야 한다. 한반도 평화가 우리 삶에 어떤 영향을 미칠 것이며, 이를 위해서 어떤 방향으로 나아가야 할 것인지에 대한 통일철학이 분명해야 한다. 국가의 대계를 위한 철학적 바탕 위에 긴 호흡으로 통일과정을 설계하고, 맞추어 나가야 한다. 건강한 남북관계를 만들기 위해서는 병들고 훼손되었던 마음을 바로잡는 충분한 시간이 필요하다. 정권 차원에서 단기적으로 성과를 얻으려는 생각은 곤란하다.

남북 교류협력을 위해서는 무엇이 필요할까? 무엇보다 남북관계를 비롯하여 통일 과정에서 필요한 기본 정책과 사회문화 분야의 다양성과 전문성 등을 고려한 기본 계획을 사회문화 교류협력의 특성에 맞게 설계해야 한다. 구체적이고 상세한 내용을 포함하는 중장기적인 기본계획이 필요하다. 남북 사회문화교류를 위한 기본계획은 현실을 기반으로 구성되어야 한다. 과거 사회문화 교류 상황과 달리 북한에서도 상당한 변화가 진행되고 있다. 북한의 변화된 상황에 맞추어, 상호 협력적 차원의 공동 발전의 축에서 남북교류를 추진해 나가야 한다. 변화된 현실을 바탕으로 한반도 평화와 통일 과정에서 사회문화 교류의 의미와 방향, 원칙에 대한 합의를 바탕으로 기본계획과 협력의 과정이 설계되어야 한다(전영선, 2015).

남북협력을 추진할 수 있는 안정적인 조직이 필요하다. 조직은 열린 조직이어야 한다. 반도 분단 이후에 진행된 남북의 이질화는 돌이킬 수 없을 정도로 진행되었다. 언어가 달라졌고, 생각하는 방식이 달라졌고, 가치관이 달라졌고, 인생관이 달라졌다. 남북이 합의하고 협력할 수 있는 모델을 민족적 동질성이나 남북 사이에서 찾는 것보다 국제적인 모델이나 미래지향적 가치에서 찾아야 하는 상황이다. 정치, 경제, 사회, 문화, 보건의료, 과학기술, 체육, 관광, 문화재, 산림, 농업, 어업 등의 분야에서 다양한 주체의 능동적인 참여가 필요하다. 정부의 관련 부처와 민간 전문가들이 참여하는 민관거버넌스가 구축되어야 한다(임강택·김종수·이윤식·전영선·정낙근·서보혁, 2015).

제도의 개선도 필요하다. 2018년을 계기로 남북 협력을 위한 제도개선이 추진되었다. 2019년에는 〈인도적 대북지원사업 및 협력사업 처리에 관한 규정〉을 개정하여 남북교류협력의 주체로서 지방자치단체를 대북사업자에 포함하였다. 이전까지는 지방자치단체가 협력사업을 추진하는 경우에는 직접 진행하지 못하고, 법인 등을 설립해서 진행해야 했었다. 개정된 규정으로 지방자치단체의 적극적인 참여가 가능해졌다. 협력에 장애가 되는 제도적인 문제를 찾아 개선해 나가야 한다. 현재의 법과 제도로서는 다양한 분야의 구체적이고 세분화된 협력 사업을 규정하기에는 충분하지 않다. 각 분야에서 필요한 법제적인 문제를 충분히 검토하고 교류협력의 현실에 맞게 수정해야 한다. 문화분야의 경우를 예로 들면 협력사업에 동반되는 법적 문제를 뒷받침할 만한 법이 부실하다. 저작권 분야, 학술교류 관련 분야, 문화재 관리 분야에서 적용할 마땅한 법이 없다(정상우 외, 2013).

남북 사이에는 군사적 긴장완화를 기반으로 협력을 위한 합의가 마련되어야 한다. 정치적이고 상징적인 차원의 협정을 넘어 실질적인 교류협력이 이루어질 수 있는 최소한의 제도적 장치가 마련되어야 한다. 독일의 경우에는 동·서독 사이에 문화협정이 체결되었고, 대만과 중국 사이에도 교류협력을 위한 실효적인 협정이 마련되었다. 남북 사이의 협정은 다양한 협력이 안정적인 방향성 속에서 지속될 수 있는 제도적 환경을 조성하는 일이다. 동시에 통일의 과정과 방향을 확실히 하면서, 다양한 협력사업을 효율적으로 재배치하는 과정이 될 것이다(박영정·오양열·전영선, 2015). 독일통일 과정에서도 문화협정이 중요한 역할을 하였다. 1986년 동·서독 간에 맺은 문화협정을 기초로 1988년까지 약 100개의 공동 사업을 진행했다. 이 가운데 21개 학술 프로젝트를 통해 양독 대학생 파견 및 초청을 통해 여러 국제행사를 개최하고 지원했다(김병로, 2012). 동·서독 사이에 이루어진 다양한 프로젝트들이 독일 통일의 토대가 되었고, 독일민족의 공동체성을 복원하는 데 큰 도움이 된 것은 두말할 필요도 없다.

남북교류 현장에서는 현재적인 변화를 반영해야 한다. 남한과 북한의 사회변화를 반영한 협력사업이 필요하다. 4차 산업혁명 시대에 걸맞은 협력사업이 기획되어야 한다. 기술과 예술 융합시대에 문화영역에서도 새로운 형식과 분야의 교류를 추진하는 등 북한에서도 IT산업이 발전하고 있음을 고려하여, 새로운 형태의 교류협력을 시도할 필요가 있다.

협력사업은 남북한 새로운 세대와 공감할 수 있어야 한다. 남북의 새로운 세대들은 이전의 세대들과는 다른 사회적 경험을 갖고 있다. 분단세대들이 겪었던 분단의 고통이나 국가폭력의 트라우마를 겪었던 세대의 감수성으로 공감하기 어려운 전혀 다른 경험이다. 이들의 경험과 가치를 공유할 수 있는 협력이어야 한다.

❖ 참고 문헌

김병로. (2012). 〈체제 전환 시 북한 교육개혁 방안〉. 이장로·김병로 엮음. 《체제 전환국의 경험과 북한 교육개혁 방안》. 한울아카데미.

김종회. (2004). 〈남북한 문화이질화 현상과 문화통합의 실천적 과제〉. 《한국문학논총》, 36, 5-24.

박영정·오양열·전영선. (2015). 《문화분야 통일준비를 위한 '남북문화합의서' 체결 방안 연구》. 세종: 문화체육관광부.

박종철 외. (2020). 《한반도 평화와 번영의 길》. 민주평화통일자문회의.

서보혁·정욱식. (2016). 《평화학과 평화운동》. 모시는사람들.

임강택·김종수·이운식·전영선·정낙근·서보혁. (2015). 《남북교류·협력 발전을 위한 거버넌스 구축방향—민간의 역할강화를 중심으로》. 민족화해협력범국민협의회.

전영선. (2017). 〈통일문제의 생태주의적 인식과 문화번역의 가능성〉. 《통일인문학》, 70, 71-97.

정상우·전영선·장철주. (2013). 《남북 문화교류 진흥을 위한 법제 연구》. 문화체육관광부.

전영선. (2015). 〈안정적 교류협력을 위한 제도화 모색〉. 남북화해협력범국민협의회 정책위원회. 《남북교류협력의 재조명—분야별 진단과 과제》. 늘품플러스.

남북 의학 용어 통합의 현황과 과제

도원영·김영훈

1. 머리말

남북은 세계에서 유례없는 특수한 관계에 있다. 단일 민족으로 역사와 문화를 공유하였지만, 70여 년의 분단으로 이질적인 사회를 이루며 살아가고 있다. 그럼에도 불구하고 남북은 서로에게서 끊임없이 동질성을 확인하고 끈끈한 골육지정을 느낀다. 한반도 안팎의 복잡다단한 이해관계 속에서도 남과 북의 대표가 환한 미소로 손을 잡을 때, 남과 북의 대표가 같은 유니폼을 입고 경기장을 누빌 때 통합과 통일에 대한 열망이 숙명처럼 뜨겁게 솟구친다. 우리가 이렇듯 한마음을 가질 수 있는 유대의 근원은 바로 남북이 같은 언어를 사용한다는 데에서 비롯한다. 언어가 사고를 지배한다는 낯익은 명제를 언급하지 않더라도 우리말의 외연과 내포, 거죽과 속살을 남북이 함께 공유하는 한 우리는 같은 생각, 같은 이상, 하나의 공동체를 꿈꿀 수 있다.

하지만 남북의 사회적·문화적 간극은 분명하고 이러한 차이는 남북의 사용 언어에도 투영되어 나타나고 있다. 일상어가 다른 것은 지역 방언에서도 흔히 확인되는바, 서로의 차이를 이해하면서 시간을 충분히 가지고 표기법을 맞춰 나가는 방식을 통해 틈을 좁힐 수 있다. 반면 전문 용어, 학술 용어의 차이는 다르다. 나날이 새로운 개념이 등장하고 있어 신속하게 확인하고 이해하지 않으면 당사자 간의 소통에 심각한 문제를 가져온다. 특히 생명을 다루는 의료계의 용어 차이, 의학계의 용어 차이는 의료진 간, 의사 간, 의학자 간 불통을 야기할 수 있다. 그런 상황이 벌어지는 순간은 상상하기도 두려울 만큼 이 문제는 중차대하다. 생명을 다루는 보건의료의 용어, 의학의 용어는 남북의 상황을 하루빨리 파악하고 공통점과 차이점을 정리할 필요성이 크다.

남북의 의학 용어 통합을 위해서는 양측이 함께 고민하고 협의하고 합의하는 과정이 선행되어야 한다. 그러나 남북의 오랜 길항 관계는 좀처럼 끝날 기미가 보이지 않는다. 요는 용어 통합과 같은 토대를 구축하는 일은 상황에 구애받지 않고 진척시켜야 한다는 것이다.

이에 이 연구에서는 남북 의학 용어 통일을 위해 필수적으로 이루어져야 할 의학 용어 통합에 대해 다루고자 한다. 의학 용어 통합의 개념과 성격, 최근 남북 의학 용어 통합을 위한 실천적인 활동과 구체적인 성과물을 살펴본 뒤 남북 의학 용어 통합의 방향과 과제에 대해 제안하려고 한다. 보건의료계가 목표하는 바는 건강한 한반도 공동체를 이루기 위한 보건의료 부문의 통합이다. 남북 의학 용어 통합은 이를 든든하게 뒷받침하는 토대를 이루는 데 기여할 것이다.[1]

---

1 의학계와 보건의료계에서는 남북 의료 격차를 줄이고 건강한 한반도를 만들기 위한 노력을 지속적으로 기울이고 있다. 김영훈(2018)에서는 한반도 전체 보건의료의 문제점과 과제를 생각할 것, 새로운 통합 의료 체계의 구축을 준비할 것, 사회·환경·경제개발 등 포괄적 개념으로 접근할 것, 보건의료의 긴급성과 연속성을 고려할 것, 남북한의 이질적 용어를 이해하고 통합을 준비할 것 등을 주장한 바 있다. 전우택 외(2018)에서는 북측 의료 및 의학 교육 현장 분석, 추진 방향 설정과 기초 연구, 준비 매뉴얼에 대해 정책의 측면과 의료 서비스의 측면에서 다루고 있다.

최재필(2014)에서는 북한 이탈 의사들이 재교육을 받는 과정에서 용어의 차이로 인해 어려움을 겪었으며 이를 해결할 방안의 하나로 필수 의학 용어에 대해 영어, 남북 용어를 포함한 대조 의학 용어집이 필요하다고 주장한 바 있다.

2. 남북 의학 용어 통합의 개념과 성격

남북은 그간 절체절명의 필요와 당위에 따라 속히 이루어야 할 숙원으로서 언어 통일, 언어 통합에 대해 논의해 왔다. 2000년대 이전에는 남북 언어 정책의 기조가 언어 이질화를 극복하는 데에 있었다. 그러나 햇볕 정책 이후 협력과 화해를 적극적으로 추진하면서 동질성 회복에 초점을 두게 되었고 자연스럽게 언어 통일보다 언어 통합으로 무게중심이 옮겨갔다. 일반적으로 언어 통일은 서로 다른 언어 중 하나를 선택해서 그것으로 결정하는 것으로, 언어 통합은 서로 다른 언어를 하나의 틀 속에 합치는 것으로 구분하고 있다.[2] 항간에서 널리 쓰이는 '간경화증', '간경변증'으로 예를 들 수 있다. 둘 중에 '간경화증'을 표준으로 정하고 그렇게 쓸 것을 주장하는 입장이 언어 통일, 둘 다 허용하여 쓸 수 있도록 하는 입장이 언어 통합이다.[3]

그간 남북은 협의 과정에서 통일에 대한 기준 설정의 어려움, 표준화에 대한 저항, 외적 변수의 틈입 등으로 인해 무수한 좌절을 경험해 왔다.[4] 서로 다름을 인정하고 차이를 수렴하는 방향으로 선회하는 것은 어쩌면 자연스러운 결과이다. 김영길 외(2001)에 따르면 언어 통합은 일종의 사회 통합에 해당한다. 한 사회의 가치, 규범, 이데올로기, 의식, 문화와 같은 '소프트웨어'가 합쳐지는 것으로서 내적 통합이라고 보았다.[5] 삶의 기저에 깔린 내재적 요소를 인위적으로 통일시키는 것보다 상이한 대로 각각을 인정하는 것이 70여 년 동

---

2 현재 진행 중인 〈겨레말큰사전〉이 대표적인 언어 통합 사전이라고 할 수 있다. 남과 북의 차이가 나는 표기나 용법인 경우 둘 다 제시하는 방식을 취하고 있다. 반면 국립국어원에서 구축한 '남북 교과 전문용어 통합'은 여러 기준에 따라 우세한 언어를 결정하는 방식을 취하고 있다.

3 〈의학용어집〉 3판, 4판에서는 둘 다 허용하였으나 5판 이후로는 '간경화증'만 인정하고 있다. 하지만 국가 건강정보 포털 등에서도 여전히 '간경변증'을 쓰고 있다.

4 남한의 의학 용어만 하더라도 〈의학용어집〉의 견해를 따르지 않는 학술 용어, 현장 용어가 상당수에 이르는 건 주지의 사실이다. 〈겨레말큰사전〉에서도 사잇소리 표기의 문제, 두음 법칙 적용의 문제 등은 첨예하게 대립하고 있어 아직 합의를 하지 못한 상태이다.

5 김영길 외(2001)에서는 사회 통합과 달리 정치, 경제, 법와 같은 하드웨어가 통합하는 것은 체계 통합이며 이는 외적 통합이라고 보았다.

안 분단된 남북이 취할 수 있는 최선의 자세일 것이다. 이해영(2000)에서도 분단 상태의 문제점을 지양하는 과정으로 남북문제를 바라봐야 한다고 강조한 바 있다. 우리는 분단 상태의 의학 용어를 인정하고 통일 의학 용어로 가기 위한 노정에서 통합 의학 용어를 모색해야 한다.

그렇다면 분단 의학 용어를 어떻게 이해하고 접근해야 할지 고민해야 할 시점이다. 우리가 익히 들어온 사례를 들어보면 용인 가능한 경우도 있지만, 상당한 차이를 보이는 것이 많기 때문이다. 예를 들어, '세로칸 내시경술(남) - 종각경검사(북)' '캡슐(남) - 고갑약(북)', '황달(남) - 뜨개병(북)'이 그러하다. '대장(남) - 굵은밸(북)', '운동 협심증(남) - 노력협심증(북)', '인두염(남) - 목안염(북)' 등과 비교할 때 앞의 예들은 바로 알아듣기 어렵다.

이제는 의학 용어의 성격에 대해 생각해 보자. 의학 용어는 일반어와 다른 특수어이며 모든 언중이 알고 쓰는 말이 아니라 한정된 집단에서 유통되는 전문어이다. 본질적인 속성상 의사, 의학자 등 의료인만이 알고 소통하면 되는 차원의 어휘 부류이다. 그러나 상당수의 의학 용어는 병원, 보건소, 요양원, 약국 등 보건의료 및 약료 용어와 일치하고 또 복잡다단한 새 용어를 생성하는 핵어의 역할을 한다.[6] 즉, 의학을 중심으로 연결된 간호학, 치의학, 약학, 보건학 등 보건의료 전 분야의 용어와 연계되어 있는 것이다. 보건의료 분야는 건강한 생명의 유지, 병든 몸의 치료와 사후 관리, 질병 예방 등에 대한 연구뿐만 아니라 해당 실무를 담당하는 현장 전문가와도 관련되어 있다. 특히 보건의료의 직접적인 대상이 되는 일반 국민들 역시 보건의료에 대한 지식 정보를 항시적으로 수용하고 이해하고 또 필요에 따라 학습하기도 한다. 정도의 차이는 있겠지만, 북측의 의학 용어 역시 의학계만이 아니라 보건의료계, 국가 정책과도 밀접하게 관련되어 있다.

6 예를 들어 '말초순환부전(peripheral circulatory insufficiency)'은 '말초+순환+부전'의 구조로 이루어진 내과 용어이다. 대한의사협회 〈의학용어집〉 6판에서는 '말초순환부전'이 등재되어 있지 않다. '말초', '순환', '부전'이 각각 등재되어 있을 뿐이다.

의학 용어는 우리 모두와 관련된다는 점에서 공공성을 전제로 이해해야 할 필요가 있다. 공공성이란 국가나 사회 전반에 관여되는 것이 가지는 속성이다. 의학 용어는 의학자, 의료인만의 언어가 아니라 보건의료정책과 관련된 행정, 보건의료정책의 수혜자인 국민에게도 유의미한 언어다.[7] 그렇기 때문에 남북 의학 용어의 통합에 대해서도 공공성의 전제로 탐색하는 것이 필요하다.

'공공성(公共性)'을 세밀하게 분석하자면 '公'은 공적인 것, 공적 영역을 뜻한다. '共'은 '함께', '함께하다'의 의미로 '공동체'를 뜻한다. 그간 영미의 개념으로서 '공공성'은 'the public', 'publicness'로 대역되면서 공적인 것이 가지는 정치적·경제적 권위와 책무에 초점을 맞추어 왔다. 최근에는 공동체로서의 '共'에 주목하여 공동체의 상호 관계성, 유대와 연대성에 초점을 맞추어 공공성을 새롭게 인식하고 있다.[8] 남북 의학 용어의 통합이라는 주제에 접근할 때에도 개방성과 공익성, 나아가 공동체성을 가진 공공성의 관점에서 살펴볼 필요가 있다.

남북 의학 용어 통합이 공공성을 토대로 이루어져야 할 과제라면 이를 해결하기 위한 방향성 역시 공공성 속에서 찾을 필요가 있다. 공적인 것으로서의 남북 의학 용어의 통합, 공동체 모두에게 관련된 남북 의학 용어의 통합은 누가, 무엇을, 어떻게 이루느냐가 관건이 된다. 바로 통합의 주체, 통합의 내용, 통합의 절차 등에서 공공성을 확보하는 방향으로 추동되어야 하는 것이다. 이

7 남측의 의학 용어를 표준화하고 정비하며 우리말 의학 용어를 개발하고 보급하는 일은 대한의사협회 의학용어위원회가 맡고 있다. 1976년 의학 용어제정심의위원회 창립 목적이 국민과 의료인 사이의 원활한 정보 전달, 의료인 사이의 의사소통과 정보 공유 등에 있다는 점을 천명하고 있다(의학 용어위원회 홈페이지 참조, http://term.kma.org/company/sub1.asp).

8 김대건(2019)에서는 공공성이 'public'와 'common'의 복합 개념이라고 보았다. '公'은 한쪽으로 치우치지 않고 공평하다, 숨김없이 드러내 놓다, 공적인 것을 의미하기 때문에 개방성, 공개성, 확장성을 가지며 '共'은 함께, 같이, 여럿이 하다는 의미에서 관계성, 유대와 연대성을 가진다고 하였다. 구연상(2020) 역시 이러한 입장에서 모호한 개념인 공공성을 '모두-성'으로 바꿀 것으로 제안하고 있다.

최근에는 공공성을 가진 전문 용어는 소통성을 갖추어야 한다는 인식이 확산되고 있다. 강미영(2021)에서는 공적 영역에서 쓰이는 전문 용어가 갖추어야 할 중요한 요소로 '소통성'을 강조하고 있다.

연구에서는 남북 의학 용어 통합이라는 과제의 방향성을 연역적으로 제안하기보다는 남북 의학 용어 통합의 현재를 톺아보고 이를 통해 나아갈 바를 탐색하려고 한다. 즉, 남북 의학 용어 통합의 현주소가 주체로서의 공공성, 내용으로서의 공공성, 절차로서의 공공성을 확보하고 있는지를 궁구하는 것이 다가올 미래를 바꿀 수 있는 최선의 방책이라는 뜻에서이다.

3. 남북 의학 용어 통합을 위한 활동과 성과

남북 의학 용어 통합을 위해 1992년 대한의학협회에서 남북한 의학용어 비교 연구 소위원회를 통해 정인혁(1993), 김형규(1993), 민득영(1993), 김하수(1993)의 논문이 발표되었다.[9] 이를 토대로 1996년 대한의사협회에서 간행된 《남북한 의학용어》는 남북한의 의학 용어를 집대성한 용어집이다. 약 11,500개의 영어 원어에 대해 남한의 용어와 북한의 용어가 나란히 제시되어 있다. 2014년에 열린 대한민국의학한림원의 의학용어원탁토론회에서 북한의 의학 용어 발전 과정을 주제로 한 논문들이 발표되었다. 김주한(2014), 손승국(2014)에서는《의학대사전(영조일)》(2002)에 실린 의학 용어를《의학용어집》(5판)과 비교하여 용어 간 차이점을 밝혔다.[10] 개인 연구 성과도 지속적으로 발표되고 있어 남북 의학 용어에 대한 학계의 관심도 커지고 있다.[11] 이 장에서는 최근 남북 의학 용어 통합을 위한 보건의료계의 실천적 활동과 성과를 중심으로 다루려고 한다.

---

9 이 연구들은 북측의 〈6개국 의학용어사전〉(1985), 〈현대조선말사전〉(1981), 〈조선말대사전〉(1992) 등에 실린 의학 용어를 조사하여 남측과의 차이점을 보였다. 특히 북한의 의학 용어가 어떻게 다듬어졌는지를 중점적으로 분석한 연구이다. 자세한 논의는 김영훈(2019)를 참조.

10 주로 표기법에 의한 차이, 순화 양상의 차이, 외래어 표기의 차이 등을 통해 북측의 의학 용어가 몇몇 부분에서 차이를 보이고 있으나, 의사소통을 위협할 수준은 아니라고 지적하였다.

11 이 연구에서는 의학 관련 기관을 통한 연구에 대해 간략히 소개하였다. 남북 의학 용어 비교에 관한 개별 연구는 김영훈(2019)를 참고하기 바란다.

1) '남북의학용어사전' 편찬 사업 추진을 위한 국회 포럼

1992년 대한의사협회 남북한 의학용어 비교연구소위원회가 구성된 이래 대한의사협회를 중심으로 남북의 의학 용어를 비교하고 통합하기 위한 노력을 지속해 왔다. 2014년에는 대한민국의학한림원에서 의학용어원탁토론회를 통해 2002년에 북측에서 발간된《의학대사전(영조일)》에 실린 의학 용어와 남한의《의학용어집》(5판)을 비교하여 그 용어의 차이점을 밝혔다. 이후 학술 논문을 통해 비교연구는 지속되었으나 전면적인 용어 비교를 위한 단계에는 이르지 못하였다. 그런 가운데 대한의사협회, 남북보건의료교육재단, 고려대 민족문화연구원이 뜻을 함께하여 남과 북의 전문가가 함께 모여서 '남북의학용어사전'을 편찬할 것을 제안하고 의학자, 보건의료정책 전문가, 국어학자, 사전학자 등이 함께할 것을 발의하였다. 김영훈(2019)의 기조 발제에서 건강한 한반도 공동체를 위한 토대로서 남북의학용어사전이 필요함을 강조하고 사전 편찬을 위한 추진 단계, 세부적인 전략을 제시하였다. 이에 대해 의학자, 의학 용어 전문가, 탈북 의료인, 국어학자가 지정 토론을 맡아 남북의학용어사전 편찬을 위한 준비 과정, 실제 작업 시 유의 사항, 북측과의 협력 방식 등에 대해 지침이 될 수 있는 방안을 내놓았다. 이 포럼을 계기로 남과 북이 상호 존중, 호혜적 협력 관계에서 사전 편찬 사업이 추진되어야 하며, 인적·물적 지원이 지속적으로 이루어져야 하며 컨트롤타워 역할을 담당할 조직이 필요하다는 점을 널리 인식하게 되었다.

남북 공동 사전 편찬에 대한 발의는 그간 남북이 의학 용어에 대한 공동 작업을 수행한 경험이 전무한 상황에서 보건의료계 소통의 토대를 구축할 것을 북측에 공식적으로 제안하였다는 점에서 역사적 의의를 갖는다. 특히 북측의 의학자, 의료 전문가에게 과업의 동반자로서 함께할 것을 요청하였는데, 이는 남북 의학 용어 통합의 주체를 명확히 밝힌 것으로 볼 수 있다. 남북 의학 용어 통합의 주체가 어느 한쪽이 되어서는 안 된다는 대전제를 널리 알린 계기가 되었다고 평가할 수 있다.

2) 남북의학용어사전 편찬위원회 출범

2019년 남북의학용어사전 편찬을 위한 국회 포럼은 남북 의학 용어 통합의 당위성, 시급성에 대한 국민 여론의 공감대를 이끌어 내었다. 그 다음 수순은 남북 의학 용어 통합을 위한 사전 편찬 사업을 실질적으로 수행하게 될 기구를 구성하는 일이다. 보건의료계의 적극적인 지원에 힘입어 2019년 대한의사협회 산하 남북의학용어사전 편찬위원회가 출범하게 되었다. 남북의학용어사전 편찬과 남북 의학 용어 제정에 관한 제반 사항을 총괄하고 진행하기 위한 목적으로 위원회가 구성된 것이다. 의학의 세부 과별 용어 전문가, 북한 언어 전문가, 남북언어정책 전문가, 사전 전문가 등 총 16명의 위원을 위촉하였다. 이 중 여섯 명의 위원은 의학용어위원회의 위원을 겸직하고 있어 남측의 의학 용어에 대한 이해를 바탕으로 북측 의학 용어와의 통합 방향성을 제시하는 데 최적화된 구성이라고 할 수 있다.

2019년 6월에 첫 번째 위원회를 개최한 이후로 2021년에 네 번째 위원회를 개최하였다. 위원회에서는 남북 의학 용어 통합을 목표로 단기적인 과제를 설정하였다. 이를 정리하면 다음과 같다.

첫째, 남북 의학 용어 자원을 최대한 수집한다.

둘째, 영어를 기준으로 하는 남북 의학 용어 대조 목록을 작성한다.

셋째, 북측 전문가와의 협업 창구를 확보한다.

넷째, 남북 의학 용어 통합의 첫 성과물로 공동 집필한 남북의학용어집을 발간한다.

이러한 위원회의 활동은 공공성의 측면에서 긍정적으로 평가할 만한 점이 있다. 첫 번째는 남북 의학 용어 통합의 실천적인 주체를 남측의 대표적인 의료단체를 통해 구성하였다는 점이다. 대한의사협회는 남측의 의료를 책임지는 의사들의 단체이지만, 보건의료계 전반과 연계된 전문가들이 주축이 되어 있고 의학계와도 긴밀하게 연대하고 있다. 아울러 북측 의료인, 의학자, 의학 용어 전문가들과의 협업을 전제로 추진한다는 입장을 가지고 있어 남북의학용어사전을 편찬하는 데 남북 의료인, 의학자를 공동의 주체로 인식하고 있음을 확인할 수 있다. 절차상으로도 대한의사협회의 산하 기구를 통해 이루어지고 있기 때문에 공공성을 충실히 이행하고 있다고 할 수 있다.

두 번째는 위원회의 구성원 중에는 우리말 전문가가 상당수 참여하고 있다는 점이다. 국어학자, 사전학자, 국어정책 전문가, 전문 용어 전문가 등이 남북의학용어사전 편찬위원으로 위촉되었다. 이러한 인적 구성은 남북 의학 용어 통합의 문제를 남북 언어 통합의 문제와 같은 틀 안에서 바라보고 행동할 것이라는 취지로 해석할 수 있다.[12] '의학 용어'라는 전문 용어가 특수하고 한정된 분야에서 유통되지만, 앞서 언급하였듯이 온 국민의 언어생활 속에 녹아 있다는 점에서 우리말의 어휘 부류로서 국어학의 연구 대상이며 국어 정책의 대상이라는 점도 분명한 사실이다. 향후 북측 전문가와의 연대에서도 조선어학자, 사전학자, 전문 용어 전문가가 포함되어야 함을 내포한다. 대북 관계가 개선되는 즉시 북측의 의학자, 조선어학자로 구성된 조직과 연대하는 일만 남았다.

3) 용어집 발간

남과 북은 언어 통합과 통일을 위해 여러 차례 국제 학술회의를 열었고 남북이 함께 쓸 '겨레말큰사전'을 편찬하기로 하면서 함께 원고를 작성해 왔다.

12 신중진(2020)에서는 남북 전문 용어 통합의 방향으로 남북의 일반 언어 통합 방안의 틀 안에서 이루어져야 한다고 강조한 바 있다. 특히 표기법, 외래어 정책 등은 전문 용어 통합안보다 상위 차원에서 결정되어야 할 사항이라는 점도 지적하고 있다.

이러한 노력을 통해 남북의 언어 자원을 어떻게 수집 정리해야 하는지, 표기 규약을 어떻게 해야 하는지에 대한 기조를 마련하는 성과를 거두었다.[13] 2018년 4·18 판문점선언과 9·16 평양공동선언 이후 남북관계의 새로운 미래를 기대하면서 남북 언어의 통합과 정비 부문에서도 속도를 내게 되었다. 특히 남북 전문 용어 자원의 수집과 정비, 통합을 위한 작업은 남측을 중심으로 지속하고 있다. 의학계에서는 1996년《남북한 의학 용어》가 발간되면서 물꼬를 틔운 이래 현재까지 어떤 노력을 해 왔는지 살피는 것은 앞으로 나가야 할 바를 밝히는 데 필수적이다. 이에 이 장에서는 의학 용어의 통합과 관련한 최근래 용어 정리 성과를 중심으로 살피려고 한다.[14]

(1) 〈2020 북한이탈주민을 통해 본 남북한 질병언어 소통 사례집〉

2020년에는 국립암센터와 통일부 북한이탈주민정착사무소가 〈2020 북한이탈주민을 통해 본 남북한 질병언어 소통 사례집〉을 출간하였다. 이 사례집의 목적은 북한이탈주민의 병원 진료 시 나타나는 불통의 맥락을 살펴서 의료인과 이탈주민 모두를 위한 자료를 제시하고자 한 것이다. 한정된 분야의 전문가만이 알고 쓰기 위해서가 아니라 일반인과 전문가 간, 탈북민과 접촉 국민 간 소통을 원활히 하기 위한 공공적 목적을 위한 성과임이 분명하다.[15]

---

13 남북의 언어 통합을 위해 교류한 내용은 권재일(2015), 홍윤표(2018)에 자세히 다루었다. 의학 용어 정비와 용어 비교에 관련된 선행 연구는 김영훈(2019)에서 정리된 바 있다.

14 남북 의학 용어를 비교 분석한 연구 성과가 상당 부분 축적되었다. 이 연구에서는 용어 통일이나 통합에 대한 전면적인 논의를 중심으로 정리하는 데에 초점을 두고자 한다.

15 박종선 외(2016)에서 305명의 북한 이탈 주민과 대면 조사를 한 결과 74.4%가 관공서나 병원, 은행 등에서 쓰는 용어가 어렵다고 느끼며 그 이유로는 외래어, 한자 등 어려운 말이 많기 때문이라고 답하였다. 하여 이들을 위한 자료집을 제작하거나 관련 교육을 해야 한다고 강조하였다.

탈북 의사 재교육 사례를 소개한 최재철(2013)에 따르면 북한이탈의사의 의사국가고시 준비과정 교육에서 교육생들이 가장 큰 장벽으로 느낀 것은 의학 용어의 차이와 영어의 사용이었다. 30대 북한 의료진의 경우 러시아어 대신 영어를 외국어로 선택하여 공부한 경우 비교적 쉽게 적응하였으나, 대부분의 경우 초기 두 달 정도의 시간을 의학 용어와 영어 습득에 사용해야 했다고 밝히고 있다.

주요 내용은 북한의 언어문화, 병원 진료 체계의 차이로 인해 의사소통상의 문제가 발생하는 다양한 상황을 제시한 뒤 그 맥락을 상세히 설명하는 것이다. 예를 들어 밤에 잠을 잘 자지 못하는 불면증을 북측에서는 '밤을 팼다'라고 표현한다거나 남측에서는 흔하게 쓰이는 공황 장애, 불안 장애는 북측에서는 쓰지 않는 진단명으로 불안이나 스트레스로 가슴이 두근거리는 증상을 '심장신경증'으로 표현하기 때문에 남측 의료진은 이를 정확히 이해해야 한다는 것이다.

이 사례집에서 주목해야 할 부분은 3장에 제시된 '남북한 의료 분야 주요 용어 비교' 자료이다. 내과계, 외과계, 정신·신경계, 산부인과, 한방과, 치과, 검사, 의료인 명칭, 기타 등 총 1,010여 개의 의료 용어를 제시하고 있다. 북한 용어-남한 용어-의학 용어의 순서로 배열하였다.[16] 그간의 연구 성과와 문헌 고찰을 통해 남북 의료 분야의 주요 용어를 선별한 것으로 보인다.[17] 의료 용어뿐만 아니라 치의료, 한의료까지 아우르는 주요 용어가 실려 있어 독자에게 실질적인 도움을 준다.

북한 용어	남한 용어	의학 용어
고름집	농양	abscess
꺽쇠뼈	쇄골	clavicle
배열기수술	개복수술	laparotomy
허리증	허리디스크	HIVD, HNP
기쁨슬픔병	조울증	bipolar disorder
달못찬아이	미숙아	premature fetus
실이개닦개	치실	dental floss

16 한편, '기타' 항을 따로 두어 남한 대응어나 영문명이 없는 경우 등에 대해 부가적인 설명을 덧붙이기도 하였다.

17 남한의 의학용어집이 7만 5천여 개, 한의학용어집이 만 개, 북한의 의학용어사전이 10만여 개 규모임을 고려할 때 1천여 개의 용어는 충분한 수치는 아니다. 하지만 전체 70여 쪽 분량의 사례집 규모에서는 핵심적이고 대표적인 용어를 선정한 것으로 볼 수 있다.

소통 사례집의 발간 안내문에서 통일부와 국립암센터의 협약을 시작으로 하여 남북한 질병언어 연구 계획을 수립하였고 재북 시 의료인으로 활동한 간호사와 의사를 대상으로 심층 면담을 통해 병원에서의 불통 사례를 수집하고 남북 대응 용어를 작성하였다고 밝히고 있다. 이를 통해 남북한 질병언어 소통의 사례를 수집하고 정리하는 과정에서의 공공성을 확인할 수 있다. 또한 재북 시 의료인이 참여하여 북한이탈주민이 실제 겪고 있는 어려움을 해결하는 데 일익을 담당함으로써 의료 전문가와 탈북 의료인이 함께 참여하여 주체의 공공성도 가지고 있다.

(2) 〈남북 의료용어집 – 내과〉

건강보험심사평가원의 지원을 받아 2021년에 출간된 내과 분야의 남북 의료용어를 비교한 자료집이다. 남측의 한국표준질병사인분류(KCD)와 건강보험행위목록표(EDI)에 제시된 용어를 대상으로 《의학용어집》 6판과 비교하여 의료 용어를 추출하였고 이에 대응하는 북측의 용어는 《의학용어대사전》에서 확인한 결과, 약 7,000개 규모의 남북 내과 용어 통합 데이터베이스를 구축하였다. 그중에서 질병과 증상에 해당하는 상병명과 수술, 처치, 검사와 같은 의료 행위명 4,800여 개를 선별하여 수록하였다. 본문에서는 남측 용어, 영어, 북측 용어의 순으로 제시하였으며 북측 용어를 기준으로 찾을 수 있도록 색인을 따로 두고 있다.

남한 용어	영문 용어	북한 용어
가슴막염	pleurisy	륵막염, 흉막염
객혈	hemoptysis	각혈
고샅 탈장	inguinal hernia	서혜탈장
고셰병	Gaucher's disease	고쉐병
구각염	angular stomatitis	구각 미란
급성 신장병	acute renal disease	급성콩팥질병
기관지 폐렴	bronchopneumonia	기관지페염

이 용어집의 의의는 세 가지로 정리할 수 있다. 첫째, 표제어의 범위를 학술적 차원의 '의학 용어'가 아니라 의료 현장에서 의료인 간, 의사와 환자 간에 쓰이는 '의료 용어'로 한정하였다는 점이다. 의학 용어는 학문 내적 지식과 개념 체계의 이해와 전달의 도구이자 교육의 핵심 요소로서, 일반인이 그 뜻을 정확히 알지 못하는 전문성이 높은 어휘 부류이다. 그래서 되도록 투명성, 일의성, 일관성, 친숙성 등을 고려하여 전문 용어를 생성하고 정비하고 관리한다.[18] 반면 의료 용어는 의사와 환자, 간호사와 환자, 약사와 환자 간 소통 과정에서도 쓰이는 증상명, 질병명, 검사명, 처치명, 수술명을 포함한다. 이는 특히 건강보험 급여와 관련된 용어이기 때문에 보건의료 정책에서도 사용 빈도가 높고 보건의료 통계를 산출하는 주요한 지표가 된다. 하여 용어집에서는 의사, 간호사뿐만 아니라 일반인과 보건의료 정책 담당자에게도 낯익은 표현을 쉽게 찾을 수 있다.

둘째, 이 용어집에서는 남측의 내과 분야의 용어만을 표제어로 삼았다. 내과 용어는 외과, 산부인과, 안·이비인후과, 피부·비뇨기과 등 기타 과에서도 널리 쓰이는 용어이기 때문에 사용 빈도가 높은 부류이다. 특히 기초적이고 중요한 상병, 검사, 처치, 수술의 명칭 중에 의료 현장에서 널리 쓰이는 용어에 대해 남북 간 공통점과 차이점을 확인하였고 의료 용어의 실제를 결과물로 내놓았다. 또한 남과 북의 최신 사전과 용어집의 정보를 기준 자료로 삼아 비교 목록을 작성하였다. 이러한 작업의 내용은 남북 의학용어 통합에서 내용의 공공성을 확보한 결과라고 평가할 만하다.

셋째, 이 과업은 보건복지부 산하 건강보험심사평가원이 연구를 지원하고 의학자, 보건학자, 내과 전문의와 같은 보건의료계 전문가가 참여하였으며,

---

18 국제표준화기구(ISO, International Organization For Standardization) 산하 TC37에서는 전문 용어와 언어 자원에 대한 표준 문건을 제작하고 있는데, 이중 ISO 704(2009)에서는 전문 용어 형성의 원칙을 투명성(Transparency), 일관성(Consistency), 적절성(Appropriateness), 언어학적 경제성(Linguistic economy), 파생성 및 합성성(Derivablility and compoundability), 언어학적 정확성(Linguistic correctness), 모국어 선호성(Preference for native language) 등을 제시하고 있다.

북한어 전문가, 남북언어정책 전문가, 사전학자 등이 실무를 담당하였다. 북측 용어에 대한 추출과 검증 과정은 재북 시 의사였으며 현재에도 의료인이거나 공공정책 전공자로 활동하는 전문가가 맡음으로써 북측 전문가의 공백을 메웠다. 내과 분야 북측 용어에 대한 감수를 북측에서 맡았다면 금상첨화였겠지만, 현재 남북 관계에서는 최선의 방안이라고 할 것이다. 현재 상황에서 주체로서의 공공성을 띤 자료라고 할 수 있다. 또한 용어집 작성 과정에 의학 용어 전문가, 북한어 전문가, 남북언어정책 전문가, 남북과학기술용어 전문가, 전문용어학자, 사전학자 등으로 구성된 자문 위원이 검토하고 평가함으로써 절차의 공공성을 최대한 견지하려고 하였다고 평가할 수 있다.

(3) 〈남북감염학용어집〉

2020년 전 세계는 코로나의 발생과 대유행으로 인해 감염병 관리와 예방이 얼마나 중요한지 각성하게 되었다. 국내에서도 코로나 이슈는 모든 국민의 관심사였다. 특히 완전 봉쇄 상태를 지속한 북한의 상황에도 촉각을 곤두세웠다. 갑작스러운 건강 위기 상태를 맞게 될 때 의사 간, 의사와 환자 간 소통이 얼마나 중요한지를 모두가 체험하였다. 이러한 인식하에 통일부의 지원을 받아 2021년 12월에 〈남북감염학용어집〉이 출간되었다. 남측의 의학용어집과 감염학 교과서에 제시된 용어를 대상으로 감염학 용어를 추출한 뒤 북측의 최신 의학용어사전을 토대로 남과 북의 용어를 비교하여 통합 데이터베이스를 구축하였다. 그중에서 병인, 증상, 진단, 치료, 예방과 관련된 용어 1,500여 개를 선별하였다. 본문에는 남측 용어, 남측 영문 용어, 북측 용어, 북측 영문 용어의 순으로 제시하였다. 특히 감염학에서 사용 빈도가 높은 주요 용어에 별표를 제시하여 이용자의 이해를 높이고자 하였다.

의학계뿐만 아니라 간호학계, 한의학계에서도 의미있는 성과물이 최근 발표되었다. 2018년에는 (사)통일간호포럼 간호학용어집위원회에서 《남북한 간호학 용어집》을 발간하였다. 기본간호과학용어 570여 개와 기초간호과학용어 670여 개를 선별하여 남북의 용어를 비교하였다.[19]

한의학계에도 2020년《남북 전통약재 기원사전》[20]과 2021년《남북 전통의학 용어 비교 정리집》이 출간되었다.《남북 전통의학 용어 비교 정리집》은 남측의《표준한의학 용어집》과 북측의《고려의학대사전》을 통합하여 총 33,959항목을 선정한 뒤 통합표제어-북측 표제어와 정의-남측 표제어와 정의를 비교한 자료집이다. 특기할 사항은 남북 대응형이 없는 경우도 기준 자료에 제시된 내용을 그대로 기술하였으며 그 어떠한 통일이나 표준화를 시도하지 않았다는 점이다. 실로 남북 전문 용어 통합 자료의 실제를 보였다고 할 것이다. 이는 기초 자원으로 활용할 가치가 크다는 점에서 의의를 가진다. 특히 남북의 준거 자료를 통합함으로써 내용의 공공성을 띠고 있다.

4. 남북 의학 용어 통합의 방향과 과제

앞에서 최근래 이루어진 남북 의학 용어 통합의 실천적 활동을 개괄하면서 공공성의 관점에서 의학 용어 통합의 주체, 내용, 절차적 측면을 짚어 보았다.

1) 남북 의학 용어 통합의 방향

의학 용어는 공공 언어의 한 분야로서 전문화된 국민의 언어생활에서 가장 활발히 쓰이고 있다. 남북의 교류와 협력을 넘어서서 통합과 통일을 전망할 때 언어 통합이 사회 통합과 내적 통합의 핵심임을 주시한다면 생명과 연관

19 특히 북측에 대응어가 없는 경우 빈칸으로 남겨 놓았다.

20 한의학계의 경우 2020년 〈남북 전통약재 기원사전〉을 출간하였다. 한의학연구원에서 출간되었으나 편찬 주체가 단독 저자이기 때문에 주체의 공공성이 확보되었다고는 보기 어려운 부분이 있다.

된 의학 용어야말로 시급히 수집, 정비, 통합해야 할 분야가 된다. 의학계, 보건·의료계 등 직접 당사자만이 아니라 정부와 관련 산업계 모두가 건강한 한반도 공동체를 위해 토대로서의 의학 용어 통합의 중요성과 시급성을 공공성 차원에서 인식하는 일이 최우선이다. 그런 다음 구체적인 통합의 방향을 설정하는 일은 미지의 공간에서 필요한 나침반과 같이 남북 모두에게 필수 조건이 된다.

첫째, 남북의 의학계, 의료계 전문가가 주도한다. 이는 통합의 주체가 누구인지를 설정하는 문제이다.

둘째, 분단 한국어의 특수성을 인정하고 남북 의학 용어의 차이를 수용하는 방향으로 이루어져야 한다. 이는 통합의 내용에 대한 기준점이 된다.

셋째, 남북 의학 용어 통합은 공식적, 공개적, 공익적 과정과 절차에 따라 이루어야 한다. 이는 통합의 절차를 설정하는 데 대한 기준점이 된다.

넷째, 남북 의학 용어 통합은 남북 언어 통합의 기조와 융합하면서 이루어야 한다. 이는 통합의 당위성을 상위 체계와 공유하기 위한 기준점이 된다.

2) 남북 의학 용어 통합의 과제

앞에서 남북 의학 용어 통합의 방향을 제시하였다. 이를 나침반 삼아 걸어가야 할 길이 무엇인지를 밝혀야 한다.

(1) 중장기 로드맵 작성

김영훈(2019)에서는 남북 의학 용어 통합과 통일을 위해 남북의학용어사전의 편찬이 필요하며 구축 방향과 단계를 제시하고 추진 전략과 선결 요건에 대해 주장한 바 있다. '남북의학용어사전'의 편찬이라는 과업을 이루어내기 위한 최초의 제안이라는 점에서 그 의의가 크다. 그러나 사전의 편찬은 용어의 통합, 나아가 용어 통일의 필수조건이지만, 충분조건은 아니다. 남북 의학 용어의 통합은 남북의학용어사전의 출간을 통해서 완결되는 것이 아니기 때문이다. 사전 편찬 과정에서 토의하고 합의한 성과가 의학 연구와 교육, 보건의료 현장 곳곳에 뿌리내리도록 확장하는 일이 남아 있다. 가장 중요한 것은 통합 의학 용어가 아닌 통일 의학 용어라는 최종 목표가 남아 있다는 점이다. 통합 의학 용어의 공유와 확산이 이루어지고 나면 남북 의학 용어의 통일을 꿈꿔 볼 수 있게 된다. 이러한 장기적 전망이 현실적으로 가능해지려면 먼저 시간과 공간의 좌표를 그려 가며 한 걸음 한 걸음 걸어가면 된다.

남북 의학 용어 통합을 위한 로드맵 작성은 통일 의학 용어 시대를 전망하되, 지금 여기의 현실로부터 시작해야 한다. 우선 세부 목표를 설정하고 목표 달성을 위한 추진 전략을 수립해야 한다. 둘째, 시기별, 단계별 사업 내용을 상세화하면서 주체, 내용, 절차를 명세화해야 한다. 셋째, 목표를 달성하기까지의 지난한 노정을 예측하고 예상 가능한 변수를 파악하여 신속한 대응과 유연한 적용이 가능하도록 상세한 지침을 작성해야 한다.

통합 의학 용어의 시대를 넘어 통일 의학 용어의 시대를 열어 가는 일은 의학계와 의료계만의 책무가 아니다. 건강한 한반도 공동체를 지속하고 유지하는 데 관여하는 여러 분과와의 협업이 필수적이다. 인간의 신체, 질병의 원인, 치료의 실제, 사후 관리 등에 관한 지식과 개념의 체계는 치의학, 간호학, 약학, 보건학, 한의학 용어에서도 근간이 된다. 치의학계, 약학계, 간호학계, 보건학계, 한의학계가 해당 분과의 전문 용어 통합을 위해 어떤 비전을 가지고 어떻게 실천하고 있는지 소통하고 연대해야 한다.

(2) 남북 의학 용어 통합 방법론 개발

이미 남북은 사전 편찬 부문에서 세계 유수의 나라 못지않은 성과를 쌓았고 디지털 시스템을 통해 이용하는 시대를 누리고 있다.[21] 사전학은 사전과 사전 편찬에 관한 분과 학문으로서 그 역할을 담당하고 있다. 뿐만 아니라 사전 편찬에 관한 방법론 연구 역시 수준 높은 성과를 축적해 왔다. 그럼에도 불구하고 전문 용어에 관한 연구, 전문 용어 사전 편찬에 관한 연구는 당위성과 필요성에 비해 활발하게 논의되지는 못하였다. 최근 국립국어원의 공공 언어 정책, 남북 전문 용어 비교 정책 등과 관련된 결과물이 나오면서 관심이 집중되고 있다. 그리고 주요 기관과 정부 출연연을 중심으로 남북 전문 용어 비교 작업을 수행하고 있는바, 그간 축적한 남북 전문 용어 비교 방법론, 통합 기준 등을 종합하여 남북 의학 용어 통합을 위한 방법론을 마련해야 한다.

먼저 해야 할 일은 남측 용어의 정비이다. 남북 의학 용어를 통합하려면 양측의 대표어, 기준어를 설정하는 일이 우선이다. 남측만 하더라도《의학용어집》에 등재되지 않은 용어가 상당수 학계와 현장에서 쓰이고 있다. 특히 이전의 용어가 현재에도 생명력을 가지고 있는 경우가 흔하다.[22] 북측의 경우도 마찬가지이다. 복수의 용어 중 무엇을 대표어, 기준어로 설정할 것인지 확정해야 한다. 그런 다음에 정치한 기준을 마련하여 통합을 위한 후보 목록을 작성하는 것이 중요하다.

둘째, 정비가 끝난 자료를 대상으로 거시 구조를 확정하는 일이다. 남북의 의학 용어는 그 수가 일치하지 않는다.《의학용어집》은 약 8만 개,《영조일 의학 용어사전》은 12만 개에 이른다. 대응형이 있는 경우, 대응형이 없는 경우, 복수로 대응하는 경우, 대응하지만 의미가 다른 경우 등 다양한 사례가 존재한다. 이들을 적절한 기준을 통해 표제어를 확정할 수 있도록 세부적인 표제어 기준이 마련되어야 한다.

---

21 국립국어원의 〈표준국어대사전〉, 〈우리말샘〉, 〈한국어기초사전〉, 〈한국어-외국어 학습사전〉, 〈한국수어사전〉 등은 국내외의 이용자에게 널리 이용되고 있다. 네이버, 다음과 같은 포털 사전에는 어학사전과 백과사전 서비스를 지속적으로 확충하고 있다. 북한에서도 〈조선말대사전〉을 2007년에 이어 2017년에도 개정판을 내놓았으며 〈광명〉, 〈거울2.0〉, 〈문명〉과 같은 전자사전을 구축하였다.

22 은희철 외(2015), 홍윤표(2017)에서는 표준화에 합의하는 것 자체도 어렵지만 표준화된 용어가 기존에 사용되던 용어와 괴리가 있을 경우 개념 체계 혼란, 학습력 저하 등을 이유로 현장에서 쉽게 수용되지 않는다고 분석하였다.

셋째, 미시 구조의 설정이다. 남북 의학 용어에 대해 무엇을 기술할 것인지, 그리하여 무엇을 비교할 것인지를 결정하는 일이다. 최근의 남북 교과서 전문 용어 통합 연구에서는 각 용어의 어종, 분류 등을 중요한 미시 항목으로 다룬 바 있다. 의학 용어 통합의 과정에서 양 용어를 비교하고 연구하기 위해서는 뜻풀이, 어원, 이전 말 등의 관련어 정보가 기술되는 것도 중요하다.

넷째, 남북 의학 용어를 통합할 수 있는 데이터베이스 구조를 설계하는 일이다. 거시 구조와 미시 구조를 결정한 다음, 이를 어떤 플랫폼 속에서 구축할 것인지, 향후 활용도를 고려하여 어떤 기능을 추가할 것인지를 고민하여 DB 구조를 설계하는 것이 중요하다. 기존의 남북 전문 용어 데이터베이스, 남북 언어 통합용 데이터베이스의 구조를 검토하고 장단점을 분석하여 남북 의학 용어 통합을 위한 최적의 DB 구조를 마련해야 한다.

다섯 번째는 합의된 어문 규범을 적용하는 일이다. '겨레말큰사전' 편찬 과정에서 남북은 맞춤법의 여러 문제를 합의하였다. 표제어를 배열하는 자모의 순서, 자모의 명칭 등은 타결되어 의미 있는 진전을 이루었다. 외래어의 경우 단어별 빈도, 관습화 정도의 특수성을 인정하는 선에서 표기가 결정되었다. 남북 언어 통합을 위해 합의된 사항을 남북 의학 용어 통합에서도 적극 수용하는 것이 바람직하다. 사잇소리의 표기, 두음법칙의 적용 등 남은 문제도 있으나 '겨레말큰사전'을 통해 남북이 합의한 규범을 준용하는 방안을 최우선으로 둘 만하다. 그 외 의학 용어만의 특수성으로 인한 표기 원칙이 적용될 사례를 수집하여 구체적인 방안을 마련할 필요가 있다.

(3) 기초 자원 확보

남북 의학 용어 통합을 통한 통일 의학 용어로의 대장정은 한두 해에 끝날 과업이 아니다. 기나긴 여정을 묵묵히 끌고 갈 기초 자원이 확보된다면 예상치 못한 장애물과 난관에 봉착하더라도 쉬 물러서지 않을 수 있다.

실제 작업에 들어가기 전에 확보해야 할 자원은 첫째 자료이다. 지금은 빅

데이터의 시대이다. 정보통신기술이 일상화된 지금은 가만히 있어도 데이터가 생산되는 시절이다. 그렇다고 의학 용어 자원이 절로 축적되는 것은 아니다. 누군가 공을 들여 쌓은 자료도 있고 연관된 자료 속에서 소중한 정보를 추출할 수도 있다. 남북 의학 용어 통합의 과정에서 남북의학용어집, 남북기초의학용어사전, 남북외과의료용어집 등등의 성과물을 내놓기 위해서는 기초자료를 샅샅이 수집하고 조사해야 한다. 남측의 경우 대한의사협회의 의학용어집 자원을 비롯하여 의학 용어 자원이 상당수 수집되어 있다. 북측의 경우에는 현재 가용 자원이 많지 않아 전산화된 자료를 확보하는 것이 중요하다. 이는 북측 관계자와의 직접 접촉을 통해 해결해야 할 문제이다.

둘째, 인력이다. 김영훈(2019)에서도 강조한바, 의학 용어를 축적하고 의학 용어에 대해 연구하고 이를 활용할 수 있는 인재가 필요하다. 의학 용어 통합을 위한 데이터베이스를 구축할 주체는 기계가 아닌 사람이기 때문이다. 의학 용어에 관심을 가지고 있는 연구자, 남북 전문 용어 데이터베이스 구축을 경험한 국어학자, 사전학자 등이 주도적인 역할을 해야 한다. 실무를 담당할 석사급, 박사급 연구진을 확보하는 일도 중요하다. 또한 북측과의 협업이 원활하게 이루어질 수 있도록 행정 지원을 담당할 인력도 합류해야 한다.

셋째, 이 모든 것이 가능하기 위해서는 재원이 공급되어야 한다. '겨레말큰사전' 사업이 지금까지 가능한 것은 통일부에서 안정적으로 지원하고 있기 때문이다. 의료계뿐만 아니라 의료산업계, 정부가 나서야 할 일이다.

5. 맺음말

앞에서 남북 의학 용어 통합의 개념과 성격을 살피고 통합을 위한 작금의 성과를 돌아본 뒤 통합을 위한 지향점을 제시하고 그에 따른 과제를 정리해 보았다. 이를 통해 남북 의학 용어 통합의 주체가 남북 당사자여야 하고 통합의 내용은 최신, 최고의 의학 용어 자원에서 추출해야 하며 통합의 절차는 공적이고 개방적이며 공동체 전체를 위해 추진되어야 한다는 점을 명확히 하였다.

'구슬이 서 말이어도 꿰어야 보배'라는 속담이 있다. 여전히 중요한 사실은 현재 우리가 한 걸음이라도 내딛지 않는다면 어떠한 외침도 소용이 없다는 것이다. 분단 의학 용어의 이질적 차이를 강조하기보다는 통합 의학 용어의 다양성에 주목해야 한다. 그런 다음 이를 연구와 교육, 의료와 보건에 적용할 때 통일 의학 용어를 논의할 수 있는 분위기가 조성될 수 있다. 지금 여기 우리가 남북 의학 용어 통합에 관심을 가진다면 그날은 멀지 않았다.

❖ 참고 문헌

강미영. (2020). 〈언어의 공공성과 공공 언어 관리〉. 《우리말글》, 87, 1-29.

구연상. (2019). 〈공공(公共)의 낱말 뜻 분석〉. 《헤겔연구》, 46, 207-236.

권재일. (2015). 〈남북한 언어문화의 현실과 통합 방안〉. 《광복 70주년 기념 겨레말 통합을 위한 국제학술회의 발표자료집》. 국립국어원. 3-28.

김대건. (2019). 〈우리의 언어인 '공공'과 '공공성'의 의미 되짚어보기〉. 《월간 공공정책》, 160, 8-9.

김영길·김원·하수권·정진명·J. Muller. (2001). 〈독일 통일 이후의 언어통합과정 연구〉. 《독일어문학》, 15, 319-362.

김영훈. (2018). 〈보건·의료 분야의 남북 전문용어 연구 현황과 과제〉. 《제15차 남북 언어 통합을 위한 국제학술회의 발표집》. 국립국어원.

______. (2019). 〈남북 보건의료 통합을 위한 준비—남북의학 용어사전 편찬 사업〉. 《대한의사협회지》, 62(10), 506-511.

김주한. (2014). 〈북한의 의학 용어〉. 《제33회 의학 용어 원탁토론회 자료집》. 대한민국의학한림원. 2-15.

김하수. (1993). 〈언어학적 관점에서 본 남북한 언어의 차이〉. 《대한의학협회지》, 36(5), 580-584.

김형규. (1993). 〈남북한 임상의학 용어 비교〉. 《대한의학협회지》, 36(5), 571-574.

도원영·신상현·최경봉. (2017). 〈사전 편찬 정보 통합 DB 구축 방안 연구〉. 《민족문화연구》, 75, 17-37.

도원영. (2019). 〈새로운 사전의 필요성과 가능성〉. 김선철 외. 《디지털 시대의 사전》. 한국문화사. 141-167.

도원영·차준경·신상현·최호철. (2020). 〈국내 출간 사전의 동향 분석—연도별 주제별 통계 분석을 중심으로〉. 《한민족문화연구》, 70, 235-272.

민득영. (1993). 〈남북한 기초의학 용어 비교〉. 《대한의학협회지》, 36(5), 575-579.

박종선·도원영·이상혁·강진웅·한정미·최호철. (2016). 《남북 언어의식 조사 보고서》. 국립국어원.

박주원·김숙정·도원영. (2021). 〈남북 의료 용어 데이터베이스 구축의 쟁점과 실제〉. 《한국사전학》, 38, 136-166.

손승국. (2014). 〈북한의 의학 용어 발전과정—외과계 용어 중심으로〉. 《제33회 의학 용어 원탁토론회 자료집》. 대한민국의학한림원.

신중진. (2020). 《분야별 남북 전문용어 연구 결과 정리 및 자료집 발간》. 국립국어원.

은희철·송영빈·정인혁. (2015). 《아름다운 우리말 의학 전문용어 만들기》. 커뮤니케이션북스.

이해영. (2000). 《독일은 통일되지 않았다》. 푸른숲.

전우택. (2018). 〈한반도 건강공동체 형성을 위한 보건의료 준비〉. 《한반도 건강공동체 준비》. 박영사.

정인혁. (1993). 〈북한의 학술용어〉. 《대한의학협회지》, 36(5), 566-570.

지제근. (1993). 〈우리나라 의학 용어〉. 《대한의학협회지》, 36(5), 563-565.

______. (2011). 〈의학 용어 순화의 실태와 문제점〉. 《새국어생활》, 21(2), 105-121.

지제근. (2014). 〈지정 토론 1—북한의 의학 용어〉. 《제33회 의학 용어 원탁토론회 자료집》. 대한민국의학한림원.

최유숙·양명희·이찬규·임현열. (2015). 〈남북 언어 통합 연구에 대한 비판적 검토〉. 《다문화콘텐츠연구》, 18, 305-426.

최재필. (2012). 〈북한이탈의사 교육—서울의료원에서의 경험을 중심으로〉. 《의학교육논단》, 14(2), 95-101.

홍윤표. (2018). 〈남북 언어 통합을 위한 과제와 추진 방향〉. 《남북·국외 한국어 자원 수집 및 통합 방안 마련을 위한 국회 좌담회 발표자료집》. 국회의원 우상호·국립국어원. 3-23.

ISO 704. (2009), *Terminology work-Principles and method*. International Organization of Standardization.

남북 보건의료 인력개발

송태진·장영우

1. 서론

2020년 3월 기준으로 북한이탈주민(탈북민)의 숫자는 약 3만 명이 넘으며 이들이 재북당시 가지고 있었던 직업들도 상당히 다양하다. 탈북민의 약 반 정도는 무직부양을 하는 경우가 많으나 직업을 가지고 있는 약 1만 5천 명은 일반 노동자, 관리직, 군인, 봉사 분야, 예술체육 및 전문직 등 다방면에서 활동을 하고 있다. 탈북민의 약 0.4%인 약 120명은 의료전문직으로 활동을 하였으며 이 중 약 80명 정도가 의사로 활동을 하였다. 의료인이란 보건복지부 장관의 면허를 받은 의사·치과의사·한의사·조산사 및 간호사를 말하며(의료법 제2조 제1항), 의료기사와 약사 등을 포함한 개념으로 보건의료인이 있으나 탈북민 중 의료기사와 약사로 활동한 이력을 가진 사람은 극히 드물다.

재북 당시 의료인으로 근무하였던 탈북민(탈북의료인)들은 자신들이 가지고 있는 전문지식과 다양한 임상경험 등을 토대로 대한민국에서도 대부분 그 전문성을 살려 같은 직종에서 근무하기를 원한다. 탈북의료인의 재북당시 직업 비율은 의사였던 사람이 67%로 반 이상을 차지하며 간호사, 한의사, 치과의사 및 조산사 순이지만 대한민국 정착 후 그 직업을 이어나가기를 원하는 경우는 의사의 비율이 압도적으로 높다.

하지만 탈북의료인들은 본인들의 학력 및 경력을 증명할 수 있는 방법이 없는 경우가 많고 대부분 진술에 의거할 수밖에 없어, 면허가 없이는 의료활동을 할 수 없는 대한민국의 법상 그 전문성을 이어 나가는 것이 많이 힘들다. 본 주제에서는 현재 탈북의료인들이 어떻게 대한민국에서 의료인 면허를 취득할 수 있는지를 알아보고 그 과정에서 탈북의료인들이 가지는 어려움과 해결책을 이야기하려 한다.

2. 탈북의료인 현황

서론에서도 상술하였듯이 탈북의료인들 중 재북 당시 의사로서 활동하였던 사람이 약 67%이며 그 직업을 이어 나가려고 하는 사람의 대부분은 의사이기에 본문에서는 탈북의료인이라는 명칭은 재북 당시 의사로 근무하였던 탈북민으로 한정하여 사용하려 한다. 현재 대한민국에서 한국보건의료인국가시험원(국시원)에서 시행하는 의사국가시험을 통과하여 의사면허증을 취득한 후 의료기관 등에서 근무를 하고 있는 탈북의료인은 약 20명 남짓 되며 이들 모두 대한민국 의사로서 국민의 건강한 생활 확보에 이바지하고 있다.

일반적으로 탈북민들은 대한민국에 정착 후 적응의 기간을 충분히 가진 후 자립할 수 있도록 여러 직업들을 찾게 된다. 하지만 탈북의료인들은 본인의 전문성이 있기 때문에 정착 후 바로 의료직 국가시험 응시를 준비하는 경우가 많아 타 탈북민에 비해 대한민국의 적응기간이 비교적 짧다. 충분한 적응 기간을 가지지 않고서도 바로 국가시험 응시를 준비하는 이유는 본인이 가지고 있는 전문적 지식 및 경험을 대한민국에서도 이어 나갈 수 있는 제도적 장치가 마련되어 있기 때문이며, 1-2년 정도의 준비 기간으로는 국가시험 합격을 하기 힘든 경우가 대부분이라 일찍부터 준비를 시작하게 된다. 또한 합격을 하여 면허를 취득하게 되면 요양병원과 같이 현재 국내에 의료진이 부족한 의료기관에 취업을 비교적 수월하게 할 수 있어 탈북민들의 큰 고민 중의 하나인 경제적 독립을 원할히 해결할 수 있게 된다.

우리나라는 북한에서 의대를 졸업하고 의료 기관에서 근무를 하였던 경력이 있는 탈북민에 대해서 그 전문성과 경력이 단절되지 않도록 '재북의료인 응시자격 인정심사 제도'를 운영하고 있다. 탈북의료인이 국내에서도 의료 활동을 지속하기를 원하는 경우에 통일부에 국가시험 응시자격 인정을 요청을 한다. 통일부에서 보건복지부로 응시자격 인정 관련 협조를 요청을 하게 되면 보건복지부에서는 국가시험을 관장하는 국시원에 국가시험에 응시할 자격이 있는지에 대한 심사를 의뢰하게 된다.

타 국가처럼 검증 가능한 의대 졸업증명서 또는 의료기관 재직증명서 등이 있다면 문제가 없겠지만, 탈북의료인의 경우 재북 당시 재학하였던 의대의 졸업 또는 의료기관의 근무 경력을 증명할 방법이 마땅치 않기 때문에 국시원에서 국시자격응시자격심사를 구술로 진행한다. 관련 학문에 대한 기초 및 전문지식과, 실제 면허 취득 후 업무 수행을 제대로 할 수 있는지에 대한 필요지식 등에 대해 심사를 진행하게 되며 비록 실제로 북한에서의 의료활동이 활발하였다 하더라도 상술한 지식들이 우리나라 기준에 비해 부족하다고 판단되면 불인정이 된다. 최근에는 재북 당시 의대를 졸업 후 의료기관에서의 경험이 부족한 비교적 젊은 탈북민들도 늘어나고 있는데 이 경우에 응시자격 인정심사 제도를 신청하는 경우 대학수학능력 시험 후 의과대학 진학을 권하기도 한다. 국시원에서 시행하는 응시자격 심사에 합격을 하게 되면 비로소 매년 시행되고 있는 의사국가시험에 응시를 할 수 있으며 필기 시험 및 실기 시험에 모두 합격을 해야 대한민국 의사 면허증을 받을 수 있다.

재북의료인 응시자격 인정심의를 신청하는 인원은 의사 기준으로 매년 약 8명 정도 2008년부터 2018년까지 총 83명이었으며 이 중 인정심사를 통과하는 인원은 약 49%인 41명이었다. 이 후 실제 국내 의사국가시험에 응시하여 대한민국의사 면허를 취득한 인원은 국시응시자격을 취득한 탈북의료인의 35%인 총 29명이었다.

3. 탈북의료인 교육 경험

북한에서 활발하게 의사로서의 활동을 해 왔음에도 불구하고 실제 대한민국의 의사 면허 취득률이 낮은 이유 중 하나는 탈북의료인이 전 세계적으로 통용되고 있는 영어식 의학용어가 아닌 러시아식 의학용어를 사용해 왔기 때문이다. 이 때문에 같은 의학지식을 가지고 있다 하더라도 교과서, 교재 등을 통해 혼자서 학습을 하는 것에 어려움을 느끼고 있는 경우가 많다. 실제 대한민국의 의료 환경에서는 영어식 표현이 주를 이루고 있으며 진료뿐만 아니라 학술발표, 의학연구들도 모두 영어식 의학용어를 사용하고 있기 때문에 영어식 의학용어의 습득은 필수다. 최근 탈북의료인 중에서는 이를 미리 알고 영어를 준비하는 경우가 꽤 많다. 또한 이미 재북 당시 의대에서 다 배운 내용이지만 의료기관에서 각자의 전문과목으로 오래 활동한 의사들이 많은데 의사 국가시험을 치르기 위해서는 의학 기초개념을 다시 공부를 해야 한다. 의학은 그 개념이 시시때때로 발전하고 변화되기 때문에 의대 당시 배웠던 기초개념과는 다른 부분이 있을 수밖에 없는데 이를 교육해 줄 수 있는 기관 또는 개인이 거의 없었다.

이렇게 북한에서의 학력, 자격 그리고 전문지식을 고려하여 국내 의사국가시험 응시자격을 받은 탈북의료인들이지만 실제 국가시험을 준비하기 위해서는 독학의 형태밖에는 다른 방법이 없었다. 이에 남북하나재단에서는 탈북의료인으로서 국내 의사국가시험을 합격하여 필자가 근무하고 있는 고려대학교 안산병원에서 임상강사로 근무 중인 외과 전문의에게 의사국가고시 준

비교육을 의뢰하였으며 2016년 한 해 동안 이들을 교육하였다.

이전에 짜여진 커리큘럼도 없었고 의사 한 명이 이들을 교육하기에는 여러 제약이 많았다. 특히 병원 차원에서의 지원사업이 아니었기에 비록 본원에서의 근무하는 전문의여도 병원 내에서 교육장소를 구하기가 힘들었으며, 임상강사 직급의 한계로 같은 과 외과 교수 몇 명 이외에는 강사 섭외가 많이 이루어지지 않아 본인이 직접 내과, 소아과, 산부인과 및 정신과 등 다른 과의 내용까지 강의를 하였으며, 무엇보다 과 특성상 진료 및 수술 업무만으로도 모자란 시간을 쪼개어 이들을 위해 교육한다는 것이 쉽지 않았다. 업무 외 시간에는 병원 외의 장소에서 교육을 시행했는데 시간적, 체력적 한계가 옆에서 보기에도 많이 느껴졌었다. 같은 상황에 있는 탈북의료인들을 위한 사명감이 없었다면 지속하지 못했을 일이라 생각한다. 필자 또한 외과 과목을 요청받아 강의를 하였는데 병원 내 강의 장소를 구하는 것조차 힘이 들었었다.

이듬해 많은 수고를 해 주었던 탈북민 1호 외과 전문의는 임상강사의 일을 종료하고 외부 의료기관으로 이직하게 되었으며 대학병원을 떠나서는 탈북의료인 교육을 더는 담당하기 힘들어 교육과정을 필자에게 부탁을 하였다. 바로 옆에서 이 일을 담당하는 것이 얼마나 부담스러운 일인 줄 알았기에 선뜻 수락할 수 없었지만 또 달리 이 교육과정의 취지를 알고 달리 맡을 사람도 없다는 걸 이해하고 수락하였다.

2017년도 탈북의료인 의사국가시험 준비교육과정은 2016년도와는 달리 하나재단과 고려대학교 안산병원 간의 계약으로 체결하기로 하였다. 이전 해와 같이 개인적인 부탁만으로는 병원 내 강사 섭외에도 어려움이 있으며 공식적으로 이용 가능한 장소도 부족하기 때문이었다. 이에 병원 차원에서 교육사업을 하나재단과 공식적으로 체결하여 2017년 7월부터 12월까지 국가고시원에서 부여하는 응시자격을 획득한 7명을 대상으로 의사국가고시 교육지원 사업을 시행하였다. 사업의 목적은 '2018년도 의사고시' 대비 이론 및 실습 교육이었다.

필자는 외과 분과 이론강의와 전체 교육 관리를 담당하였고 병원 내에서 수업을 시행할 때마다 피드백을 받아 교육환경에 어려움은 없는지 예습을 잘 해 오는지 등을 확인하였다. 첫 만남 시간 서로를 소개하는 시간이 있었는데 잠시 동안의 머뭇거림 후 이내 북한의 의료기관에서 근무했던 이야기들, 고향 기억 그리고 졸업한 의대가 각기 달라 각 의대별로 벌인 자존심 경쟁 등으로 처음의 어색함은 금방 사라졌다.

이론 수업은 본원에 근무하고 있는 교수님들을 대상으로 강사를 섭외하였고, 본 교육의 취지를 상세히 설명드린 후 참여의사를 물어보았다. 조교수와 부교수로 구성된 총 17명(내과 8명, 외과 3명, 소아과 2명, 산부인과 2명, 정신과 1명)의 본원 교수님들이 흔쾌히 참여의사를 밝혀 주셨고 각 전문과목을 총론과 각론으로 나누어 진행하였다. 수업은 1주일에 한 번 과목당 2시간씩 총 3과목을 진행하였고, 미리 나누어 준 의사국가고시 교재를 미리 예습한 후 수업을 듣는 형태로 진행하였다.

매주 수업 전후로는 탈북의료인들과 피드백하는 시간을 가졌었는데, 이전에는 탈북의료인들이 의사국가시험을 준비할 때 주로 개인적으로 교재 내용을 독학하는 식으로 준비를 하였다고 한다. 하지만 의사국가고시 교재는 매년 리뉴얼이 제대로 되지 않는 경우가 많아 예전의 의학개념이 그대로 남아 있는 경우가 많으며 예상 문제집의 문제 오류 또는 오답도 빈번히 있어 이것만을 가지고 준비를 하는 것이 상당히 힘들었다고 한다. 본원에서 시행한 이론 수업은 현재의 의학개념으로 교재에 잘못 표기된 정보들을 각 교수님들이 수정을 해 주었고, 짧은 시간이지만 의학적 지식을 체계적으로 정립해 주어 이해가 빨랐으며 예습한 내용이 바르게 정립되어 오히려 독학하던 시간보다 훨씬 절약이 된다는 이야기들을 매번 피드백 시간마다 하였다.

실기 수업은 8월 말부터 약 2개월간 고려대학교 의과대학 시뮬레이션 센터에서 진행하였다. 고려대학교 의과대학은 의사국가고시 실기 시험을 대비한 인프라가 완벽히 구축되어 있으며 고려대 의과대학생들은 언제든지 실기시험 준비를 이 곳에서 진행할 수가 있다. 보통의 경우 고려대 의과대학생들은 스터디그룹을 만들어 서로에게 문제를 제시하고 이를 실습하는 형태로 시험 준비를 하게 되는데 탈북의료인들은 이 중 한 스터디 그룹에 함께 속하여 실습 준비를 시행하였다.

이론 수업과는 달리 실기 수업의 진행은 상당히 애로사항이 많았다. 이론 수업의 경우 고려대학교 안산병원 내에서 교육장소 제공 그리고 강사 섭외가 가능했지만, 실기 수업의 경우는 고려대학교 의과대학의 협조가 필요했기 때문이었다. 의과대학에서는 의사국가고시를 준비하는 탈북의료인이지만 본원 학생이 아닌 외부인에게 학교의 인프라를 제공하는 것이 조금이라도 본교의 의과대학생들에게 피해를 끼칠 수 있다고 판단하여 실습실 사용의 허가를 받기가 상당히 힘이 들었다. 그뿐만 아니라 실습실이 개방되었다고 하여도 현재 의사국가시험에서 시행하는 실기시험의 내용을 독학만으로는 그 내용과 범위가 넓어 효율적인 준비를 할 수가 없다. 이를 해결하기 위해서는 실기시험을 준비하고 있는 본과 4학년의 한 스터디그룹에 포함되어야 하는데 다행히 탈북의료인 교육 취지를 잘 이해해 준 한 조에서 이들과 함께 실기시험 준비를 해 주었다.

의사국가고시는 가을에 실기시험을 치고 이듬해 1월 필기시험을 친 후 두 시험 모두 통과했을 때 합격을 하게 되며, 최종합격 여부는 필기시험을 종료한 후에 실기시험 합격 여부와 함께 통보받는다. 수업에 함께 참여한 탈북의료인 7명 중 5명이 가을에 실기시험에 최종응시를 하였으며, 이 후 필기시험에는 전해에 필기시험에 이미 통과를 한 1명이 있었으므로 4명이 최종응시를 하였다. 전해 필기시험을 통과한 1명이 당해 실기시험도 합격하여 최종합격 통보를 받았으며 2명은 필기시험 합격, 실기시험 불합격, 그리고 나머지 2명은 실기 및 필기 시험 모두 합격하지 못했다.

비록 전체 합격률로는 다소 아쉬운 수치이기는 하지만 본원에서의 많은 교수님들께서 참여해 주었던 덕분에 필기시험에 응시한 4명의 탈북의료인 중 2

명이 처음으로 필기시험에 합격할 수 있었으며, 고려대학교 의과대학의 협조와 본과 의대생들의 도움으로 1명의 탈북의료인은 실기시험에 합격하여 의사국가시험에 최종 합격하는 결과를 얻었다. 합격 여부와 관계없이 고려대학교 안산병원과 의과대학에서 교육이 시행되어 대한민국의 의료 환경과 교육과정을 좀 더 가까운 곳에서 경험할 수 있었으며 또한 본인의 지식과 경험을 대한민국의 의료에 맞게 수정해 가는 시간이 되기도 했다. 상술한 탈북의료인 중 1명은 이미 필기시험에 합격해 있는 상태라 실기시험만을 준비해도 되었으나 최종합격을 하면 병원에서 바로 근무를 시작할 계획을 가지고 있던 터라 좀 더 이론 교육이 필요하다고 판단하여 연고지인 대구에서부터 매주 안산까지 수업을 들으러 왔었다. 다른 탈북의료인도 부산 등 다양한 지역에서 생활터전을 잡고 살고 있었지만 매주 이론 및 실기 수업을 위해 안산 그리고 서울로 와서 수업을 들었다.

의사국가고시 교육지원 사업에 참여하여 과목 이론 수업을 진행해 주신 여러 교수님들과 멀리서부터 수업을 듣기 위해 열심히 해 준 탈북의료인들의 평가가 좋아 2018년도에도 하나재단으로부터 교육지원 사업을 제안받았다. 2017년에 시행하였던 커리큘럼이 잘 짜여져 있었고 본원 교수진 확보도 더 수월하게 진행될 것으로 예상되어 이 사업을 잘 진행하고 싶었으나 탈북의료인 교육지원사업을 바라보는 주변의 시선들이 모두 긍정적이지는 않았다. 이론 수업 강사 확보를 위해 본원의 다른 여러 교수님들께 강의 참여를 요청드릴 때 국시원에서 구술시험으로 치르는 국시자격응시자격심사를 어떻게 믿으며 그 학력과 경력을 신뢰할 수가 없다는 이유로 강의 제안을 고사한 경우가 있었으며, 실기 수업을 위해 의과대학에 실습 인프라 사용요청을 하였을 때 고려대 의과대학생들은 고려대학교 의과대학에 진학하여 학비를 내면서 그 교육 인프라를 사용하고 있는 것인데 이를 탈북의료인이라는 이유로 쉽게 제공을 하는 것에 대한 역차별 의사를 표한 의견도 받았다. 본원과 의과대학에서의 교육 여건이 오히려 나빠져서 결국 더 이상의 교육은 진행할 수 없었다. 본원에서의 교육지원 사업을 지속하는 것이 힘들어진 이후 원광대학교, 강원대학교 그리고 가톨릭대학교에서 이 교육지원 사업을 이어 나가게 되었고 지금도 탈북의료인들이 대한민국의 의사국가고시를 준비하기 위한 교육은 계속되고 있다.

비록 약 2년간의 짧은 기간 동안 탈북의료인 교육지원사업을 경험하게 되었지만 개인적으로는 의사국가시험 응시 자격을 획득한 탈북의료인이 어떻게 의사국가시험을 준비해야 할지, 그리고 대한민국 예비의사로서 의료현장에 투입되기 전 어떻게 양질의 의료 교육을 받을 수 있는지에 대한 기초경험과 대안책을 제시하였다고 생각한다. 필자 또한 생소하게만 느껴졌던 탈북의료인들과의 만남들을 통해, 이들이 가지고 있던 공부에 대한 걱정뿐만 아니라 최종합격을 하더라도 실제 의료현장에서의 적응문제 등 이전에는 모를 수밖에 없었던 고민들에 대한 이해를 할 수 있게 되었다.

4. 결론

탈북의료인이 대한민국에서 면허를 취득 후 의사로서 다시 활동하는 일은, 탈북 후에도 본인의 경력과 전문성을 이어 가면서 경제적 자립을 이루어 살아간다는 데 의의가 있다. 지금까지의 의사국가시험 준비과정 교육과정은 단순히 이들의 합격을 도와주는 역할만을 담당했다. 하지만 이런 좁은 의미만으로는 이 교육과정이 많은 사회 구성원들에게서 그 타당성을 인정받기가 힘들며 교육과정의 발전도 힘들다. 탈북의료인들에게 대한민국 의과대학 수준의 교육 커리큘럼을 제공한 후 면허를 취득할 수 있게 한다면 대한민국의 국민들이 일반적으로 기대하는 의사의 진료 능력 및 사회적 역할을 가능하게 할 수 있겠으나 현실적인 교육기간의 문제와 역차별에 대한 논쟁들을 피할 수가 없다.

따라서 탈북의료인을 위한 교육은 단순히 면허취득만을 위한 것만이 아니라 대한민국의 한 구성원으로서 남북보건의료협력, 더 나아가 통일한국의 의료체계 정립을 위한 초석이 될 수 있다는 의의 아래 이루어져야 한다. 북한의 의료상황을 몸소 체험하고 잘 알고 있는 탈북의료인들이 대한민국의 의료체계에 들어와 세계의학을 선도하는 대한민국의 의료를 교육받고, 의료기관에서 근무를 한다는 것은 단지 사회구성원의 일부가 되는 의미를 넘어서서 미래에 경험하게 될 통일한국의료체계에 대한 계획을 세울 수 있다는 점에서 매우 독특하고 중요한 의의를 가지게 된다.

이러한 의의를 현재의 사회구성원들이 이해할 수 있도록 탈북의료인들이 대한민국에서 면허를 취득하는 과정이 더욱 세밀화되고 조직화되어야 하며, 이를 위해 의과대학들의 적극적인 참여 또한 필요하다. 기존 의과대학 학생과 함께 탈북의료인들의 의료수행평가를 객관화하는 등의 과정으로 면허시험 자격부여 여부를 결정할 수 있도록 하여 차별과 역차별의 간극을 줄이는 제도가 보완되어야 할 것이다. 또한 탈북의료인의 면허 취득 후에 단순히 의료기관의 취업만으로 그 과정이 끝나는 것이 아니라 대한민국 사회구성원으로서의 의사의 책임과 역할에 대한 교육프로그램을 주기적으로 시행받을 수 있게 함으로써 미래의 통일한국의료의 상황들에 대한 계획을 세울 수 있다면 이들을 위한 교육은 사회구성원들의 동의 아래 더욱 발전된 형태로 시행될 수 있을 것이다.

❖ 참고 문헌

민하주·엄태림·정형선. (2017). 〈탈북보건의료인의 국내 보건의료인 자격취득 지원방안〉. 《대한보건연구》, 43(3), 1-12.

박지현·박현정·송호준·김민지. (2020). 《북한이탈주민 취업현황 분석을 통한 취업교육 과정 개발》. 남북하나재단.

북한이탈주민지원재단. (2020).《2019 북한이탈주민 정착실태조사》. 남북하나재단.

이윤성·황상익·김윤희. (2011).〈북한이탈주민에 대한 보건의료인 자격인정 방안 마련을 위한 기초 연구〉.《대한의사협회 의료정책연구소 연구보고서》. 1-79.

이지영·최경원. (2021).〈북한이탈주민 직장적응 실태 분석과 제언〉.《大韓政治學會報》, 29(1), 55-87.

환경문제와 공동대처

대기오염을 중심으로

명수정

1. 들어가며

모든 생명이 살아가는 데 기반이 되는 토양과 숨 쉬는 공기, 그리고 마시는 물과 같은 환경의 건강은 곧 인간 건강의 근간이다. 따라서 환경의 오염은 인간을 비롯한 모든 생명체의 건강 문제로 귀결된다. 그러나 사회와 산업이 나날이 발전되면서 과거에는 없던 환경문제가 발생하며 환경오염은 공중보건에 큰 위협이 되고 있다. 전 세계적으로 환경오염으로 인한 건강 위협과 사망 위험이 상당하다고 보고되고 있는데, 《랜싯(Lancet)》에 따르면 전 세계 사망자 6명 중 1명은 대기오염과 안전하지 않은 물, 그리고 독성 화학물질로 인해 사망한다고 한다. 특히 매 순간 숨 쉬며 마시는 공기가 오염될 경우 오염물질에 직접 노출되어 호흡기 관련 질환뿐 아니라 여러 질환의 원인이 된다. 환경오염 중에서도 대기오염은 물이나 토양오염과 달리 해당 지역의 한정된 사람들에게만 영향을 미치는 것이 아니라 대기라는 매체의 특성으로 인해 빠르게 확산되어 단시간에 넓은 지역의 많은 사람들에게 피해를 초래할 수 있다. 1984년 인도 보팔 가스 누출사고나 2012년 구미 불산 누출사고가 그러한 사례이다. Fuller et al.(2022)에 의하면 대기오염과 화학오염의 증가, 고령화와 오염 노출 인구 증가와 같이 점차 보다 현대적인 형태의 오염으로 인한 사망자가 증가하고 있으며, 특히 북한지역에서 높게 나타나고 있다. 이에 본고는 환경 오염 중 대기오염을 중심으로 건강에 미치는 영향과 북한의 대기오염 관련 상황을 살펴보고 남북이 공동으로 대기 환경과 건강문제에 대처할 수 있는 방안을 제안하고자 한다.

2. 대기오염과 건강영향

1) 대기오염

대기오염이란 대기에 오염물질이 유입, 오염되어 생태계와 동식물들에게 부정적인 영향을 미치는 것이다. 대기오염물질이란 기체와 에어로졸과 같은 대기의 구성물질 중 부정적인 영향을 초래하는 물질을 의미한다. 대기오염은 산업이 발달한 선진국뿐 아니라 많은 개발도상국에서도 큰 문제가 되고 있다. Fuller et al.(2022)는 매년 900만 명이 환경오염으로 인해 조기사망하는 것으로 추정하였는데, WHO(2014)는 실내와 실외 대기오염 모두 인간의 건강에 영향을 미치며 매년 약 700만 명이 대기오염 관련 질병으로 인해 사망하는 것으로 추정하기도 하였다. 이는 대기오염원이 산업활동 과정에서 주로 배출되지만, 가정의 난방과 조리과정에서도 배출되기 때문이다. 많은 개도국의 경우 대기오염이 많이 배출되는 낮은 품질의 에너지원을 사용할 뿐 아니라 난방이나 조리기구의 낮은 연소효율로 인해 연료 사용량에 비해 오염물질이 많이 발생하여 고농도의 실내 대기오염에 노출되고 있는 실정이다. 난방이나 취사를 위해 가정에서 연료를 직접 연소하는 경우 연소과정에서 배출되는 대기오염물질에 사람들이 직접 노출되기 때문에 건강에 큰 영향을 미치게 된다.

대기오염은 오염물질의 특성에 따라 영향이 다르며, 관리방안도 달라진다. 대기오염물질은 크게 화학 및 물리적 특성과 발생원, 그리고 입자의 크기에 따라 분류될 수 있다. 주요 대기오염물질은 일반적으로 〈표 1〉과 같이 분류한다.

<표 1> 대기오염물질의 분류

분류	설명 및 예
1) 화학물	
a) 무기물	예: 황산염(SO_4^{-2}), 질산염(NO_3^-), 암모늄(NH_4^+), 황산화물(SO^2), 그리고 Fe, Mn, Zn, Pb, V, Cr, Ni, Cu, Co, Hg, Cd, As, Se 등과 염을 생성할 수 있는 탄소 원소
b) 유기물	예: 벤젠, 1-3 부타디엔, 다환 방향족 탄화수소, 다이옥신, CO and CO_2
2) 발생원	
a) 1차	오염물질은 대기로 직접 유입됨
b) 2차	오염물질은 과포화 가스로 배출되고 대기에서 고체화되거나 다른 화합물을 형성
3) 물리적 크기	
a) 먼지	고체의 기계적 분해에 의해 생성된 입자
b) 에어로졸	공기 중의 고체 부유, 입자는 직경이 1nm - 2um일 수 있으며, 공기 중에 부유 상태를 유지하고 쉽게 이동할 수 있음
c) 스모크	일반적으로 입자 크기가 작은 유기 물질의 불완전 연소에 의해 생성되는 물질(≤15μm)
d) 블랙 스모크	무반사 입자상 물질
e) 증기	연기의 응축 생성물(산화철)과 증발물질
4) 입자 크기	
초미세 입자(0.01-0.1μm)	SO_2, NH_3, NO_x와 같은 과포화 가스에서 생성
미세 입자(침전) (0.1-0.25μm)	이들은 일반적으로 SO_4^{-2}, NH_4^+ 및 NO_3^-로 구성되어 있으며 지표에 가라앉지 않으며 장거리 이동이 가능
신속히 가라앉는 입자 (1-20μm)	-
거대입자(>20μm)	그중에는 토양 입자와 Al, Fe, Mn, Sr, Ca, Co 및 K와 함께 일부 금속염이 있음

자료: Information from Möller et al. 1994, Wilson et al. 1996, Ghio et al. 1999, Pooley et al. 1999.

근래 들어 심각한 사회적 이슈가 되고 있는 미세먼지는 인간의 눈으로는 보이지 않을 정도로 입자 크기가 매우 작은데, 이로 인해 숨을 쉴 때 폐포 끝까지 흡입되어 혈관으로 들어갈 수 있다. 따라서 고농도의 미세먼지는 인간의 건강에 심각한 영향을 미치게 된다. 입자의 크기가 직경 10 ㎛ 이하인 먼지를 미세

먼지 PM10라고 하는데, 직경 2.5 ㎛ 이하의 작은 먼지는 초미세먼지, PM2.5로 분류한다. 건강에 심각한 영향을 미쳐 특히 많은 관심을 기울여야 하는 대기오염물질은 초미세먼지라고 불리우는 PM2.5이다.

2) 대기오염물질이 건강에 미치는 영향

매 순간 마시는 공기가 오염되면 건강에 부정적인 영향을 미치게 된다. 인간은 하루 약 14kg 정도의 공기를 폐를 통해 흡입한다(Wright and Level, 2002). 따라서 오염된 공기를 마실 경우 인간의 눈, 귀, 목구멍, 그리고 호흡계 관련한 인체의 모든 부분에 영향을 받는다. 인간에게 미치는 대기오염의 영향은 크게 1) 만성, 2) 급성, 3) 암 유발의 세가지 유형으로 구분할 수 있다(표 2).

<표 2> 대기오염의 인체 영향

구분	설명
만성	오랜 시간 동안 대기오염에 노출되어 장기간에 걸쳐 다양한 생리적 기능을 훼손시키는 대기오염 영향
급성	짧은 시간 동안 고농도의 대기오염에 노출되어 단기간에 생명을 위협하는 인체 반응을 초래하는 대기오염 영향
발암성	대기오염물질이 세포 내 변화를 유발하여 암과 같이 통제할 수 없는 세포 분열과 성장을 일으키며, 결과적으로 인체에 치명적인 영향을 초래

대도시나 공업도시의 경우 교통과 난방기구 및 공장 등에서 배출되는 대기오염물질로 인해 대기오염에 상시 노출되어 만성적인 영향을 입기 쉽다. 앞서 언급한 인도 보팔 참사와 같은 대규모 환경사고는 대기오염의 급성 영향의 대표적인 사례라고 할 수 있다. 최근 자동차 보급률이 늘고 기후변화로 온난화 현상이 심해지면서 세계 주요 대도시에서 광화학 스모그 현상이 빈번해지고 있다. 자동차에서 배출되는 질소산화물과 대기 중 휘발성유기화합물질(VOC, Volatile Organic Compounds)은 햇빛과 반응하여 광화학 반응을 일으켜 오존을 생성한다. 대기오염은 호흡기와 심폐기능에 주로 큰 영향을 미치는데, 인체가

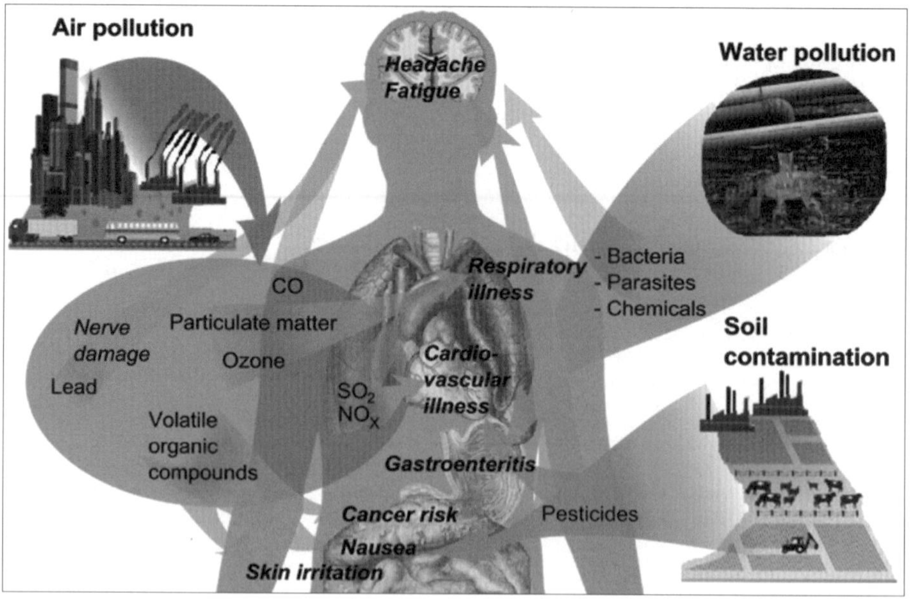

<그림 1> 대기오염을 비롯한 환경오염이 건강에 미치는 영향(자료: American Lung Association)

이러한 대기오염물질에 장기간 노출될 경우 각종 질환을 악화시킬 뿐 아니라 백혈병과 암을 유발할 수 있으며, 심지어 조기사망까지도 초래할 수 있다. 대기오염을 비롯한 환경오염물질이 호흡기와 심폐기를 비롯하여 인간의 건강에 미치는 다양한 영향은 〈그림 1〉에 나타나 있다.

대기오염물질은 많은 경우 눈에 보이지는 않지만 천식이나 심혈관계 질환, 폐암 발생과 발달 손상을 비롯하여 조기 사망 등 인체에 심각한 영향을 초래할 수 있다. 다음 〈표 3〉은 오염된 공기를 흡입함으로써 발생하는 주요 건강위험을 정리한 것이다.

<표 3> 대기오염과 10대 건강 위험

증상	건강 위험
조기 사망	·오염된 공기에 단기 및 장기간 노출할 경우 수명이 단축되고 조기 사망으로 이어질 수 있음
천식 발작	·오존과 입자상 오염물질을 흡입할 경우 천식 발작이 증가할 수 있음 ·천식 발작으로 결근과 결석 증가와 응급실 방문 및 병원 입원이 발생할 수 있음
심혈관계 질환	·대기오염은 심장 마비와 뇌졸중의 위험을 증가시킴
폐암	·세계 보건기구 (WHO)는 2013 년 입자상 오염물질이 암 관련 사망의 주요 원인인 폐암을 유발할 수 있다고 발표
발달 장애	·대기오염에 노출되면 성장기 어린이의 폐 발달을 늦추고 지연시켜 건강을 해칠뿐더러 성인이 되어서도 폐 기능을 저하시킬 수 있음
감염에 대한 취약성	·대기오염은 어린이 폐 감염 위험을 증가시킴
COPD 증상 악화	·대기오염에 노출되면 만성 폐쇄성 폐 질환 (COPD) 환자의 호흡을 더욱 어렵게 하며 심각한 증상은 입원 및 사망으로 이어질 수 있음
폐 조직 부종 및 자극	·대기오염은 건강한 폐를 가진 사람에게도 자극과 부종에 취약하게 만들뿐 아니라 천식 및 COPD와 같은 만성 폐 질환자에게 특히 해로움
저체중 출생	·대기오염에 노출될 경우 저체중 출생 및 유아 사망 위험이 높아질 수 있음
숨 가쁨과 기침	·숨 가쁨과 기침과 같은 증상은 대기오염에 대한 장기 노출과 고농도의 대기오염에 단기 노출될 경우 인해 발생 가능

자료: American Lung Association. The terrible 10: Air Pollutions' Top 10 Health Risks부터 필자 정리.

3. 북한의 대기오염 실태

일반적으로 대기오염은 화산폭발과 같은 자연적인 발생을 제외하고는 주로 에너지원을 연소하거나 화학물질을 다루는 공장 가동 과정에서 많이 발생한다. 이에 특정 지역의 대기 질은 어떠한 연료를 사용하는지, 또 대기오염물질이 대기 중으로 배출되기 전 오염물질을 얼마나 정화하는지에 달려 있다. 따라서 에너지원과 사용량 및 연소효율과 정화장치의 유무 등을 파악한다면, 대기오염 수준을 어느 정도 파악할 수 있다. 그러나 북한 지역의 경우 이러한 정보를 얻기가 쉽지 않아 추정을 하여야 한다.

북한의 에너지 시스템은 크게 석유, 석탄, 전력, 그리고 기타의 에너지원으로 구성되어 있는데, 석유의 경우 주로 원유를 수입하여 정제하여 사용하며,

석탄의 경우 무연탄을 주로 사용한다(김경술, 2015). 그러나 대기오염 배출이 적은 고급 무연탄은 수출을 하며, 내수용으로는 주로 중저급의 무연탄을 사용하고 있어 연료원에 따른 대기오염이 초래될 수 있음을 알 수 있다. 명수정(2017)은 북한의 대기는 지역에 따른 차이가 있지만 전반적으로 공업 지역의 대기오염이 심하며, 난방 및 취사 시 저품질 연료 연소로 인해 생활 속에 노출되는 실내 대기오염도 심각한 것으로 추정한 바 있다. 이로 인해 대기오염이 심각한 공업 지역의 경우 전력 부족으로 공장 가동이 중단될 경우 대기상태가 개선되는 효과가 나타나기도 한다고 한다.

북한 지역 대기오염은 북한 내 오염물질 발생으로 인한 원인도 있지만, 자연적으로 발생하기도 한다. 마을 인근 산림 훼손이 심각한 북한의 경우 흙먼지 또한 대기 오염원의 하나이며, 이로 인해 생활의 큰 불편을 초래하기도 한다. 중국의 산업화에 따른 대기오염물질 유입과 서쪽에서 불어오는 황사도 대기오염의 원인이 되고 있다. 북한의 대기오염 수준은 지역과 계절, 그리고 시간대에 따라 큰 차이가 있다. 발전소가 밀집한 평양 인근지역과 함흥과 같이 공장이 밀집한 공업 지역의 경우 대기오염이 심각하며, 계절로는 난방이 필요한 겨울철에, 하루 중에는 취사가 이루어지는 아침과 저녁 시간에 주민들의 생활공간에서의 대기오염이 심각한 것으로 추정된다(명수정, 2017). 북한은 전국적으로 상시 대기오염 모니터링이 이루어지지 않아 상세 대기오염 현황 파악은 어려워 제한적인 자료로 대기오염 수준을 가늠해야 한다. DPRK & UNEP(2012)는 평양과 인근 지역의 먼지와 SO_2 농도에 대한 대기질 모니터링 사례를 제시하였는데, 이러한 자료를 바탕으로 북한 대기질의 한 단면을 살펴볼 수 있다.

〈그림 2〉에 나타난 대기질 사례의 경우 환경기준을 심하게 초과하지는 않는 것으로 나타난다. 평양 인근 공업 지역의 경우도 두 조사 대상지 중 평천 지역의 겨울과 봄철 농도가 상승하는 경향을 보이는데, 겨울철 난방사용과 건조한 대기의 영향이 있음을 추측할 수 있다.

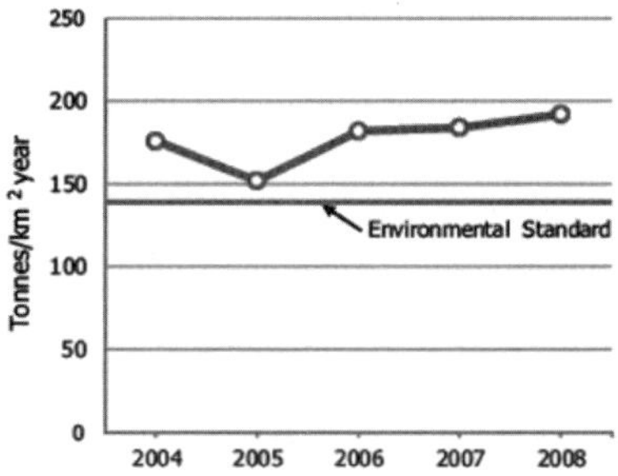

a. 연간 먼지 침전량

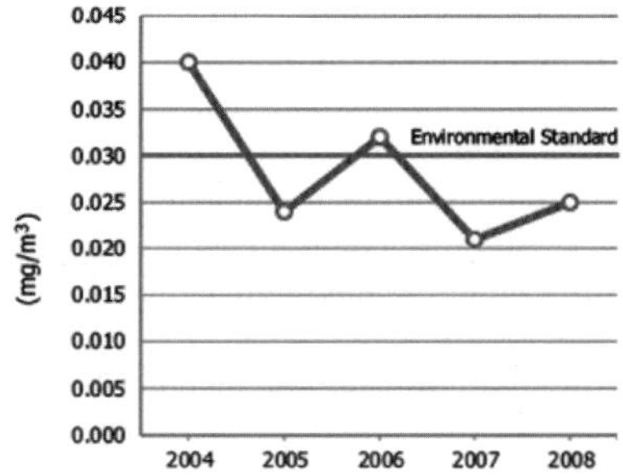

b. 일평균 SO_2 농도

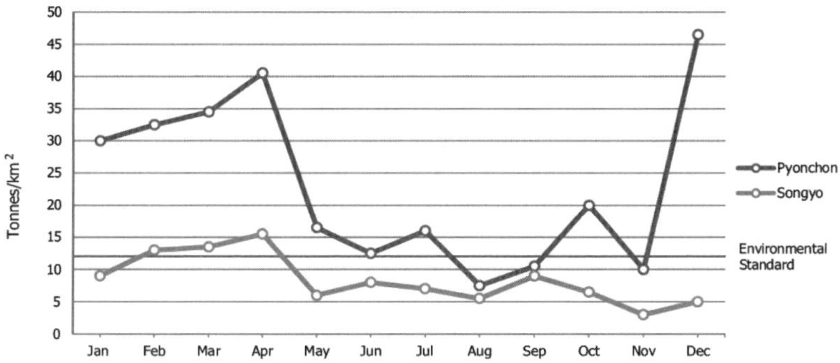

c. 평양 공업지역의 입자상 월별 먼지 침전량

<그림 2> 평양 지역 일대의 대기질 수준 사례(자료: DPRK·UNEP[2012])

북한의 대기질도 다른 나라와 마찬가지로 지역에 따른 차이를 보인다. 여민주와 김용표(2019)는 전 세계 지역별 PM2.5 노출농도와 세계 질병부담 자료를 활용하여 북한 지역의 시도별 PM2.5 노출농도를 추정한 바 있는데, PM2.5 노출농도의 지역적 분포는 서부와 남부 지역이 동부 및 북부 지역보다 더 높게 나타난다(그림 3).

북한의 시도별 PM2.5 노출농도는 인구가 밀집한 서부 지역이 상대적으로 오염정도가 심한 것으로 보인다. 이는 지역별로 공장과 발전소와 같은 대기오염원과 인구밀도, 그리고 중국에서 유입되는 오염물 등의 영향이 복합적으로 나타나는 것으로 추측된다.

대기질 현황에 대한 정확한 판단을 위해서는 현장 모니터링 자료가 필요하

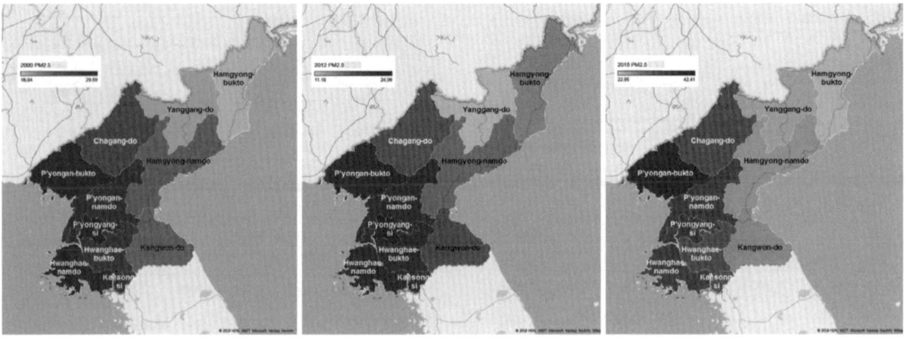

(a) 2000년(16~30μg/m^3) (b) 2012년(11~24μg/m^3) (c) 2015년(23~42μg/m^3)

<그림 3> 2000, 2012, 2015년 북한의 지역별 PM2.5 노출농도 (μg/m^3) 분포(자료: 여민주·김용표 2019)

다. 그러나 북한 지역의 직접적인 모니터링은 불가능하므로 위성영상 분석으로 접근이 불가한 지역의 대기 질 상태의 추정이 어느 정도 이루어질 수 있다. 〈그림 4〉는 위성자료를 통해 제작된 동북아 지역 대기질 영상 사례이다.

〈그림 4〉는 2020년 코로나-19 팬데믹 발생 전후의 위성영상자료로 이러한

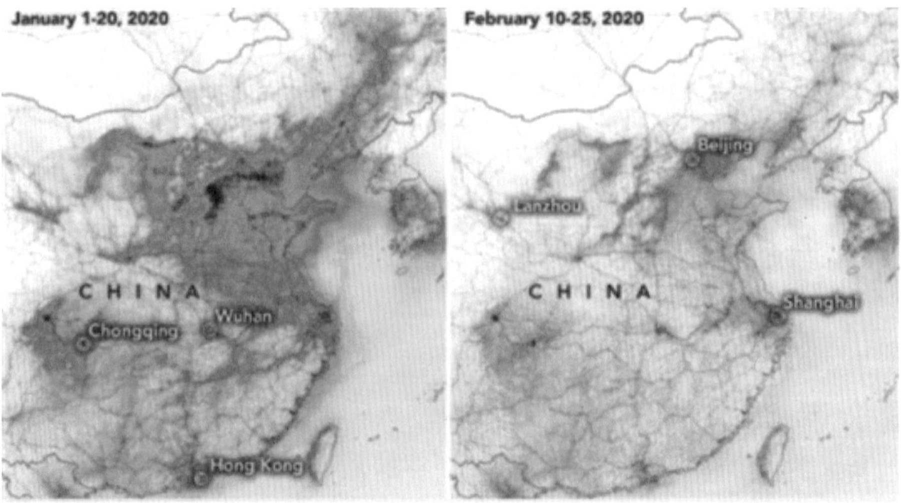

<그림 4> 동북아 지역 대기질 영상 사례(질소산화물)(자료: NASA Earth Observatory(2020.3.5), “How the Coronavirus Is (and Is Not) Affecting the Environment”, 검색일: 2020.7.15.)

자료와 에너지 공급이 제한적이며, 경제활동이 활발하지 않은 북한의 상황을 고려할 때, 최근 대기 중 질소산화물 농도 분포를 통해 파악할 수 있는 북한의 대기상태는 비교적 양호한 수준임을 알 수 있다. 그러나 이러한 자료는 모든 대기오염물질을 다 보여주는 것은 아니라 일부 오염물질에 대한 특정 시점의 자료이므로 일반화와 해석에 한계가 있다.[1]

4. 북한의 대기오염과 건강

이상에서 북한의 대기오염 수준을 관련 자료를 통해 살펴보았다. 북한 주민들의 대기오염 및 건강과 관련된 현황는 세계보건기구의 관련 자료를 통해 추측할 수 있다. 세계보건기구(WHO, 2017)는 2012년 기준 실내 및 실외 대기오염으로 인한 사망률이 북한이 가장 높다고 발표한 바 있다. 이 보고서는 북한의 인구 십만 명 당 대기오염 관련 사망률을 238.4명으로 보고하였다. 2016년의 경우 인구 10만 명당 대기오염 관련 사망률은 207명으로 2012년에 비해 감소하였으며, 전체 대상 국가 중 15위였다(그림 5).

앞 절에서 제시된 〈그림 2〉, 〈그림 3〉 및 〈그림 4〉와 같은 북한의 대기오염 관련 자료를 참조할 때, 〈그림 5〉를 통한 북한의 대기 질 수준과 북한 주민들이 일상생활 속에서 노출되는 대기오염 수준에 주목할 필요가 있음을 알 수 있다. 위성자료를 통한 배경 대기질 추정 및 에너지 사용량과 같은 자료를 바탕으로 유추하는 대기질과 대기오염 관련 사망률에는 상당한 차이가 있기 때문이다. 평양 일대의 대기오염 모니터링 자료는 특정 지역에 국한한 한정된 시기의 자료이며, 위성자료의 경우는 실외 대기질을 보여 준다. 그러나 겨울이 길고 추운 지역일수록 사망률의 경우 사람들이 많은 시간을 보내는 실내

1 〈그림 3〉의 경우 N_2O를 나타내고 있는데, 이 밖에도 다양한 대기오염물질이 존재하는 만큼 본 자료만으로 대기 오염 수준을 일반화하는 데는 한계가 있다.

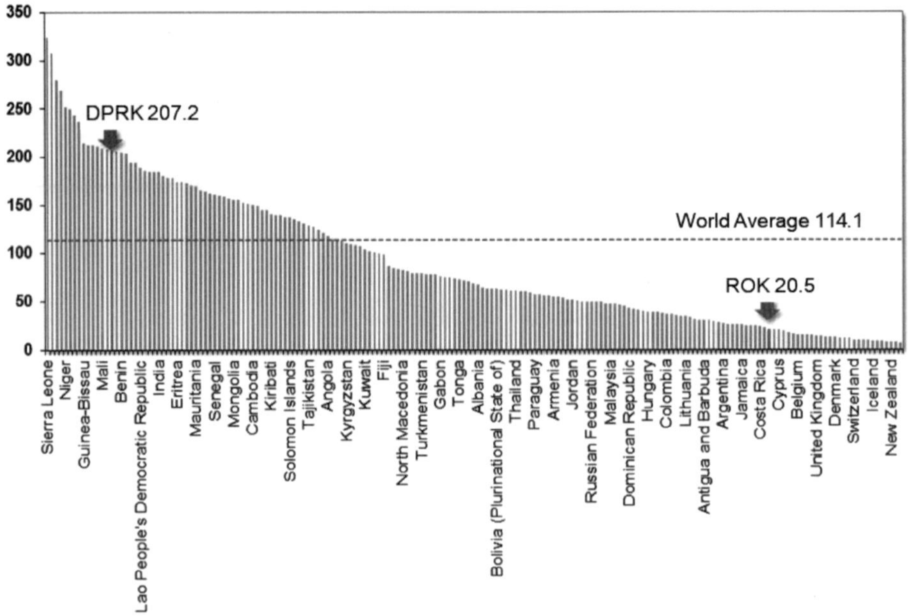

단위: 인구 100만 명당 사망자 수

<그림 5> 실내 및 실외 대기오염에 의한 인구 10만 명당 사망률(2016년)(자료: 명수정 외[2020] 재인용, 원자료 WHO[2019])

공기 질과 관련성이 높다. 오염된 공기는 건강의 주요 위협요인이기 때문에 사람들이 대부분의 시간을 보내는 실내 공기 오염은 건강에 큰 해를 미칠 수 있다.

공장이나 발전소 인근 외 주민들이 일상생활 속에서 노출되는 대기오염물질은 주로 난방과 취사활동에서 배출되는 대기오염물질이다. 앞서 살펴본 바와 같이 연료의 질과 연소기구의 효율성은 오염물질 배출량에 직접적으로 영향을 미치기 때문에 북한에서 사용하는 난방 및 취사연료 및 기구는 주민들의 건강 위해 요인으로 작용한 것으로 보인다. 또한 겨울이 긴 북한의 기후적 특성 또한 북한 주민들이 대기오염에 많이 노출되는 주요 요인의 하나일 것이다. 북한의 난방 및 취사연료는 도시의 경우 주로 석탄을, 농촌 지역의 경우 주로 땔감을 쓰는 것으로 보고된다(DPRK, UNEP, 2012). 도시의 경우 상대적으

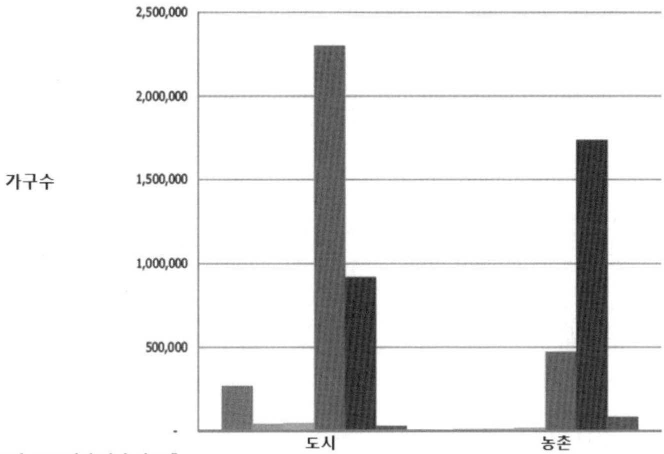

	도시	농촌
중앙 또는 지역 난방 시스템	263,055	754
전기 난방 시스템	35,630	4,994
기타 연료와 병행한 전기 난방 시스템	45,343	10,369
석탄 보일러 또는 연탄	2,300,395	472,843
나무 연료	918,583	1,738,283
기타	16,620	80,602

a. 도시와 농촌 지역의 난방 연료 및 시스템

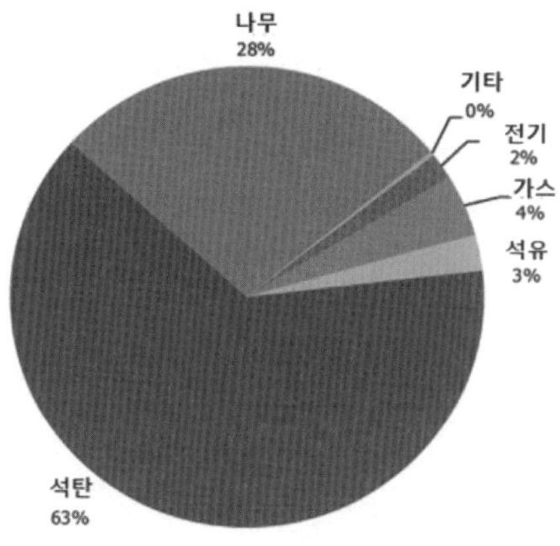

b. 도시 지역의 취사연료

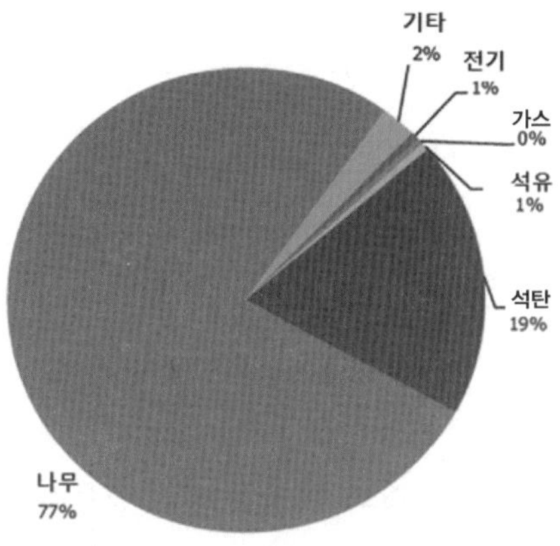

c. 농촌 지역의 취사연료

<그림 6> 도시 및 농촌 지역의 난방과 취사 연료(DPRK, UNEP 2012)

로 오염물질 배출이 적은 중앙 또는 지역난방과 전기난방을 사용하는 경우도 있으나 이는 대도시에 국한되며 전반적으로는 오염물질 다배출 연료를 사용하는 것으로 알려져 있다(그림 6).

평양과 같은 대도시의 경우 전기나 중앙 및 지역 난방을 사용하여 생활 속에서의 대기오염 노출이 상대적으로 낮은데, 석탄이나 나무연료를 사용하는 경우 사람들이 많은 시간을 보내는 집 안에서 많은 대기오염에 노출시키는 결과를 가져오는 것이다.

세계보건기구는 북한에서 대기오염에 기인한 다양한 질병이 발생하고 있으며, 관련 질병으로 하기도 감염, 기관지 및 폐암, 허혈성 심장병, 뇌졸중, 만성 폐쇄성 폐질환 등을 들고 있다.[2] 북한 주민의 건강 위해 및 사망에 대한 주요 환경인자는 2005년의 경우 담배, 영양실조, 대기오염, 식이 위험, 고혈압 순이었는데, 2016년은 담배, 대기오염, 식이 위험, 고혈압, 양양실조 순이었다(World Bank 2017). 북한 주민들의 환경오염에 기인한 사망은 전체 사망의 31%를 차지하는데, 이는 197개국 중 라오스 다음으로 두 번째로 높다. 황나미(2018)는 북한의 사망 원인 중 뇌졸중, 호흡기 질환, 설사병, 암, 심장질환 등은 비전염성 질환이며, 대기오염, 수질오염, 토양오염, 화학물질, 자외선, 기후변화 등이 사망에 영향을 주는 환경오염에 해당한다고 하였다. 이러한 자료들은 대기오염을 포함한 환경오염이 건강문제와 깊은 연관이 있어 건강문제 해결을 위해서는 대기오염과 같은 환경문제가 우선적으로 해결되어야 함을 시사한다.

5. 대기환경과 건강문제의 공동대처를 위한 제언

이상에서 살펴본 것처럼 환경문제는 건강 문제로 이어진다. 환경문제가 발생하면 가장 취약한 계층이 먼저 피해를 입게 되는 것이 일반적인데, 북한의 대기오염 또한 마찬가지일 것이다. 또, 대기의 경우 일반적으로 빠른 속도로 확

2 WHO Global Health Observatory Data Repository, “Death by Country”, 검색일: 2020.10.1.

산이 되므로 남한에도 영향을 미칠 수 있다. 따라서 대기질 개선과 건강문제 해결을 위해 남북이 공동으로 대처할 필요가 있다.

대기환경 관련 건강 문제는 사전예방과 사후대응으로 나누어 볼 수 있다. 사전예방은 대기오염물질의 발생을 예방하여 실내외 대기질을 모두 개선하는 것이다. 사전적 대응을 위해서는 북한의 에너지원 개선, 난방과 취사연료 개선이 필요하다. 따라서 대기질 개선을 위해 에너지 협력과 연계하여 대기 중으로 오염물질이 덜 배출되도록 해야 한다. 공업 지역의 경우 공장 가동 시 사용하는 연료를 친환경 연료로 전환하고, 대기오염 방지시설 장치를 설치, 가동하는 것이 필요하다. 특히, 북한 주민들이 생활 속에서 저품질 연료를 사용함으로써 대기오염에 노출되지 않게 하는 것이 중요하다. 또, 난방기구와 조리기구의 개선으로 날마다 이루어지는 난방 및 취사활동 시 오염물질이 보다 덜 배출되도록 할 필요가 있다. 사후대응은 대기오염에 노출된 주민들의 건강상태에 대한 조사와 이를 바탕으로 한 적절한 보건환경 서비스를 제공하는 것이다. 특히 취약계층에 대한 건강진단과 치료에 초점이 맞추어져야 한다.

남북한은 2007년 10·4 공동선언과 남북정상 및 당국자 간 합의사항 이행을 위한 논의와 2018년 평양공동선언에서 환경협력을 다루기로 한 바 있다. 남북대화가 재개되고 협력논의가 본격적으로 진행될 경우 보건과 환경협력이 우선적으로 다루어져야 한다. 건강보호를 위한 남북협력은 에너지원 개선을 비롯하여 난방 및 취사 기구 개선과 같은 대기환경부터 보건 서비스 향상에 이르기까지 포괄적으로 이루어져야 한다. 건강 보호를 위한 공동대처는 국제기구와의 협력을 통해서도 추진할 수 있다. 특히 지속가능발전목표(SDGs, Sustainable Development Goals)의 이행을 위해 관련 국제기구와 협력하여 북한의 대기질 개선과 건강 개선을 위한 협력을 조속히 추진하는 것이 필요하다.

근래 들어 북한 당국과 북한 주민의 환경과 보건에 대한 인식이 점차 제고되고 있는 것으로 보인다. 환경보호 및 깨끗한 공기와 물의 중요성에 대한 보도가 잇따르고 있으며, 북한 상류층을 중심으로 깨끗한 음용수에 대한 수요도 급격히 늘어나고 있는 것으로 보인다. 앞으로 북한도 점차 환경 개선과 건강보호 노력을 확대할 것으로 전망되는데, 남과 북이 함께 협력하여 노력을 기울인다면 보다 빠른 시간 내 효과적으로 보건환경을 개선할 수 있을 것이다. 점차 여건이 허락함에 따라 환경질 개선과 건강보호를 위한 남북한 협력을 확대해 나가야 할 것이다.

❖ 참고 문헌

김경술 외. (2020).《친환경·저탄소 남북 에너지협력 추진방안 연구》. 에너지경제연구원.

명수정 외. (2020).《북한지역 환경오염원 현황 분석 및 남북환경협력 방안—대기오염을 중심으로》. 한국환경정책·평가연구원.

명수정. (2017).《북한의 환경 인프라 조성을 위한 환경협력 연구》. 한국환경정책·평가연구원.

여민주·김용표. (2019). 〈북한 대기질 현황 및 개선방안〉.《한국대기환경학회지》(한국대기환경학회), 35(3), 318-335.

황나미. (2018). 〈북한 환경보건 실태와 남북 협력 방향〉. 한국환경보건학회. 가을 정기학술대회(서울대학교, 2018. 11. 15).

DPRK, UNEP. (2012). *Democratic People's Republic of Korea Environment and climate change outlook*. Pyongyang.

Fuller, R., P. J. Landrigan, K. Balakrishnan, G. Bathan, S. Bose-O'Reilly, M. Brauer, J. Caravanos, T. Chiles, A. Cohen, L. Corra, M. Cropper, G. Ferraro, J. Hanna, D.

Hanrahan, H. Hu, D. Hunter, G. Janata, R. Kupka, B. Lanphear, M. Lichtveld, Keith Martin, Adetoun Mustapha, Ernesto Sanchez-Triana, K. Sandilya, L. Schaefli, J. Shaw, J. Seddon, W. Suk, M. M. Téllez-Rojo, C. Yan. (2022). Pollution and health: a progress update. *Lancet Planet Health*, 2022(6): e535-47.

WHO. (2017). *World Health Statistics 2017, Monitoring Health for the SDGs*.

WHO. (2016). *Preventing disease through healthy environments: a global assessment of the burden of disease from environmental risks*.

Wright, T.R., B.J. Nebel. (2002). *Environmental Science toward a sustainable future*. 5th ed.

American Lung Association(ALA). (2017 April 6). The terrible 10: Air Pollutions' Tol 10 Health Risks. https://www.lung.org/blog/air-pollutions-top-10-health-risks

NASA Earth Observatory. (2020. 3. 5). How the Coronavirus Is (and Is Not) Affecting the Environment. https://earthobservatory.nasa.gov/blogs/earthmatters/2020/03/05/how-the-coronavirus-is-and-is-not-affecting-the-environment

The Lancet. (2017 October 20). The Lancet Commission on pollution and health. https://www.thelancet.com/commissions/pollution-and-health

WHO Global Health Observatory Data Repository. Death by Country. https://apps.who.int/gho/data/node.country.country-PRK?lang=en

2022 - 2026
한반도 보건의료 협력을 위한 중장기 전략행동계획

2022-2026
한반도 보건의료 협력을 위한 중장기 전략행동계획

통일보건의료학회

고려대학교 대학원
통일보건의학협동과정

2022 - 2026

한반도 보건의료 협력을 위한
중장기 전략행동계획

고려대학교 대학원
통일보건의학협동과정

통일보건의료학회

2022-2026
한반도 보건의료 협력을 위한 중장기 전략행동계획

| 목차 |

본 자료는 통일부와 고려대학교 산학협력단 간의 학술연구용역 계약에 따라 작성된 '한반도 보건의료 협력을 위한 중장기 전략행동계획' 보고서를 기반으로 제작되었으며, 본 자료의 내용은 통일부의 입장과 다를 수 있습니다.

참여 연구원

주관연구기관	**고려대학교**
책임연구원	김신곤(고려대학교 의과대학)
연 구 원	노진원(연세대학교 보건행정학부)
	이요한(고려대학교 의과대학)
	김윤섭(고려대학교의료원 사회공헌사업본부)
보조 연구원	양소영(통일보건의료학회)
	오수언(고려대학교대학원 통일보건의학협동과정)
	김경범(연세대학교 원주산학협력단)
	허민희(연세대학교대학원 보건행정학과)

그리고, 통일보건의료학회 이사진, 한반도 보건의료협력 플랫폼 분과 구성원,
설문에 응답해주신 민·관·산·학 전문가 및 활동가들이 함께 만들었습니다.

01 소개의 말

통일보건의료학회 이사장
김신곤

한반도의 불통의 시간이 길어지고 있는 상황에서 보건의료는 남북한의 소통과 통합을 선도할 가능성이 매우 높은 영역입니다. 분단 이후 서로에게 너무도 큰 상처를 주고 긴 세월을 지내온 남북의 사람들에게 보건의료는 서로를 이해하고 어루만지는 화해의 단초이자 따뜻한 치유의 도구가 될 수 있기 때문입니다. 남북한 경제협력이 '돈'을 향해 움직이는 것이라면, 보건의료협력은 서로 간에 그토록 증오하고 의심했던 '사람'을 향한 움직임이라는 독특성을 갖습니다. 사람 간의 신뢰가 전제되어야 경제협력도 탄력을 받을 것입니다.

또한 보건의료는 통일을 대비한 가장 유효한 투자 영역입니다. 영양부족, 열악한 보건의료 상황 등이 초래한 북한주민의 불건강 상태는 한반도공동체의 큰 부담으로 작용할 것입니다. 따라서 북한주민의 건강과 보건의료의 개선, 더 나아가 미래 통일한국의 보건의료를 대비한 협력은 대표적인 'low risk, high return'의 투자전략이 될 것입니다. 육체적, 정신적, 사회적으로 건강한 사람들 간의 통합이 미래 통일한국의 가장 소중한 자산이기 때문입니다. 더 나아가 한반도를 아우르는 환경과 기후, 감염병, 비감염병 등 사회적, 보건의학적 의제를 남북한의 보건의료인들이 함께 해결하는 과정에서 통일 보건의료 연구의 미래가 열릴 수 있습니다.

지난 시간 대북 보건의료 협력에 앞장서온 수많은 민·관·학·연의 유관 기관들이 있습니다. 이들의 헌신과 수고가 헛되지 않도록 이제는 지속가능한 협력으로 발전되어야 합니다. 그러기 위해서는 각 단체들의 노하우에 기반한 독자활동을 넘어 국내외 기관들이 공유가능한 근거와 아젠다를 기반으로 포괄적, 유기적으로 협력할 수 있어야 합니다. 그럴 때 '지속가능한 협력을 통한 한반도 건강공동체 조성'이 가능해질 것입니다.

'한반도 보건의료 협력을 위한 중장기 전략행동계획'은 연구진들의 기획과 토론 뿐만 아니라, 많은 전문가와 활동가들의 의견들을 가급적 수렴하여 수립하고자 하였습니다. 앞으론 이 계획이 현실을 반영하며 매년 수정, 보완되어 가면서 유관 단체들과 연구자들이 참고할 수 있는 좋은 자료가 될 수 있기를 희망합니다. 우리가 오늘 고민한 계획들이 언젠가 실질적인 행동으로 외화되어 나올 때 그만한 보람이 없을 것입니다.

본 연구용역을 발주하여 준 통일부, 함께 고민하며 적극적인 의견을 준 한반도 보건의료 협력 플랫폼 분과들과 참여자들, 많은 전문가들께 감사의 마음을 드립니다.

고려대학교 대학원 통일보건의학협동과정 주임교수
통일보건의료학회 이사장
김신곤 올림

02 한반도 보건의료 협력을 위한 중장기 전략행동계획

1. 비전 지속가능한 협력을 통한 한반도 건강공동체 조성

(Enabling Sustainable Cooperation for Health Community of the Korean Peninsular)

왜 한반도 건강공동체인가?

1. **공감** Empathy – 70년된 중환자의 치유
2. **위험** Risk – 한반도 보건의료 위험의 관리
3. **번영** Benefit – 미래를 대비한 유효한 투자영역

왜 지속가능한 협력인가?

1. 단기적, 인도적 지원을 넘어서는 지속 가능한 협력
2. 북한 당국의 요구를 넘어 실질적 필요를 채우는 협력
3. 문제 발생을 미리 예측하고 선제적으로 준비하는 협력

대북 보건의료 협력의 패러다임 전환

고전적 방식

- 단기적, 인도적 지원
- 북한당국의 요구사업 우선지원
- Reactive
- Corporate Social Responsibility(CSR) 모델

Paradigm Shift

- 지속 가능한 협력
- 북한의 실질적 unmet need 반영
- Proactive
- Creative Sharing Value(CSV) 모델
- 전략적 로드맵 수립

→ WIN-WIN

“ 분단 이후 서로에게 너무도 큰 상처를 주고 긴 세월을 지내온 남북의 사람들에게 보건의료는 서로를 이해하고 어루만지는 화해의 단초 ”

2. 핵심원칙

핵심원칙

- 포괄적 접근 ....
- 지속가능성 제고 ....
- 근거기반의 전략적 기획 ....
- 국제 및 남북 협력의 조화 ....
- 인도적 지원과 개발협력의 조화 ....

Key Words

- Comprehensiveness
- Sustainability
- Evidence-based
- Harmonization
- Harmonization

포괄적 접근

일회적, 분절적 접근 ▶ 포괄적, 유기적 협력

지속가능성 제고

단기적 해법 ▶ 플랫폼을 활용한 장기적 전략의 공유

근거기반의 전략적 기획

개별주체의 노하우 ▶ UN SDG, UHC, UNEP, WHO 등의 근거 기반

국제 및 남북 협력의 조화

개별 단체별 독자활동 ▶ 국내외 유관기관의 아젠다별 협력

인도적 지원과 개발협력의 조화

긴급구호성 지원 ▶ 호혜에 기반한 지속가능한 개발 협력

03 협력영역 및 중점수행과제

한눈에 보는 협력영역 및 중점수행과제

*HYBRIDS - 남북의 이질적, 이종적 존재가 만나 새로운 미래가치를 창조하자는 의미의 키워드

5개 협력영역별 핵심 목표

협력영역	건강안보 환경조성	주요 질병부담 완화	회복탄력적 보건의료체계 구축	혁신적 연구개발 협력	지속가능한 협력체계 구축
목표1	여성과 아동의 건강안전망 조성	신종감염병 공동 대응체계 구축	보건의료 인력의 역량 강화	주요 북한 보건문제 솔루션 개발	한반도 보건의료 플랫폼의 활성화
목표2	깨끗한 물과 위생을 위한 환경조성	주요 풍토성 감염병 관리체계 강화	필수 의료서비스 제공을 위한 의료시설 현대화	미래 혁신적 건강문제 솔루션 개발	기획, 모니터링, 평가의 체계화
목표3	환경보건위기 공동대응체계 조성	비감염병 관리사업의 활성화	필수의약품 및 장비 등의 의료생산 역량 강화	북한보건의료제도 국제화 연구개발	협력기반 조성

중점수행과제

환경 조성 | 체계 구축 | 역량 강화 | 개발협력

협력영역 및 중점수행과제 요약

- **5개 협력영역**(Agenda)
- **각 협력영역당 3개의 전략적 목표**(Strategic objectives)
- **각 전략적 목표당 3개의 전략적 우선순위**(Strategic priority)
  - '총 45개'의 전략적 우선순위
- **각 전략적 우선순위 당 2개의 전략적 행동계획**(Strategic activities)
  - '총 90개'의 전략적 행동계획
- **북한의 발표자료**(VNR – 2030 agenda의 세부목표 등)**들과 연계**

03 협력영역 및 중점수행과제

1. 건강안보 환경조성 Health Security

협력영역 (Agenda)	근거 (Evidence)	내용 (Contents)	전략적 목표 (Strategic objectives)	전략적 우선순위 (Strategic priority)
건강안보 환경조성	SDG 2,3 WHO UHC	모자보건	여성과 아동의 건강안전망 조성	1. 대규모 국제 모자보건사업 활성화
				2. 모자보건 필수 의료서비스 제공을 위한 역량 강화
				3. 아동영양개선을 위한 기반시설 구축 협력
	SDG 6,11,17 WHO UHC	WASH[1]	깨끗한 물과 위생을 위한 환경 조성	1. 안전한 식수공급체계 구축 협력
				2. 위생교육체계 강화를 위한 협력
				3. 위생시설 기반구축 협력
	SDG 13,17 UNEP WMO	환경	환경보건위기 공동대응체계 조성	1. 동북아 기후위기 대응 협력체 구상
				2. 한반도 환경보건대응 공동연구
				3. 환경보건/재난의료 전문인력 역량 강화

1) WASH - Water, Sanitation and Hygiene
2) MICS - Multiple Indicator Cluster Surveys
3) SDHS - Socio-Economic, Demographic and Health Survey
4) GAVI - The Global Alliance for Vaccines and Immunization

1단계 **국경봉쇄 완화/유엔제재 유지**
(Relieving of the border blockade/
Continuing U.N. Sanctions)

2단계 **국경봉쇄 해제/유엔제재 유지**
(Lifting the border blockade/
Continuing U.N. Sanctions)

3단계 **국경봉쇄 해제/유엔제재 완화**
(Lifting the border blockade/
U.N. sanctions relief)

전략적 활동 (Strategic activities)	실현가능 단계 (Feasible stage)
- 한국정부 재정출연 및 국제기구 연계 방식 북한 모자보건사업의 재활성화 - MICS[2], SDHS[3], National Nutritional Survey 등의 북한 모자보건 조사의 수행과 모니터링	1~2 단계
- 북한 1~2차 의료기관 모자보건 인력 대상 지식과 기술 전수 및 연수 프로그램 제공 - 영유아 기본 예방접종 확대를 위한 UNICEF/GAVI[4] 협력	1~2 단계
- 자급자족을 위한 식량/식품 생산공장 설립 및 유지 지원 - 영양치료식 개발 연구기관 설립 및 유지 지원	2~3 단계
- 국제사회 및 북한당국 공동 상수도체계 실태 조사 - 상수도체계 기반시설 건립 및 보수 지원	1~3 단계
- 손씻기, 야외배변 절제 등의 필수위생항목 교육프로그램 개발 협력 - 영양과 위생을 연계한 보건교육 프로그램 개발 협력(영양식 및 치아 교육 연계 등)	1~2 단계
- 국제사회 및 북한당국 협력의 하수도체계 실태 조사 - 하수도체계 기반시설 건립 및 보수 지원	2~3 단계
- 접경지역국가 및 국제환경기구 등이 포함된 기후위기 공동대응 협력체 구축 - 남북 미세먼지 공동대응 핫라인 구축(모니터링 및 정보 공유, 공동 대처 등)	1~2 단계
- 남북한 공동 환경보건역학조사 및 대응방안 수립을 위한 연구 - 보건 영역의 그린 데탕트 로드맵 기획을 위한 남북 공동 연구	1~2 단계
- 환경보건 전문가 및 재난의료 전문가 양성 프로그램 개발 및 수행 - 환경보건/재난의료 국제 기구와의 연계 및 연수 추진	1~2 단계

03 협력영역 및 중점수행과제

2. 주요 질병부담 완화 Burden of disease

협력영역 (Agenda)	근거 (Evidence)	내용 (Contents)	전략적 목표 (Strategic objectives)	전략적 우선순위 (Strategic priority)
주요 질병부담 완화	SDG 3,17 WHO UHC	감염병	신종 감염병 공동대응체계 구축	1. 남북(동북아) 감염병 대응체계 구축
				2. 북한 방역정보 및 감시체계 구축 협력
				3. 감염병 의료대응 역량 강화 및 전문병원 건립 협력
			주요 풍토성 감염병 관리체계 강화	1. 진단 및 감시체계 인프라 구축 협력
				2. 주요 풍토성 감염병 퇴치벨트 구축
				3. 감염병 방역인력 역량 강화
		비감염병 (NCD)	비감염병 관리사업의 활성화	1. PEN[4]/best buys 중재 확대적용
				2. NCD[5] 의료서비스 거점기관 협력
				3. 국제 NCD 네트워크 참여

1] LIS - Laboratory information management system
2] QMS - Quality Management Systems
3] FETP - Field Epidemiology Training Program
4] PEN - Package of Essential Noncommunicable Disease Interventions

1단계 **국경봉쇄 완화/유엔제재 유지** (Relieving of the border blockade/ Continuing U.N. Sanctions)

2단계 **국경봉쇄 해제/유엔제재 유지** (Lifting the border blockade/ Continuing U.N. Sanctions)

3단계 **국경봉쇄 해제/유엔제재 완화** (Lifting the border blockade/ U.N. sanctions relief)

전략적 활동 (Strategic activities)	실현가능 단계 (Feasible stage)
- 남북 감염병 정보 공유체계 구축 및 동북아 국가 간 방역보건 분야 협력체계 활성화 - 글로벌 보건안보구상(Global Health Security Agenda) 등의 파트너십에 북한 참여	1~2 단계
- 실험실 정보관리시스템(LIS[1]) 지원 및 거점별 신종 감염병 신속대응 시스템 구축 - 정보통신 인프라 구축, 기술이전 및 지적재산권 보호체계 구축 등 패키지 협력	1~3 단계
- 주요 도시에 음압병실이 확보된 감염병 전문병원 건립 - 외국 감염병 전문병원 벤치마킹 연계 및 지원	2~3 단계
- 북한 실험실 정보시스템 프로그램과 IT 장비 지원 - 실시간 모니터링과 감시체계 구축을 위한 기술지원(운영, 품질, 데이터, 인력관리 등)	1~2 단계
- 한반도 결핵 퇴치벨트 구축 - 북한 기생충/말라리아 퇴치사업 수행	1~2 단계
- 제3국을 통한 역학조사 및 방역인력 교육프로그램 연계 (실험실 진단역량강화 교육, QMS[2] 교육, 역학조사 인력교육, FETP[3] 교육 등) - 기존 개발도상국 인력교육 프로그램의 벤치마킹	1~2 단계
- 기존 PEN 사업의 재활성화 및 지역확대 - PEN을 포함한 완성형 best buys 중재들의 적용 협력	1~2 단계
- 북한주민의 실질적 의료 접점인 1, 2차 의료기관의 NCD 필수의약품 및 물품 지원 - 남북 3차 의료기관 간 1:1 파트너십 연계(상호방문, 기술협력 등)	1~2 단계
- WHO NCD alliance, Lancet의 NCDI[6] 등의 NCD 국제 파트너십에 북한 참여 연계 - UN 및 국제 NGOs, 주요 학술기관 등을 통한 북한 관계자들의 초청	1~2 단계

NCD - Non-communicable disease
NCDI - non-communicable diseases and injuries

03 협력영역 및 중점수행과제

3. 회복탄력적 보건의료체계 구축 Resilience

협력영역 (Agenda)	근거 (Evidence)	내용 (Contents)	전략적 목표 (Strategic objectives)	전략적 우선순위 (Strategic priority)
회복 탄력적 보건의료 체계 구축	UN SDG 3,17 UHC	역량 강화	보건인력의 역량 강화	1. 국제사회를 통한 교육사업
				2. (남북) 교육훈련 및 학술 교육 프로그램
				3. 국제 네트워크를 통한 교육기관 역량 강화
		인프라 구축	필수 의료 서비스 제공을 위한 의료시설 현대화	1. 국제사회를 통한 필수 의료물품/장비 지원
				2. 의료기관의 개보수 사업 협력
				3. 의료기관의 의료정보화 협력
		역량 강화	필수의약품 및 장비 등의 의료생산 역량 강화	1. 의료생산시설 기술/원료/원자재 협력 및 기술이전 추진
				2. 생명보건단지 활용 의료생산센터 공동운영 기획
				3. 의료산업전략 공동개발

1) WFME - World Federation for Medical Education
2) GMP - Good Manufacturing Practice

1단계 **국경봉쇄 완화/유엔제재 유지**
(Relieving of the border blockade/ Continuing U.N. Sanctions)

2단계 **국경봉쇄 해제/유엔제재 유지**
(Lifting the border blockade/ Continuing U.N. Sanctions)

3단계 **국경봉쇄 해제/유엔제재 완화**
(Lifting the border blockade/ U.N. sanctions relief)

전략적 활동 (Strategic activities)	실현가능 단계 (Feasible stage)
- 국제기구 및 주요국의 교육프로그램 및 교육인력을 활용한 필수 보건인력 교육 - WHO/한국 '바이오인력양성허브'를 활용한 북한 인력 초청	1~2 단계
- 북한 의학대학 및 의료기관에 국제수준 전자자원 구독/구입 지원 - 임상진료지침 및 기타 가이드라인의 공유, 북한 맞춤형 제작 지원	1~2 단계
- 세계의학교육연합회(WFME[1]) 및 국제적 학회에 북한 참여 연계 - 북한 의학대학 교원의 해외연수 프로그램 개발 협력	1~2 단계
- 국제기구 및 주요국, 국제 NGOs 등을 통한 필수 의약품 및 의료장비의 지원 - 필수의약품, 의료소모품, 의료 장비의 관리기술 이전	1~2 단계
- 2, 3차급 의료기관의 전기/수도/냉난방 등 인프라 현대화 - 지역별 거점 인민병원의 신설 협력	2~3 단계
- 북한 '먼거리의료정보체계'의 기자재 및 기술 지원 협력 - 병원환자정보시스템 프로그램의 개발 협력	2~3 단계
- 표준 GMP[2] 인력교육 - WHO 및 한국의 필수의약품 생산 기술이전 추진	2~3 단계
- 생명보건단지 내 의료생산센터의 남북 공동 기획 - 생명보건단지 '의료기기 복합센터', '제약시설 GMP 시설', '농생명 단지', '바이오벤처기업', '비즈니스 플랫폼' 등의 아이디어 구현	2~3 단계
- 한국보건산업진흥원 및 북한 유관 당국이 공동참여한 한반도 의료산업전략 개발 - 국제적 의료산업 컨퍼런스의 북한 유치 추진	2~3 단계

03 협력영역 및 중점수행과제

4. 혁신적 연구개발 협력 Innovative R&D

협력영역 (Agenda)	근거 (Evidence)	내용 (Contents)	전략적 목표 (Strategic objectives)	전략적 우선순위 (Strategic priority)
혁신적 연구개발 협력	SDG 2,3,9,17 WHO UHC	보건의료 연구개발	주요 북한보건문제 솔루션 개발	1. 감염병 백신 및 치료제 개발 협력
				2. 천연식량자원 개발 및 산업화를 위한 과학기술 협력
				3. ICT 기반 국가 보건정보체계 구축 협력
			미래 혁신적 건강문제 솔루션 개발	1. 남북한 의과학 학술교류 및 고려의학의 과학화 사업 수행
				2. 혁신기술 기반 첨단 적정기술 개발
				3. 접경지역 연구협력센터 (생명보건단지) 공동 건립
			북한보건 의료제도 국제화 연구개발	1. 북한 일차의료제도의 표준화 방안 연구
				2. 현대의학-전통의학 상생모델 개발
				3. 전문분야별 상생협력모델 연구

1단계 **국경봉쇄 완화/유엔제재 유지**
(Relieving of the border blockade/ Continuing U.N. Sanctions)

2단계 **국경봉쇄 해제/유엔제재 유지**
(Lifting the border blockade/ Continuing U.N. Sanctions)

3단계 **국경봉쇄 해제/유엔제재 완화**
(Lifting the border blockade/ U.N. sanctions relief)

전략적 활동 (Strategic activities)	실현가능 단계 (Feasible stage)
- 백신 개발을 위한 공동연구(기초연구, 정제공정, 동물실험, 효능분석, 임상분석) - 감염병 후보물질 남북 공동발굴 및 치료효과 교차검증	2~3 단계
- '남북한 천연식량자원 기술지식협력센터(가칭)' 설립 - 식량자급을 위한 국제기구와 주요국 및 민간단체의 북한농업 고도화 개발사업 참여	2~3 단계
- 정보 관리 분석, 보건 의료 정보체계 관리자/통계 전문가의 역량 구축 - 보건 통계 소프트웨어 도입 등을 위한 기술적, 재정적 지원	2~3 단계
- 접경지대 및 제3국을 활용한 남북한 의과학 학술모임 정례화 - 고려의학-한의학 과학화/현대화 TF 공동구성 및 사업수행	1~3 단계
- 적정기술 개발 test bed로서 북한 환경의 타당성 조사 - 남한 첨단기술-북한 적정기술 융합연구	2~3 단계
- DMZ/개성공단 등에서 산/학/연/병 복합체(생명보건단지) 남북 공동 건립 추진 - 생명보건단지 공동 건립을 위한 타당성 조사 및 공동 위원회 설립	2~3 단계
- WHO Primary Care Division과 남북한 연구자의 공동연구 추진 - 'Operational Framework for Primary Health Care: DPRK' 발간	1~3 단계
- 중국/대만/일본의 현대의학-동양의학 관계 사례 연구 - 북한 고려의학 및 의료일원화 모델 연구	1~3 단계
- 남북한 주민 주요질환/생활습관 위험요인/의료문화별 협력방안 연구 - 전문분야 상생협력 선행 연구 선정 지원	1~3 단계

03 협력영역 및 중점수행과제

5. 지속가능한 협력체계 구축 Sustainable system

협력영역 (Agenda)	근거 (Evidence)	내용 (Contents)	전략적 목표 (Strategic objectives)	전략적 우선순위 (Strategic priority)
지속 가능한 협력체계 구축	SDG 3,17 WHO UHC	보건의료 플랫폼	한반도 보건의료 플랫폼의 활성화	1. 온라인 네트워킹 시스템 구축 및 가동
				2. 분과별 소모임 활성화
				3. 플랫폼 성과에 대한 평가와 개선
		M&E	기획, 모니터링, 평가의 체계화	1. 국제기구-정부-민간 파트너십을 기반으로 하는 기획과 평가
				2. 정기적 SAP[1] 이행상황 모니터링 보고서 발간
				3. 국제보건 표준적인 평가와 개선
		통일보건 표준화	협력기반 조성	1. 남북보건의료 협력법안 시행 및 협력체계 재정 확보
				2. 제3국을 포함한 국제협력기반 확대
				3. 남북 보건의료 용어통일

1) SAP - Strategic Action Plan
2) DAC - Development Assistance Committee
3) SNOMED - Systematized Nomenclature of Medicine

1단계 **국경봉쇄 완화/유엔제재 유지**
(Relieving of the border blockade/ Continuing U.N. Sanctions)

2단계 **국경봉쇄 해제/유엔제재 유지**
(Lifting the border blockade/ Continuing U.N. Sanctions)

3단계 **국경봉쇄 해제/유엔제재 완화**
(Lifting the border blockade/ U.N. sanctions relief)

전략적 활동 (Strategic activities)	실현가능 단계 (Feasible stage)
- 한반도 보건의료플랫폼 온라인 소통공간의 개방성 및 접근용이성 제고 - 대화형 기능의 통합 형태로 운영	1~2 단계
- 분과별 정책담당자 선정 - 전문가 실무회의 정례화	1~2 단계
- 통합데이터 구축/표준화, 컨텐츠 수집/공유 등의 플랫폼 성과지표 선정 - 플랫폼의 단계적 구축 방안 수립 및 체계적 이행	1~2 단계
- 컨소시엄 기반의 전략별/활동별 지표(indicator) 발굴 및 측정 - 컨소시엄 기반의 평가체계 마련	1~2 단계
- 전략별/활동별 지표 수준의 플랫폼 포스팅 - 연차별 보고서(annual report) 발간	1~3 단계
- OECD DAC[2] 평가기준의 맞춤형 맥락화 및 적용 - 국제 표준 평가에 기반한 정기적 개선책 마련	1~3 단계
- 남북보건의료협정 체결 및 북한의 대응 입법 지원 - '남북협력기금법'의 발전적 논의와 개정(재정의 매년 누적적립 등)	1~2 단계
- 경제개발 및 인프라 개발을 위한 국제사회 공동 투자 유치 - 한국, 러시아, 중국, 일본 등이 포함된 동북아 다자간 개발은행 설립	2~3 단계
- 남북의학용어 사전 출간 및 남북 보건의료 용어 데이터베이스 공동 구축 - 북한의 국제 임상용어 표준 기구(SNOMED[3]) 가입 지원	2~3 단계

04 전략행동계획 수립 과정

① 관련 문헌 수집, 검토 및 분석

- 북한의 보건의료 협력 수요 및 북한 당국의 동향 분석
- 기존의 남북보건협력방안 수집 및 분석
- UN, WHO 등 국제기구의 중장기 로드맵 권고안 분석
- 기타 보건의료 영역 개발계획 사례 수집, 검토 및 분석

② 보건의료 협력 수요의 유형화

- 플랫폼 참여자 및 수요자를 대상으로 한 의견조사(3회)
- Two-step clustering 유형화를 통한 핵심 수요 도출

③ 전문가 그룹의 피드백

- 플랫폼 분과별 의견청취
- 통일보건의료학회를 통한 자문

05 전략적 대북 보건의료 협력 플랫폼 운영체계(안)

1 대북 보건의료 협력 플랫폼 운영도

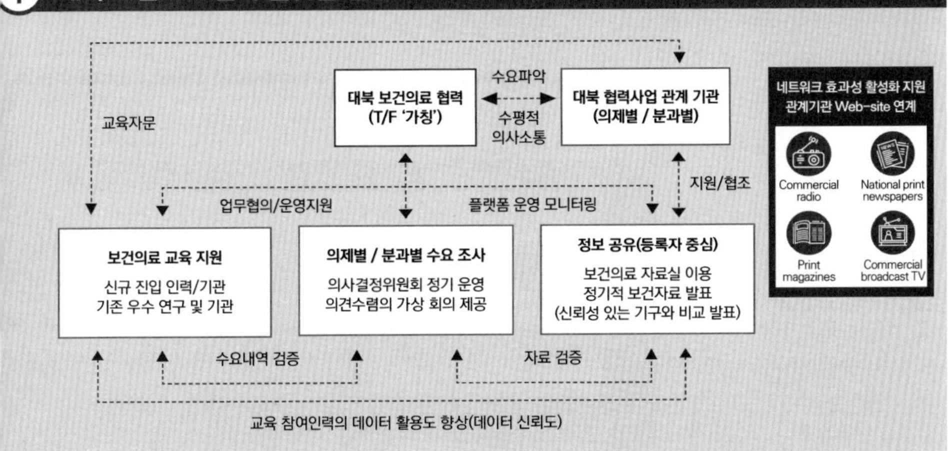

2 대북 보건의료 협력 플랫폼 운영 과정

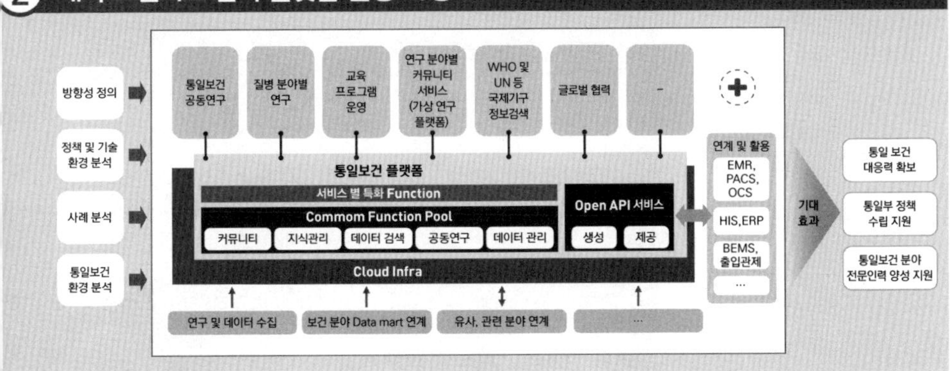

플랫폼 설계 접근 방안

1 전략 관점

- 운영전략, 서비스 및 생태계 형성 전략 등 전략적 관점 정의
- 유사사례 및 환경 분석을 통한 시사점 도출
- 시스템 구축을 위한 고려사항 도출

2 수요-공급 관점

- 실질적 수요자, 수요층을 발굴하고 수요 중심의 기능(서비스) 기획
- 통일보건 콘텐츠, 데이터 공급 파이프라인 조사 및 연계, 수집 방안 수립

3 활성화 및 지속성

- 실질적 참여자(연구, 정책, 활용 분야)의 지속적 참여를 통한 생태계 형성
- 콘텐츠의 질 향상을 위한 전문가 그룹 등 연구 그룹 활동 활성화 방안 수립

05 전략적 대북 보건의료 협력 플랫폼 운영체계(안)

③ 플랫폼 활성화를 통한 전략행동계획의 구현

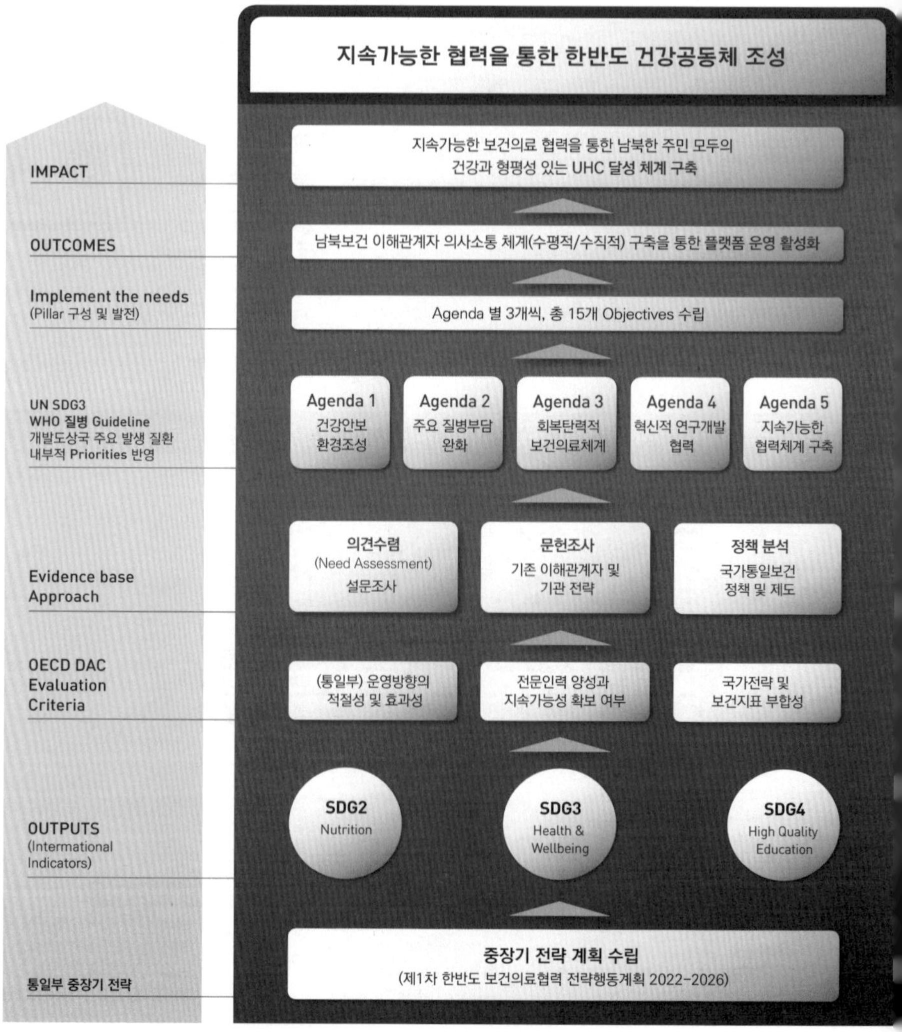

필진

김경진 — 고려대학교 의과대학 및 동대학원 석사, 박사를 졸업하고 현재 고려대학교 안암병원 내분비내과 조교수. 2014년 이후 북한 이탈주민에 대한 연구를 지속적으로 진행 중임. 관련 논문으로는 〈Prevalence of osteoporosis among North Korean women refugees living in South Korea: a comparative cross-sectional study〉, 〈The status and distinct characteristics of endocrine diseases in North Korean articles published between 2006 and 2015〉, 〈A peek into the Galapagos of the medical research field〉, 〈Vitamin D status and associated metabolic risk factors among North Korean refugees in South Korea: a cross-sectional study〉 등.

김동수 — 부산대학교 한의학전문대학원 박사, 연세대학교 보건대학원 석사, 경희대학교 한의과대학 학사. 현 동신대학교 한의과대학 조교수, 대한예방한의학회 학술이사, 현 대한예방한의학회지 편집위원. 〈고려의학 현황과 남북 전통의학 교류·협력 방안〉(2020), 〈A Network Analysis of Authors and Keywords from North Korean Traditional Medicine Journal〉(공저), 〈Status of North Korea's Regulations and policy on Koryo Medicine. Korean Herb〉(공저), 〈The History of Koryo Medicine System and Policy in North Korea. Korean Herb〉, 〈Standardizing of Medicine Terminology in South and North Korea and Future Management Plan〉(공저) 등.

김신곤 — 고려대학교 의과대학 및 동대학원 석사 · 박사 졸업. 통일보건의료학회 이사장 및 남북보건의료교육재단 상임이사 역임. 현재 고려대학교 내분비내과 교수, 대학원 통일보건의학협동과정 주임교수. 공저로 《한반도건강공동체준비》 1, 2판, 《통일과 사회복지》, 《아픔은 당신 탓이 아닙니다》 등, 논문으로 〈A peek into the Galapagos of the medical research field〉 등이 있음.

김영훈 — 고려대학교 의과대학 및 동대학원 석사 · 박사 졸업. 현 고려대학교 의무부총장 겸 의료원장, 고려대학교 순환기내과 교수. 대한부정맥학회 회장, 남북보건의료교육재단 운영위원장.

김윤환 — 고려대학교 의과대학 및 동대학원 석사 · 박사 졸업. 고려대학교 영상의학과 명예교수. 현재 전주예수병원 영상의학과 과장.

남성욱 — 고려대학교 경제학과 및 동대학원 석사 · 미국 미주리 주립대(University of Missouri-Columbia) 응용경제학 박사 졸업. 국가안보전략연구원장, 민주평화통일자문회의 사무처장(차관급) 역임. 현재 고려대학교 통일외교학부 교수 및 고려대 통일융합연구원장, 서울시 남북교류협력위원장. 저서로 《북한여성과 코스메틱》, 4차 산업혁명시대 북한의 ICT 발전전략과 강성대국》, 《김정은의 핵과 경제》, 역서로 《CIA 북한보고서》, 《김정일코드》, 논문으로 〈A Study on the Characteristics of North Korea's Normalization and Standarization System in the Kim JOng-un Era〉 등이 있음.

노경란 — 전남대학교 문헌정보학과 졸업, 연세대학교 대학원 석사 · 박사 졸업. 현재 한국과학기술정보연구원 R&D투자전략연구센터 책임연구원. 저서로는 《북한 과학자의 국제학술논문 분석 연구》, 논문으로 〈저자 동시인용 분석을 이용한 북한 과학기술의 지적 구조 규명에 관한 연구〉 등이 있음.

노승영 — 고려대학교 의과대학 및 동대학원 석사 · 박사 졸업. 현 고려대학교 순환기내과 부교수.

도원영 — 고려대학교 국어국문학과 및 동대학원 석사 · 박사 졸업. 남북겨레말큰사전 편찬위원회 위원, 대한의사협회 남북의학용어사전편찬위원회 위원, 국립국어원 국어사전정보보완심의회 위원, 한국수어사전편찬위원회 위원, 문화체육관광부 국어심의회 위원 역임. 현재 고려대학교 민족문화연구원 교수. 동숭학술논문상 수상. 저서로 《디지털 시대의 사전》(공저), 《한국어 어휘론》(공저), 《국어사전학 개론》(공저), 《한국학 사전 편찬 방법론의 모색》(공저) 등이 있음.

류재준 — 연세대학교 치의학과 및 고려대학교 대학원 석사 · 박사 졸업. 태릉선수촌 국가대표 치과주치의 역임. 현재 고려대학교 치과보철과 교수, 고려대학교 임상치의학대학원 대학원장, 진천선수촌 국가대표 치과주치의. 저서로《8인 8색 심미치과 이야기》, 역서로《머크 매뉴얼 제 20판》, 논문으로 〈Printing accuracy, mechanical properties, surface characteristics, and microbial adhesion of 3D-printed resins with various printing orientations〉 등 국내외 저널에 140편 이상의 논문 게재.

명수정 — 미국 뉴욕주립대학교 환경 및 자원공학 박사, 서울대학교 도시계획학 석사. 미국 산림청 박사후 연구원 역임. 현재 한국환경연구원 물국토연구본부 선임연구위원. 공동저서로《북한지리백서—인문, 자연, 환경》,《생태문명 생각하기—내 삶을 바꾸는 환경철학》등이 있음.

박영혜 — 가톨릭대학교 간호대학 및 동대학원 생명윤리협동과정 석사 졸업. 고려대학교 통일보건의학협동과정 석사졸업. 현재 영원한 도움의 성모수도회 소속 가톨릭 수도자. 서울성모병원 가정간호팀장.

서해숙 — 고려대학교 의학과 및 동대학원 예방의학석사 · 박사 졸업. 고려대학교 통일보건의학협동과정 석사 수료. 서울특별시 서북병원 진료부장 및 아시아대도시 결핵관리 공동조사 서울시 대표 역임. 현재 서울특별시 시민건강국 감염병연구센터장. 결핵예방의 날 유공자 국무총리상, 보건의료기술 유공자 보건복지부 장관상, 디지털 기술 활용 지역 사회문제 해결사업 행안부 장관상 표창. 논문으로 〈Low Body Mass Index at Treatment Initiation and Rifampicin-Resistant Tuberculosis Treatment Outcomes: An Individual Participant Data Meta-Analysis〉, 〈Diagnostic Laboratory Characteristics of COVID-19 Patients Infected by Fomites: COVID-19 Outbreak in a South Korean Public Administrative Facility Pathogens〉 등.

송태진 — 고려대학교 의과대학 및 동대학원 석사 · 박사 졸업. 현 고려대학교 간담췌외과 교수.

신나미 — 고려대학교 간호학과 졸업 후 버지니아 대학교(University of Virginia)에서 석사, 미시간 대학교(University of Michigan)에서 박사학위 취득. 현재 고려대학교 간호대학 교수로 대학원 통일보건의학협동과정의 〈북한모자보건세미나〉 교과목을 담당하는 참여교수. 한국간호과학회 학술이사 역임. 통일보건의료학회 대외협력 이사.《한반도건강공동체 준비》의 공저자,《성인간호학—임상적 추론의 적용》의 대표 역자.

유시은 — 한남대학교 상담교육 석사, 연세대학교 일반대학원 통일학 석사 · 박사 졸업. 하나원 상담심리사, 고려대학교 북한학과 조교수 및 일반대학원 통일보건의학협동과정 연구교수 역임. 현재 대구대학교 다문화사회정책연구소 연구교수, 브릿지 퀸투플 출판부장, 편저로《가정, 공동체 및 공교육이 함께 창조하는 문제해결자 생태공간》, 저서로《북한이탈주민 인식개선 및 사회통합을 위한 갈등사례 심층연구》등, 역서로《총서제일원리의 교육》,《주의 제자되기》, 논문으로〈What Is It to Be Mental Health from the North Korean Refugees' Perspection?: Qualitative Research on the Changes in Mental Health Awareness among the North Korean Refugees〉등이 있음.

윤석준 — 서울대학교 의과대학 및 동대학원 석사 · 박사 졸업. 건강보험심사평가원 기획상임이사 역임. 현재 고려대학교 예방의학교실 교수, 보건대학원장. 2022년 정신건강의 날 국민포장 수상. 저서로《가까이에서 보면 누구나 정상은 아니다》,《복지논쟁시대의 보건정책》외 다수.

이승헌 — 고려대학교 의학과 및 동대학원 석사, 부산대학교 박사 졸업. 2007년 결핵연구원 기술협력부장 및 북한 개성병원 진료. 2018년 Imperial College London 결핵 연구센타 연수. 현재 NGO Global Care International 실행이사 및 북아프리카 모로코 결핵관리사업 참여. 현재 고려대학교 호흡기내과 교수. 2022 대한결핵 및 호흡기학회 중견 결핵 연구자상 수상. 결핵진료지침 2020 개정위원. 취약계층 결핵 관련 논문〈Social and Clinical Characteristics of Immigrants with Tuberculosis in South Korea〉,〈Experiences of Latent Tuberculosis Infection Treatment for the North Korean Refugees〉,〈Policy Review and Modeling Analysis of Mitigation Measures for Coronavirus Disease Epidemic Control, Health System, and Disease Burden, South Korea〉,〈Cost-effectiveness of a medication event monitoring system for tuberculosis management in Morocco〉외 다수.

이요한 — 고려대학교 의과대학 졸업, 고려대학교 보건학 석 · 박사 졸업. 아주대학교 보건대학원 교수, 아주남북한보건의료연구소 소장 역임. 현재 고려대학교 의과대학 예방의학교실 교수, 통일부 정책자문위원.

이헌정 — 고려대학교 의과대학 및 동대학원 석사 · 박사 졸업. 대한수면의학회 이사장 및 Psychiatry Investigation 편집위원장 역임. 현재 고려대학교 정신건강의학과 주임교수, 조울정서연구회 회장, 대한디지털치료학회 부회장, Chronobiology in Medicine 편집위원장. 저서로《자료로 살펴본 여자의학강습소, 2003》,《생체시계만 알면 누구나 푹 잘수 있다, 2021》등.

장영우 — 경북대학교 의학과 학사 및 고려대학교 의학과 석사 · 박사 졸업. 현재 고려대학교 의학과 부교수. 논문으로 〈Sentinel lymph node detection using fluorescein and blue light-emitting diodes in patients with breast carcinoma: A single-center prospective study〉, 〈Comparison of Single Incision Endoscopic Nipple-Sparing Mastectomy and Conventional Nipple-Sparing Mastectomy for Breast Cancer Based on Initial Experience〉 등이 있음.

전미라 — 신한대학교 치위생학과 졸업. 고려대학교 통일보건의학협동과정 석사졸업. 치과의료선교회 소속.

전영선 — 한양대학교 국어국문학과 및 동대학원 박사 졸업. 대통령직속 통일준비위원회 전문위원, 통일부정책자문위원 역임. 현재 건국대학교 통일인문학연구단 HK연구교수. 대통령 표창 수상. 저서로《북한 아파트의 정치문화사》,《공화국의 립스틱》,《어서와 북한 영화는 처음이지》,《NK POP—북한의 전자음악과 대중음악》, 논문으로 〈남북한 도서관의 중장기 교류협력 방안 연구〉, 〈1972년부터 1994년까지 북한의 국제 영화교류를 통해 본 남북영화교류 방안〉 등이 있음.

전진용 — 가톨릭관동대학교 의학과 및 동 대학원 석사 · 박사 졸업. 통일부 하나원 정신건강의학과 전문의, 국립정신건강센터 정신건강사업과장 역임. 현재 울산대학교병원 정신건강의학과 교수. 저서로《한반도 건강공동체 준비》,《내면 여행의 동반자 정신건강의학과 의사》등이 있음.

조철현 — 고려대학교 의과대학 의학과 및 동대학원 석사 · 박사 졸업. 현재 고려대학교 안암병원 정신건강의학과 교수. International Society for Bipolar Disorder Samuel Gershon Junior Investigator Award, 대한신경정신의학회 젊은연구자상, 보건의료기술 유공자 보건복지부 장관 표창, 대한수면의학회 젊은연구자상 및 학술상 등 수상. 기분/불안/수면-각성 장애, 일주기 리듬, 그리고 디지털 헬스 등과 관련된 연구를 수행하고 있으며, 관련 논문이 다수 있음.

최현규 — 고려대학교 금속공학과 졸업, 한국기술교육대학교 대학원 졸업. 통일과학기술연구협의회 회장 역임. 북한ICT연구회 회장, 과학기술정보통신부 및 통일부, 국가과학기술연구회 등의 자문위원 역임. 현재 한국과학기술정보연구원 북한과학기술네트워크 담당 책임연구원. 대통령표창, 과학기술정보통신부 장관상 등 다수 수상. 저서로는 《북한과학기술연구》 등, 논문으로 〈북한 과학자의 국제학술논문(SCOPUS) 분석 연구〉 등이 있음.

하신 — 연세대학교 문과대학 졸업(영어영문학, 문헌정보학), 고려대학교 보건학 석 · 박사 졸업. 삼성SDS 근무 및 한국의학도서관협회 기획위원 역임. 현재 고려대학교 의료원 직원, 통일보건의료학회 연구원 외. 《한반도 건강공동체 준비》 공저자.

한준희 — 고려대학교 정책학사(통일외교안보) 및 동 대학원 보건학 석사(통일보건의학) 졸업. 한국국제보건의료재단 근무. 현재 서울특별시공공보건의료재단 연구원 및 연세대학교 통일학 박사과정 재학 중.

북한 보건의료 연구와 교류협력

북한 학술지를 통한 보건의료 연구와 창의적 교류협력

초판 발행 1쇄 2023년 1월 30일

지은이 김경진 · 김동수 · 김신곤 · 김영훈
김윤환 · 남성욱 · 노경란 · 노승영
도원영 · 류재준 · 명수정 · 박영혜
서해숙 · 송태진 · 신나미 · 유시은
윤석준 · 이승헌 · 이요한 · 이헌정
장영우 · 전미라 · 전영선 · 전진용
조철현 · 최현규 · 하신 · 한준희

펴낸곳 고려대학교출판문화원
www.kupress.com
kupress@korea.ac.kr
(02841) 서울특별시 성북구 안암로 145
Tel 02-3290-4230, 4232
Fax 02-923-6311

찍은곳 한국컴퓨터인쇄정보

ISBN 979-11-6956-006-1 93510

값 35,000원